설훈구

Foodservice Management

STRATEGY & INVESTMENT

외식경영

전략과 투자

도서출판
청람

사랑하는 아버지 설대석과
어머니 민임현에게
이 책을 바칩니다.

머 리 말

외식사업은 인류 역사를 통해 오랫동안 존재해 왔던 사업이다. 고대 이집트 분묘에 보면 상인들이 시장에서 음식을 판매하는 모습들이 잘 묘사되어 있다. 현대에도 여전히 외식사업은 지속되고 있는 사업이며 앞으로도 지속될 사업 분야이다.

외식사업은 인기 있는 사업임에 틀림이 없다. 많은 봉급생활자들이 정년을 맞거나 구조조정이 되어 외식사업으로 다시 시작하는 모습을 흔히 볼 수 있다. 또한 최근 청년 실업으로 인해 직장에서 직장인으로 일하기보다는 창업을 통해 돌파구를 찾아보려는 청년 창업자들이 외식사업을 시작하는 경우도 적지 않다.

최근 정부에서 대기업이나 대규모 다점포 체인의 외식사업 신규진출을 제한한다고 하여 생계형 소규모 영세사업자를 보호하기 위한 조치로서 경제구조상 중산층을 두텁게 하려는 정부의 노력으로 생각된다. 따라서 소규모 자영업자들의 외식사업 진출에 대한 기회가 확대될 수 있을 것으로 예견된다.

비교적 적은 자본으로 창업이 가능하며, 사람은 하루 세 끼 음식을 섭취해야 하기 때문에 고객이 많다는 점, 매일매일 수입이 생긴다는 점과 같은 막연한 기대로 외식사업을 시작하는 경우가 많다. 그만큼 외식사업은 시작하기 쉬운 사업이라고 할 수 있을 것이다.

그러나 외식사업은 개점이 용이하기는 하지만 실패확률이 매우 높다. 경쟁이 너무 심하기 때문에 개점 후 3년 이내에 실패하는 확률이 90%에 달한다. 그도 그럴 것이 전통적으로 있어 왔던 사업이고, 기술집약산업처럼 기술혁신이 빨리 이루어지는 사업도 아니며, 진입장벽도 너무 낮은 사업이기 때문이다. 따라서 성공적인 외식사업을 위해서는 철저한 준비가 필요하고, 그 준비도 핵심을 짚은 것이 아니면 안 된다. 외식사업은 철저히 계획하고 준비하는 꼼꼼함이 제일 중요한 것이다.

외식경영관련 분야에서 오랫동안 강의하면서 쓸모없이 두꺼운 책들을 많이 보아 왔다. 한 권을 다 읽고도 무슨 말을 주장하려 하는지 모르게 중언부언되어 있는 책들도 있었고, 또한 너무 많은 분야를 한 권에 실으려다 보니 일천하게 접근한 책들도 많이 있었다. 현대사회를 살아가면서 필요에 따라 책을 보게 되는데 구입한 책 한 권에 불필요한 군더더기만 많이 붙여 놓는다거나 너무 부실하다면 독자에게는 대단히 짜증스러운 일일 것이다. 짜증스러운 책이 되지 않기 위해 되도록 주제와 밀접한 관련이 없는 분야나 또는 쓸모없는 미사어구는 사용하지 않았다. 이 책은 외식사업 투자에서 반드시 필요한 핵심적 분석틀을 제공하여 마치 의사가 환자의 아픈 부위를 찾아 진단하고 처방할 수 있도록 하는 형태로 만들어졌다.

이 책은 크게 정성적 분석과 정량적 분석으로 나누어 만들었다. 외식사업의 분류, 특징, 전략 역량은 정성적 분석에 해당된다. 정성적 분석의 기본도구로는 경영전략에서 주로 사용되고 있는 자원과 역량의 시각으로 접근하여 기존의 제조업 중심의 자원과 역량 접근에서 생산과 소비가 동시에 발생하는 서비스 특징을 가지고 있는 외식사업에 맞는 자원과 역량기법을 도입하고 있다.

정량적 분석에는 외식사업 투자에 관련한 메뉴분석과 객단가분석, 추정 재무제표, 비율분석 및 외식사업 가치평가로 크게 나누어 설명하고 있다. 본 정량적 분석은 외식사업의 수익발생 운영 형태가 외식이라는 단일 운영 형태로 비교적 수익추정이 단순하여 회계학적 접근으로도 충분히 사업성을 평가할 수 있다는 데 착안하여 만들어졌다.

저자는 미국의 관광기업 경영대학원에서 수학을 하였다. 미국 경영대학원의 경영학은 과학의 한 영역으로 자리를 잡아가고 있다. 과학적으로 정량적인 접근법을 중시하는 미국식 접근방법이 완벽하다고 할 수는 없지만, 경험이나 직감력을 중시하는 정성적 접근방식은 이미 한계에 달한 것은 분명한 사실이다. 이 책의 컨셉(concept)을 한마디로 표현한다면 'science to foodservice business(외식사업의 과학적 접근)'라고 말할 수 있을 것이다.

이 책의 내용들을 충분히 숙독한다면 외식사업에 대한 진단과 평가, 그리고 사업 준비와 계획에 큰 도움을 받으리라 생각된다. 특히 새롭게 외식사업을 시작하려는 분, 외식사업을 경영하고 있지만 생각대로 잘 되지 않는 분들에게 분석적 틀로서 큰 도움이 되리라고 생각한다.

인생에 이러저러한 우여곡절을 겪으며 여러 해를 미루다가 이 책을 내기까지 너무 많은 시간을 보낸 것 같다. 힘든 심리적 격정으로 고생하다가 책 쓰기를 여러 번 포기하기도 했다. 하지만 여러 자료들을 모아 교재로 사용하다 보니 강의 때마다 어려움을 느끼게 되어 한 권의 교재로 만드는 것을 더 이상 미루면 안 되겠다는 심리적 압박에 시달렸다. 조금씩 시간을 내 힘들게 마무리하였지만 초판에서는 부족한 점이 많으리라 본다. 앞으로도 업계, 학계, 관계 선배님과 후배님들, 그리고 제자들의 많은 조언을 얻어 개정작업을 해야 할 것 같다.

2017년 2월 부산 대연동 부경대학교 경영대학 연구실에서

저 자

차 례

Part 1
외식사업의 분류

Part 4
외식사업 투자평가(정량적 분석)

Part 5
외식사업 개발과정

Part 6
외식사업 개발계획서

Part 7
부실운영 사업장 처방사례

Part 1

외식사업의 분류

개요

외식사업은 인류에게 오래전부터 있어 왔던 사업으로 음식관련 생산 및 판매를 전문으로 하는 사업을 의미한다. 외식사업은 소비자를 상대로 식사를 조리하여 제공하는 사업으로 정의할 수 있다. 밥장사, 먹는 장사, 식당사업, 요식사업, 음식점사업, 레스토랑사업으로 불려져 왔으나, 1990년대부터 자본력과 체계적 시스템을 갖춘 외국 브랜드의 국내 시장 진출이 시작되면서 외식사업(foodservice business)이라는 용어를 주로 사용하게 되었다.

외식사업은 끊임없이 새로운 사업 형태가 등장했다가 소멸하기도 하면서 성장해 온 사업이다. 시장에서 여러 컨셉(concept)의 외식업소들을 분류해 내기는 쉬운 일이 아닐 것이다. 그럼에도 불구하고 외식사업을 설명하기 위해 외식사업의 분류를 이해할 필요가 있다. 왜냐하면 외식사업은 해당 지역 고객들의 수요를 파악하고 그에 맞는 상품을 개발하는 것이 바람직하기 때문이다.

외식사업은 소비자의 욕구가 다양한 만큼 그 분류도 다양하다. 외식사업을 분류하기 위해서는 외식사업의 위치, 외식의 업종과 업태, 운영체계별 분류, 서비스 형태별 분류, 그리고 외식의 범위를 기준으로 한 분류로 설명할 수 있을 것이다. 그림에서 보는 바와 같이 분류 기준이 다양한데 이러한 분류를 유심히 살펴볼 필요가 있다. 시장의 수요에 맞는 적절한 외식사업의 형태를 갖추기 위해서는 다양한 사업 형태를 고려해서 결정해야 하기 때문이다.

외식사업의 분류 기준

Chapter 1

외식사업의 위치

외식사업의 위치를 설명하는 데 있어서 각종 산업분류 기준을 설명할 필요가 있다. 외식사업의 위치분류는 법률적 이해관계에 따라 분류된 산업분류를 기준으로 한다. 외식업은 산업분류상 서비스사업, 식품사업, 유통사업, 관광 및 환대사업으로 분류할 수 있다. 서비스산업으로서의 외식사업은 한국표준산업분류표에 의해 이루어졌고, 식품과 유통사업으로서의 외식사업은 국세청과 「식품위생법」의 분류 기준에 의해 이루어졌으며, 관광 및 환대사업으로서의 외식사업은 관광산업분류 기준에 의해 이루어졌다.

1. 서비스사업

외식사업은 서비스사업으로 볼 수 있다. 외식사업의 주요 품목은 역시 음식 그 자체이다. 해당 음식을 제공하기 위해 여러 부수적인 서비스가 동반되기 마련이다. 따라서 어떤 유형의 음식이 어느 부수적인 서비스와 함께 제공되는가에 따라 외식사업의 종류와 형태가 달라진다. 한국표준산업분류표는 음식점업을 서비스업으로 분류하고 있다.

서비스사업으로서의 외식사업은 [표 1-1]과 같이 한국표준산업분류표상으로 설명할 수 있다. 한국표준산업분류표상 서비스업 대분류 내에 숙박 및 음식점업으로 분류하고 있다.

표 1-1 | 한국표준산업분류표상 서비스업 대분류

대분류	
G	도매 및 소매업
H	운수업
I	**숙박 및 음식점업**
J	출판, 영상, 방송통신 및 정보서비스업
K	금융 및 보험업
L	부동산업 및 임대업
M	전문, 과학 및 기술서비스업
N	사업시설관리 및 사업지원서비스업
O	공공행정, 국방 및 사회보장행정
P	교육서비스업
Q	보건업 및 사회복지서비스업
R	예술, 스포츠 및 여가관련 서비스업
S	협회 및 단체, 수리 및 기타 개인서비스업
T	가구 내 고용활동 및 달리 분류되지 않은 자가소비 생산활동

자료 : 한국표준산업분류표(Korea Standard Industrial Classification) 중 대분류(2013)

2. 식품사업

외식사업은 식품사업으로 분류되기도 한다. 식품사업은 식품가공업, 식품유통업, 음식업, 외식업으로 나누어 설명할 수 있으므로 외식사업은 식품가공업(food manufacturing)으로 볼 수도 있다. 따라서 제조업 형태를 갖추게 되는 외식사업은 생산의 효율을 기할 수 있는 장점이 있는 반면 최종소비자에 대한 가격교섭력에 취약한 단점도 있다. 그 예로서 일본에 납품하는 한국의 김치공장들은 최근 일본 유통업체들로부터 강한 가격 하락 요구를 받고 있다. 이유는 중국산 저급 김치재료로 김치를 담그는 무늬만 한국산 김치라는 인식이 높아져서 발생하는 가격교섭에 대한 취약성 때문이었다. 따라서 대형 생산업체를 통한 관리 강화를 통해 종주국 이미지를 확고히 해 가격교섭력을 높일 필요가 있다.

외식사업은 식품유통업(food distribution)으로 볼 수도 있다. 이는 외식사업이 백화점, 할인점, 슈퍼마켓, 회원제 도매클럽(membership warehouse club), 무점포 소매점 등에서 행해질 경우를 의미한다. 최근 점차 음식관련 유통서비스시장이 주목을 받고 있어 유통서비스산업으로서의 외식산업의 위치를 살펴보는 것도 상당히 의미가 있다.

외식사업은 음식점업(food service)으로 볼 수도 있다. [표 1-2]는 국세청 기준에 의한 외식사업분류표이다.

표 1-2 | 국세청 기준에 의한 외식사업분류

구분					세세분류
대	중	소	세분류 코드	세분류	
도·소매 및 음식숙박업 (5)	음식점 및 주점업 (55)	음식점업 (5521)	552101	일반음식점업	한식음식점업
			552102	일반음식점업	중식음식점업
			552103	일반음식점업	일식음식점업
			552104	일반음식점업	서양음식점업
			552105	출장 및 이동음식업	출장음식서비스업
			552107	기타 음식점업	피자, 햄버거, 샌드위치 및 유사 음식점업
			552108	기타 음식점업	분식 및 김밥 전문점
			552109	기관 구내식당업	기관 구내식당업
		주점업 (5522)	552201	주점업	일반유흥주점업
			552202	주점업	일반유흥주점업
			552203	주점업	무도유흥주점업
			552204	주점업	일반유흥주점업
			552205	주점업	기타 주점업
			552206	주점업	일반유흥주점업
			552207	주점업	일반유흥주점업
			552208	주점업	기타 주점업
			552209	주점업	기타 주점업
		기타 (5523)	552301	기타 음식점업	제과점업
			552303	비알코올 음료점업	비알코올 음료점업

자료 : 국세청(http://www.nts.go.kr), 2015년 단순경비율 및 기준경비율 기준 외식사업 분류표

음식점업으로의 외식사업은 식품위생법상 음식업 및 주점업으로 분류되어 있기도 하다. 음식점업은 크게 음식점업, 주점업, 다과점업으로 나뉘어 있다. 음식점업은 휴게 및

일반음식점으로 하부 분류되어 있다. 주점업은 단란주점과 유흥주점으로 분류되어 있기도 한데 유흥주점은 유흥종사자 고용이 가능하다.

표 1-3 | 한국 「식품위생법」상 분류

식품접객업	분류내용
휴게음식점영업	음식류를 조리 · 판매하는 영업으로서 음주행위가 허용되지 아니하는 영업(커피숍, 제과점, 과자점, 패스트푸드점, 아이스크림류를 제조 · 판매하는 과자점 형태의 영업 포함)을 말하며, 휴게음식점영업소 내에 주류를 반입하거나 보관할 수 없으며, 편의점에서 판매를 목적으로 진열하는 경우와 다류의 향, 맛을 다양하게 조리하기 위하여 첨가하는 경우에만 예외로 인정함
일반음식점영업	음식류를 조리, 판매하는 영업으로서 식사와 함께 부수적으로 음주행위가 허용되는 영업을 말하며, 주로 탕, 찬류 등의 식사류를 취급하면서 부수적으로 주류를 판매하는 영업인 한식과 일식, 중식 및 경양식 형태의 음식점
단란주점영업	주로 주류를 조리, 판매하는 영업으로서 손님이 노래를 부르는 행위가 허용되는 영업
유흥주점영업	주로 주류를 판매하는 영업으로서 유흥종사자를 두거나 유흥시설을 설치할 수 있고 손님이 노래를 부르거나 춤을 추는 행위가 허용되는 디스코, 카바레, 룸살롱 형태의 주점업소

음식점업은 한식점업, 중국음식점업, 일본음식점업, 서양음식점업, 음식출장조달업, 프랜차이즈음식점업, 기타 음식점업으로 나뉜다. 주점업은 룸살롱, 바, 스탠드바, 비어홀, 극장식 식당, 카바레, 나이트클럽, 디스코클럽, 고고클럽 등으로 분류되어 있다. 다과점업은 제과점, 다방, 인삼찻집, 고속도로, 휴게소, 간이양식, 특수음식점으로 분류되어 있다.

「식품위생법 시행령」에서는 식품접객업 부분에 외식사업의 종류 및 영업내용을 명시하고 있다([표 1-3] 참조).

1) 음식점업

주로 음식류를 판매하는 영업활동으로 주류는 판매할 수 없는 외식사업을 의미한다.

(1) 휴게음식점영업

- 제과점업 : 햄버거, 샌드위치, 분식류, 스낵
- 피자, 햄버거, 샌드위치 및 유사 음식점업 : 피자, 샌드위치, 햄버거, 토스트 및 유사 음식을 직접 조리하여 일반소비자에게 판매하는 사업활동을 말한다.

- 치킨 전문점 : 양념치킨, 프라이드치킨 전문점을 운영하는 산업활동을 말한다.
- 분식 및 김밥 전문점 : 김밥, 만두, 찐빵, 라면, 떡볶이, 샌드위치 등의 간이음식을 조리하여 제공하는 음식점을 운영하는 사업활동을 말한다.

(2) 일반음식점영업

각종의 정식류를 조리하여 제공하는 산업활동으로서 한식과 일식, 중식, 서양식 및 기타 외국음식점업을 운영하는 사업활동을 의미한다.

- 한식점업 : 한국식 음식을 제공하는 사업활동을 말한다.
- 중국음식점업 : 중국식 음식을 제공하는 사업활동을 말한다.
- 일본음식점업 : 정통 일본식 음식을 전문적으로 제공하는 사업활동을 말한다.
- 서양음식점업 : 서양식 음식을 제공하는 사업활동을 말한다.
- 기타 외국식 음식점업 : 기타의 외국식 음식점업을 운영하는 사업활동을 말한다.

(3) 위탁급식영업

회사, 학교, 공공기관과 계약에 의해 구내식당을 설치하고 음식을 조리하여 제공하는 산업활동을 말한다. 연회장 등과 같은 행사 시 특정 장소로 출장하여 음식서비스를 제공하는 산업활동과 고정된 식당시설 없이 각종의 음식을 조리하여 제공하는 이동식 음식점을 운영하는 산업활동을 포함한다.

2) 주점업

(1) 단란주점영업

주로 주류를 조리 · 판매하는 영업으로서 손님이 노래를 부르는 행위가 허용되는 영업을 말한다.

(2) 유흥주점영업

- 일반유흥주점업 : 접객요원을 두고 술을 판매하는 유흥주점을 말한다. 접객시설을 갖추고 주류를 판매하는 업을 말한다. 요정, 바, 나이트클럽, 비어홀, 디스코클럽, 카바레, 대포집 등과 같이 술과 이에 따른 요리를 판매하는 사업활동을 말한다.
- 무도유흥주점업 : 무도시설을 갖추고 술을 판매하는 무도유흥주점을 말한다. 무도장 및 콜라텍은 무도장운영업으로 여기서 제외된다.
- 기타 간이주점업 : 대포집, 선술집 등과 같이 접객시설을 갖추고 대중에게 술을 판매

하는 기타의 주점을 말한다.

3) 다과점업

(1) 제과점영업

접객시설을 갖추고 즉석식의 케이크, 생과자 등을 직접 구워서 일반소비자에게 판매하거나 접객시설을 갖추고 구입한 빵, 케이크, 떡을 제공하는 경우도 여기에 포함된다.

(2) 찻집

접객시설을 갖추고 커피, 홍차, 생강차, 쌍화차 등을 만들어 제공하는 사업을 말하며 다방, 커피숍이 여기에 속한다.

외식사업은 외식업(dining-out service)으로 볼 수도 있다. 생산성이 낮은 서비스사업이기도 하지만 식품가공제조업과 같은 효율적 생산성을 가지는 것이 관건이기도 하다. 그 예로서 음식의 질과 위생을 위해 주문을 받자마자 주방에서 모니터를 보고 한번에 만들어 신선한 메뉴 전달, 중앙집중식 키친(central kitchen system), 인력의 전문성(전략과 재무, 마케팅전문가) 등을 갖추어 일관된 제조업 형태로 효율을 기하지 않으면 안 되는 사업이기도 하다.

3. 관광 및 환대사업

관광 및 환대사업으로서 외식사업을 설명할 수 있다. 관광산업(tourism industry) 측면에서의 환대(hospitality)사업은 관광산업의 운영 형태로 설명할 수 있다. 환대사업(hospitality business)은 본인의 집에서 멀리 있는 고객에게 유 · 무형의 상품을 제공하는 호텔, 외식, 유람선, 테마파크, 카지노 등과 같이 환대정신을 필요로 하는 관광산업의 주요한 한 분야를 말한다. 환대사업 중에서 외식사업은 레스토랑, 바, 베이커리, 커피숍 등 사람 사이에 유대관계를 맺어 주는 중요한 관광사업 분야이다.

Chapter 2

외식사업의 업종과 업태에 의한 분류

외식의 업종과 업태 결정은 매우 중요한 의사결정이다. 외식사업의 컨셉(concept)을 결정하는 데 업종과 업태는 중요한 의사결정요인이 된다. 외식사업의 컨셉을 설정할 때 업종과 업태의 속성을 어떤 정도로 포함시킬 것인가에 따라 영업방법 및 영업형태에 큰 영향을 주기 때문이다. 따라서 업종과 업태에 대한 이해는 외식사업 투자에 매우 중요하며 기본이 된다고 할 수 있다. 업종과 업태는 바로 컨셉을 이해하는 중요한 개념이다. 업종과 업태의 결정에 따라 외식사업전략이 결정된다고 볼 수 있다. 업종은 한식, 양식, 일식과 같은 판매음식의 종류에 따른 분류를 말한다. 업종은 '무엇을 먹을 것인가, 무엇을 팔 것인가'가 기준이다. 업태는 가격, 서비스, 분위기, 입지와 같은 외식고객들의 목적에 따라 분류하는 기준으로 음식서비스의 수준을 의미한다.

표 2-1 | 업종과 업태

구분	내용
업종 (type of business)	• 한식, 양식, 일식 등 판매하는 음식의 종류 • 무엇을 먹을 것인가, 무엇을 팔 것인가
업태 (type of service)	• 가격, 서비스, 분위기, 입지 등 외식고객들의 목적 • 음식서비스의 수준

1. 업종

업종(type of business)은 영업의 종류를 뜻한다. 외식점포에서 판매하고 있는 음식의 종류, 즉 메뉴의 1차적 구분을 의미한다. 외식업종은 쉽게 말해 한식 · 양식 · 일식 · 중식 요리 등 제공하는 큰 부류의 메뉴 구분이라 볼 수 있다. 이처럼 외식업소의 선택 시 고객들이 생각하는 1차적 큰 부류의 메뉴 분야가 업종인데, 이러한 업종을 명확히 해야 고객들의 계속적인 재방문을 기대할 수 있다. 업종이 뚜렷한 외식업소에 대해 고객은 선택 리스크를 느끼지 않게 되며 상대적으로 적은 마케팅 노력으로도 특정한 이미지를 갖춘 외식업소 나름의 경영이 가능하게 된다.

외식의 업종(foodservice business type)은 제공되는 상품에 의해 결정되는 영업의 종류를 뜻한다. 외식사업의 업종별 분류는 지리적으로 특색 있는 요리품목에 따라 크게 한식, 중식, 일식, 양식으로 분류된다. 레스토랑은 각국의 조리기술에 따라 요리의 품목과 종류가 다른 음식을 조리하고 판매한다. 외식사업의 업종별 분류는 [그림 2-1]과 같다.

서양식 레스토랑은 크게 미국식(간편한 메뉴구성과 실용적 측면을 강조한 요리, 스테이크, 햄버거, 바비큐 등), 프랑스식(서양식 음식 중 가장 세계적으로 널리 알려진 요리, 특히 소스가 프랑스요리의 핵심적 요소), 이탈리아식(프랑스식 음식과 비슷하지만 신선한 해산물과 육류, 채소 등의 고유한 재료의 맛을 최대한 강조하는 요리), 스페인식 레스토랑으로 구분할 수 있다.

그림 2-1 | 외식사업의 업종별 분류

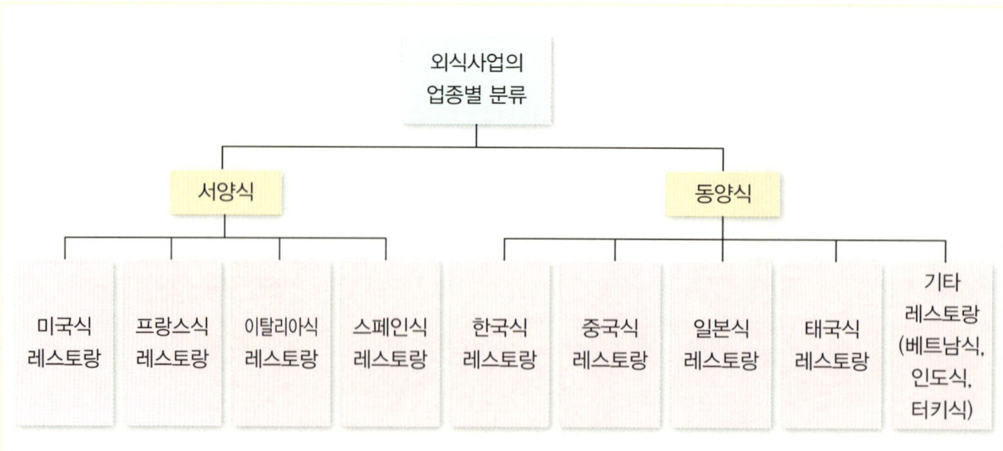

1) 서양식 레스토랑

(1) 미국식 레스토랑(American style restaurant)

미국의 대표적 음식으로는 비프스테이크(beef steak), 바비큐(barbecue), 햄버거(hamburger) 등이 있다. 미국음식은 대부분 빵과 곡물, 고기와 계란, 낙농제품, 과일 및 야채 등의 재료를 사용하며, 간소한 메뉴와 경제적인 재료로 구성되어 있다. 미국의 대표적인 고급형 스테이크 하우스 레스토랑으로는 시카고의 모턴스(Morton's), 루스크리스(Ruth Chris) 등이 있다.

(2) 프랑스식 레스토랑(French style restaurant)

프랑스요리는 서양요리 중에서도 세계적으로 유명한 요리로 불리는데, 자연적인 식재료를 충분히 살리는 고도의 조리기술로 섬세한 맛을 자랑한다. 프랑스요리에서는 격조 높은 요리의 내용만큼 그릇의 선택이나 식탁의 조화를 찾는 테이블문화도 큰 비중을 차지한다. 저녁식사의 경우 메뉴가 8~10코스이고, 시간은 보통 3~4시간이 소요된다. 달팽이, 거위의 간을 재료로 한 푸아그라(Foie gras), 바닷가 솔밭 모래 속에서 나는 흑갈색의 버섯으로 만든 트러플(truffle)요리 등이 세계적으로 유명한 프랑스요리이다.

(3) 이탈리아식 레스토랑(Italian style restaurant)

이탈리아요리는 프랑스요리와 비슷하지만 프랑스요리의 맛이 소스에 있다면, 이탈리아요리는 신선한 육류와 해산물 등의 식재료 그 자체에 맛이 있으며, 면류와 샐러드유를 많이 사용한다. 지역별로 요리가 다양하며, 스파게티 · 라비올리 · 리조토 · 폴렌타 등의 요리가 유명하다.

(4) 스페인식 레스토랑(Spanish style restaurant)

스페인은 주위가 바다로 둘러싸여 있어 해산물이 많고 생선요리가 유명하며, 특히 왕새우요리는 세계적인 음식으로 꼽힌다. 올리브유, 포도주, 마늘, 파프리카(paprica), 사프란(sapran) 등의 향신료를 많이 쓰는 것이 특색이다.

2) 동양식 레스토랑

(1) 한국식 레스토랑(Korean style restaurant)

한국식 레스토랑 대표 메뉴(불고기, 갈비탕 등)

한국식 레스토랑은 우리나라 고유의 음식을 제공하는 레스토랑으로, 특히 외국인들에게 한국음식을 맛볼 수 있는 좋은 기회를 제공한다. 한국음식은 손맛을 강조한다. 주식과 부식이 분리되어 있고, 곡물조리법이 발달되었으며, 음식의 간을 중요하게 여긴다. 한식 메뉴는 크게 밥, 죽, 면 등의 주식류와 국 · 찌개 · 구이 · 찜 · 조림 · 산적 · 나물 · 전 · 편육 · 젓갈 · 김치 · 육류 등의 부식류로 구성된다. 대표적인 브랜드는 다음과 같다.

- 한정식 : 우래옥, 진로가든, 서라벌, 사월에 보리밥 등이 있다.
- 갈비/불고기 : 놀부 생등심, 언양 불고기 등이 있다.
- 닭갈비 : 불타는 닭갈비, 춘천 닭갈비 등이 있다.
- 삼계탕 : 주왕산 삼계탕 등이 있다.
- 감자탕 : 추풍령, 이바돔, 통뼈, 왕뼈 등이 있다.
- 설렁탕 : 우래옥, 신선 설렁탕, 한촌 설렁탕 등이 있다.
- 부대찌개 : 놀부 부대찌개, 의정부 부대찌개, 최네집 등이 있다.
- 낙지 : 무교동 낙지, 섬마을 갯벌 낙지 수제비 등이 있다.
- 보쌈 : 놀부 보쌈, 원할머니 보쌈, 장군 보쌈, 베비장 보쌈 등이 있다.
- 족발 : 장충동 왕족발 등이 있다.
- 김밥 : 김밥천국, 김밥나라, 압구정 김밥 등이 있다.

• 면류

–국수 : 장터국수, 국시리아 등이 있다.

–라면 : 국내는 틈새라면, 일본은 금룡 라멘 등이 있다.

–냉면 : 진주냉면, 함흥냉면 등이 있다.

(2) 중국식 레스토랑(Chinese style restaurant)

중식의 체인 브랜드들은 꽤 많은 편이다. 미국계 브랜드는 판다 익스프레스(Panda Express), P.F. 창스 차이나 비스트로(P.F. Chang's China Bistro)와 페이 웨이(Pei Wei) 등이 있다. 국내에는 취영루라는 브랜드가 있으며, 일본의 경우 차이나 치리멘, 치리멘데이 등이 있다.

중국음식은 양쯔강을 경계로 크게 북방음식과 남방음식으로 또는 대륙을 4계통으로 나누어 동 · 서 · 남 · 북부로 세분하기도 한다. 북방음식을 대표하는 북경요리, 중부를 대표하는 남경요리, 남부의 광동요리, 양쯔강 상류의 산악지방과 사천을 중심으로 한 사천요리가 있다. 음식색채의 배합이 일본요리나 서양요리에 비해 화려하지는 않지만 미각을 중요하게 여기며, 정식의 경우 전채(前菜) · 주채(主菜) · 덴신(點心)의 세 가지로 구성되어 있다.

① 북경요리

북경은 오랫동안 중국의 수도로서 고급요리가 발달하여 가장 호화스러운 요리문화를 이룩한 곳이며, 지리적으로 한랭한 북방에 위치하여 높은 칼로리가 요구되었기 때문에 육류를 중심으로 강한 화력을 이용하여 짧은 시간에 조리하는 튀김요리와 볶음요리가 특징적이다. 북경요리의 대표적인 것은 오리통구이인 카오아쯔이고, 북경 화북평야의 광대한 농경지에서 생산되는 곡식과 과일류를 비롯한 농작물 등이 풍부하여 면, 만두, 빵, 떡 등이 많다.

② 남경요리

남경요리는 중국 중부의 대표적인 요리이며, 난징, 상하이, 양저우 등지의 요리를 총칭한다. 중국 내륙의 젖줄인 양쯔강 하구에는 오랜 옛날부터 난징을 중심으로 풍부한 해산물과 미곡을 바탕으로 하고 있다. 따뜻한 기후와 풍부한 농산물, 갖가지 해산물의 집산지로서 다양한 요리를 낳게 했고, 돼지고기에 진간장을 써 만드는 홍사오러우가 유명하고, 한 마리의 생선을 가지고 머리에서 꼬리까지 요리하는 조리법과 양념을 달리해서 맛을 내는 생선요리도 일품이다. 바닷게로 만드는 푸룽칭세, 두부로 만드는 스진사꿔또부와 꽃 모양의 빵인 화쉬안 등도 유명하다.

③ 광동요리

중국 남부의 요리를 대표하는 광동요리는 광저우요리를 중심으로 한 중국요리를 의미한다. 남쪽의 더운 지방인 광저우의 요리는 재료가 가지고 있는 자연의 맛을 잘 살려내는 담백함이 특징인데, 서유럽요리의 영향을 받아 쇠고기, 서양채소, 토마토케첩, 우스터소스 등 서양요리의 재료 · 조미료를 받아들인 요리도 있다. 대표적인 요리는 구운 돼지고기인 차사오와 광동식 탕수육인 꿔바로우, 사오마이, 차오관 등이 있다.

④ 사천요리

중국의 서쪽 내륙지방을 말하며 양쯔강 상류 산악지대의 요리를 대표하는 중국요리를 의미한다. 사천지방은 바다가 멀고 더위와 추위가 심한 지방으로 예로부터 악천후를 이겨 내기 위해 향신료 많이 쓴 요리가 발달해 왔기 때문에 매운 요리와 마늘 · 파 · 고추를 사용하는 요리가 많다. 두부와 다진 고기를 이용한 마포또우포, 회교도들의 양고기요리인 양로우귀쯔, 새우고추장볶음인 깐사오밍샤 등이 유명하다.

(3) 일본식 레스토랑(Japanese style restaurant)

일본요리는 지리적 특성에 따라 관서요리와 관동요리로 뚜렷하게 대별된다. 관서요리는 식자재의 색과 형태는 물론, 맛을 최대한 살리는 연한 맛이 특징이며, 국물이 많다. 관동요리는 맛이 관서요리에 비해 농후하며, 국물이 적다. 전통적인 방법 또는 이국의 영향을 받아 병용한 조리방법에 따라 혼젠요리(本膳料理)와 카이세키요리(會席料理) 및 세이진요리(精進料理) 등이 있다.

일본식 레스토랑의 대표 메뉴(우동)

- 우동 : 국내는 다림방, 기소야, 장우동 등이 있다. 일본계는 9가지 국물이 있다는 하나마루(Hanamaru)와 우치다 테야, 멤무스 등이 있다.
- 미국계 브랜드는 베니하나(Benihana), 쇼군(Shogun)이 있고, 국내에는 코바코, 마리

스끄(초밥) 등이 있다. 일본 브랜드는 하켄덴(Hakkenden : 꼬치전문), 토리(Tori : 이자카야), 무라사키(Murasaki : 이자카야) 등이 있다.

(4) 태국식 레스토랑(Thailand style restaurant)

태국음식은 조미료 · 향신료로 독특한 맛을 낸다. 태국요리는 일반적으로 밥과 세 가지 이상의 반찬으로 구성되며, 각각의 요리가 순서대로 나오지 않고 한 식탁에 동시에 제공된다. 카레 · 장류에 찍어 먹는 음식이 주요리이고, 국과 샐러드 종류가 곁들여진다. 특히 칸토크 · 카이양 · 솜탐 · 톰양 · 마사만, 수끼요리 등이 유명하다.

(5) 베트남식 레스토랑(Vietnam style restaurant)

쌀국수로 유명하다. 국내에 대표적 브랜드로는 호아빈이 있다.

(6) 인도식 레스토랑(Indian style restaurant)

인도음식은 카레가 유명하다.

(7) 터키식 레스토랑(Turkish style restaurant)

터키음식은 케밥이 유명하다.

3) 호텔 레스토랑

호텔 레스토랑(lodging places)은 호텔 내에 위치해 있는 식음료사업으로 고품격, 고품질을 지향한다고 볼 수 있다. 일반적으로 한식당, 일식당, 이탈리아식당, 연회장, 라운지 커피숍 등의 외식사업을 운영한다.

호텔 레스토랑

4) 단체급식

단체급식(institutional foodservice)의 대표적 미국계 브랜드는 컴퍼스그룹(Compass Group), 알마크(Armark) 등이 있으며, 국내의 단체급식은 GS유통, 에버랜드, CJ, 신세계푸드시스템, 삼보유통, 풀무원 등이 있다.

(1) 운송시장(transportation market)

일반적으로 여행객들은 고속도로 휴게소, 기차, 공항, 항공기내, 배에서 여행을 하며 취식을 하게 되는데 운송시장은 이러한 여객운송관련 외식시설이 있는 시장을 의미한다.

많은 항공사들은 가능한 한 얼린 음식보다는 신선한 음식을 사용하여, 보다 높은 질의 음식을 제공함으로써 다른 항공사와의 경쟁에서 상대적 우위를 확보하고자 노력한다(대한항공의 경우 햇반을 이용하여 비빔밥을 제공하며, 델타항공의 경우 지방과 콜레스테롤이 적은 닭, 생선, 파스타, 과일 등을 제공한다).

유람선의 경우 음식을 가장 많이 신경을 쓰는데, 이는 제공하는 음식이 여행객들의 유람선 선택의 기준이 되기 때문이다.

(2) 레저시장(leisure market)

스포츠 경기장, 스타디움, 경마장, 영화관, 볼링장, 주제공원, 국립공원 등에 있는 음식제공시설을 포함한다. 솜사탕(cotton candy)에서부터 스낵바와 고급 레스토랑까지 레저시설에서 제공하는 음식은 매우 다양하다. 예를 들어, 풋볼 경기장 특실에는 고급 음식을 제공하고, 일반석은 핫도그나 콜라, 맥주 등을 제공한다.

주로 단체급식회사(contract food company)들이 계약에 의해 많은 경기장이나 스타디움을 관리한다. 왜냐하면 경기는 시즌이 있고 매일 경기가 있지 않기 때문에 한 경기장만 관리하기에는 수지가 맞지 않고 인력관리도 어렵기 때문이다.

(3) 소매시장(retail market)

바쁜 일상을 살아가는 현대인들은 가정에서 음식을 만드는 기회가 점차 줄어듦에 따라 외식하는 빈도가 커지기 마련이다. 따라서 테이크아웃(take-out)과 배달(delivery)시장이 늘어나게 된다. 이러한 경향은 소매시장을 활성화시킨다(편의점, 슈퍼마켓, 백화점, 약국, 주유소 등).

세븐일레븐에서 하디스 햄버거(Hardee's Hamburgers)를 판매하고, 모바일 가스 스테이션(Mobil Gas Station)은 서브웨이(Subway) 샌드위치를 판매한다. 최근 쇼핑몰에서 푸드코트도 유행하고 있다.

- 편의점 : 세븐일레븐, 온더고(On-The-Go), 시츠(Sheetz), GS 25 편의점
- 소매점 : 월마트, K마트, 홈플러스, GS마트, 이마트

(4) 기업 중심 단체급식(business & industry market)

계약을 통한 단체급식시장은 회사원들을 대상으로 하는 시장으로서 점심 또는 저녁

식사를 회사 내에서 해결할 수 있도록 회사 내에 시설을 갖추고 직원들을 대상으로 음식을 제공하는 업종을 의미한다. 대표적 기업은 매리어트(Marriott), 캔틴 코퍼레이션(Canteen Corporation) 등이 있다.

(5) 학교 중심 단체급식(student market)

학교 내의 학생들을 위한 단체급식시장을 의미하는데 계약을 통해 학교 학생들에게 음식을 제공하는 단체급식시장을 의미한다. 학교급식시장은 초등학교부터 대학교까지를 포함하는 단체급식시장을 말한다. 대표적 기업은 매리어트(Marriott)가 있다.

(6) 병원 중심 단체급식(health care market)

병원 중심 단체급식의 경우 3가지 시장으로 세분화할 수 있는데, 이 3가지 시장은 일반병원(hospitals), 요양시설(nursing homes), 은퇴자시설(retirement communities)로 요약할 수 있다. 미국의 경우 매리어트(Marriott)가 병원시설의 환자를 위한 단체급식(patient meals)과 방문자 식사(non-patient meals)로 단체급식을 하고 있다. 방문자 식사를 위해 쇼핑몰 수준의 푸드코트(mall-style food courts)와 카페테리아, 피자헛, 던킨도너츠와 도미노피자와 같은 브랜드매장을 임대를 통해 운영하고 있다.

(7) 교도소 단체급식(prison food service)

교도소에서의 식음료를 제공하는 단체급식 형태를 의미한다.

(8) 군대 단체급식(military food service)

오락 형태를 포함하는 군사시설 내에서의 식음료 단체급식을 의미한다.

(9) 자판기(vending machine)

자동판매기를 기반으로 하는 외식사업을 의미한다. 기존에 대부분 음료수 중심의 자판기사업에서 급속냉동음식을 판매하는 자판기사업도 증가 추세에 있다.

2. 업태

외식산업시장이 확대되고 고객욕구가 다양해지면서 레스토랑을 선택하는 기준이 상당히 다양해졌다. 바쁜 사람, 여유 있게 지내고 싶거나 이야기를 나누고 싶은 사람, 기분을 전환시키고 싶은 사람 등과 같이 다양한 외식의 목적과 이용동기에 따라 그에 맞는 외식업소를 찾게 되면서 업태가 등장하게 되었다. 업태(type of service)란 품질, 맛, 가격, 양, 분위기 측면에서의 제공하는 외식서비스의 수준을 의미한다. 즉, 레스토랑에서 일방적으로 제공되는 상품에 의해 분류한 것이 업종이라면 업태는 소비자의 필요성과 이용동기에 의해 분류하는 방식이라 할 수 있다.

외식의 업태(service type)는 크게 퀵서비스(quick service), 패스트 캐주얼(fast casual), 패밀리 다이닝(family dining), 캐주얼 다이닝(casual dining), 디너하우스 또는 파인 다이닝(dinner house or fine dining)과 같이 분류된다.

1) 퀵서비스(quick service)

패스트푸드 레스토랑은 퀵서비스 레스토랑(QSR)이라고도 한다. 패스트푸드점은 제한된 메뉴, 제한된 서비스와 빠른 음식제조공정을 거쳐 고객에게 빨리 음식을 전달하게 된다. 이러한 업태의 외식업은 셀프서비스를 기본으로 하며 객단가는 보통 6천 원 이하이다.

퀵서비스 레스토랑(롯데리아)

- 버거 : 미국계 브랜드는 맥도날드, 버거킹, 웬디스, 하디스, 소닉이 있다. 한국계 브랜드는 롯데리아, 크라제버거 등이 있다. 일본계 브랜드는 모스버거가 있다.
- 샌드위치/베이커리 : 미국계 브랜드는 서브웨이(Subway), 아비스(Arby's), 블림피(Blimpie), 퀴즈노스 서브(Quizno's Subs)가 있다. 국내 브랜드는 파리바게뜨, 뚜레쥬르가 있다. 일본계 브랜드는 메종카이저가 있다.
- 피자 : 미국계 브랜드는 피자헛, 도미노피자, 파파존스, 리틀시저스 등이 있다. 국내 브랜드는 미스터피자, 7번가피자, 성신제피자 등이 있다. 일본계는 피자라(Pizza-La), 사보이아 등이 있다.
- 치킨 : 미국계 브랜드는 KFC, 파파이스, 칙필에이(Chick-fil-A), 처치스(Church's) 등이 있다. 국내 브랜드는 림스치킨(Lim's Chicken), 교촌, BBQ 등이 있다.
- 시푸드 : 미국계 브랜드는 롱 존 실버(Long John Silver), 캡틴디스(Captain D's) 등이 있다.

- 파스타 : 미국계 브랜드는 스바로(Sbarro), 파졸리스(Fazoli's), 누들 앤 컴퍼니(Noodle & Company) 등이 있다. 일본계는 사이제리아(Saizeria), 기나지노(Ginagino) 등이 있다.
- 멕시코음식(Mexican) : 미국계 브랜드는 타코벨, 델타코 등이 있다.
- 아이스크림 : 미국계 브랜드는 베스킨라빈스, 하겐다즈, 프렌들리(Friendly), TCBY 등이 있다.
- 커피/스낵/디저트 : 미국계 브랜드는 데어리퀸(Dairy Queen), 던킨도너츠, 허쉬푸드서비스(Hershey's Food Service), 스타벅스, 자바, 커피빈, 파스쿠찌, 잠바주스, 시리얼리티(Cereality) 등이 있다. 일본계는 피터팬(Peterpan), 코모코(Comoco) 등이 있다.

2) 패스트 캐주얼(fast casual)

패스트 캐주얼은 서비스과정이 패스트푸드와 유사하게 상당히 빠르지만 음식내용물을 보다 건강식으로 유지한다. 이러한 업태도 셀프서비스를 기본으로 하며, 객단가는 6~9천 원선으로 책정할 수 있다.

대표적인 미국계 브랜드는 치포틀레(Chipotle), 오내추럴(O'Natural), 보스턴마켓(Boston Market) 등이 있다.

패스트 캐주얼(치포틀레 : chipotle)

3) 패밀리 다이닝(family dining)

이러한 업태는 싯다운(sit-down), 풀서비스(full service)를 기본으로 하며 객단가는 6천 원~1만 원 정도로 볼 수 있다.

대표적인 미국계 브랜드는 데니스(Denny's), IHOP, 퍼킨스(Perkins), 와플하우스(Waffle House), 루비 튜즈

패밀리 다이닝(IHOP)

데이(Ruby Tuesday) 등이 있다. 대표적인 일본계 브랜드는 스카이락, 코코스, 조이풀 등이 있다.

4) 캐주얼 다이닝(casual dining)

캐주얼 다이닝 업태는 싯다운(sit-down), 풀서비스(full service)를 기본으로 하며 객단가는 1~2만 원 정도로 볼 수 있다.

캐주얼 다이닝(T.G.I. 프라이데이스)

캐주얼 다이닝의 핵심전략은 메뉴, 점포 내부와 외부, 서비스에 반영되는 테마에 초점을 두는 것이다. 캐주얼 다이닝은 높은 가격을 유지하기 위해 강력한 시장 포지셔닝을 구축해야 한다. 우리나라는 패밀리 레스토랑시장이 성숙되기 전에 캐주얼 다이닝이 도입된 바와 같이 업태 분화가 급속하게 전개되었다. 이러한 현상은 외국에 비해 외식산업의 성장과 발전 속도가 무척 빠르게 진행되었음을 나타낸다.

대표적인 미국계 브랜드는 애플비스(Applebee's), 베니건스, 치즈케이크팩토리, 칠리스, 치치스(Chichi's), T.G.I. 프라이데이스, 시즐러, P.F. 창스 차이나 비스트로(P.F. Chang's China Bistro), 아웃백스테이크하우스 등이 있다. 한국계 브랜드는 VIPS, 매드포갈릭 등이 있다. 일본계 브랜드는 조나단(Jonathan)과 같은 브랜드가 있다.

- 이탈리안 : 미국계 브랜드는 올리브가든(Olive Garden), 로마노스 마카로니 그릴(Romano's Macaroni Grill), 이탈리아니스(Italiannes) 등이 있다. 국내 브랜드는 매드포갈릭, 스파게티아 등이 있다.
- 스테이크/바비큐 : 미국계 브랜드는 론스타스테이크하우스(Lone Star Steak House), 폰데로사(Ponderosa), 스테이크 앤 쉐이크(Steak'n Shake), 아웃백스테이크하우스, 슐라스 스테이크 하우스(Shula's Steak House), 토니로마스 등이 있다. 일본계 브랜드는 졸리 악스(Jolly Ox), 스테이크 쿠니 등이 있다.
- 카페테리아/뷔페 : 미국계 브랜드는 올드컨트리뷔페(Old Country Buffet), 라이언스(Ryan's)가 있다. 국내에는 제일뷔페와 같은 뷔페식당을 의미한다.
- 테마 : 영화와 음악 등의 엔터테인먼트요소를 테마로 한 업태들도 등장하였다. 플래

닛 할리우드(Planet Hollywood)는 영화, LA팜스(LA Palms)는 미식축구를 스포츠 테마로 표현하였고, 락음악을 테마로 한 하드록카페(Hard Rock Cafe), 그리고 재즈 음악을 공연하는 블루노트(Blue Note) 등이 있다.

- 시푸드 : 대표적인 미국계 브랜드에는 레드 랍스터(Red Lobster)가 있다.

5) 디너하우스 또는 파인 다이닝(dinner house or fine dining)

디너하우스 업태는 싯다운(sit-down), 풀서비스(full service)를 기본으로 하며 주로 저녁식사 중심의 메뉴를 상당수 가지고 있는 것이 특징이고 객단가는 2만 원 이상으로 볼 수 있다.

파인 다이닝(울프간 퍽, Wolfgan Puck)

이러한 파인 다이닝 레스토랑은 주로 뉴욕, 로스앤젤레스, 보스턴, 시카고, 뉴올리언스, 휴스턴과 같은 곳에 입점을 하고 있다. 이러한 레스토랑의 시장은 부유층이 많고 비즈니스가 많이 이루어지는 시장에 형성되어 있다. 최근엔 알코올음료의 소비가 현저하게 줄면서 이러한 풀서비스 레스토랑의 성공에 악영향을 주고 있다. 또한 경제상황이 불안해지면 풀서비스 레스토랑시장은 불안해질 수밖에 없다.

대표적인 미국계 브랜드는 차트하우스(Chart House), 바하마 브리즈(Bahama Breeze), 찰리 트로터스(Charlie Trotter's), 울프간 퍽(Wolfgan Puck) 등이 있다.

Chapter 3

외식사업의 운영체계에 의한 분류

외식사업 운영체계는 외식사업매장의 운영 형태를 의미한다. 외식사업 운영체계에 의한 분류는 [그림 3-1]과 같다.

그림 3-1 | 외식사업 운영체계별 분류

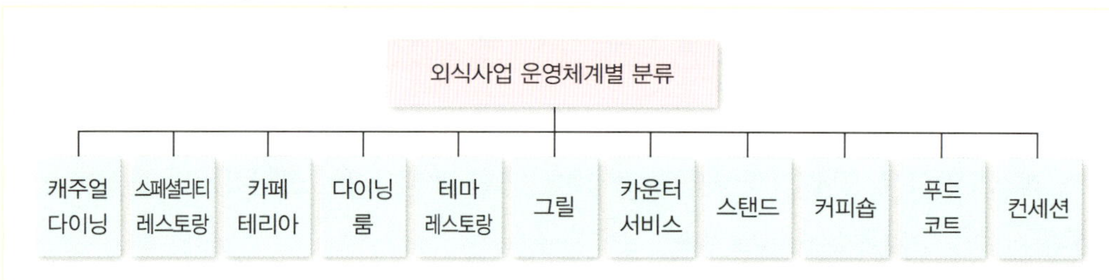

1. 캐주얼 다이닝/패밀리 레스토랑

캐주얼 다이닝/패밀리 레스토랑은 가장 넓은 의미로 사용되고 있는 레스토랑의 대표적 명칭이다. 가족 · 연인 · 친구들끼리 이용하기 쉬운 곳에 위치하고 있으며, 어린이부터 노인층까지 즐길 수 있는 폭넓은 메뉴를 갖추고 있다. 고객의 주문에 의하여 서비스직원이 음식을 제공하는 테이블서비스를 하며, 대중적인 음식과 중간 정도의 식사가격, 정중한 서비스, 편안한 시설을 갖추고 있다.

2. 스페셜리티 레스토랑

스페셜리티 레스토랑(specialty restaurant)은 해산물 · 팬케이크 · 치킨 · 야채 · 스테이크 · 도넛 · 오믈렛 · 샌드위치 등 한 가지 음식만을 전문적으로 생산하고 판매하는 레스토랑이다.

3. 카페테리아

카페테리아(cafeteria)는 음식물이 진열되어 있는 카운터 테이블에서 선택한 음식만큼에 해당되는 가격을 지불하고, 고객이 직접 운반하여 먹는 셀프서비스방식의 레스토랑이다.

4. 다이닝 룸

다이닝 룸(dining room)식은 일반적으로 영업시간을 정해 놓고 조식을 제외한 점심과 저녁식사만을 위해 정식요리를 제공한다. 최고급 음식부터 캐주얼 레스토랑과 패밀리 레스토랑 스타일의 음식까지 제공하고 있다. 최근에는 다이닝 룸이라는 명칭은 사용되지 않고 있으며, 고유의 명칭을 붙인 전문요리 레스토랑과 그릴(grill)로 바뀌고 있다.

5. 테마 레스토랑

테마 레스토랑(theme restaurant)은 독특하고 특징 있는 테마를 가지고 디자인된 레스토랑이다. 예를 들어, 기차 · 항공기 · 열대우림 · 교도소 · 교실 등을 테마로 그 분위기에 맞는 실내장식 · 유니폼 등을 갖추고 운영한다.

6. 그릴

그릴(grill)은 주로 일품요리를 제공하는 레스토랑으로서 메뉴선택의 편의와 매출증대를 위해 그날의 특별요리를 제공한다. 아침 · 점심 · 저녁식사 등 모든 식사를 할 수 있도록 되어 있다.

7. 카운터서비스

카운터서비스(회전초밥 레스토랑)

카운터서비스(counter service)는 주방이 개방되어 고객이 직접 조리과정을 볼 수 있도록 카운터와 테이블이 일체화되어 식음료서비스가 이루어지는 외식업소를 말한다. 직접 조리과정을 지켜볼 수 있기 때문에 기다리는 시간의 지루함을 덜 수 있고, 식욕을 촉진시켜 준다. 초밥을 주로 판매하는 일식집이 주를 이루며, 특히 회전초밥집이 이러한 카운터서비스 레스토랑의 대표적인 예이다. 스낵바, 라멘이나 어묵 또는 떡볶이와 같은 즉석메뉴 전문점에서 주로 이루어지는 서비스이다.

카운터서비스 레스토랑에서는 조리사의 동작을 볼 수 있어 고객으로 하여금 음식에 대한 흥미를 유발할 수 있고 청결하고 위생적인 분위기를 공감할 수 있다. 좌석회전율이 높고, 식사시간이 짧고, 특별한 인적서비스를 제공하지 않기 때문에 인건비 절감에도 효과가 있다.

8. 스탠드

스탠드(stand)는 특별한 영업장시설 없이 카운터 테이블만을 갖추고 있는 레스토랑이다. 고객이 카운터 테이블로 와서 음식을 주문하고, 그 앞에 서서 음식을 먹는다. 보통 공항 · 바닷가 · 도로변과 같이 사람들의 왕래가 많은 곳에 위치하며, 핫도그 · 아이스크림 · 햄버거 등의 메뉴를 제공하고 있다.

9. 커피숍

커피숍은 고객이 많이 왕래하는 장소에서 음료 · 도넛 · 샌드위치 · 파이 등 간단한 식사를 판매하는 레스토랑이다. 외국에서는 보통 레스토랑의 기능과 겸비해 운영되고 있으나, 우리나라에서는 커피와 간단한 스낵류를 판매하는 호텔커피숍과 커피만을 전문적으로 판매하는 일반커피숍이 있다.

커피숍(글로리아 진스 커피)

10. 푸드코트

푸드코트(food court)는 백화점이나 쇼핑센터 내에 다양한 업종 · 업태의 외식사업을 일정장소에 집결시켜 테이블과 좌석을 공동으로 사용하면서 서로 간 이점을 얻을 수 있도록 운영하는 외식사업이다.

푸드코트

11. 컨세션

컨세션(concession)은 주로 경기장 · 공항 · 체육관과 임대계약을 맺고, 이곳을 이용하는 고객에게 햄버거 · 음료 · 맥주 등의 한정된 상품을 판매하는 외식사업이다. 특히 공항 같은 곳에서는 24시간 영업을 하기도 한다.

컨세션(테이블스타)

Chapter 4

외식사업의 서비스 유형에 의한 분류

외식사업의 유형을 구분하는 기준으로 활용되는 서비스는 고객에게 제공되는 인적서비스 집중도, 그리고 개별화, 상호작용의 정도 등에 의해 셀프서비스(self service), 제한된 서비스(limited service), 풀서비스(full service)와 같이 크게 세 부류로 분류할 수 있다.

1. 셀프서비스 레스토랑

셀프서비스 레스토랑은 고객 스스로가 자신이 원하는 음식과 음료상품을 직접 주문하고, 제공된 음식을 운반하여 소비하는 레스토랑 유형을 지칭한다. 이러한 유형의 레스토랑을 이용하는 고객은 스스로가 자신이 원하는 상품을 소비하기 위해 필요한 서비스를 해결해야 한다.

셀프서비스 레스토랑의 대표적 사례로는 퀵서비스 레스토랑(패스트푸드 레스토랑), 뷔페 레스토랑, 카페테리아 레스토랑, 자동판매기 레스토랑 등이 있다. 이러한 셀프서비스 레스토랑의 경영상 특징은 다음과 같다.

- 상대적으로 낮은 인건비용 : 고객 스스로가 자신을 위한 서비스를 제공함에 따라 기업은 일정부분의 인건비용을 절약할 수 있는 기회를 확보하게 된다.
- 상대적으로 낮은 가격 : 다른 유형의 서비스를 제공하는 레스토랑에 비해 셀프서비스 레스토랑의 경우 인건비용을 절감함으로써 상대적으로 낮은 가격으로 상품을 제공할 수 있는 기회를 가지게 된다.

- 고객기호에 맞는 상품 선택 기회 : 특히 뷔페 레스토랑의 경우 자신이 원하는 음식과 음료상품을 마음껏 선택하여 소비할 수 있다.
- 낮은 고객불만 : 고객 스스로 서비스 생성과정에 포함되므로 고객의 불평불만이 줄어든다.

셀프서비스 레스토랑(헬로키티 카페)

- 높은 좌석회전율 : 일반적으로 패스트푸드 레스토랑의 경우 음식과 음료상품의 특성상 소비하는 과정이 매우 신속하게 진행된다. 뷔페 레스토랑의 경우에도 조리과정이 끝난 완성품을 고객이 직접 선택하여 즉시 소비함으로써 고객이 레스토랑에 머무는 체류시간이 상대적으로 짧아질 수 있다.
- 높은 고객참여 : 대부분의 셀프서비스 레스토랑 이용고객은 자신이 원하는 상품을 카운터에 가서 직접 주문하고, 운반하고, 소비 후에는 테이블을 정리하는 수고를 해야 한다.
- 신속한 서비스 : 고객이 직접 자신이 원하는 서비스를 시행하므로 타 유형의 레스토랑보다 신속한 서비스를 시행할 수 있다.

2. 제한된 서비스 레스토랑

제한된 서비스(limited service)를 제공하는 레스토랑은 셀프서비스 레스토랑과 풀서비스 레스토랑의 중간 형태의 서비스가 제공되는 레스토랑 유형이다. 제한된 서비스를 제공하는 레스토랑에서는 음식상품과 더불어 최소한의 서비스가 고객에게 제공되는데 그 정도가 매우 제한적이라 레스토랑을 방문한 고객 스스로가 해결해야 하는 부분이 많다. 따라서 제한된 서비스를 제공하는 레스토랑은 고객에게 제공되는 음식상품에 초점을 맞추게 된다.

음식과 음료를 소비하기 위해 레스토랑을 방문한 고객에게 특정 서비스는 고객이 직접 하도록 유도하며, 다른 서비스는 레스토랑이 고객에게 제공하는 형태를 띤다. 이러한 서비스의 융통성은 레스토랑기업에서 고객에게 제공하는 음식의 종류와 서비스의 양과 질, 그리고 내용까지 자유롭고 특징 있게 디자인할 수 있어 타 기업과 차별적인 서비스를 설계할 수 있다. 예를 들어, 고객이 주문하는 곳에서 자신이 원하는 음식을 주문하고 자리에서 자신이 주문한 음식을 기다리면 직원이 음식을 운반하는 서비스와 테이블 정리서비스를 제공하는 등의 서비스 형태를 디자인할 수 있다.

제한된 서비스 레스토랑(마르쉐)

3. 풀서비스 또는 테이블서비스

풀서비스(full service) 레스토랑은 일반적으로 테이블서비스 레스토랑이라 할 수 있다. 테이블서비스 고객이 식사를 하기 위해 레스토랑을 방문하게 되면 고객은 직원의 안내로 자신이 원하는 테이블로 안내되며, 고객은 자신이 원하는 테이블에 편안하게 앉아 음식상품과 서비스를 제공받게 된다. 이때 레스토랑 종사원들은 고객에게 최대한 정중하고도 정성을 다하는 서비스를 제공해 주게 된다. 이러한 유형의 레스토랑은 제한된 서비스를 제공하는 레스토랑과 비교해 볼 때 상대적으로 높은 가격과 편안함과 화려함 등 고객의 특별하고도 다양한 욕구를 충족시킬 수 있는 레스토랑 유형이라 할 수 있다. 일반적인 형태의 레스토랑으로 전문교육을 학습한 직원들이 보다 편안하고 효율적인 방법으로 양질의 서비스를 제공하여 고객의 욕구를 충족시키는 서비스를 제공하는 레스토랑 형태이다.

테이블서비스 레스토랑(이탈리아 레스토랑)

예를 들어, 주차장에서부터 친절하게 고객을 환대하는 대리주차(발레파킹)서비스, 고객을 친절하게 그들이 원하는 좌석에 안내하고 음식과 음료주문을 받는 서비스, 고객이 주문한 음식을 친절하게 운반하는 서비스, 좌석에서 계산을 할 수 있도록 하는 서비스 그리고 기타 고객이 원하는 모든 사항을 친절하고 신속하게 응대하는 서비스 등 최대한 고객의 편의성을 극대화한 서비스를 제공하는 레스토랑 유형이다.

Chapter 5

외식사업의 범위

외식사업의 범위는 도이토시오(土井利雄, 1990)에 의해 제시되었다. 외식사업의 범위는 조리주체, 조리장소, 취식장소의 기준에 의해 분류된다.

1. 내식적 내식(internal–internal foodservice)

주부가 자기 집에서 요리한 음식을 가정 내에서 먹는 식사를 말한다.

2. 내식적 외식(internal–external foodservie)

주부가 자기 집에서 요리한 음식을 학교나 캠프(가정 외)에서 먹는 식사를 말한다.

3. 외식적 내식(중식)(external–internal foodservice)

전문조리사가 백화점 반찬매장에서 요리한 음식을 가정 내에서 먹는 식사(테이크아웃, 배달 또는 택배) 또는 전문조리사가 자기 집에서 요리한 음식을 가정 내에서 먹는 식사(출장뷔페)를 말한다.

4. 외식적 외식(external–external foodservice)

전문조리시기 레스토랑에서 요리한 음식을 레스토랑에서 먹는 식사(일반적 외식)를 말한다.

최근 외식의 범위가 점차 확대되고 있는 추세에 따라 소비자의 식사장소가 가정 내이건 가정 외이건, 이를 불문하고 조리주체와 조리장소가 가정 외인 식사를 외식으로 정의하기도 한다.

내식적 내식을 제외한 내식적 외식, 외식적 내식, 외식적 외식을 [그림 5-1]과 같이 외식의 범위에 포함시키고 있다.

그림 5-1 | 외식의 범위

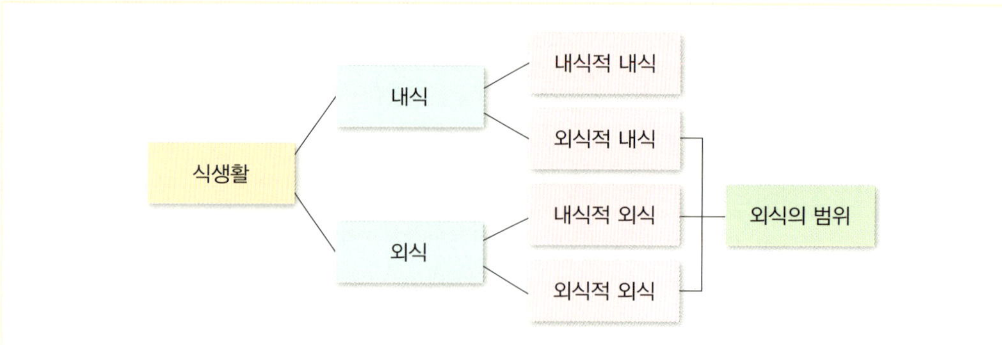

자료 : 土井利雄(1990), 外食, 일본경제신문사, 9.

요약정리

- 외식산업의 위치를 알 수 있다.
- 서비스산업으로서의 외식산업의 위치를 알 수 있다.
- 관광과 환대산업으로서의 외식산업의 위치를 알 수 있다.
- 식품산업으로서의 외식산업의 위치를 알 수 있다.
- 식품가공업으로서의 외식산업의 위치를 알 수 있다.
- 외식산업의 분류를 알 수 있다.
- 외식업종에 의한 분류를 알 수 있다.
- 외식업태에 의한 분류를 알 수 있다.
- 외식운영체계에 의한 분류를 알 수 있다.
- 외식사업의 범위를 알 수 있다.

참고문헌

김광지 · 박기용(2007), "외식범위 설정과 표준산업분류에 의한 외식산업분류기준에 관한 연구," 관광레저연구, 제19권, 제2호.

土井利雄(1990), 外食, 일본경제신문사, 9.

Davis, Bernard, Andrew Lockwood & Sally Stone(2008), *Food and Beverage Management*(4th ed.), BH.

Dittmer, Paul R. & Gerald G. Griffin(1997), *Dimensions of the Hospitality Industry*, VNR.

Lundberg, Donald E. & John R. Walker(1993), *The Restaurant from Concept to Operation*, John Wiley & Sons.

Powers, Tom & Clayton W. Barrows(1999), *Introduction to Management in the Hospitality Industry*, John Wiley & Sons.

Part 2

외식사업의 특징

개요

자영업에 종사하고 있지 않은 전국 만 19세 이상 성인 1,000명을 대상으로 2015년에 설문조사를 한 결과 희망하는 창업 분야 1위는 외식사업이다. 외식사업은 조사한 모든 연령대에서 창업 1위 산업으로 자리매김하고 있다(한국외식업중앙회, 2015).

작은 종잣돈으로 노점상에서부터 시작해서 유명 프랜차이즈업을 일으켜 국내 유명 프랜차이즈 사장이 된 사람도 있다. 매스컴에 성공기사가 실리고 잘나가는 사람들을 보면 누구나 '나도 장사 한 번 해볼까?' 라는 생각을 쉽게 하지만 현직에 있는 사람들을 만나서 상담해 보면 외식사업이라는 것이 쉽지 않다는 것을 느끼게 된다.

10년간 대기업에 다니며 집도 사고 자녀들 교육도 시키고 잘나가다가 외식업으로 업종을 전환하여 3년간 장사하다 완전히 접게 된 사람, 가정 문제로 사업을 접는 사람, 상가에서 계약기간 만료로 초반에 죽은 점포를 살려 놓고도 정작 본인은 사업을 접게 되는 경우 등 사업을 하다 한순간에 내려앉은 사람들을 보게 된다. 외식사업은 실패 확률이 높은 사업 분야이며, 실패에 대한 분석을 통해 성공의 실마리를 찾을 수 있을 것이다.

Chapter 6

외식사업의 실패율과 실패원인

1. 외식사업의 실패율

외식사업을 시작하는 사람은 결코 적지 않다. 그러나 외식사업의 성공은 상당히 어려운 일이다. 큰 규모로 성공적인 외식사업이 되기 위한 가능성은 그다지 높아 보이지 않는다. 매해 수천 개의 외식업체들이 문을 닫고 수천 개의 외식업체들이 개점을 한다. 이렇게 성공하기 어려운 주요 이유로는 고객수는 거의 그대로인 데 반해 외식사업의 진입 장벽이 너무 낮아 개점이 용이하여 경쟁이 심화되기 때문이다.

많은 수의 외식사업주들이 개점을 하지만 성공하기는 상당히 어렵다는 것은 관련 통계를 보아도 쉽게 알 수 있다. 2013년 한국은행 통계에 의하면 2012년을 기준으로 외식업소 1곳당 인구수가 한국 71명, 미국 555명, 일본 175명이 된다. 미국과는 비교조차 어렵고 일본과 비교해도 한국은 절반에도 못 미친다. 한마디로 식당이 너무 많다. 2000년대 들어 대략 연평균 50만 명이 개업을 하지만 그 중 40만 명이 1년 안에 폐업을 한다. 80퍼센트가 1년 안에 망한다는 이야기다.

구체적으로 외식사업의 실패율을 살펴보면 다음과 같다. 1980년대를 기준으로 5년 이내에 폐점하는 비율이 90%인데, 여기서 가맹점포의 폐점률은 3.3%에 불과했다(Justis & Judd, 1989). Parsa(2003)에 의하면 1990년대에는 3년 이내의 폐점비율이 60%로 첫해에 25%, 둘째 해에 20%, 세 번째 해에 15%의 폐점비율을 보이고 있다. 이는 3년 이내에 60%의 폐점률을 보이는 것을 5년으로 추론하면 약 80%의 폐점으로 추정할 수 있다. 이는 독립점포와 가맹점포를 모두 합한 추정 비율이기 때문에 Parsa(2003)가 조사하기 10

년 이전의 폐점비율과 비교했을 때 폐점률이 비슷할 것으로 추정된다. 즉, 5년 이내를 기준으로 했을 때 전체 외식사업 폐점률은 80%이고 독립점포의 폐점률은 90%, 가맹사업의 폐점률은 5% 정도로 설명할 수 있을 것이다.

2. 외식사업의 실패원인

외식사업을 성공적으로 해내지 못하는 이유는 여러 가지가 있다. 한국은행(2008) 자료에 의하면 인구 1천 명당 미국은 식당이 1.8개였고, 일본은 5.7개이고, 한국은 12.2개이다. 국내의 외식사업은 완전경쟁시장의 전형을 보여주고 있다. 외식창업은 신고제 형태로 손쉽게 이루어지고 있고 생계를 목적으로 하는 창업의 주종이 외식사업이다 보니 시장진입장벽은 매우 낮고 경쟁은 격화되고 채산성은 점차 떨어지고 있음을 알 수 있다. 외식시장의 경쟁환경은 매우 치열하다. 이러한 치열한 경쟁환경에서 작은 실수는 쉽게 용납되지 않는다. 맛에 대한 연구가 부족했다거나, 입지가 나쁘다거나, 아르바이트생을 원활하게 채용하지 못했다거나, 손님을 불쾌하게 만든 경우가 많았다거나, 부주의로 식중독을 일으켜 장기간 영업정지를 당했다거나 하는 것이 그 이유이다. 외식사업의 실패에 대한 대표적인 원인을 분석해 보면 다음과 같이 요약할 수 있다.

1) 품목선정 실패

영업을 하려는 주변지역의 고객구성 및 성향에 맞지 않는 외식상품을 가지고 사업을 시작해 실패하는 경우를 말한다. 예를 들면, 노인들이 많이 모여 사는 지역에 햄버거 전문점을 개점한다거나 반대로 젊은 학생들이 많은 학교 주변에 고가의 프랑스식 정통 고급 레스토랑으로 사업을 시작해 실패하는 경우를 말한다. 노인들은 일반적으로 소화력이 떨어져 햄버거와 같은 음식을 꺼리며, 젊은 학생들의 경우 재정적 여건이 넉넉지 않은 경우가 허다하여 값비싼 외식에 대해 꺼리는 경향이 있기 때문에 이러한 성향에 반하는 외식상품은 성공을 거두기가 어려울 것이다.

2) 초기 사업자금의 부족

점포사업을 하려고 할 때 가장 문제가 되는 것이 바로 사업자금이다. 사업 초기에는 여유 있는 운전자금이 반드시 있어야 한다. 많은 신규경영자는 손익분기점(break-even point)에 도달할 때까지 음식, 노동, 고정비용을 지불하기 위해 상당한 운전자본(유동자산)이 필요하다는 사실을 거의 간과하고 있다.

자본계획을 세울 때 유의해야 할 것은 창업자금 외에도 운영자금을 확보해야 한다는 것이다. 점포사업을 시작할 때는 이익을 내지 못하는 상태에서 적어도 6개월 정도는 버틸 수 있는 운영자금이 있어야 한다. 갖고 있는 자금을 창업하는 데 모두 투자해서 점포를 운영할 자금이 없다면 아무리 성실히 노력한다 해도 사업을 지속할 수 없기 때문이다. 초기사업에 소요되는 자금의 약 1.5배 이상을 확보하여 사업을 시작하는 것이 바람직하다.

1천만 원을 가지고 음식업 창업을 하려는 사람이 있다. 자본력이 너무 작아 1천만 원으로 할 수 있는 것은 풀빵장사 정도일 것이다. 문제는 설령 시작한다고 하더라도 그 수입이 얼마나 되겠느냐 하는 것이다. 충분한 자본 없이 시작하는 것은 위험부담이 너무 크다. 차라리 충분한 자금이 없다면 경험을 쌓아야 한다. 한 분야에서 계속적인 경험과 노하우를 쌓게 되면 그 상품에 대해서는 나만의 노하우는 물론이고 큰 사업기회도 잡을 수 있다. 자신이 젊고 창업을 반드시 해야 하는데 자금이 그리 많지 않다면 누구나 할 수 있는 아이템보다는 장기적으로 노하우를 얻을 수 있는 아이디어 중심의 사업을 고려하는 것이 바람직할 수 있다.

자금규모 5천만 원에서 1억 원 정도의 소자본창업의 경우에는 일부의 경우를 제외하고는 처음부터 고수익, 안정성이라는 것을 달성하기 어렵다는 것을 알아야 한다. 현시점에서 알짜사업 또는 우수한 프랜차이즈사업을 하기 위해서는 약 3억 원 정도 규모의 자금이 필요할 것이다. 물론 일률적인 것은 아니지만 일반론적인 자금을 의미하는 것이다. 사업을 시작할 때 조달할 수 있는 자금규모가 최소한 3억 원 정도는 되어야 그나마 유망상권이라는 지역에 점포를 얻어 창업할 수 있고 입지의 우수성을 기반으로 안정적으로 영업을 할 수 있을 것으로 보인다.

그런데 소자본창업의 대부분의 경우에는 어떠한가? 신문지상의 설문결과 등을 통해 보면 1억 원 미만이 90%를 넘는 것으로 보여지고, 5천만 원 내외의 자금규모가 가장 많은 것으로 파악되고 있다. 그렇다면 소자본창업의 경우에는 극히 일부분의 경우를 제외하고는 처음부터 안정적인 창업을 하기 어려운 것이다.

구체적인 사례로 접근해 보자. 자본금 5천만 원에서 1억 원을 가지고 창업을 할 경우, 대략 50%선에서 보증금과 권리금을 해결해 점포를 얻어야 한다고 볼 때, 2,500만 원에서 5천만 원선에서 점포를 얻어야 한다. 2,500만 원에서 5천만 원으로 얻을 수 있는 점포들은 통상 우리가 말하는 A급 상권이 아니며 B급이나 C급 상권인 것이 대부분이다. 그리고 이러한 B급, C급 상권에서 무난하게 운영할 수 있는 업종들이란 우리가 익히 알고 있는 생활근린형 기반의 업종들이 대부분이고 수익 또한 그다지 높지 않은 것이 일반적이다. 다시 말해, 자신의 노동력에 대한 대가를 얻게 되는 생계형 업종들이 대부분인 것이다. 이러한 생계형 업종들은 통상적으로 2~3년 단위로 폐업과 창업을 반복하는 특성이 있는데, 자기가 투자한 시설비를 권리금을 받고 떠나려고 하는 경우, 어느 정도 장사를 잘해서 보다 큰 규모로 이전하려는 경우, 현재 하는 업종이 인기가 떨어져서 매출이 급감해 폐업을 하는 경우 등 이유는 매우 다양하다.

그렇다면 이 모든 것을 종합해 볼 때, 5천만 원에서 1억 원까지의 소자본창업의 경우에는 처음부터 안정적으로 큰 수익을 올리면서 장기적으로 영업을 할 것이라는 생각은 대부분 틀린 것이 된다는 것이다. 초기 사업자금에 영향을 주는 대표적 비용요인은 다음과 같다.

(1) 자본규모와 입지의 결정

자금이 넉넉해서 좋은 입지에 대형 점포를 운영한다면 보기에도 그럴듯하겠지만, 실제로 그런 형편이 되는 사람은 많지 않다. 따라서 업종은 자신의 자본규모와 맞아야 하는데, 이 경우에는 입지와의 연관성을 잘 판단해서 결정해야 한다. 같은 업종이라도 입지조건에 따라서, 또 점포의 규모에 따라서 투자되는 자본규모가 다양하기 때문이다.

10평 규모의 점포를 얻느냐, 20평 규모의 점포를 얻느냐에 따라서 다르고, 점포를 시내 중심지에 얻느냐, 주택가 입구에 얻느냐에 따라서도 달라진다. 자신의 자본규모에 맞는 업종을 선정하기 위해서는 단순히 업종뿐 아니라 입지의 조건, 계약조건, 점포의 크기 등 여러 사항을 철저히 조사하고 판단해서 자신에게 가장 적합한 점포를 선택해야 한다.

(2) 높은 권리금과 보증금

권리금은 괜찮은 상가의 경우 보통 5천만 원가량을 요구한다. 보증금 또한 영업 전부터 월세의 2년치 정도를 선불하고 있어 운영 전부터 부담해야 하는 금액이 과도하다.

(3) 과도한 부채와 월세부담

지난 2011년 은행 빚 3억 원을 내 서울 구로구의 한 아파트단지에 식당을 차린 K씨(62)는 월매출액보다 은행에 내는 이자가 더 많다. 매월 260만 원의 매출을 올려, 270만 원의 이자를 내고 있는 것이다. 거래은행 관계자는 “예상매출액에 비해 과도한 빚을 내 식당을 차린 것이 문제였다"고 말했다. 이럴 경우 부채상환이 사실상 불가능해 향후 6개월~1년 안에 폐업할 가능성이 크다.

월세도 자영업자들에게 큰 부담인 것으로 나타났다. 자영업 신용불량자들의 점포는 보증금에 매달 월세도 내는 '보증부 월세'가 57%, '보증금 없는 월세'가 13%로 월세가 전체의 70%를 차지했다. 전세는 12%, 자가(自家)점포는 15%에 불과했다. 특히 보증부 월세는 초기 자본뿐만 아니라 월비용까지 높이는 등 자영업자에게 이중부담을 주고 있다. 업종별로는 숙박음식업(68%)과 제조업(59%), 도 · 소매업(58%)의 보증부 월세 비중이 높았다.

3) 기술 및 사업지식의 부족

성공적으로 외식사업을 운영하는 사람은 메뉴, 입지선정, 서비스, 마케팅, 회계, 재무, 법률과 같은 지식을 갖추고 있어야 한다. 또한 메뉴를 성공적으로 만들기 위한 조리기술도 필요하다.

대표적인 기술과 사업지식의 부족으로 자주 목격되는 것이 전문조리사의 고용과 그에 따른 관계이다. 조리사를 고용한 외식업체에서 조리사의 횡포를 보는 경우가 종종 있다. 이를 막기 위해선 사장이 직접 맛을 내고 주방을 관리할 수 있어야 하며 직접 맛을 관리할 수 있는 정도는 되어야 항상 같은 맛을 유지할 수 있고 급한 상황에 대처할 수도 있다. 따라서 외식업을 하려는 사람은 반드시 개업 전에 본인이 맛 내는 법을 아는 것이 중요하다.

요즈음 창업요리만을 전문으로 가르치는 학원이 생겨 음식점 초보 창업자에게 여러 가지 도움을 주고 있다. 이러한 학원을 이용하는 것이 편리하다. 또한 일정한 비용을 지불하고 요리전문가에게 의뢰하여 자기가 원하는 요리를 개발하여 시작하는 것도 좋다. 개업 전에 충분히 연습하고 주변사람들에게 평가를 받는 것이 중요하다.

4) 관리 및 창업 준비 부족

단순히 음식을 알고, 좋아하는 것만으로는 성공적인 외식경영을 할 수 없다. 창업과 관리에 대한 준비가 부족하다면 결코 외식사업을 성공시킬 수 없다. 대표적인 관리 및 창업 준비 부족 사례를 보면 다음과 같다.

- 고급 한정식 식당을 개업하기 위해 1억 원이 넘는 고급 인테리어 시설까지 모두 해놓

앉지만, 정작 쓸 만한 주방장을 구할 수 없었다. 결국 시간만 보내다 다른 사람에게 팔아 버린 경우가 있었다.

- 특급 호텔 주방장이 창업을 하여 성공하는 비율도 1년을 기준해 10%를 넘지 못한다. 현장 경험이 많은 주방장 출신이 음식점을 운영할 경우 고객지향적 사고나 음식점 운영시스템과 경영에 대한 종합적 사고 및 영업력이 약해 실패하는 경우가 많다.
- 직원의 단체행동과 횡포가 있다.
- 위생관리의 허점으로 대장균으로 인해 어린아이가 사망한 사건이 발생했던 외식 체인점 잭인더박스(Jack in the Box)의 사례도 간과할 수 없는 중요한 고려사항이다.

5) 빠른 확장과 과당경쟁

(1) 한국의 음식점수와 경쟁강도[01]

우리나라의 외식사업에 대한 경쟁강도는 일본이나 미국에 비해 훨씬 높은 것으로 나타나기도 했다. 한국은 음식점이 총 60만 개로, 인구 1천 명당 음식점업 사업체수를 보면 한국 12.2개, 미국 1.8개, 일본 5.7개의 수치를 보이고 있으며, 이는 한국인 70명당 1개의 음식점이 있다고 볼 수 있다.

한국외식업중앙회에서 발간하는 2015년 7월호『음식과 사람』에 의하면 한국은 전체 취업자 중 자영업자가 차지하는 비중이 경제협력개발기구(OECD) 회원국 중 터키(37.1%), 그리스(36.8%), 멕시코(33.7%) 다음이다. 특히 OECD국가 평균의 두 배 가량 높다고 할 수 있다. 미국(6.8%)이나 일본(11.8%)의 2~4배 수준이다. 음식숙박업의 경우에는 인구 1,000명당 18.9개로 주요 선진국 평균인 3.5개의 거의 4배 수준에 이른다. 이와 같은 통계에서 볼 수 있듯이 한국은 영세 자영업자들끼리의 과잉 경쟁이 수익률 저하와 잦은 폐업으로 이어지게 된 주요 원인이 되고 있음을 알 수 있다.

(2) 한국의 서비스 자영업자수와 경쟁강도[02]

우리나라 전체 취업자 4명 중 1명이 자영업자로 그 비율이 25.8%이다. 국가 간 비교가 가능한 6개 업종(소매업 · 음식점업 · 숙박업 · 부동산중개업 · 수리업 · 이미용업) 생계형 서비스산업을 비교한 결과 우리나라의 경쟁강도가 일본이나 미국에 비해 훨씬 높은 것으

---

01 한국은행통계(2008) ; 음식과 사람, 2015. 7.

02 조선일보, 2010. 10. 20.

로 나타났다.

6) 악화된 경제상황

외환위기와 금융위기 이후 자영업자의 급증과 과당경쟁도 자영업 신용불량자 양산 사태를 불렀다. 한 보고서는 자영업 신용불량자 중 71%가 외환위기 직후인 1998년 이후 창업한 사람들로 나타났다고 밝혔다. 특히 신규창업이 음식숙박업이나 부동산임대업 등 소비민감 업종에 집중됨에 따라 내수 부진의 직격탄을 맞았다는 분석이다. 경기가 좋지 않은 상황에서 기존의 외식사업들도 폐점의 위기에 직면하게 되는데 외식사업을 시작한다면 이때는 시기적으로 적절치 않을 것이다.

7) 가족 문제

가족 문제로 많은 외식사업이 실패하게 된다. 많은 시간과 노력을 외식사업에 몰입하다 보니 가족과 보내는 시간을 소홀히 하게 되어 문제가 생기는 경우이다. 배우자와 결국 이혼을 하게 되고 그 결과 공동재산을 분배하는 과정에서 자산이 분할된다. 이러한 과정에서 해당 외식사업자는 사업에 흥미를 잃게 되고 사업을 처분하게 되어 가족 문제로 인해 폐업을 하게 되는 것이다.

8) 사업주의 사업에 대한 관심 상실

투자업종과 업태연구도 하고, 자금에 맞는 입지도 조사하고, 자금조달에 대해서 이리저리 뛴 결과 어렵게 조그만 점포를 얻어 사업을 시작한다. 모든 일에 최선을 다해서 반드시 성공하리라는 마음을 굳게 가지고 영업에 임하게 된다. 아침 일찍 일어나서 영업을 준비하고 점포의 청결, 손님들에 대한 인사, 서비스에도 만전을 기한다. 노력 덕분인지 고객수도 늘고 매출도 안정적이 되어 간다. 몇 개월을 지나다 보니 이제는 영업에도 자신이 생기고 시간적인 여유도 생기기 시작한다. 영업손익을 따져보니 이제 우리 한 식구 먹고 살기에는 충분하고 어느 정도는 미래를 위하여 적금도 할 수 있는 상황이다.

상당히 풍족한 돈이 들어오고 생활이 안정되면서 이런 생활이 영원히 지속될 것이라는 생각이 들게 된다. 사업주가 아침에 일어나는 시간이 점점 늦어지고 손님들이 붐비는 시간에는 조금씩 짜증이 나기도 한다. 친구들에게 연락도 자주 와서 점포는 부인이나 종업원에게 맡기고 외출하는 일도 잦아지게 된다. 어느 날 갑자기 손님도 떨어지고 매출도 얼마 되지 않는다는 생각을 하는 순간 주위를 둘러보면 모든 것이 변했다는 것을 깨닫게 된다. 고정고객도 없고, 주변상권에서 경쟁업소보다 경쟁력도 현저히 떨어졌고, 그동안 몰랐던 대형 점포도 인근에서 영업 중이고, 고객과 시장과 상권과 경쟁 등 모든 면이 달라진 것이다. 그것을 깨달았을 때는 이미 때가 늦었다. 변화의 시기가 왔을 때 변화를 준비하면서 그것을 먼저 알고 대처하지 못하는 경우에는 결국 실패의 길을 걸을 수밖에 없는 것이다.

안정적인 사업수준이 될 때까지 장기적인 창업목표를 가지고 꾸준히 노력하는 사람, 현실에 만족하지 않으며 지속적으로 변화를 예의주시하는 사람만이 성공할 수 있을 것이다.

Chapter 7

외식사업의 특징

1. 산업구조적 측면

1) 영세한 생업형 음식점과 대규모 기업형 음식점의 극단적 2중 구조

- 국내 외식업체의 95% 이상이 50평 미만의 소규모 점포, 혹은 생계형 점포로 이루어져 있다는 점에서 외식업은 서민경제의 틀을 이루고 있다.
- 시장이 광범위하여 독점기업의 시장지배가 불가능하며, 자본력이 약한 임대사업자들이 많아 경영성과에 대한 안정성도 낮고 실패율도 매우 높다.
- 신선하고 고품질의 세련된 식사에서는 기업형 음식점 구조를 쉽게 실현하기가 어렵다. 왜냐하면 고급 또는 세련된 층의 고객에게 있어서 일관성과 품질을 유지하기가 어렵기 때문이다.

2) 창업과 체인화가 용이한 사업

- 최근 가정식 대용으로서의 외식이 증가함에 따라 음식관련사업이 증가할 수 있어 창업과 체인화를 유도하는 주요 원인이 된다. 더욱이 외식을 하게 되는 사회적 추세가 증가하면서 외식산업 전체의 매출에 큰 영향을 받게 된다.
- 소자본과 비교적 특별한 노하우 없이 높은 현금수익률을 올릴 수 있기 때문에 매력적인 대표적 창업업종이다.

- 검증된 컨셉과 노하우를 바탕으로 한 비교적 쉽고 안정적인 성공가능성을 키울 수 있는 체인사업이 용이하다.

3) 기업형 외식 전문점 '규모의 경제효과'

대규모 외식체인의 물류유통은 간접경상비용으로 인해 '규모의 경제'로 인한 혜택을 누리고 있다.

2. 고객에 대한 마케팅 측면

1) 식습관은 빨리 변하는 것이 아니므로 신제품개발과 도입이 어렵다

소비자들의 음식에 대한 기호는 과거부터 길들여져 온 음식문화로부터 나온다고 할 수 있다. 따라서 제조업에서와 같이 급진적 상품개발로 성공하기는 어렵다고 볼 수 있다. 하지만 이러한 특징을 극복하고 매출을 높이기 위해 점진적인 메뉴개발로 성공한 사례도 있다. 예를 들면, 치킨 전문점 BBQ는 치킨시장의 많은 경쟁업체를 물리치기 위해 올리브유 식용유 제품개발로 경쟁을 돌파하였다. 이는 고객의 웰빙 추세에 맞춘 튀김 식용유의 변형을 통해 성공한 것으로 볼 수 있다.

2) 외식사업은 모방이 쉬운 사업이다

특정한 컨셉이 잘된다는 소문이 나면 비슷한 점포가 많이 생기는 경우가 다반사이다. 모방을 막기 위해서는 처음으로 만든 컨셉에 대한 법적 등록이 필요하다. 또한 메뉴 레시피의 보안을 철저히 하거나 꾸준한 컨셉의 개발도 중요하다고 볼 수 있다.

3) 제조업에 비해 생산성이 저조한 산업이다

일반제조업과 달리 다품목 · 소량생산에 따른 운영 합리화가 어렵다. 생산의 전문화 · 대량화가 곤란하여 생산성이 떨어지는 경향이 있다. 따라서 비용우위를 기하기가 어려워 생산원가가 상당히 높아 수익성이 떨어진다. 특히 한식의 경우는 현대화된 대형점보다 생계형이 주류를 형성하다 보니 운영의 생산성이 떨어져 채산성이 낮다.

4) 투자비가 비교적 작아 경쟁이 심하다

신규참여가 용이한 자영업종이 많아 경쟁이 심해진다. 또한 탈샐러리맨 현상으로 인한 젊은 층의 독자적 사업 진출로 경쟁도 가속화되었다. 이러한 상황에서 기존의 재래시장은 관광명소화와 전자화폐 및 위탁경영식 지원이 필요하다. 또한 외식업소들의 가맹점화 전환 유도, 브랜드 이미지를 통한 깔끔한 인테리어, 서비스 강화, 가맹점주들의 피해를 줄이기 위해 가맹본사의 법률적 교육 실시 강화가 필요하다.

5) 높은 입지의존성

수요자와 공급자가 비교적 가까운 장소에 있어야 유리한 사업이라고 볼 수 있다. 대다수의 외식사업체는 입지에 영향을 받지 않을 수 없다. 입지는 시장을 의미하며 되도록 많은 사람이 있는 곳에, 또는 많은 사람이 다니는 곳에 레스토랑이 위치하면 매출에 매우 좋은 영향을 줄 수 있다.

6) 서비스 특징

일반적으로 제조업 상품에 비해 외식상품은 서비스가 가지고 있는 특성이 있다. 이러한 독특한 서비스의 특징으로 인해 생산성과 효율이 저하되어 서비스 상품의 품질수준을 유지하기가 어렵다. 서비스 상품의 특징은 무형성, 이질성, 동시성, 부패성, 고객참여, 입지의존성으로 설명할 수 있다. 본 특성에 대한 구체적 내용은 서비스력 부분에서 설명한다.

3. 인적자원 측면

1) 노동집약적 사업

기술자본집약적인 제조업에 비해 외식업은 인적서비스에 의존적인 산업이다. 예를 들어, 음식을 판매하기 위해 식재료를 구매하고, 식재료를 손질하고, 조리하여 고객에게 제공하는 업무 등이 주요 업무라 할 수 있다.

2) 종사원의 높은 이직률

관리자는 30~100%의 이직률을 보이며, 직원들은 50~300%의 이직률을 보이고 있다.

이직률이 다른 산업에 비해 높은 편이며 이직률의 범위도 큰 편이다.

이직의 주요 이유를 살펴보면 다음과 같다.

- 장시간의 근무
- 비효율적인 근무시간
- 힘든 업무강도
- 직업으로서의 낮은 안정성 : 낮은 급여, 일의 단순함, 낙후된 복지, 불투명한 비전
- 가족 문제

최근 한식당의 경우 제일 어려운 점이 인력난이다. 뽑을 사람도 없고 뽑은 사람도 오래 버티지 못하는 상황이다 보니 '일손'이 턱없이 부족한 현실이다. 인력난을 해결하기 위해 업무시간의 효율적 활용과 복지수준 향상, 주기적인 교육, 각종 인센티브 및 수당 제공 등이 필요하다.

4. 재무 및 구조적 측면

1) 자금회전이 빠른 사업

신용거래를 하는 제조업과 달리 최종소비자를 상대하는 외식사업에서는 주로 현금과 신용카드 결제가 거래의 대부분을 차지하기 때문에 자금회전이 빠른 사업이다.

2) 인건비 비중이 큰 사업

외식사업에는 서비스 접객직원이 필요하기 마련이다. 이에 따라 인건비도 매출에서 차지하는 비중이 높은 편이다. 그러나 과도하게 인력에 의존해서는 안 된다. 인건비로 인한 운영비용의 부담이 커져 시간이 지날수록 내부인력에 의해 실패를 경험할 수도 있다. 따라서 소수정예인력 중심의 자동화가 점차 중요해진다.

3) 연구개발비가 적고 선전비가 높은 사업

고객의 식습관에 의존하는 사업이다 보니 새로운 메뉴를 개발하기보다는 브랜드의 인지도를 높이기 위해 광고 및 선전비에 의존하는 경향이 있다. 신메뉴나 신상품을 개발하기 위한 투자비는 적고 외식사업체를 알리기 위해 사용하는 광고선전비용이 높은 사업이다.

요약정리

- 외식사업의 실패율에 대해 알 수 있다.
- 외식사업의 실패원인을 알 수 있다.
- 외식사업의 산업구조적 측면에서의 특징을 알 수 있다.
- 외식사업의 마케팅 측면에서의 특징을 알 수 있다.
- 외식사업의 인적자원 측면에서의 특징을 알 수 있다.
- 외식사업의 재무 측면에서의 특징을 알 수 있다.

참고문헌

한국은행(2008), 한 · 미 · 일 외식시장 통계

Justis, R. T. & Judd, R.(1989), *Franchising*, South-Western Publishing.

Parsa, H. G., King, T., & Njite, D.(2003), Restaurant ownership turnover: Results from a longitudinal study and a qualitative investigation, International CHRIE Conference, CA : Palm Spring, Aug., 6–9.

Kwansa, F. A. & Parsa, H. G.(2002), *Quick service restaurants, franchising, and multi-unit chain management*, Haworth Hospitality Press.

Restaurants USA(2003), National Restaurant Association F7, Dec.

외식경영 : 전략과 투자의 개념 흐름도

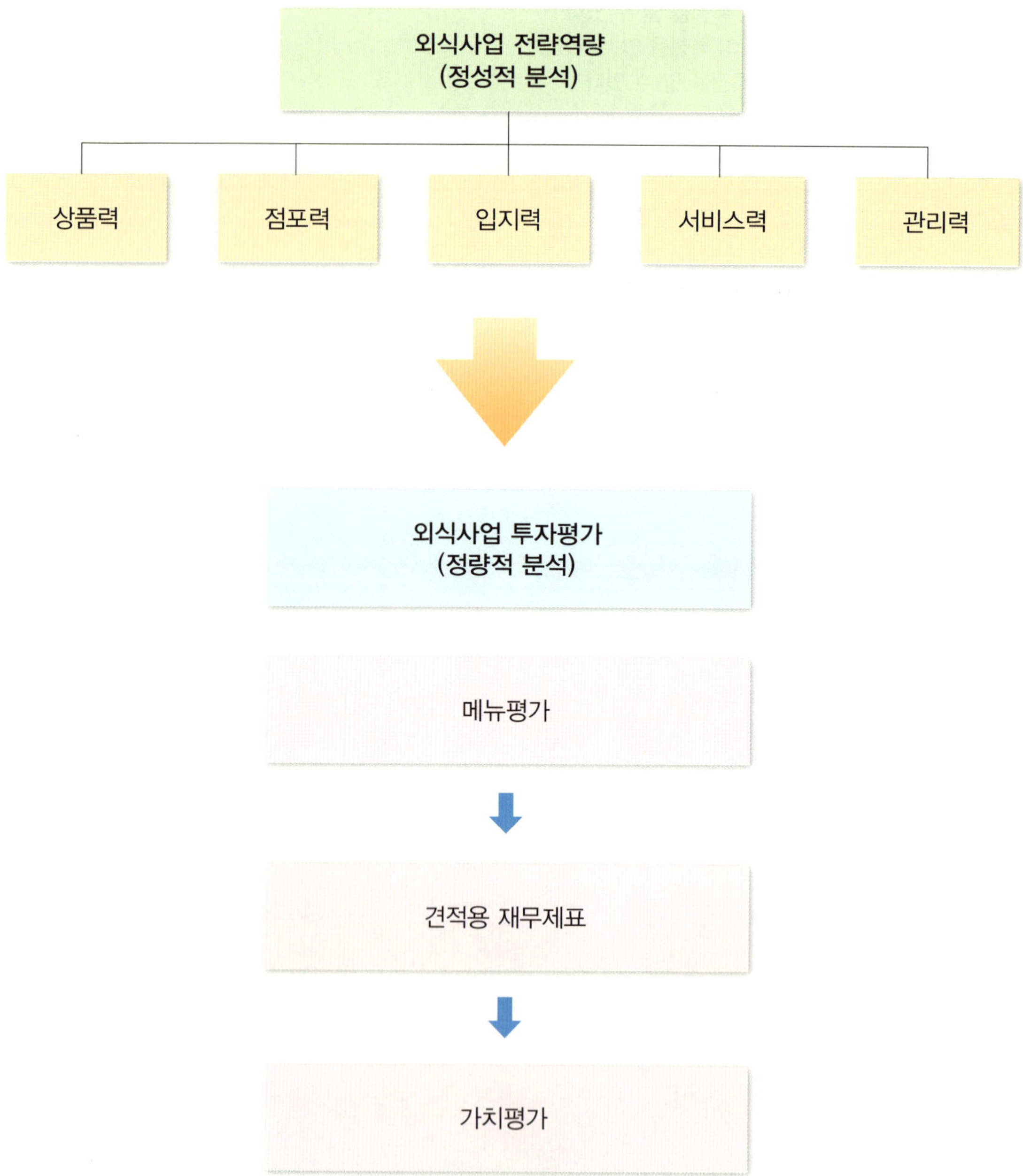

Part 3

외식사업 전략역량
(정성적 분석)

Chapter 8

외식사업 전략역량 개요

저성장 · 저금리시대로 들어가면서 창업에 대한 관심과 절실함은 계속 늘어만 갈 것이다. 외식투자는 최고의 재테크수단으로 변모하고 있고, 미래 인생의 확실한 대안으로 평가받고 있다. 시장규모가 커서 외식투자는 부자로 진출하기 위한 첫 관문이라고 볼 수 있다.

일반적으로 주식시장과 부동산시장이 호황일 때 우리는 이익을 얻고자 높은 비용을 들여서 컨설팅도 받고, 교육을 받고, 책을 사서 공부하고, 신문을 보며 관련 기사를 관심 있게 본다. 주식을 통해 수익을 창출하기 위해 연구하고 노력한다.

그러나 개인이 큰 자본을 들여 생계를 목적으로 하는 외식사업에 투자하면서도 책 한 권 읽어 보지도 않고 특정한 요리에 자신 있으니 식당을 개업한다거나 돈 되는 업종이 있다는 소문을 따라 손쉬운 가맹사업에 열을 올리기도 한다. 시장조사라도 철저히 해야 하는데 어떻게 해야 하는지도 몰라 그저 직관에 따라 의사결정을 하게 된다. 이래서는 성공이 거의 불가능해 보인다.

운영하기도 쉽고, 남 보기에도 좋고, 여유시간을 낼 수 있으며, 수입도 좋은 그런 외식사업은 없다. 경쟁이 너무 치열하기 때문에 성공적인 외식사업은 쉬운 일이 아니다. 그럼에도 불구하고, 예비 사업자들이 너무 준비 없이 사업 전선에 뛰어든다. 많은 사업자들이 실패를 겪게 되는 대표적인 이유일 것이다. 아무 준비 없이 사업에 뛰어들어 투자금을 날리기도 하고 심지어는 빚까지 지는 사례를 자주 보게 된다.

투자 준비에 있어서 정확한 조사와 철저한 준비만큼 중요한 것은 없다. 대개 소규모 사업의 승패는 시작에서 결판이 나게 된다. 사업의 흥망은 자기 자신의 책임이라는 것을 명심하고 철저하게 준비를 해야 한다. 치밀한 준비는 기본 중의 기본이다.

외식사업을 성공적으로 이끌기 위해서는 꾸준한 관심과 공부를 통한 준비가 필수적이다. 평소에 관심을 가지고 꾸준히 준비하고 공부하는 길만이 사업을 구체화시켜 나가는 유일한 방법일 것이다.

사업을 준비하기 위해서는 우선 정보수집의 습관을 들어야 한다. 각종 기사나 칼럼 등을 읽으면서 전반적인 업계의 동향을 파악하도록 하고, 그 후에는 관심 있는 분야로 범위를 압축해서 조사범위를 6개월치까지 넓혀 자료를 수집한 후 기록하면서 정보를 수집·정리할 필요가 있다. 현재의 시장상황을 분석하여 사업의 방향을 잡을 수 있을 것이다.

또한 현장을 다녀봐야 한다. 입점가능한 점포를 둘러봐야 한다. 목 좋은 상권이라고 소문난 곳을 다니면서 어떤 업종들이 영업을 하고 있는지, 점포의 임대시세는 어느 규모인지 알아보아야 한다. 맛집을 소개하는 기사를 보았으면 일주일에 한 번은 그 점포를 찾아가서 맛을 보고 느낀 바를 정리해 볼 필요가 있다. 대단한 아이디어가 어느 순간에 나올 수도 있을 것이다.

특정한 투자를 결심했으면 사업타당성조사와 사업 준비를 통해 세심한 행동이 필요하다. 새로운 사업에 대한 가능성, 그리고 앞으로 닥치게 될 위험부담에 대한 철저한 준비와 실행이 필요하다.

대부분 성공적인 외식사업은 피땀을 흘린 결과로 이익을 남기는 사업이라고 말할 수 있다. 즉, 직접 일을 해서 봉급생활자보다는 벌이가 나을 수 있겠지만 그보다 몇 배는 더 신경을 쓰고 일을 해야 소기의 목적을 달성할 수 있는 것이다.

1. 외식사업의 전략적 접근

성공적인 외식사업이 되기 위해 갖추어야 할 조건은 무엇일까? 이에 대한 대답을 찾기 위해 전략적 접근이 가장 이상적이라 생각한다. 전략은 결코 소홀히 할 수 없으며, 삶과 죽음의 상황에서 생존할 수 있도록 도와주는 지혜를 의미한다.

직원 2명을 데리고 사업체를 경영한다고 해도 전략은 반드시 필요하다. 당신과 직원들이 아무리 열심히 일을 해도, 사업장 분위기가 아무리 좋아도, 점포의 메뉴가 아무리 좋아도, 전략을 제대로 세우지 못하고 있다면 당신이 하는 모든 일은 위험하다.

경영환경이 위험해질수록 경영자는 전략 수립에 대한 열망이 높아진다. 더욱이 스스로 수립한 전략이 어떻게 실행되어서 경영성과를 높이고 지속가능한 경쟁우위를 창출할 수 있을 것인가도 고민이 될 것이다. 이러한 외식경영자는 전략에 대한 근본적인 질문들과 매일매일 마주해야 하는 용기가 필요하다.

그럼 전략이란 무엇일까? 전략은 기업의 가치 창출을 이루기 위하여 경영환경과 조직의 요인을 고려한 장기적이고 포괄적인 계획을 의미한다. 자신의 자원과 역량을 일정방향으로 설정하는 경쟁우위를 바탕으로 한다. 경쟁우위는 고객이 한 기업의 상품과 서비스가 타 기업의 상품과 서비스보다 더 가치 있다고 인식하고 있는 상태를 의미한다.

이러한 경쟁우위는 더 나은 독특한 상품과 서비스로 고객들의 지불의사를 높여 가격프리미엄을 받는 차별화전략이거나 또는 경쟁업체와 유사한 상품과 서비스를 더 저렴하게 생산하는 비용우위전략일 수밖에 없다. 차별화전략은 고객에게 가격의 지불의사를 확대시켜 가격프리미엄을 통해 수익을 창출하는 전략이다. 비용우위전략은 생산단가를 낮추어 저렴한 가격으로 상품과 서비스를 고객에게 제공하는 전략이라고 볼 수 있다.

이러한 경쟁우위의 기본 개념은 [그림 8-1]에서 보는 바와 같다. 고객은 독특한 상품과 서비스를 높은 가격에도 불구하고 추구함으로써 가치를 얻을 수가 있다. 이런 차별화전략을 통해 기업은 부가가치를 구현할 수 있는 것이다.

표 8-1 | 경쟁우위와 부가가치

고객	지불의사	
	↕	고객이 획득하는 가치
	가격	
기업	↕	기업이 획득하는 가치
	비용	
납품업체	↕	납품업체가 획득하는 가치
	납품의사	

고객은 다른 방식으로 가치를 추구한다. 고객은 경쟁업체와 유사한 상품과 서비스를 저렴하게 구매함으로써 특정 상품과 서비스에 대한 가치를 느끼게 된다. 이때 기업이 경쟁업체와 비교하여 더 저렴한 비용으로 생산할 수 있어야 부가가치를 추구할 수 있다.

차별화를 지향하는 대표적인 외식기업의 예를 들어 보자. 외식기업 중 차별화전략 기업이라면 스타벅스(Starbucks)를 꼽을 수 있다. 시장에 처음으로 프리미엄 커피를 선보이고 실내장식이나 음악 그리고 직원들이 함께 어우러져 고급스런 사치를 연출하고 이 속에서 고객은 커피 한 잔에 고가를 지불하며 일상에서의 작은 사치를 맛보게 된다. 이러한 고객이 느끼는 작은 사치와 커피 한 잔은 독특한 혁신적 상품이며 이를 다른 어떤 경쟁업체보다 고가에 고객들이 구매하게 되는 상황을 차별화전략이라고 볼 수 있다.

비용우위전략의 예를 하나 들어 보자. 대표적 외식기업 중에서 비용우위전략을 구사하는 회사는 맥도날드를 꼽을 수 있다. 맥도날드는 햄버거업계에서 가장 골치 아픈 두 가지 문제, 즉 가격경쟁과 고객의 낮은 지불의사 문제를 집중 고민하였다. 그 결과 군더더기 없이 간단한 메뉴와 생산비용을 줄이기 위해 통일된 세계적 수준의 운영시스템을 갖춘 생산공정, 매장 디자인과 같은 특별한 기술을 통해 원가 문제를 잘 처리해 냈다. 특히 식음료 재료의 대량구매 및 기존의 매장 판매와 드라이브 쓰루(drive-through)의 제공을 통해 규모가 크고 독립적인 햄버거업체가 된 것이다. 여기서 맥도날드가 획득한 가치는 직접 대량생산 형태로 낮은 비용을 유지할 수 있어 기업이 획득하는 가치를 극대화한 것이다.

여기서 차별화와 비용우위를 결합한 집중화전략을 언급할 필요가 있다. 집중화전략이란 앞에서 설명한 차별화와 비용우위를 특정한 산업이나 시장에서 동시에 실현하는 전략을 의미한다. 이러한 집중화전략은 주로 외식사업에서 많이 볼 수 있다. 대표적인 사례로 파파존스(Papa John's)를 들 수 있다. 파파존스는 고급 식재료로 고급 피자와 가맹을 통한 대중매체 선전으로 브랜드 인지(brand recognition)를 구현하여 차별화를 실현하였다. 동시에 최고의 입지를 포기하고 대신 매장에서 세계적 수준의 운영시스템을 통한 피자 생산과 빠른 배달로 최고급의 피자를 고객의 문 앞에까지 전달하여 비용우위도 실현하였다. 이 기업이야말로 고객에게 고가의 피자를 다른 경쟁기업에 비해 더 저렴하게 생산해 내는 집중화전략 기업의 전형을 보여 주고 있다.

그렇다면 이러한 경쟁우위의 기반인 자원(resources)과 역량(capability)은 무엇일까? 자원은 기업이 소유하고 있는 생산에 필요한 원천을 의미한다. 자원은 유형자원과 무형자원으로 나눌 수 있는데, 유형자원은 재무자원, 물리적 자원으로 볼 수 있고 무형자원은 명성, 지식, 조직, 기술로 요약해 볼 수 있다.

역량이란 무엇일까? 역량은 한 기업이 보유하고 있는 자원들을 조합하여 해낼 수 있는 생산적인 힘을 의미한다. 역량을 구체적으로 설명하는 데 있어 가치체인(value chain)을 사용하게 된다. 가치체인은 원자재에서 생산자와 소비자에게 전달되는 대표적인 과정이다. 포터(Poter, 1985)가 제시한 가치체인은 기업의 역량을 설명하는 데 가장 적합하다 할 수 있다. 포터가 제시한 가치체인은 재무자원과 공장과 같은 물리적 자원을 포괄하는 하부구조역량, 인적자원역량, 기술역량, 조달역량, 외부유통, 운영, 내부유통, 마케팅, 서비스로 요약할 수 있다.

그림 8-1 | 포터의 가치체인 : 기업역량

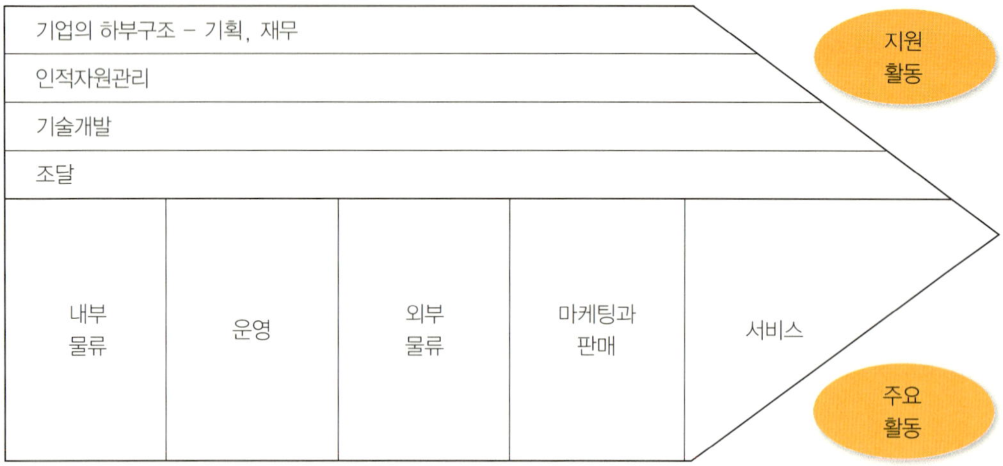

그러나 이러한 역량의 분류방식을 외식사업에 그대로 적용하기에는 무리가 있다. 포터의 기업역량을 자세히 살펴보면 주로 제조업의 경우를 대상으로 하고 있음을 알 수 있다. 다시 말해 생산에서 유통, 서비스와 같은 이런 과정을 거치게 되면 외식사업과 같은 서비스사업은 생존할 수 없게 된다. 즉, 외식사업은 전형적인 서비스사업으로 서비스상품의 동시성, 다시 말해 생산과 소비가 동시에 발생하기 때문에 이에 맞는 역량 접근이 필요한 것이다. 포터의 가치체인에서 설명하는 최종 단계의 서비스 부분만 집중하여 외식사업역량을 설명할 필요가 있는 것이다.

2. 외식사업 역량의 설정

외식사업은 본질적으로 소비자의 기호에 강하게 영향을 받는 사업이기 때문에 똑같은 상품을 대량으로 생산하는 제조업 상품과 달리 지역별, 상품별, 계절별, 고객별 등으로 상품이 항상 일관되게 생산되지 않는다. 그래서 외식사업은 다른 사업과는 달리 독점적인 업소가 탄생하기 어려우며, 외식시장규모에 따른 참여자의 증가로 업소 간 경쟁의 심화가 보편적 현상이 되었다. 외식업소의 급격한 양적 증가는 모든 업소로 하여금 살아남기 위한 대책 마련이라는 과제를 던져 주고 있으므로 사업역량 강화를 위한 요건들을 면밀히 살펴보아야 한다.

사람의 심리가 묘해서 잘되는 점포에는 손님이 점점 늘어나고 한산한 점포는 기다릴 필요도 없고 편리한데도 불구하고 아무도 그 점포에 가려고 하지 않는다. 유사한 메뉴를 파는데도 줄을 서서라도 손님이 많은 음식점으로 가게 된다. 이렇게 되면 다른 점포에 다니던 손님도 사람들이 줄을 서는 점포로 발길을 옮기게 된다. 이러한 성업 중인 외식업소는 고객이 식사를 하면서 가지게 되는 좋은 경험으로 재방문을 끊임없이 이끌었기 때문이다. 잘되는 외식점포는 지금도 여러 지역에서 성공가도를 달리고 있다. 그러므로 고객이 들어와서 식사를 하고 나가는 과정에서 경험하는 요소들에 대해 매우 신경 써야 한다.

이러한 서비스의 동시성, 즉 생산과 소비가 동시에 발생한다는 점과 상황에 따라 다르게 생산되는 외식상품의 이질성에 착안하여 외식사업에서의 경영전략을 서비스역량의 시각에서 분류하여 설명할 것이다. 필자는 외식사업에서의 대표적 역량들을 상품력, 점포력, 입지력, 서비스력과 관리력으로 설명하려 한다. 이러한 요소들을 조화롭게 결합하여 고객에게 제공하는 것이 외식사업투자의 주요 성공요인들이라 할 수 있다. 그러나 이 5가지 역량은 전략적 성향에 따라 경중을 줄 수 있어야 할 것이다.

상품력은 메뉴의 맛, 가격, 속도, 양, 일관성, 프레젠테이션 등을 통하여 외식상품의 가치를 고객에게 전달하는 힘을 말한다. 점포력은 점포의 외형 및 점포 내의 주방시설, 작업동선 등과 같은 요인을 통해 고객을 유인할 수 있게 하는 것이다. 또한 입지력은 업소가 위치한 장소상의 특성에서 유발되는 고객 유인력을 의미한다. 한편 서비스력은 경쟁업소와 동일한 상품을 제공 시 경쟁사와 가장 차별화할 수 있는 방법이 될 수 있다. 마지막으로 관리력은 음식이나 서비스의 생산 및 판매의 원활한 흐름을 위해 행해지는 총체적인 통제능력으로 상품력, 입지력, 점포력, 서비스력 등의 요인들을 효과적으로 관리하기 위한 기획, 조직, 인력배치, 지도, 통제를 체계적으로 관리하는 것을 의미한다.

이러한 외식사업역량을 기능별로 살펴보자. 상품력은 시장, 컨셉, 메뉴, 조리, 구매기능으로 역량을 발휘할 수 있다. 점포력은 점포 형태, 배치 내 · 외부장식, 색채, 조명, 음악, 비품기능으로 나눌 수 있다. 입지력은 상권, 유동인구, 경쟁기능으로 요약할 수 있다. 서비스력은 서비스, 판촉, 인적자원기능으로 나눌 수 있다. 관리력은 관리, 매뉴얼기능으로 [그림 8-2]와 같이 요약할 수 있다.

그림 8-2 | 외식사업 전략역량(정성적 분석)

요약정리

- 정보수집과 치밀한 사업준비의 중요성을 인식해야 한다.
- 외식사업은 전략적 접근이 필수적이다. 차별화전략과 비용우위전략 그리고 집중화전략을 이해할 수 있어야 한다.
- 서비스 특징에 따라 기업역량을 외식사업역량으로 이해해야 한다.
- 외식사업역량은 상품력, 점포력, 입지력, 서비스력, 관리력으로 설명할 수 있다.
- 상품력, 점포력, 입지력, 서비스력, 관리력의 각각 정의를 이해할 수 있어야 한다.
- 본 외식사업역량이 정성적 분석의 기본틀이 된다.

참고문헌

Grant, R. M.(2010), *Contemporary Strategy Analysis*(7th Ed.), Wiley.

Knight, John B. & Lendal H. Kotschevar(1989), *Quantity Food Purchasing*, Macmillan Publishing Co.

Porter, M. E.(1985), *Competitive Advantage*, New York: The Free Press.

Chapter 9

상품력

외식상품은 GAM 조건과 QSC 조건을 반드시 갖추어야 한다. GAM은 고객(guest), 분위기(atmosphere), 메뉴(menu)의 약자를 의미한다. QSC는 품질(quality), 서비스(service), 위생(cleanliness)의 약자이다. GAM과 QSC는 외식상품을 결정할 때 고려해야 할 조건을 잘 설명하고 있다. 고객, 분위기, 메뉴, 품질, 서비스와 위생을 근본으로 하여 외식상품 컨셉을 결정해야 한다. 이러한 외식상품의 성공요건은 외식상품력(product power)의 기본이다.

외식상품의 성공요건						
⬆	⬆	⬆	–	⬆	⬆	⬆
G	A	M	–	Q	S	C

상품력은 외식사업역량 중 가장 우선되는 조건이다. 상품력은 메뉴의 맛, 양, 모양, 가격, 속도, 일관성 등을 통하여 외식상품의 가치를 고객에게 전달하는 힘을 말한다. 한마디로 상품력은 시장능력(marketability)의 구현을 의미한다.

상품력은 다섯 가지 기능으로 설명할 수 있다. 이 기능들은 시장, 컨셉, 메뉴, 구매, 조리기능들이다.

1. 시장기능

1) 시장성(marketability)

외식상품이 성공적이기 위해서는 시장성을 갖추어야 한다. 외식사업을 하는 데 있어 소비주체인 고객에 대한 최근 동향을 살펴보는 것이 시장성의 핵심이다. 상품은 사업을 하고자 하는 시장의 특성에 맞아야 한다. 그 이유는 외식상품은 시장수요충족의 기능을 제대로 수행해야 실질적 사업의 성공을 이룰 수 있기 때문이다. 고객이 점포를 찾아올 경우 무엇을 몇 개 사야겠다고 미리 결정하고 오는 경우는 드물다. 점포나 메뉴에 대한 충동으로 점포로 들어오는 경우가 대부분이고, 이 점포에 들어가면 수요의 충족을 기대할 수 있다는 확신 아래 들어오는 것이다. 따라서 이러한 고객들의 수요에 적응하기 위해서는 점포의 취급상품이 일치되어야 한다. 예를 들어보자. 부산역 내에 입점한 삼진어묵은 거의 매일 문전성시다. 열차여행객들이 오고가는 길목에 자리 잡고 있을 뿐만 아니라 부산에 왔기 때문에 부산의 대표음식 어묵을 사야 한다는 수요를 충족하고 있기 때문이다. 또 하나의 예를 보자. 부산역 옆에 포장마차촌이 있는데 이 중 유독 어묵우동집이 잘되고 바로 옆 곰장어 소주집은 장사가 그저 그런 것을 볼 수 있었다. 이는 부산역을 이용하는 여행객들이 소주에 곰장어를 이용할 필요가 없기 때문이다.

Carman과 Langeard(1980)는 「서비스기업의 성공전략」이라는 논문에서 서비스상품의 무형성향과 동시성향으로 인해 너무 많은 사회 · 문화적 세분시장의 요구를 만족시키기 위해 서비스 전달체계나 이미지를 과도하게 많이 사용해서는 안 된다고 하였다. 여기서 무형성향은 고객의 느낌을 통한 경험을 의미하며 동시성향은 생산과 소비가 동시에 발생하는 성향을 말한다. 이들의 연구는 결국 특정한 세분시장과 그 세분시장에 맞는 특정한 서비스 전달체계나 이미지를 만드는 것이 성공의 열쇠라고 주장하고 있는 것이다.

지역의 특성, 즉 주택가냐, 유흥가냐, 오피스 밀집지역이냐에 따라서 상품을 선택해야 한다. 부유층이 사는 지역에 허름한 순대국밥집을 하면 성공할 수 있겠는가? 또 자식들이 이미 성장했고 기반도 탄탄한 노년층이 많이 사는 아파트단지 상가에 맥도날드 햄버거점을 내면 성공할 수 있겠는가? 틀림없이 실패할 것이다. 부유층이 사는 동네에선 고급 이탈리아 레스토랑이나 스타벅스 커피 전문점이, 노년층 밀집지역에서는 한정식점 정도가 어울린다. 이처럼 외식업종과 업태를 해당 지역특성에 맞게 결정해야 한다.

이러한 지역특성을 조사할 때에는 먼저 배후지역 주민들의 나이와 직업, 성별 등을 조사해야 한다. 그리고 주변에 형성된 점포의 업종을 조사해서 자신이 하고자 하는 컨셉에 어떤 영향을 줄 수 있을 것인가를 예상해야 한다.

또한 고가제품이 잘 팔리는 지역인지, 저가제품이 잘 팔리는 지역인지도 알아봐야 한다. 특히 주변지역의 업종분포 상황만으로도 간단하게 그 지역의 특성을 파악할 수 있다. 왜냐하면 기존의 점포들은 나름대로 지역의 특성에 맞게 변신을 거듭하면서 생존을 해왔고, 현재도 영업을 하고 있는 상태이기 때문이다.

주위의 점포들과 서로 영향을 주고받으면서 영업을 해온 기존점포들은 업종의 성격상 호혜업종, 보완업종과 경합업종으로 나눌 수 있다. 호혜업종이란 같은 업종이 같은 지역에 많으면 많을수록 서로 잘되는 업종을 말하고, 보완업종이란 업종 간의 관계가 바늘과 실 같은 관계인 업종을 말한다. 경합업종은 상대업종의 존재를 철저히 부정하는 업종으로 경합업종이 같은 지역에 있으면 어느 한쪽은 문을 닫아야 하므로 입지 및 업종을 선정할 때 가장 주의를 해야 한다. 따라서 업종을 선정할 경우에는 해당 입지의 특성을 면밀히 파악하여 입지특성에 맞는 업종을 정해야 한다.

2) 시장의 장기적 성장성

고객들의 요구에 따라서 외식상품의 구입을 적시에 할 수 있는 능력을 갖추어야 한다. 따라서 업종을 선택할 때에는 장기적인 안목으로 신중하게 판단해야 한다. 업종 선택에 많은 시간과 노력을 투자해야 한다. 다양한 측면에서 업종 선정의 타당성을 점검하는 것이 필수다. 즉, 사회적 변화에 부응하고 소비시장이 더욱 확대될 수 있는 업종인가, 대기업이나 대자본의 참여로 사라질 업종은 아닌가를 다각적인 측면에서 검토해야 한다.

새롭게 떠오르는 업종에 관심이 있다면 곧바로 투자를 결심하기보다는 추세를 지켜본 뒤 어느 정도 시장이 개척되어 앞으로도 성장이 가능할 것이라고 확신이 설 때 시작하는 것이 안정적인 방법이라고 할 수 있다. 업종에는 환경 변화에 따라 성장하는 업종, 안정된 업종, 쇠퇴하는 업종과 같은 라이프사이클이 있다. 따라서 업종을 선정할 경우에는 자신이 하고자 하는 업종이 어떤 사이클에 있는지 분석해 보고 선택해야 한다.

예를 들면, 얼마 전에 5,000원짜리 치킨 체인점과 같이 일시적인 붐을 타고 성업 중인 업종에 체인점 가입을 했는데 1년도 안 되어서 열기가 식어 버려 막대한 인테리어비용만 날리고 전업을 하려는 사람들도 꽤 있었다. 짧은 기간에 가맹점을 모집해서 이익을 챙긴 뒤 사라져 버리는 악덕 체인본부의 책임도 크지만, 본인이 그 업종의 성장성을 정확하게 예측하지 못한 책임이 더 크다. 시장의 장기적 성장성으로 볼 때 최근 튀겨 만든 치킨보다는 구워 파는 오븐구이 치킨이 웰빙 붐을 타고 장기적으로 주목받는 업종인 것을 알 수 있다.

3) 타 점포의 관찰

초기 진입 사업자는 컨셉을 결정하기 위해 가능한 많은 점포를 경험해 보아야 한다. 일단 컨셉을 결정하면 번복하기가 상당히 어렵기 때문이다. 되도록 관심 있는 관련 컨셉에 대해 사전조사를 많이 해보아야 한다.

많은 기존의 외식사업자들은 매일 점포운영에 바빠서 차분하게 경쟁점을 지켜보는 등의 마음의 여유가 없다. 다시 말해, '우물 안 개구리'의 상태가 되어 있다. 이렇게 되면 주변상황을 파악하지 못해 위기와 기회를 알아챌 수가 없게 된다. 따라서 진입 초기에 유사한 컨셉의 타 점포 관찰은 중요하다.

4) 강력한 근처 경쟁업소 및 대처요령

한 고깃집 주인은 신경을 많이 쓴 디자인에 좌석 수도 100석이 넘는 점포를 운영하고 있었다. 가까이에 큰 아파트단지가 있음에도 제대로 된 음식점이 없었기 때문에 순조롭게 매상을 올릴 수 있었다. 그러나 얼마 있다가 고기 전문 체인점이 1km 정도 떨어진 곳에 들어서게 되었다. 이 체인점은 가격도 싸고 품질도 나쁘지 않다는 평가를 받고 있었으므로 강력한 경쟁업체가 출현하게 된 것이다.

주인은 당황했다. 지금까지는 그다지 노력하지 않고도 고객들이 계속 와주었지만, 이 점포가 개업하고 나면 고객수가 줄어들 것이라는 것을 쉽게 예상할 수 있었기 때문이었다. 실제로 경쟁업체가 예정대로 개업했고, 순식간에 매상이 줄어들기 시작했다.

여기서 주인은 '경쟁점포에는 있고 우리 점포에는 없는 것이 무엇일까?'에 대해 생각한다. 우선 경쟁업체를 파악하기 위해 경쟁점포를 시찰하러 직원 전원을 보내서 알아보게 한다. 그리고 직원들에게 경쟁점포의 음식과 분위기에 관해 보고하도록 함과 동시에 자신도 가족을 데리고 고객으로서 그 점포를 이용해 보았다.

처음에는 자신의 점포가 무조건 더 좋은 것처럼 느껴져 경쟁점포를 제대로 평가할 수 없었다. 주인은 바로 종사원을 모아서 자신의 점포의 개선점을 물어보고 신문에 넣는 전단지를 배포하여 지금까지 아이들에게 선물한 과자를 완구로 바꾸고 사진을 찍어서 직접 주는 서비스를 시작했다고 광고하였다. 또한 점포 안을 위생적인 장비 및 기구로 교체하고 철저하게 청소하는 것에 더 열중하였다.

이처럼 손님이 감소하고 있는 상황에 직면했을 때 자신의 점포가 불안하거나 자신의 점포에 불만을 갖고 있지만 원인을 모르는 경우가 있다. 이때 다른 점포를 보는 것으로 자신의 점포에 무엇이 부족한지, 어디를 개선해야 하는지 하는 것들을 파악하고 싶어 한다. 타인의 모습을 보고 자신의 모습을 고치기 위해서이다.

개인이 갖고 있는 정보 중에서 평판이 좋은 경쟁점포를 방문한다. 또 직업별 전화부에서 외식사업체를 뽑아내 하나하나 방문한다. 먹는 것은 한계가 있기 때문에 방문하는 점포도 하루에 몇 점포로 한정된다. 종사원을 데리고 같은 업종을 하는 점포에 가 음식의 맛을 본다. 그 결과에 대해서는 전원이 미팅을 하고, 경쟁점포를 아는 것과 함께 '이제부터 어떤 점포를 목표로 삼을 것인가?' 하는 주제를 전원이 확인하기 위해서이다. 방문결과에 관해서는 점포를 나가서 바로 장소를 바꿔 전원이 이야기를 주고받는다. 이러한 정보를 공유하기 위한 미팅은 매우 중요하다.

경쟁업소에 대처하는 근본적 방법은 경쟁우위를 갖추는 데 있다. 경쟁우위란 해당 고객이 특정 상품과 서비스를 다른 경쟁사의 상품과 서비스보다 더 가치 있다고 지각하는 상태를 경쟁우위라 한다. 경쟁우위를 갖추기 위해서는 차별화와 비용우위가 있는데 차별화는 독특한 상품과 서비스로 가격 프리미엄을 받을 수 있는 경쟁우위를 말하고, 비용우위는 경쟁사와 유사한 상품과 서비스로 더 저렴하게 생산하고 판매하는 경쟁우위를 말한다. 예를 들어, 한 아파트 밀집 지역을 배후로 하는 상가에 네 개의 제과점이 서로 인접해 있었다. 이 네 개의 제과점 중 The Pang이란 점포는 최근에 입점했지만 "500원의 행복"을 내세우며 저렴한 가격으로 기존의 점포와 경쟁을 하였다. 그러나 Fraser라는 점포는 전혀 영향을 받지 않았다. Fraser 점포는 고급스러운 유기농 식재만을 고집하며 차별화 상품을 만들어 승부하였다. 결국 이 시장에서 기존의 두 개 점포는 견디지 못하고 문을 닫았고 The Pang과 Fraser 제과점만이 살아남을 수 있었다. 이러한 사례를 통해 경쟁우위를 갖추는 것이 매우 중요하다는 것을 인식해야 한다.

2. 컨셉기능

외식사업의 핵심은 고객이 무엇을 원하는지를 알고 그 기호에 맞추어 상품을 전달하는 것이다. 컨셉은 고객이 느끼는 외식사업의 이미지로서 이의 적절성을 통해 성공 여부를 결정할 수 있다.

사업 결정 시 명확하게 해두어야 하는 것은 '어떤 상품을 팔 것인가' 하는 것이다. 점포의 좋은 분위기를 파는 것으로 할지, 가격의 저렴함을 내세울지, 메뉴의 독창성으로 승부할 것인지 독특성을 발휘하지 않으면 안 된다. 과거에 내가 주로 잘 만들고 좋아하게 된 음식이라면 잘할 수 있을 것이라는 일방적인 생각보다는 내가 잘할 수 있는 메뉴이지만 이것이 시장과 잘 맞을 수 있는지, 그리고 이 시장에 맞추어 독특함을 제공할 수 있는지를 결정하는 것이 사업 성공에 큰 도움이 된다는 것을 이해해 둘 필요가 있다.

앞에서 언급한 외식사업의 특성상 고객의 식습관이나 식문화는 쉽게 변하는 것이 아니기 때문에 이러한 메뉴가 한국의 시장이나 더 나아가서 해당 지역의 시장에 잘 적용이 될지도 알 수 없는 것이다. 하고자 하는 컨셉을 고집하기보다는 해당 시장에 맞을 것인지를 먼저 고민하고 컨셉을 결정해야 하는 것이다. 시장과 컨셉은 외식사업에서 항상 중요한 관계이기 때문에 컨셉은 해당 시장에 의존하여 결정하는 것이 바람직하다.

서비스의 일관성을 위해 체계화 정도를 높이는 것도 컨셉 결정 시 고려해야 한다. 세계 최대 햄버거기업인 맥도날드는 비용우위를 우선으로 하기에 상품 및 서비스의 철저한 표준화는 물론 고객을 먼저 생각하는 기업으로 이미 널리 알려져 있다. 고객이 가장 좋아하는 빵의 두께를 알아내어 이것을 표준화했고, 조리 후 10분이 지난 햄버거나 튀긴 후 7분이 지난 프라이드 포테이토는 고객만족을 위해 판매하지 않는 정책도 모두 고객을 먼저 위하는 맥도날드만의 컨셉에 근거하고 있는 것이다. 그러나 맥도날드의 경우에 수제햄버거와 포테이토로 차별화한다면 곧 원가상승과 매출감소를 유발하게 될 것이다.

이러한 서비스시스템은 컨셉 구성요소로 주방기구 및 설비의 올바른 이해와 사용, 식자재의 구매에서 음식 제공까지의 과정의 체계화, 주방과 객장의 팀워크 증진으로 제공시간을 줄임으로써 신속한 서비스체제를 마련하는 것도 업소의 경쟁력을 강화할 수 있는 방법이다.

식자재의 구매 및 조리과정의 표준화, 간소화, 전문화로 업소운영을 체계화시킴으로써 고객이 항상 똑같은 맛을 느낄 수 있도록 질의 균일화를 이루는 것도 매우 중요한 구성요인이 된다. 만약 어떤 업소의 음식은 항상 변함이 없고 다른 업소의 음식은 때에 따라서 질이 변하는 경우의 예를 들어 보자. 상품을 항상 같은 수준의 품질로 얻을 수 있다는 점은 고객에게는 매우 중요한 외식업소 선택요인이기 때문에 고객이 선호하는 업소는 보통 음식이 변함이 없을 때의 경우가 될 것이다. 그러므로 조리 매뉴얼의 작성과 식자재 구매

담당자의 교육, 식자재 관리절차의 체계화를 통해 질의 균일화를 이루어야 한다.

1) 자신의 경험 및 지식을 최대한 활용

새로운 업종과 유망업종은 경쟁상대가 없기 때문에 사업이 잘될 가능성이 높다. 이러한 상품에 관심을 갖는 것은 당연할 것이다. 사업을 시작하는 사람들은 유망업종 또는 새로운 업종에 대한 관심을 항상 가지고 있어야 한다.

모든 컨셉에는 장 · 단점이 있게 마련인데, 마진율이 높으면 그만큼 일이 힘들거나 위험하다는 단점이 있고, 마진율이 낮으면 그만큼 편한 일이거나 위험률이 적어 안정적이라는 장점이 있다.

자신이 잘 알고 있는 분야이거나, 아니면 도움을 받을 수 있는 인맥이 있어서 객관적으로 남보다 유리하다고 생각되는 컨셉을 택하는 것이 좋다. 메뉴에 관해서는 자신이 잘 알고 있는 장르의 요리를 제공하는 것이다. 이탈리아에 간 적도 없고, 또 이탈리아요리를 먹어본 적도 없는 사람이 지금 유행하고 있다고 해서 이탈리아음식점을 개업하려고 하는 것은 무리일 것이다.

자신이 알고 있고 경험이 있는 컨셉을 선택하여 사업을 시작한다면 자신 있게 운영해 나갈 수 있고 성공할 수 있는 확률도 더 크다. 뿐만 아니라 해당 업종에 자격증이나 면허증이 필요하다면 미리미리 준비해 두는 것이 성공을 보장받는 지름길일 것이다.

2) 사업방침, 상호명과 상표의 결정

음식점을 개점한 이유를 명확하게 해서 문장으로 나타낸다. 이것을 조금 확대해서 생각하면 '기업방침'이나 '기업이념'이라고 할 수 있다. 점포가 조그마한 라면가게이든지, 큰 초밥가게이든지 간에 이 이념을 명확하게 갖고 있어야 한다.

왜냐하면 이념을 가지고 점포를 열게 되면 점포가 나아가야 할 방향을 알 수 있게 되고, 종업원을 교육 · 훈련할 때에도 '우리 가게의 이념은 무엇이다. 그러니 이렇게 근무해 주길 바란다'라고 말할 수 있게 될 것이기 때문이다.

이런 방침은 종사원이나 아르바이트생이 기억하기 쉽도록 '간략한 말'로 만든다. 자신이 목표로 하는 점포의 분위기, 예컨대 가정적인 분위기의 점포 또는 고급스러운 분위기의 점포와 같은 문구로 쓴다. 그리고 이 문구는 집약하여 가능하다면 하나로, 많아도 세 가지 정도로 한다. 이런 작업을 하는 것만으로도 성공으로 한걸음 더 가까이 다가갔다고 해도 될 것이다.

상호는 아주 중요하다. 상호명은 단순하고 기억하기 쉬운 것이 좋다. 종사원에게는 일체감을 갖게 하고 밖으로는 선전효과가 있는 것으로 정한다. 상호를 듣는 것만으로도 가게의 방침이나 메뉴를 상상할 수 있도록 해야 한다. 예를 들어, '모모야마'라고 하는 이름을 점포 이름으로 사용한다면 일식집 상호로 사용할 수 있다.

상호를 정하고 나면, 이것을 등록해야 하는데, 이미 등록된 상호인 경우는 등록할 수 없다. 그래서 만일의 경우를 대비해 세 가지 정도의 이름을 생각해 둘 필요가 있다. 또한 상호를 결정하면 간판 등에 쓸 필체도 생각해 볼 필요가 있다. 가능하다면 영수증이나 청구서 등에도 그 필체를 사용할 수 있도록 컴퓨터 등에서 사용할 수 있는 필체를 선택하는 것이 좋다.

다음으로 CI(Corporate Identity)를 생각해 보아야 한다. 이념을 보다 넓게 인식받기 위한 활동으로, 회사의 간판이나 등록상표의 심벌 마크를 만드는 것을 말한다.

세계에서 가장 많이 알려진 음식점 CI로 유명한 것은 맥도날드의 M마크이다. 이것은 맥도날드의 첫 글자에 있는 M을 노란색의 아치형으로 해서 어디에서든 눈에 띌 수 있게 했다. 맥도날드는 세계 120개국 이상에서 점포를 운영하고 있으며, 이 마크를 모르는 사람은 없을 것이다.

이처럼 좋은 마크는 점포 외부의 광고가 되고, 내부적으로는 일하는 종사원들의 마음을 하나로 모아주는 역할을 한다. 점포의 심벌 마크를 만들어 간판이나 명함, 게다가 유니폼에까지 넣게 되면 손님들에게 점포의 존재를 알리게 되고, 안으로는 자사(自社)에 대한 애사정신을 키우는 일로 연결된다. 또한 업무에 임하는 직원들을 하나의 방향으로 모으는 것이 가능해질 수 있다.

특히, 종사원 전원이 착용하는 유니폼의 가슴이나 팔, 또는 등 중앙, 앞치마 등에 넣게 되면 같은 동료로서 일하고 있다는 기분을 무의식중에 느끼게 하는 효과도 있다. 또한 종이냅킨, 입구의 발깔개, 젓가락을 감싸는 종이, 수건, 걸레, 메뉴, 주문표 등 눈에 띄는 곳 어디든지 마크를 넣는 것으로 자연스럽게 그 마크가 마음속에 각인되어 갈 것이다.

또한 이 마크는 다중점포로 늘려갈 경우, 더욱 그 효과를 발휘하게 될 것이다. 서로 다른 점포에서 일하는 직원이라도 이 마크로 인해 한 식구로 있다는 것을 나타내 주게 된다.

3. 메뉴기능

음식 맛은 외식사업을 성공으로 이끄는 가장 주요한 요인으로, 다른 곳에서 쉽게 맛볼 수 없는 건강한 맛을 갖추어야 한다. 다시 말해, 맛도 좋으면서 인공조미료의 맛이 아닌 천연의 맛으로 메뉴를 준비해야 할 것이다.

메뉴선정에 있어서는 시장이 받아들이기 용이하고 점포에도 수익성을 가져다줄 수 있는 항목을 결정해야 한다. 메뉴의 품목수는 적은 품목으로 최대의 효과를 내는 메뉴의 구성이 바람직하다고 볼 수 있다.

우선 이익이 되는 메뉴로 구성해야 한다. 결국 준비나 제조과정에 그다지 시간이 걸리지 않는 메뉴, 게다가 미리 만들어 두는 것이 가능하고 단시간에 테이블에 낼 수 있는 것이 가장 이상적이다. 그 식자재는 오래가고 냉동시켜 둘 수 있으며, 게다가 가격도 저렴한 것이 이상적일 것이다. 항상 신선한 재료만으로 만들어야 하는 메뉴는 당연히 손실률도 높고, 겉보기에는 이익을 내는 것으로 보인다고 해도 결국은 적자가 되어 버리고 마는 경우가 많다.

식자재 구매 측면에서 생각하면 급한 주문에도 바로 대응할 수 있는 식자재를 사용하는 메뉴가 이상적이다. 품절에 바로 대응할 수 없는 것은 점포 측면에서는 곤란한 일이고, 결국 판매의 기회손실을 가져오게 되기 때문이다.

그리고 고객의 입장에서는 무엇보다도 맛있게, 싸게, 시간을 잘 맞춰서 나오는 음식이 제일이다. 또한 그 점포에서만 먹을 수 있는, 몇 번이고 먹고 싶다고 생각하게 하는 메뉴야말로 이상적이라고 하겠다.

1) 끼니에 따른 메뉴의 분류

끼니(day parts)에 의한 분류는 크게 3식, 즉 아침(breakfast), 점심(lunch), 저녁(dinner)으로 나눌 수 있다. 3식 중 가장 인기 있는 외식은 점심이다. 이 점심의 50%가 패스트푸드점에서 소비가 된다. 또한 세분하면 아침(breakfast), 브런치(brunch), 점심(lunch), 해피아워(happy hour), 저녁(dinner), 밤참(supper)으로 나눌 수 있다.

(1) 아침 메뉴

아침에 제공되는 요리를 총칭하는 것으로서 보통 오전 10시까지 제공되는 요리를 말한다. 아침 메뉴(breakfast preparation)는 크게 2가지로 나눌 수 있다.

- 미국식 아침 메뉴(American breakfast) : 비교적 비중 있는 아침식사를 의미한다. 일반적으로 주스 또는 과일 → 시리얼 → 달걀 → 토스트 빵 → 음료를 말한다.
- 유럽식 아침 메뉴(Continental breakfast) : 비교적 가벼운 아침식사를 의미한다. 일반적으로 주스 → 토스트 또는 빵 → 음료 정도를 말한다.

(2) 브런치 메뉴

브런치는 아침과 점심의 합성어로 공휴일이나 일요일에 늦게 일어난 사람들이 아침 겸 점심을 먹는 습관에서 출발하여 생긴 메뉴로서 아침 메뉴와 점심 메뉴가 혼합되어 있는데, 과일 · 빵 · 달걀 · 육류 등 다양하게 차려지기도 한다.

(3) 점심 메뉴

정오에 먹는 식사로서 저녁식사보다 간단하고 코스도 적을 뿐만 아니라, 아침식사와 같이 비교적 쉽고 빨리 만들 수 있는 메뉴가 주종을 이룬다. 샌드위치, 샐러드, 과일주스, 빵 등 영양이 충분하면서 빨리 먹을 수 있는 메뉴가 점심 메뉴(lunch menu)로 대표적이다.

(4) 저녁 메뉴

저녁 메뉴(dinner menu)는 내용적으로 다양할 뿐만 아니라 가격 면에서도 점심 메뉴보다 더 비싸다. 무엇보다도 중요한 것은 고급 요리임과 동시에, 매우 비중 있는 요리인 만큼 정성을 들여야 한다는 것이다. 스테이크, 치킨, 로스트, 해물요리, 라자냐, 파스타, 랍스터 등이 전통적인 저녁 메뉴에 해당한다.

(5) 밤참 메뉴

밤참(supper)은 보통 특별한 축제행사나 이벤트행사가 있어 늦은 저녁에 먹는 보통 2~3가지 코스로 짜인 메뉴로서 소화가 쉽고 질이 높은 것이다. 이때의 음식은 항상 질이 우수하고 소화가 쉽게 되는 것으로 주의 깊게 짜인 것이 보통이다.

2) '팔고 싶은 메뉴', '준비해 둘 메뉴', '이익이 되는 메뉴'

메뉴구성은 단품으로 생각할 것이 아니라 종합적으로 생각해야 할 필요가 있다. 메뉴는 크게 '팔고 싶은 메뉴', '준비해 둘 메뉴', '이익이 되는 메뉴'의 세 가지 요소로 나눌 수 있다.

우선 팔고 싶은 메뉴란 일손을 많이 요하지 않으면서도 어느 정도의 수익을 내는 메뉴를 말한다. 예를 들어, 한 점포에서 샤부샤부가 팔고 싶은 메뉴였다. 이것들은 재료를 접시에 담고 테이블에 내기만 하면, 손님이 알아서 즐겁게 요리해 먹기 때문이다. 식재료를 준비하는 것만으로 준비가 끝나는 더없이 편한 요리였다.

다음은 준비해 둘 메뉴인데 베이스가 되는 식자재가 다른 음식과 공유되는 것으로, 조금만 손을 더 대면 다른 메뉴가 되는 것을 말한다. 카레에 돼지고기, 닭고기, 야채를 넣어 메뉴 종류를 늘리거나, 매운 정도를 변화시키는 것으로 여러 종류의 메뉴가 있는 것처럼 착각하게 만드는 요리이다.

마지막으로 이익이 되는 메뉴가 있는데 가장 중요한 메뉴라 할 수 있다. 기본이 되는 메뉴에 간단한 추가로 부가가치를 내는 메뉴로 고부가가치 가격을 얻는 메뉴를 일컫는다. 라면가게의 김치면이나 치즈면 같은 것이라고 할 수 있다. 기본이 되는 '라면'에 김치나 치즈를 추가하는 것만으로 부가가치를 더할 수 있는 것으로 부가가치가 높은 가격을 얻는 것이 가능한 메뉴이다.

3) 메뉴가격책정법

메뉴를 생각하고 나면 그 가격을 어느 정도로 할지를 정해야 한다. 가격은 맛으로 대별되는 품질과 함께 업소를 선택하는 주요 요소로 고객의 질과 층을 결정하므로 대상고객들의 내점동기와 시간대에 맞는 가격을 정해야 한다. 예를 들어, 커피 전문점은 서비스수준보다는 가격에 민감한 20~30대의 젊은 고객층을 대상으로 가격을 낮출 수 있도록 셀프서비스를 제공함으로써 낮은 메뉴가격으로 고객확보에 성공한 경우라고 할 수 있다.

메뉴가격책정에는 일반적인 책정방법이 있는데 이를 일상적 가격책정법(informal pricing methods)이라고 한다. 여기에는 우선 마켓리더(market leader) 가격책정법이 있다. 이는 시장을 주도하는 업체가 가격을 결정하면 그 업체가 결정한 가격대를 보고 따르는 방법을 말한다. 예를 들어, 맥도날드 햄버거의 가격은 햄버거시장의 기준가격이 되어 경쟁업체들이 이를 따르는 식의 가격책정법이라 할 수 있다.

둘째로 자신의 점포와 같은 메뉴를 제공하는 다른 점포의 가격을 비교한 경쟁가격책정법이다. 점포에도 최고부터 최저수준까지 있기 때문에 같은 수준의 점포를 다니면서 식사를 해보아야 한다. 특히 처음에는 점포의 분위기와 음식의 가격과의 상관관계, 그리고 그 장르에 따른 적정가격을 파악해 두는 것이 좋겠다.

셋째로 심리적 가격책정법을 들 수 있다. 동종 업체의 가격설정이 왜 이렇게 되었는지를 이용자의 입장에서 생각해 보는 것이 큰 참고가 될 것이다. 점포를 둘러볼 때는 그 메뉴를 가능한 한 사진으로 찍어 두는 것이 좋다. 그렇게 해두면 나중에 차분히 검토할 수 있고, 자기 점포의 메뉴를 구성할 때 참고할 수 있기 때문이다.

넷째로 사업주의 직관적 방법이 있다. 직관적 가격책정법은 사업주의 직관적 경험에서 가격을 책정하는 것으로 이것도 본인의 경험을 바탕으로 고려해 볼 만하다.

가격을 설정할 때는 우선 점포의 목표가격을 임의로 정한 후, 그것이 원가비율에 맞추어 적절한지를 판단해야 한다. 원가비율은 식재료비가 최종판매가격의 몇 %가 되는가 하는 숫자를 말한다. 음식업에서는 하나에 30%가 적정한 숫자라고 알려져 있지만, 플러스와 마이너스 10%를 고려하여 20%에서 40% 내외에 들도록 설정한다. 이 경우 모든 메뉴를 30%에 맞추어 설정하게 되면 어떤 메뉴의 가격은 말도 안 되게 비싸지는 경우가 생긴다.

따라서 '정책적인 가격'을 정할 필요가 있다. '팔고 싶은 메뉴'를 팔기 위해서는 적절한 가격이라는 느낌을 가지게 하는 것이 중요하다. '팔고 싶은 메뉴'의 경우, 그 숫자를 40% 또는 최대 50%의 원가비율로 가격을 정하는 것이다. 이렇게 하면 그 요리는 보기보다 제법 값어치가 있는 요리로 느껴지게 되어, 손님의 주문을 부추기게 된다. 수량이 많아지게 되면, 거기에 맞춰 원가비율은 내려가게 되고 그만큼 이익을 보게 될 것이다.

반면에 준비해 둘 필요는 있지만 그다지 팔고 싶지 않은 메뉴의 경우는 원가비율을 내려서(판매가격을 높여서), '그 메뉴는 맛있어 보이지만 좀 비싸네'라고 인식하게 만들어 메뉴의 주문수를 줄일 수 있다. 이렇게 원가비율은 높고 낮음이 있어도 좋다. 전체적으로 30% 전후로 맞추어 두면, 그것으로 일반적인 이익은 확보되는 것이다.

4) 메뉴와 가격의 심리

메뉴를 봤을 때 손님은 '비싸다' 혹은 '싸다'라고 하는 생각이 들게 된다. 따라서 '우리 점포는 저렴하게 판매하고 있답니다'라고 하는 어필을 할 필요가 있다. 다른 점포보다 저렴하다고 생각하게 하는 것이다. 이 경우 가령 5,000원이라고 하는 가격을 살펴보자. 최저가격으로 설정하기 좋은 금액이지만, 4,500원이라고 하면 제법 저렴하게 느껴질 것이다. 이를 메뉴의 심리학이라 표현한다.

외식업의 경우는 10원 단위의 숫자는 쓰기 어렵기 때문에 100원 단위부터 900원, 800원을 많이 사용하고 있다. 주로 900원 단위를 많이 사용한다.

5) 가격정책

메뉴가격의 결정은 업소의 운영목표와 그 전략이 가장 직접적으로 반영되는 관리영역으로 판매되는 비용과 목표이익, 그리고 고객의 가격인지도의 총체적 산물이라고 말할 수 있다. 외식업소의 이익은 매출액이 운영비용을 상회하는 경우에만 발생하므로 합리적인 가격책정은 수익과 직결되는 매우 중요한 분야가 되는 것이다. 다음에 논의될 가격결정 고려요소들은 영업 중인 업소는 물론 개점업소들도 참고할 수 있는 사항들이다.

(1) 가격결정 시 고려사항

가격은 식자재비, 인건비, 일반관리비, 목표이익의 합으로, 최종판매가를 결정하기에 앞서 외식업소, 특히 현재 운영 중인 업소는 다음과 같은 사항들을 고려해야 한다.

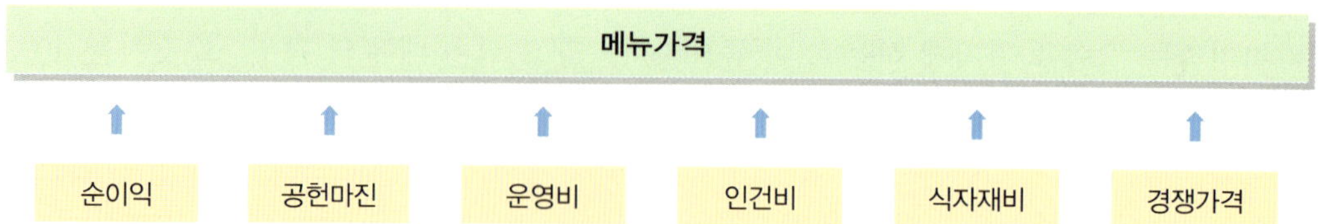

① 경쟁업소들의 동종 메뉴가격들

타 업소의 동종 메뉴들과 가격을 비교하기 위한 기본적인 전제조건은 1인분 정량이 서로 같거나 비슷해야 한다는 점이다. 이것은 메뉴의 종류가 같아도 정량이 다르면 가격결정의 중요한 요소인 원가가 달라져 객관적인 비교가 어렵기 때문이다. 그 밖에도 함께 제공되는 부식의 종류와 양도 정확한 비교를 위해서는 반드시 고려해야 한다.

② 동종 메뉴들 간의 가격호환성

동종 메뉴표에서 품목들 간의 가격차이가 심하면 선택해야 하는 고객들은 보통 잠깐이나마 고민하게 된다. 일반적으로 메뉴가격대가 넓으면 고객들은 저렴한 메뉴를 선택하는 경향이 있으므로 전체적인 매출액을 높이기 위해서라도 동종 메뉴 간에는 가격대가 너무 넓지 않도록 책정한다.

③ 가격에 대한 고객들의 반응

고객들의 메뉴가격에 대한 반응은 무엇보다도 그들이 인식하는 메뉴 자체의 가치에 의해 좌우된다. 일례로 삼계탕과 닭볶음탕의 가치인식도를 비교해 보면 특별한 경우를 제외하고 삼계탕의 가치가 높을 것이므로 삼계탕과 닭볶음탕의 가격책정에 있어서 바로 이러한 고객들의 가치인식의 차이가 반영되어야 한다는 것이다.

④ 전체 메뉴에서 개발 메뉴가 차지하는 판매비중

판매량과 공헌이익을 기점으로 전체 메뉴에 대한 업소의 가격정책의 효율성을 검토하면서 개발 메뉴가 판매되는 전체 메뉴에서 차지하는 비중을 파악하는 것도 가격결정에 앞서 이루어져야 할 중요한 부분이다. 높은 판매력과 이익 실현 정도를 보이면서 리더격의 메뉴가 될 것인지 아니면 전체 매출증가를 위한 전략품목으로서 높은 원가율에 비해 상대적으로 낮은 메뉴가격으로 대량판매가 목적인지, 또는 단순히 고객선택의 여지를 넓히기 위해 추가되는 메뉴에 불과할 것인지, 그 자리매김에 따라 가격이 달라져야 하기 때문이다.

(2) 가격책정전략

외식점포가 메뉴가격을 설정하는 데 있어 일반적으로 사용하는 기준은 크게 고객들의 메뉴 가치에 대한 인식과 식자재원가라고 구분지어 말할 수 있다. 그러나 가격은 업소의 매출규모를 좌우할 수 있는 가격책정을 전략적으로 이용하면 점포의 매출을 크게 신장시킬 수 있다. 다음은 가격의 전략화가 이루어지는 일반적인 방향을 크게 세 가지로 나누어 설명한 것으로, 자신의 업소에 맞는 전략을 선택하는 것이 중요하다.

표 9-1 | 가격결정전략

전략적 위치	전략목표	비고
저가전략	폭넓은 시장침투	상품가격의 인하로 증대된 매출이 낮아진 마진율을 보완한다.
경쟁가전략	대등한 경쟁여건	같은 경쟁가이므로 메뉴의 상대적인 가치를 높인다.
고가전략	품질우위성의 확보	월등한 품질로 높은 가격대의 약점을 보완한다.

일매출 = 일고객수 × 일객단가

외식점포의 매출은 고객의 수에 객단가를 곱한 것이다. 객단가라는 것은 손님 한 사람이 1일 평균 얼마나 소비하는가 하는 것을 말한다. 결국 매출을 높이기 위해서는 고객이 점포를 방문하는 횟수를 늘리거나, 객단가를 올려야 하는 것이다. 당연히 고객의 수를 늘리고 객단가도 올리면 이중으로 두 가지 요소가 만족되기 때문에 매출도 올라가게 될 것이다.

객단가만 높이려고 한다면, 각 메뉴의 판매가격을 올리면 해결된다. 그러나 그렇게 되면 가격이 높다는 인식으로 고객만족도와 재방문수가 낮아지는 위험성이 있다.

① 핵심메뉴상품 만들기

메뉴에는 A, B, C의 등급이 있다. 매출이나 이익에 최대한으로 공헌하는 A의 메뉴, 즉 인기메뉴 또는 '핵심상품'으로 만드는 것이 가능하다면 경영은 수월해질 것이다. 그렇게 되면, 그 요리는 값어치가 있는 요리라고 생각하게 되고, 이후에도 몇 번이고 방문하게 될 것이다.

예컨대 A메뉴의 양을 경쟁점포의 같은 요리와 비교해 20% 정도 늘려서 효과를 높이는 경우가 있다. 원가율이 30%라고 한다면, 그 20%만큼 양을 늘렸기 때문에 원가율이 36%가 된다. 이 정도면 아직 채산을 맞출 수 있다. 이때, 다른 점포가 각각 다른 양을 낸다고 해도 걱정할 필요가 없다. 본인의 점포에서 20% 양을 증가시키면 그 양은 굉장히 크게 보여서 손님에게는 보다 큰 만족감을 줄 수 있기 때문이다. 20%의 증가된 양이 100%의 고객만족효과를 내게 되는 것이다.

다만 손님이 그 인기 있는 메뉴를 고르지 않으면 안 된다. 아무리 양을 늘려도 인기 없는 메뉴의 경우에는 손님은 싫증만 낼 뿐이다.

비용을 많이 들이지 않고 양을 늘리는 방법이 있다. 가령 스테이크에는 메인이 되는 고기와 함께 삶은 야채나 생야채가 샐러드로 같이 나온다. 스테이크 고기의 양을 20% 늘리기보다는 여기서 곁들여 나오는 야채를 넉넉하게 내는 것에 따라 전체의 양에 대한 느낌을 푸짐하게 바꿀 수 있다. 야채는 고기에 비해 재료비에 대한 부담도 비교적 적다. 또한 냉동식품 등을 이용하는 것에 따라 손실률도 감소되기 때문에 곁들여 내는 음식을 잘 활용해야 한다.

전체 양을 늘리는 방법 이외에 극단적으로 가격을 저렴하게 하는 것으로 손님을 불러 모으는 방법이 있다. 가령 중화요리점의 경우 만두를 근처에서 2,000원에 판다고 할 때, 1,000원에 파는 것이다. 만두 그 자체로는 이익이 없을지 몰라도, 다른 요리를 함께 먹게 되거나, 오는 손님의 수가 늘어나는 것에 의해 전체적으로는 원가비율을 낮추고 이익을 확보할 수 있게 되는 것이다. 요컨대 손님의 평판을 얻는 '중심상품'을 가지는 것이 점포를 발전시키는 데 매우 중요한 역할을 지속적으로 하게 된다는 것이다.

② 메뉴개발

메뉴는 외식업소운영의 핵으로 업소의 성패를 좌우하는 중요한 부분이다. 그러므로 메뉴개발은 음식 자체에만 국한된 문제가 아닌 식자재 구매업무에서 회계업무에 이르기까지 전체 업소의 운영에 영향을 미치는 외식업소 운영의 초석이라고 할 수 있다.

③ 메뉴개발 시 고려사항

업소의 컨셉에 부합하도록 개발메뉴의 평균가격범위가 결정되면 다음에는 메뉴의 내용에 대한 본격적인 작업에 들어가야 한다. 판매하려는 메뉴의 종류와 특성에 따라 기존의 주방설비 및 배치, 가격, 원가율, 구매방법, 인력수급, 교육정책 등 전 분야가 조정 또는 개선될 수 있기 때문에 메뉴개발은 업소의 시설 및 설비, 인력 및 자금 등의 수용능력 및 한계에 대한 정확한 현황 파악을 바탕으로 이루어져야 한다. 메뉴의 계획 및 관리는 기업 및 경영자 측면과 고객 측면의 2가지 면을 충분히 고려한 후 이루어져야 한다.

경영자 측면으로는 첫째, 메뉴에는 비즈니스 컨셉이 반영되어야 한다. 메뉴를 통해 해당 기업은 기업의 목적과 목표를 실현할 수 있어야 한다. 고유한 기업설립목적을 고객에게 제공될 상품리스트인 메뉴를 통해 실현할 수 있어야 한다. 중 · 장기적인 경영정책을 입안할 때 상품판매계획 등을 충분히 고려한 후 메뉴기획 및 관리전략을 세워야 한다.

둘째, 메뉴를 기획할 경우 식자재원가 등 외식기업경영의 예산이 반영되어야 한다. 외식기업의 예산은 상품판매(음식상품/음료상품 등)로부터 창출되는 소득과 원가비율에 따라 결정되기 때문에 경영자는 상품원가를 정확하게 파악하고 있어야 메뉴상품개발 및 관리가 효과적이며 효율적으로 운영될 수 있다.

셋째, 메뉴를 기획할 경우 식재료 납품시장 상황, 즉 계절적 변동 및 원재료의 수요와 공급의 측면이 고려되어야 한다. 메뉴는 고객과 기업과의 의사소통의 도구이다. 메뉴에 제시된 상품은 고객에게 반드시 제공되어야 한다. 고객과의 약속은 반드시 지켜져야 한다. 따라서 외식기업의 경영자는 음식 및 음료상품 재료의 가격적 측면(가격/가격의 변화)과 필요한 물량이 일정하게 지속적으로 공급될 수 있는지를 반드시 염두에 두어야 한다. 메뉴에 따라서는 식자재 자체의 특성이나 유통구조, 판매량에 의해 많은 양의 식자재를 저장해야 할 경우가 있다. 재고는 현금과 같은 운영자금이므로 이자를 유발하지 않는 많은 양의 재고는 과다한 유지비용까지 초래하여 적지 않은 손실을 주기 때문에 많은 재고량을 요구하는 메뉴는 가능하면 선택하지 않는 것이 좋다. 비용보다 저장판매가 주는 이익이 클 경우 이러한 품목을 선택할 수 있지만 이럴 경우에는 저장시설의 수용력을 먼저 살피는 철저함을 보여야 한다.

넷째, 메뉴를 기획할 경우 레스토랑의 물리적 시설과 장비 등의 크기와 수용력 등이 고려되어야 한다. 외식업소가 메뉴를 개발하기 위해서는 주방기기의 종류, 용량 및 사용가능기간 등에 대한 조사가 선행되어야 한다. 이것은 추가될 메뉴의 조리방법과 예상판매량을 기존의 설비 및 기기들이 소화할 수 있을지의 여부를 파악하여 주방기기를 구매하거나 경우에 따라서는 메뉴개발의 계획을 변경해야 할 수도 있다. 개발메뉴의 조리에 쓰여질 설비나 기기의 구입은 구입비용과 용도, 용량, 예상수명 등을 합리적으로 계산하여 비용의 회수기간을 분석한 후 수익성이 있다고 판단될 때 이루어져야 한다. 새로운 메뉴를 고객에게 제공하기 위해 새로운 장비와 시설 등이 추가로 구매 혹은 설치되어야 한다면 해당 기업은 투자에 대한 부담을 가지게 되며, 효율적인 기업운영의 장애요소가 될 수도 있다. 그러나 개발메뉴 생산에 필요한 조리직원을 쉽게 구할 수 없을 경우나 인건비를 줄일 필요가 있을 때 사람의 노동력을 대체할 수 있는 주방기기의 구입으로 그 문제를 해결할 수 있다.

다섯째, 메뉴를 기획할 경우 종사원의 능력과 직원의 수를 고려해야 한다. 주방 종사원의 능력을 벗어난 제품을 기획한다면 새로운 인력 혹은 숙련도가 높은 직원을 고용해야 하므로 기업경영의 추가적인 인건비부담을 발생시킬 수도 있다. 또한 직원의 교육도 고민해야 할 사항이다. 메뉴상품이 높은 직원의 숙련도를 요구한다면 이에 대한 비용과 시간적 측면이 고려되어야 한다.

여섯째, 메뉴를 기획할 경우 음식조리와 서비스의 하부시스템 유형(서브시간, 서비스형태)을 고려해야 한다. 외식기업은 생산과 소비가 동시에 이루어지는 경우가 대부분이다. 외식기업의 경영자라면 음식상품을 생산하는 것에만 집착할 것이 아니라 고객에게 제공되는 과정 역시 중요하게 고려해야 한다. 메뉴개발에 있어 경영자는 업소의 설비들을 실제로 사용하여 상품을 생산하고 제공할 주방과 조리기술 및 서비스에 대해서도 고려해야 한다. 이것은 조리사들의 기술수준이 개발메뉴에 필요한 수준에 이르지 못하면 고객만족은커녕 업소의 생존 여부에 근본적인 문제를 야기하여 장기적으로 업소의 장래를 어둡게 할 수도 있다. 선택의 폭이 다양한 오늘날의 고객들은 상품의 질적 요소에 민감하여 기대에 미치지 못하는 음식들은 다시 찾지 않는 경향이 있으므로 메뉴를 개발하기에 앞서 현 직원들의 수준과 업소의 전체적인 관리능력을 정확히 파악해 업소가 소화할 수 있는 메뉴를 선택해야 한다. 준비와 조리공정이 복잡한 노동집약적인 메뉴는 직원들의 업무능력과 현재의 작업량을 고려해 효율을 높일 수 있는 측면에서 선택 · 결정해야 한다. 과중한 업무량은 작업의 질을 떨어뜨릴 뿐 아니라 완결짓지 못하고 남겨지는 작업으로 결국 업소의 이익감소와 고객불만족의 원인이 될 수 있기 때문이다.

일곱째, 메뉴를 기획할 경우 고객이 지불한 가격을 고려해야 한다. 고객은 자신이 지불하는 가격에 대해 얻는 가치를 고려하기 때문에 기업은 고객이 수용할 수 있는 가격수준을 확인하고 결정해야 한다. 뿐만 아니라 메뉴의 가격은 기업의 경쟁력과 기업의 이윤에 원천이 되므로 이에 대해서도 충분히 고려해야 한다.

여덟째, 메뉴를 기획할 경우 레스토랑기업의 관리자는 메뉴상품의 외적 요인을 확인해야 한다. 외적 요인으로는 입지 및 상권, 음식상품을 소비하게 될 고객의 상황적 조건, 식사시간과 계절 등이 있다.

고객 측면으로는 첫째, 메뉴를 기획할 경우 해당 고객의 식생활습관과 음식서비스 선호도 등을 고려하여 고객만족도를 고려해야 한다. 해당 외식기업은 목표고객들의 생물학적 · 생리학적 및 심리학적인 요인 등을 고려하여 고객을 만족시킬 수 있는 메뉴기획 및 관리를 해야 한다.

둘째, 메뉴를 기획할 경우 해당 고객의 개인적 요소를 고려해야 한다. 해당 외식업소를 이용하는 고객들의 가족구성 상황, 연령, 성, 건강지향 정도, 교육수준, 소득 측면, 레스토랑 이용목적 등을 충분히 고려하여 메뉴기획이 이루어져야 한다.

셋째, 메뉴를 기획할 경우 고객이 속한 사회적 요인과 경제적 요인, 그리고 문화와 종교적 요인을 고려해야 한다. 외식사업은 여타 사업보다 경기에 매우 민감하다. 경기가 좋지 않다고 느끼거나 앞으로 좋지 않을 것이라 예상되면 가장 먼저 줄이는 것이 외식비용이다. 이 외에도 문화적 정서, 그리고 사회적 정서 등을 고려하는 것 역시 메뉴기획의 중요한 요인임을 인지해야 한다.

넷째, 메뉴를 기획할 경우 해당 레스토랑의 이용고객이 추구하는 가치가 무엇인지 확인해야 한다. 외식기업은 고객에게 제공하는 메뉴를 통해 고객 개개인이 추구하는 가치를 실현할 수 있는 상품이 될 수 있도록 메뉴상품계획 및 관리가 이루어져야 한다.

6) 기본메뉴와 계절메뉴의 사용 구분

실제 매출에는 공헌하지 않는 것과 상관없이 조리하는 일손만 많이 들고, 바쁘기만 하고, 재료 준비에 시간이 많이 소요되는 등의 이유로, 왠지 이런 상품들이 잘 팔리고 있다는 착각을 하게 하는 경우가 있다.

자신의 점포에서 제공하는 음식 중에 언제나 준비할 수 있는 것이 '기본메뉴'이다. 이 안에는 A에 랭크된 최고의 요리도 있고, 또한 B, C에 랭크된 요리도 있다. 메뉴의 공헌도는 매월 변하는 것이다. 수치를 보고 있으면 계속해서 관심을 가지게 될 것이다.

기본메뉴는 안전상품이라고 할 수 있지만, 기본요리만 제공한다면 항상 이용하는 고객은 싫증이 날 수 있다. 따라서 계절메뉴를 활용한 메뉴 변화를 줌으로써 고객에게 새로움을 제공하는 것도 필요하다. 계절메뉴를 제공함으로써 새로움을 주고, 매상도 올리는 일석이조의 효과를 내볼 수 있다. 한국은 계절의 변화가 뚜렷하다. 이러한 계절적 변화를 계절메뉴에 집어넣음으로써 단조로움을 느끼게 할 수 있는 기존메뉴에 변화를 주는 것이 가능해진다. 식욕이 없는 여름에는 시원한 중국음식을, 삼복더위에는 장어요리를 준비하는 등 기본메뉴에 계절메뉴를 집어넣게 되면 전체적으로 새로움과 변화를 줄 수 있다.

계절메뉴를 '특별요리'로 내게 되면, 다소 가격을 올려 받더라도 고객은 그 가격에 큰 불만 없이 음식값을 지불하게 된다. 결국 계절메뉴는 이익을 가져다주는 일등공신이 될 가능성이 충분하다고 할 수 있겠다.

또한 정기적으로 메뉴를 검토하는 것이 매우 중요한데, 이때는 주로 매장을 찾는 일반 소비자에 맞춰 4개월에서 6개월에 한 번 정도 메뉴 변경을 하는 것이 바람직하다.

7) 메뉴판 디자인과 배치

메뉴는 상품의 차림표이다. 멋을 부려 메뉴를 만들 필요가 있다. 단순하게 요리이름을 나열하는 것이 아니라 이것도 점포를 홍보하는 수단이라고 생각하고, '차림표', '메뉴판'에도 개성을 가져야 한다. 메뉴판은 요리 소개와 함께 점포를 어필하는 작은 도구이다. 청결하고 개성이 있는 메뉴판을 만들도록 하자.

패밀리 레스토랑에 놓여 있는 메뉴에는 프로사진가가 찍은 멋진 색을 드러내는 요리사진이 놓여져 있다. 이런 것들은 어린이들이 보기에도 알기 쉽기 때문에 인기가 좋을 것이다.

한편, 사진으로 보여주는 것은 거의 없고, 글자만으로 메뉴를 보여주는 것이 일반적이다. 그 이유로는 고객이 그 요리를 상상하는 즐거움을 남겨두고자 하는 배려도 있다고 할 수 있다. 사진이 아닌 개성적인 자필 메뉴가 놓여 있는 경우가 있다. 이것은 차림표 자체를 읽는 즐거움이 있다고 할 수 있다. 메뉴판은 점포와 고객의 커뮤니케이션의 도구라고 생각해야 한다.

기본메뉴는 서빙에 의해서 정보가 제공된다. 형식에 얽매이지 않는 경우 칠판에 분필로 메뉴를 적기도 하고, 일반패스트푸드점에서는 메뉴를 전광판 형태로 표시하는 메뉴보드를 사용하기도 한다. 많은 경우 한 페이지로 된 메뉴판이나 몇 페이지씩 겹쳐진 접이식 메뉴판을 사용하기도 한다.

어떤 메뉴형태이든 메뉴를 선택하기에 용이하도록 짜여져 있어야 하고 눈에 확 띄도록 하는 디자인이 필요하다. 이를 통해 고객은 쉽게, 그리고 효율적으로 주문을 할 수 있다. 또한 이러한 메뉴구조와 디자인은 고객의 소비액수에도 영향을 주게 된다. 따라서 메뉴판은 고객이 메뉴주문을 쉽게 할 수 있도록 도와주며, 메뉴가 어떻게 나올까 하는 고객의 불안한 마음을 해소시켜 줄 수 있어 쉽게 이용할 수 있게 제작한다. 이에 따라 매출향상을 촉진시킬 수 있어 시각적인 면을 최대한 고려해 제작하여 메뉴의 부가가치를 높이는 중요한 판매촉진수단이 된다. 점포 분위기와 어울리는 디자인과 색상은 내점한 고객으로 하여금 식욕이 돋을 수 있도록 해주며 신선한 감각을 제공할 수 있어 고객의 관심을 유발할 수 있다.

매우 복잡한 메뉴판의 구성

제대로 된 메뉴판 제작은 메뉴기획자가 의도한 대로 설명, 레이아웃, 활자, 메뉴판의 크기, 모양, 컬러 등이 그 식당의 전체적인 개념과 조화를 잘 이루어야 하고, 기능적으로는 메뉴의 역할을 잘할 수 있도록 디자인된 것을 말한다. 메뉴판은 읽기 쉽고 보기 편하게 제작되어야 한다. 사진과 같이 설계도를 보는 것처럼 지나치게 꽉 찬 메뉴기획은 좋지 않으므로 최소한 40% 정도의 여유공간을 두어야 한다. 또한 메뉴판의 청결함은 최소한으로 지켜져야 한다.

특히 메뉴판을 배치함에 있어서도 고객심리의 집중 포인트(focal point)를 고려한 위치에 두는 것이 이상적이다. 설정된 가격은 고객의 심리를 고려하여 메뉴판에 배치되는데 팔고 싶은 메뉴의 경우에는 메뉴판의 왼쪽과 위쪽에, 준비해 둘 요리는 그 옆으로 배치하는 것이 효과적이다.

메뉴판의 집중 포인트를 페이지수별로 설명할 수 있다. 한 페이지짜리 메뉴판에는 중앙이 집중 포인트이고 두 페이지짜리 메뉴판에는 오른쪽 메뉴판 중앙이 집중 포인트이다. 따라서 스타 메뉴들을 이 위치에 놓는 것이 이상적이다.

고객들은 메뉴판을 볼 때 상당부분에 시선을 집중시키고, 메뉴를 선택하는 경우가 많으며, 또 처음부터 보거나 마지막부터 보면서 원하는 메뉴가 나오면 메뉴판 보기를 멈추는 경우가 많으므로 앞부분이나 마지막 부분 또는 시선이 집중되는 중심에 메뉴를 배치하는 것이 전략적인 방법이다.

그림 9-1 | **메뉴판의 시선집중과 이동순서**

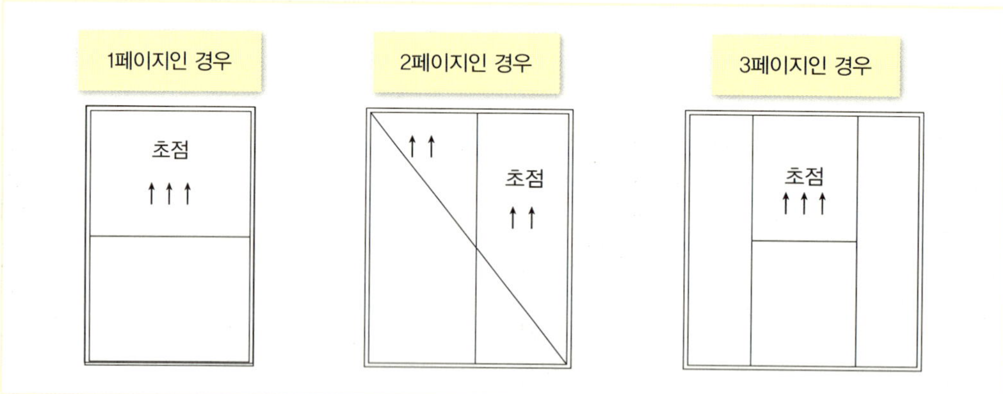

8) 메뉴의 품목수와 적은 메뉴수의 장점

보통은 가능한 한 많은 수의 메뉴가 좋다고 생각하기 쉽다. 그러나 다수의 선택권이 있다고 해도 사람들은 그것을 전부 먹지는 않는다. 어떤 일정범위의 음식에 눈이 가게 되고, 주문도 그곳에 집중된다. 물론 이색적인 것을 먹고 싶어 하는 손님도 있지만, 그것은 한정된 수의 고객이다. 따라서 그 기대에 다 응하지 않더라도 점포운영에는 그다지 영향을 미치지 않는다.

다수의 메뉴를 추구하고 있다면 실제 팔리는 것을 봐가면서 주문이 적은 것을 메뉴에서 빼버리는 방법을 취해야 한다. 잘 판매되는 순으로 상위 20%의 메뉴를 A라고 하고, 다음으로 팔리는 것을 B, 마지막으로 거의 혹은 전혀 주문이 없는 것을 C라고 정한다. C에 랭크된 것은 메뉴에서 빼도 매상에 거의 영향을 끼치지 않는다고 할 수 있다.

이 방법으로 매월 A, B, C로 구분해 나간다. 몇 개월간 점포를 운영하고 C로 랭크된 것은 소거하고, A와 B만으로 메뉴를 구성한다. 매월 메뉴를 갱신하지 않으면 안 되기 때문에, 점점 메뉴의 구성은 슬림해져 가고 약 1년 후에는 처음에 있었던 메뉴수의 절반 이하로 메뉴 종류를 줄일 수 있다.

이런 식으로 메뉴를 확정해 나가는 것은 여러 가지 장점이 있다. 가장 큰 장점은 매상에 거의 기여하지 않는 품목의 식자재를 준비하지 않아도 되기 때문에, 비용절감이 가능하다는 것이다. 뭐든지 팔고 싶다고 해서 많은 수의 메뉴를 넣게 되면, 한 달에 한 번 주문받는 상품의 경우 한 달에 한 번 또는 두 번밖에 내지 않는 식재료의 보관에 문제가 있을 수 있다. 그 재료의 유통기한이 1주일이라고 한다면, 2~3주간 분의 식재료는 버리게 될 것이다. 보관하는 공간의 문제도 무시할 수 없는 일이다. 이런 메뉴는 점포에 손실을 줬으면 줬지 이익이 되지는 않는다. 여기서 알 수 있는 대답은 '메뉴는 적은 것이 좋다'라고 하는 것이다. 또한 A, B에 랭크된 요리에 주문을 집중시킴으로써, 조리를 위한 준비 등에서 분산되는 것이 없기 때문에, 손님을 많이 기다리지 않게 하면서 음식을 제공할 수 있다.

9) 메뉴의 검토

정기적으로 메뉴를 검토함으로써 요리의 새로움을 느낄 수 있도록 해야 한다. 이때 주의해야 하는 것은 고객이 자주 오는 빈도수이다. 이것은 제공하는 요리에 따라 다르겠지만, 자기 나름대로 예를 들면, 한 달에 한두 번 이상 오는 고객을 고빈도이용객(heavy user), 두 달에 한 번 정도 오는 고객을 중빈도이용객(midium user), 1년에 두세 번 오는 고객을 저빈도이용객(light user)으로 구분한다.

고빈도이용객에 맞춰서 메뉴에 변화를 주게 되면, 매월 메뉴를 바꾸지 않으면 안 된다. 그렇다고 해서 저빈도이용객에 맞추게 되면 메뉴의 변화가 없어서 매너리즘에 빠진 느낌을 주게 된다. 결국 중빈도이용객에 맞춰서 메뉴변경을 하는 것이 좋다. 4개월에서 6개월에 한 번 정도 메뉴 변경을 할 필요가 있다고 하겠다. 손님이 음식에 질리지 않도록 효율적으로 메뉴를 구성하고, 메뉴의 정기적인 검토를 해야 한다. 그러기 위해서는 신상품개발이 필요하다.

메뉴변경을 적절하게 하기 위해서는 잘 팔리는 것과 그렇지 않은 것을 정확하게 묶어야 한다. 지금은 컴퓨터가 그런 각종 데이터를 취급하기 때문에, 데이터만 정확히 입력해 두면 인기 없는 메뉴를 없애는 작업은 간단하다.

문제는 새롭게 더한 메뉴다. 사실 요리를 만드는 것은 지극히 창조적인 작업으로, 같은 재료를 사용해도 조리방법을 달리하면 완전 다른 요리가 되기도 한다. 이것이 재미있는 점이기도 하면서 어려운 점이기도 하다. 맛있는 음식이라는 평가를 받을 만한 새로운 요리를 낸다는 것은 메뉴변경시기라고 해서 쉽게 만들어지는 것이 아니다. 힘들게 개발한 신메뉴에 대한 고객들의 불평이 많으면, 예전 요리를 없애지 않고 그대로 두는 편이 더 낫다고 하는 상황이 벌어지기도 한다.

그리고 메뉴를 바꿔 넣기로 한 이상, 한 가지 메뉴만으로는 바꾼 효과를 내기는 힘들기 때문에, 몇 가지는 '신상품'으로 만들어서 손님들이 맛볼 수 있도록 준비해야 한다. 따라서 음식점 경영자는 하루하루를 새로운 메뉴개발에 힘쓰고, 종사원이나 고객의 소리에 귀를 기울이면서 메뉴변경을 꾀해야 한다.

10) 쉽게 바꿔서는 안 되는 메뉴

음식점을 개업하면 처음에는 친척, 친구, 지인이 자주 와준다. 주변에 있는 지인은 물론이고, 멀리 사는 지인들까지 와준다. 게다가 개업 축하 꽃이나 선물 등을 받고 본인도 기뻐서 들뜬 기분이 되어 버린다. 개업 초기에는 모든 것이 다 잘되는 것처럼 느껴질 것이다.

그러나 외식사업은 개점한 지 2개월째부터 진짜 승부가 기다리고 있다. 처음에는 기꺼이 와주었던 지인도, 친구도 점점 뜸해지고, 기존의 손님도 일부를 빼고는 볼 수 없게 된다. 따라서 개업한 다음 달부터 고객의 수는 감소해 가고, 그때 상사를 경험한 적이 없는 사람 대부분은 당황하게 된다. 불안감에 빠지기 쉽다. 이것이 하나의 큰 위험이다. 이러한 상황에서 메뉴가 지역과 맞지 않았다고 생각하고 수정방안을 고민하게 된다. 그러나 원인을 제대로 파악하지 않고 이런 식으로 메뉴를 바꾸려 하는 것은 최악의 행동이라고 할 수 있다.

메뉴를 쉽게 바꾸거나 점포수를 늘리는 등의 행위는 바람직하지 않다. 그에 앞서 예측할 수 있는 고객의 불만사항에 대해 매뉴얼을 만들어 사전에 대처방법을 정해 두어야 한다. 또한 손님의 불만이 점포의 성장을 촉진시킬 수 있는 밑거름이라 생각하고 받아들인다면 이것은 성장을 위한 강력한 힘이 될 것이다. 업태를 바꿨다고 해서 바로 이익이 나는 것은 아니고 어렵게 차린 점포이고 고심 끝에 결정한 메뉴인데 이것을 어떻게든 맛있게 고객들에게 대접할 궁리를 해야 할 것이다.

4. 조리기능

1) 표준조리법의 작성은 필수

음식점에서 가장 중요한 것은 좋은 품질의 맛있는 음식을 손님에게 대접하는 것이다. 그러기 위해서는 맛이나 품질이 일정해야만 한다. 어떤 요리가 어떤 날은 맛있게 되었다고 하자. 그것을 먹은 손님은 다음에도 그것을 주문하게 될 것이다. 그러나 다음번에 방문했을 때 전과 맛이 다르게 되어 기대에 미치지 못하면 나쁜 인상을 가지게 되고 이후에는 주문하지 않게 될 것이다. 메뉴에 따른 음식의 기본틀을 이해하고 기본적인 조리기법을 알아야 한다.

음식의 품질과 맛을 일정하게 하기 위해서는 표준조리법 또는 레시피(recipe)가 반드시 필요하다. 레시피를 준비해 놓으면 예컨대 50인분의 요리를 만들 때에도 각각의 양을 50배로 만들기만 하면 같은 맛을 내는 맛있는 메뉴가 될 것이다. 또한 이때 각각의 단가를 내두면, 원가도 쉽게 계산해 낼 수 있다. 표준조리법의 한 사례를 다음과 같이 제시한다.

표준조리법은 식자재와 식자재별 분량, 조리법을 설명하고 있어 메뉴의 질과 양적 관리와 원가관리의 기준이 된다. 우선 1인분의 요리에 사용되는 재료 각각의 명칭을 적어둔다. 다음으로는 조리하는 순서대로 그 '사용중량'을 기입한다. '돼지고기 200g', '양파

100g', '달걀 50g'과 같은 식으로 전체의 중량을 낸다. 이것에 대한 재료의 중량비율도 계산한다. 이렇게 해서 조금씩 중량비율을 바꿔 가면서 시험을 해보고 가장 맛이 좋을 때의 사용량을 기본으로 한다.

조리를 위하여 레시피를 주로 활용해야 하고 기존의 맛을 개선하기 위하여 레시피에 있는 기존의 식재료를 보다 나은 식재료로 추가 또는 개발해야 한다. 맛의 질을 높이기 위하여 레시피 내에 기본적인 식자재의 내용뿐만 아니라 미묘한 맛을 위한 식자재의 개선이 필요하다. 예를 들어, 음식의 맛을 높이기 위하여 통조림 형태의 식자재 대신에 신선한 식자재를 사용한다거나 또는 미묘한 맛을 연출하기 위하여 다양한 자연조미료로 대체할 수도 있다. 또한 메뉴의 외관도 신경 써야 하는데 이런 외관에 대해서도 레시피에 충분히 설명하고 있어야 한다. 맛과 더불어 가장 중요한 것은 고객에게 보일 수 있는 엔터테인먼트효과이다. 메뉴개발에 있어 가장 재미있는 것 중 하나는 음식을 가지고 다양한 모양으로 연출할 수 있는 기회를 가진다는 데 있다. 음식의 다른 형태와 맛을 실험한다는 것은 요리를 참 재미있게 만들어 줄 수 있는 것이다.

2) 영양

최근에는 많은 고객들의 영양(nutrition)에 대한 관심이 상당히 높다. 특히 외식에 있어서 대부분의 고객들은 음식 영양에 대해 상당히 신경을 쓴다. 과거에 비해 소고기와 햄버거 소비량이 점차 줄고 있고 반면 해산물 전문식당이나 죽 전문점들이 약진하는 현상을 볼 수 있다. 음식 영양에 있어 책임감 있게 준비해야 될 것은 지방과 소금 섭취를 최소화하는 데 있다. 사람들이 종종 오해하는 것은 지방과 소금이 빠지면 음식이 맛이 없다는 것이다. 심지어 몇몇 외식경영자들도 이렇게 하면 맛이 없어진다고 생각할 수 있겠지만 꼭 다음과 같은 점을 참고하여 조리하면 된다.

- 소금 대신에 천연양념 또는 약용식물(herbs)과 향신료(spices)를 사용해라.
- 지방을 줄이고 맛을 높이기 위한 불에 찌기(broiling), 굽기(grilling), 볶기(roasting)와 같은 조리법을 사용해라.
- 맛을 높이기 위하여 녹말가루와 같은 자연유체제(natural thickening ingredients)와 식자재의 처리(processing), 압착(juicing), 그리고 조림(reduction)과 같은 기술을 사용해라.
- 맛과 질감, 모양, 그리고 영양가치를 극대화하기 위하여 야채와 곡물을 알덴테(al

표준조리법의 예시

놋쇠구이 비빔밥 　　　　레시피 No.023 　　　　극비자료

요 리 명	놋쇠구이 비빔밥	작성연월일	2016년 7월 1일
판매가격	$5.80	원 가 율	26.07%
작 성 자	이시영	점 장	홍길동

유의사항

원재료를 담을 때에는 전체가 치우치지 않도록 각각의 재료를 균형 있게 놓는다. 그리고 이 레시피표에 완성된 요리의 사진을 촬영해서 붙여두면, 레시피를 보는 것만으로 누구라도 같은 요리를 조리할 수 있게 되는 것이다. 마지막에 달걀을 중심에 넣도록 주의한다. 고추장은 다른 작은 그릇에 넣어서 제공한다.

원재료명	중량(g)	중량비율(%)	kg 단가($)	한 접시 단가($)
밥	200	54.8	.15	.30
시금치	20	5.5	1.00	.20
콩나물	20	5.5	.50	.10
고비	20	5.5	2.00	.04
무	10	2.7	.50	.05
가지	10	2.7	.40	.04
달걀	65	17.8	.23	.02
산파	3	0.8	1.00	.01
깨	4	0.1		
참기름	2	0.6		
고추	1	0.3		
고추장	10	2.7		
합계	365	100.0	.79	
손실률		5.0		.72
최종재료단가				1.51

dente : 씹기에 적당한 단단한 정도)로 조리하라.

• 레시피에 적용할 때 와인과 식초와 같은 액상 조미료를 사용해라.

5. 구매기능

이익은 원가에서 나온다는 말이 있다. 얼마나 좋은 재료를 싸게 안정적으로 구입할 수 있는지가 구매의 목적이다. 어떻게 해서든지 싼 가격의 식자재를 잘 구입해서, 그것을 되도록 비싸게 파는 것이 이익을 내는 원동력이 된다. 구매란 외식사업에서 판매되는 상품을 생산하기 위해 가장 경제적인 가격으로 적정 필요량과 품질기준에 적합한 식자재를 적절한 시기에 구입하여 생산활동이 차질 없이 이루어질 수 있도록 하는 업무를 말한다. 구매담당자에게는 효율적이고 성공적인 구매활동이 이루어지기 위한 전문지식이 요구된다. 구매관리자는 지속적으로 시장환경 변화요인과 가격동향에 관한 정보를 수집하는 활동을 해야 하며 적극적으로 식자재 공급업체 관리업무를 수행할 수 있어야 한다.

1) 구매처

원재료나 필요한 비품을 구입하는 것은 음식점을 경영하는 데 있어 매우 중요하다. 식자재는 음식점에 있어서 생명선과 같기 때문에 거래처를 꼼꼼하게 조사하지 않으면 안 된다.

좋은 구매처는 상품에 대해서 애정을 가지고 있는지 없는지로 판단한다. 상품을 아무렇게나 취급하는 사람은 그 구입방법에 있어서도 아무렇게나 하기 때문에 신용할 수 없다. 또한 납품거래처와의 관계를 밀접하게 유지할 시 좋은 식자재를 안정적으로 확보할 수 있다. 좋은 정보를 제공해 주는 구입처는 귀중한 존재이다. 만약 자신의 점포에서만 확보할 수 있는 식자재가 있다면 경쟁업자와 차별화를 둘 수 있는 강력한 무기가 될 수 있다. 구매처를 결정하기 위해 다음과 같은 방법을 생각해 볼 수 있다.

• 동종업자나 동문 선후배의 소개 : 소개자가 지인이라면 거래처나 업자도 좋은 식자재를 우선적으로 주는 등 좀 더 신경을 써준다.
• 전화번호부의 업종별 페이지 : 너무 상식적인 방법이지만, 어쩌면 훌륭한 업자를 발견할지도 모른다.

- 웹사이트 : 루트와 그 가격이 과제이겠지만 한 번 생각해 볼 가치는 있다.
- 전시회나 레스토랑쇼 : 서울, 부산, 광주 등지에서 개최되는 전시회나 레스토랑쇼에 참가하게 되면, 아주 쉽게 거래처를 발견할 수 있다.
- 시장이나 밭을 직접 찾는다 : 가만히 있으면 아무것도 손에 넣을 수 없다. 자신의 발로 직접 돌아다녀 보면서 물건을 대줄 수 있는 업자나 농가 등을 찾는다.
- 항시 최근 정보를 입수한다 : 더 좋은 식자재는 없는지, 지금의 식자재는 어떤지를 끊임없이 의문을 가지고 계속해서 찾아보면서 시험적으로 구입해 본다. 구매 식품 판매장에서도 의외로 좋은 정보를 찾을 수 있다.
- 잘되는 점포나 평판이 좋은 점포의 뒤쪽을 둘러보고 쓰레기통을 살펴본다 : 이런 곳은 정보의 창고다. 상자에 적혀 있는 업자명이나 산지명, 전화번호를 메모하고 그곳에 직접 전화해 본다. 그리고 개업 전에 배달해 온 고기나 생선, 야채 등을 배달하는 배달업자의 트럭, 배달하는 차에 적혀 있는 전화번호를 사진으로 찍어 두고 그곳에 전화해 본다. 잘되는 점포에서 거래하고 있다는 것만으로도 좋은 식자재일 가능성이 높다.
- 중간도매업자의 성실성을 본다 : 중간도매업을 하는 주인이 성실한 사람이라면, 일단 취급하는 식자재도 그에 상응하는 수준의 상품이라고 봐도 좋다.

아무리 좋은 구입처를 발견했다고 하더라도 항상 좋은 식자재를 확보하기 위해서는 상품지식을 완전히 익혀야만 한다. 어떤 식자재에도 정통해야 하고, 보다 좋은 식자재를 제공해 주는 상대와 거래하도록 한다.

2) 구매처는 중요한 사업파트너

사업을 할 때 자금이 부족해지면 도산할지도 모른다. 자신의 점포에 현금이 떨어지지 않도록 하는 것과 같이 거래처에 있어서도 현금은 소중한 것이므로 그곳의 현금도 떨어지지 않게 해주어야 한다. 아무리 양질의 식자재를 도매로 파는 업자를 발견한다고 해도 구매대금을 지불하는 데 있어서 머뭇거리면, 언젠가는 그 업자도 앞으로의 거래도 머뭇거린다.

외식사업은 매일매일 현금이 들어온다. 거래처에 대해서도 가능하면 빨리 현금으로 지불을 마쳐야 한다. 이것이 '좋은 구매'를 실천하는 요령이다.

보통의 경우, 대금지불은 될 수 있는 대로 나중에 하겠다고 생각하는 사람이 많다. 거래처는 해당 업소의 영업은 어떤지, 지불은 제대로 해주는지를 지켜보고 있다. 지불이 늦어지면 좋은 식자재를 제공해 주기는커녕 거래를 끊을지도 모른다. 거래처는 처음 거래를 하는 상대에 대해서는 걱정을 하기 마련이다. 대금지불을 빨리 하는 것이 좋은 식재료를 구입하게 되는 지름길이기도 하다.

역으로 항상 정확하게 현금으로 지불하거나, 정해진 기일에 맞춰 대금을 지불한다면 그것으로 신용을 얻을 수 있게 되고, 좋은 식자재를 우선적으로 받을 수 있게 될 것이다. 많은 양, 적은 양에 상관없이 나름대로의 대응을 해주게 될 것이다.

3) 자기 점포만의 구매처

자신의 점포에서만 확보할 수 있는 식자재가 있다고 한다면, 고객들은 '저 점포에서는 진귀한 요리를 맛볼 수 있어', '저 점포는 좋은 식재료를 사용하고 있어'라는 생각을 하게 되고, 그렇게 되면 다른 점포와의 큰 차별화가 가능해질 것이다.

그 상대를 찾기 위해서는 산지를 방문해야 한다.

농업기술센터 등의 공공기관에서 소개받아 농가를 방문하거나, 근처에 논밭이 있는 지역이라면 그곳까지 직접 나가서 구입이 가능한지 물어보는 방법이 있다. 많은 양의 구입은 무리라고 하더라도 산지에서 직접 사왔다는 것은 확실한 차별화 포인트가 될 것이다.

대규모 음식점 체인은 대부분 양의 확보와 가격안정성을 찾아서 농가와 재배협약을 맺고 있다. 그러나 생산자인 농가는 장인기질이 있어 구입하는 회사 쪽에서 '이런이런 것을 만들어 주세요'라고 지정해서 요구하면 좋게 생각하지 않는 경우도 있다. 자신의 작물이 어떤 식으로 가공되어 어떤 식으로 소비되는지를 알지 못한다.

농가에서 직접 구매한 경우에는 반드시 어디에 어떻게 쓰이는지를 알려 주어야 한다. 이렇게 하면 생산하는 쪽에서도 의욕을 가지게 되고 점점 더 좋은 상품을 만들게 된다.

농가구매 시 유의점은 시장에 출하하는 가격보다 약간 비싸게 사는 것이다. 그래도 점포의 입장에서는 싸게 사는 것이다. 또한 품질 등 등급을 지정하지 않는 것이 좋다. 농가는 구분하는 작업을 하지 않아도 되기 때문에 좋아한다. 이렇게 해서 농가를 한식구로 만드는 일이 가능해지면, 강력한 사업적 무기를 가지게 될 것이다.

작은 음식점의 경우, 약간 비싸게 판다고 해도 '이익은 질에 있다'라고 생각하고 신선한 식자재를 부지런히 구입하는 것이 좋다. 소자본이 대자본에 이기기 위해서는 식자재의 품질을 음미하고, 정면으로는 구입하기 힘든 진귀한 것을 구입해서, 품질이나 희소가치로 승부해야 한다.

4) 대량구매

식자재를 저렴하게 구입하기 위해서는 대량구매를 활용하여 원가를 낮추는 방법이 있다. 그러나 개인음식점에서 일반적인 식자재를 대량으로 구입하면 결국 전부 사용하기도 전에 부패하게 되는 경우가 많다. 그리고 불필요한 식자재를 대량으로 가지고 있으면 재고가 쌓이게 되어, 쓸데없는 보관비용과 공간이 필요하게 된다.

판매자의 물류비는 이익에 크게 영향을 주기 때문에, 점포에서 재료판매처에 직접 가지러 가는 것으로 가격을 싸게 하는 방법이 있다. 가장 중요한 원재료, 즉 육류, 생선, 야채 중에서 중요한 것만이라도 이런 방법으로 해결해야 할 것이다. 마찬가지로 생산자나 도매를 하는 곳과 가능한 한 많은 커뮤니케이션을 하면, 큰 기업의 체인점과 같은 방법으로 도매하는 것이 가능해진다.

5) 공동구매

소점포경영의 경우는 자본력이 부족할 뿐만 아니라, 정보량이나 자극을 받는 일도 적었다. 그것을 보완하기 위해서는 약한 업자들이 모여 그룹을 만들어 서로 돕는 단체가 필요하다. 그렇게 함으로써 '공동구입'이라고 하는 형태가 가능해질 수도 있고, 그렇게 된다고 하면 그것은 큰 힘이 될 것이다.

공동구매를 위해서는 우선 네트워크를 만드는 것이 필요하다. 각지에서 영업하고 있는 동업자를 대상으로 한 세미나 등에 참가하고 계속해서 명함을 교환하거나 해서 업계단체에 소속되어 있다면, 이런 그룹을 만드는 것에 관심 있는 업자를 모으도록 한다.

동료들과 모임을 만들면 모임으로 재료의 양을 합해서 주문한다. 구입처는 전국을 대상으로 하고 그 개척을 위한 정보수집 등은 개인이 알아서 찾는 형식으로 하는 것이 좋다. 가격이 약간 비싸지는 경우도 있지만, 품질은 분명히 좋아지기 때문에, 최종적으로는 저렴하게 구입한 것이 될 것이다.

6) 식자재 구별법

구입하는 식자재의 좋고 나쁨을 구분하는 눈을 가지는 것은 매우 중요한 능력이다. 그

좋고 나쁨에 따라 요리의 품질과 맛이 결정되기 때문이다. 아무리 겉모양이 좋다고 해도 입에 넣었을 때 맛있지 않으면 고객은 두 번 다시 방문하지 않게 될 것이다.

신중하게 식자재를 살펴보는 모습

좋은 식자재를 구분하는 것은 경험도 필요하겠지만 무엇보다 재료를 관찰하고 만져보는 것이 필요하다. 맛있다는 평가를 받는 좋은 상품을 많이 보고, 만져보고, 맛보아야 한다. 윤기는 어떤지, 탱탱한 정도는 어떤지, 향은 어떤지, 단맛은 어떤지 등등을 오감으로 느끼는 훈련을 해야 한다. 날것의 상태가 안 좋은 것은 조리해도 좋을 리가 없다.

몇 번씩 해보는 사이에 이른바 '경험규칙'이 쌓이게 된다. 이것을 알아차렸을 때에는 메모해 두어야 한다. 그렇게 하면, '어떤 것은 이 산지가 맛있고, 추석이 지나면 맛이 떨어진다라든가, A가 만든 야채는 평균적으로 좋고 그에 비해 B의 야채는 얼룩이 있어서 구입할 때에는 신중을 기하지 않으면 안 된다'라고 하는 '법칙'을 발견하게 된다. 메모는 귀찮더라도 매달 한 번, 반드시 정리해서 모아두어야만 어떤 발견을 할 수 있게 된다. 이렇게 하면, 다음에는 이 메모에서부터 얻은 정보로 어떤 특정한 업자나 농가를 지정해서 그곳의 야채를 구입하는 것이 가능해진다.

7) 구매품목의 현명한 관리

식자재의 구입에서 보관에 이르기까지 과정은 [그림 9-2]에서 보는 것과 같이 구매, 검수, 보관의 단계를 거치게 된다. 보관은 냉동, 냉장, 건조보관으로 나눌 수 있는데 신선한 식자재 공급을 위해서 적절한 보관 · 관리가 요구된다. 메뉴수가 많으면 많을수록 사용하는 식자재와 종류도 많아지고 양도 많아지기 마련이다. 그렇게 되면 그런 식자재를 보관할 공간도 크지 않으면 안 된다. 고객석의 공간, 주방과는 다르게 저장공간은 가능하면 적게 만들고 싶을 것이다.

저장품에는 냉장보관을 해야 하는 냉장품, 냉동보관을 하지 않으면 안 되는 냉동품, 온도에 대한 신경을 쓰지 않아도 되는 상온품이 있다. 우선 야채, 육류, 생선, 유제품 등의 신선해야 하는 재료이다. 다음은 냉동되어 있는 생선, 육류나 아이스크림 등의 냉동품이다. 마지막으로 온도에 그다지 영향을 받지 않는 상온식품으로 병조림, 통조림, 밀가루 등이 있다. 구입품의 현명한 관리는 공간을 많이 쓰지 않고, 쓸데없는 구입을 하지 않는 것이다. 이것들을 '최소의 공간'에 보관하기 위해서는 다음의 방법이 있다.

- 점포 안의 빈 공간이나 선반을 활용하자.
- 자재 선반은 이동 바퀴가 달린 스테인리스로 된 것으로 한다. 바퀴가 달려 있지 않으면 이동이 힘들고 효율적인 배치도 하기 힘들다. 게다가 선반의 뒤쪽을 청소하는 것도 힘들어서 바퀴벌레나 쥐가 생길 수도 있다.
- 모든 식자재와 구매물품을 먼저 구입한 것부터 사용하는 '선입선출'식의 방법을 사용해야 한다. 그러기 위해서는 입고된 날에 '날짜, 상품명, 중량'을 기입한 라벨을 반드시 보이는 부분에 붙여두어야 한다. 포장박스의 표면에 매직잉크로 기입해서 표시테이프를 작게 잘라 붙이는 방법을 사용하면, 쉽게 구별할 수 있게 된다. 이런 식으로 밖에서 보고 쉽게 식별할 수 있도록 해두면, 가령 처음 온 종사원이라고 하더라도 하나하나 상자를 전부 열어서 안을 확인하지 않아도 금방 물건을 찾아 사용할 수 있게 될 것이다. 또한 예를 들어, '밀가루 2kg'이라고 중량을 적어두면, 재고조사를 할 때 잔량을 쉽게 파악할 수 있는 이점도 있다.

냉장고와 냉동고의 온도관리에 관해 살펴보자.

냉장고와 냉동고의 문이 바로 닫혀 있는지 어떤지, 문의 패킹이 파손되어 있지는 않은지를 끊임없이 체크해야 한다. 자못 초보적인 일인 것 같지만, 식중독은 문이 제대로 닫혀 있지 않아 냉기가 빠져나와 냉장고 안의 식자재가 썩어서 생기는 경우가 적지 않다.

냉장품은 '섭씨 0~5도'로, 냉동품은 '-18도'로 관리하지 않으면 안 된다. 아이스크림

그림 9-2 | 식자재의 구매에서부터 보관에 이르는 과정

등은 가능하면 −25도 이하에서 보관하는 것이 좋다. 1년 동안 냉동 보관한 육류와 3개월간 보관한 육류를 해동해서 스테이크를 만들어 보면 그 맛에는 확실한 차이가 있다. 냉동품이라고 해도 6개월 정도 사용하지 않게 되면 그 맛은 유지할 수 없게 된다. 따라서 제품을 들여와서부터 아무리 늦어도 6개월을 유통기한이라고 생각하고 사용하는 것이 좋겠다. 결국 냉동식품은 언제까지 갖고 있어도 된다는 생각은 하지 말아야 한다. 유통기간 내에 소화해 낼 수 없는 양을 쌓아두고 있는 것은 맛을 포기하는 것과 같다. 냉동품이라고 하더라도 회전율을 높일 필요가 있다.

8) 불량재고의 처분법

유통기한이 다 되어 사용할 수 없는 불량재고를 처분하는 일이다. 어떤 업계에서든 손실은 반드시 나기 마련이다. 불량재고는 이익을 그대로 하수구에 버리는 것과 같기 때문에 처분을 하기 전에 그 불량재고에 대한 방지책을 강구해야 한다.

불량재고를 방지하기 위해서는 재고관리를 제대로 해야 한다. 특히 유통기한이 있는 식품, 주류에 대해서는 그 유통기간을 기록해 두어야 한다. 요즘은 컴퓨터가 발달해 있어서, 컴퓨터로 이 작업을 하면 간단하다. 유통기한을 컴퓨터의 프로그램에 입력해 두면 유통기간이 다하기 한 달 전에 화면상에 표시되게 하는 방법도 가능하다. 이렇게 관리하고 있다고 해도 역시 불량재고는 나오기 마련이다. 그렇기 때문에 유용하게 이용할 수 있는 방법을 생각해 둘 필요가 있다.

그리고 다른 유용한 대책으로는 유통기간이 다 된 재고를 모아서 판매촉진의 경품으로 만드는 방법도 있다. 예를 들어, '본점 창립 ○주년 기념, 추첨을 통해 이 상품을 드리겠습니다'라는 식으로 하는 것이다.

유통기한이 짧은 식품은 '오늘의 추천요리'라고 해서 빠른 시간 안에 저렴한 가격에 제공해서, 손님에게 그 맛을 기억하게 하고, 다음에 주문하게끔 하는 방법이 있다.

종사원의 교육용으로 사용하는 방법도 있다. 지금껏 고가의 재료를 사용해 본 적이 별로 없는 아르바이트생이나 처음 온 종사원에게 그 재료를 사용해서 조리하게 한다. 그것을 그다지 먹어본 경험이 없는 아르바이트 접객 종사원 전원에게 시식하게 하는 것이다. 만드는 종사원은 완성된 요리에 대한 평가를 참고할 수 있고, 요리를 맛본 종사원은 손님에게 설명하는 방법을 알게 할 수 있어 공부가 될 것이다.

요약정리

- 서비스의 동시성, 즉 생산과 소비가 동시에 일어난다는 특징 때문에 기존의 제조업 중심의 전략적 역량을 그대로 사용할 수 없다. 따라서 상품력, 점포력, 입지력, 서비스력, 관리력을 중심으로 외식사업의 전략적 역량을 고려해야 한다.
- 요리의 종류는 많다. 자신이 내세울 만한 요리로 승부하는 것이 기본이지만, 개점 예정지에 어떤 점포가 많은지, 경쟁해서 살아남을 수 있을지를 조사하는 것도 잊지 말자.
- 메뉴의 수는 '많다'보다는 '적다'라고 하는 정도로 시작하자.
- 품목수가 적다면 재료의 조달에 손실도 생기지 않고 미리 준비해 두는 데도 일손이 많이 들지 않는다. 다만, 손님에게 선택하는 즐거움을 잃게 하는 일일 수도 있다.
- 메뉴는 '팔고 싶은 메뉴', '준비해 둘 메뉴', '돈이 되는 메뉴'로 구성하자.
- '팔고 싶은 메뉴'를 팔기 위해서는 값어치를 부여하는 것이 중요하다. 시세와 전체의 원가율을 고려하여 가격을 설정하자.
- 고객의 심리를 생각하고 가격을 설정하자. '팔고 싶은 요리'에는 900원이라고 하는 설정이 유효하다.
- 다른 업자와 같은 거래처와 거래를 하면 독자적인 식자재를 손에 넣을 수 없다. 여러 거래처를 알아두어야 한다.
- 제철재료는 가격도 싸고, 물건도 풍성하게 있다. 산지를 찾아보고 접촉해 보자.
- 혹시 자신의 점포에서만 사용하는 좋은 식자재를 확보할 수 있다면 말할 필요도 없이 큰 차별화가 될 것이다. 그 상대를 찾기 위해서는 '하는 데까지는 해본다'는 마음가짐으로 산지를 방문해야 한다. 그리고 시장가격보다 조금 비싸게 구입해야 한다.
- 식자재의 좋고 나쁨을 분간하는 능력이 필요하다. 훈련을 메모해서 자신의 '경험규칙'을 만들자.
- 개인의 힘은 약하다. 같은 목적의 동료를 자극해서 공동구입의 형태로 만들 수 없는지 연구해 보자.
- 거래처는 처음 거래를 하는 상대에 대해서는 걱정을 하기 마련이다. 대금지불을 빨리하는 것이 좋은 식재료를 구입하게 되는 지름길이다.
- 효율적인 경영은 유통기간과의 싸움이라고 할 수 있다. 재고관리를 철저하게 하고, 만일의 불량재고에 대해서는 여러 방법으로 생각해 보고 활용하자.
- 구입품의 현명한 관리는 공간을 많이 쓰지 않고, 쓸데없는 구입을 하지 않기 위한 연구를 하는 것이다.
- 식재료로서 중요한 냉장품과 냉동품은 관리를 확실하게 하지 않으면 사고의 원인이 된다. 냉동품에도 '먹을 시기'가 있어서 회전율을 높이는 구입과 보관이 필요하다.

참고문헌

Baskette, Michael(2001), *The Chef Manager*, Prentice-Hall.

Carman, J. M., Langeard, E.(1980), "Growth Strategy for Service Firms", *Strategic Management Journal*, 1, 7-22

Grant, R. M.(2010), *Contemporary Strategy Analysis*(7th Ed.), Wiley.

Knight, J. B. & Lendal H. Kotschevar(1989), *Quantity Food Purchasing*, Macmillan Publishing Co.

Kotschevar, Lendal H. & Richard Donnelly(1994), *Quantity Food Purchasing*, Macmillan Publishing Co.

Mill, R. C.(1998), *Restaurant Management*, Prentice-Hall.

Porter, Michael E.(1980), *Competitive Strategy: Techniques for Analyzing Industries and Competitors*, New York: Free Press.

Spears, M. C.(1999), *Purchasing for Profit*, Prentice-Hall.

Walker, J. R. & Lundberg, D. E.(2001), *The Restaurant from Concept to operation*, John Wiley & Sons.

Chapter 10

점포력

외식의 개념이 배고픔을 채우는 식사의 개념에서 먹는 것을 즐기는 개념으로 바뀌면서 점포의 역할에도 변화가 요구되고 있다. 외식업소는 음식을 즐길 수 있는 장소일 뿐 아니라 휴식공간도 될 수 있도록 그 역할이 변하고 있다. 일례로 스타벅스와 같은 대부분의 커피 전문점들은 사실 커피 자체의 상품보다는 점포의 내외장을 통한 매력성으로 경쟁력을 갖추고 있다고 해도 과언이 아니다. 또한 맥도날드가 재단장 작업을 했던 맥카페는 주 고객층의 취향에 맞는 외식업소의 역할 변화에서 그 동기를 발견할 수 있다.

고객의 편의를 증진시키기 위해 업소 내의 동선처리에 역점을 두어 고객들이 혼잡을 피해 식사를 즐길 수 있도록 배려하고, 여유공간의 확보에 신경을 쓰는 노력도 이러한 역할의 변화에 기인한다. 메뉴는 물론, 실내 분위기에서 패스트푸드점과 패밀리 레스토랑의 특성을 고루 살린 독특한 분위기로 고객확보에 성공하는 업소들도 점포력이 갖는 비중을 이해하고 있는 업소라고 할 수 있다.

점포사업에 있어서 고객에 대한 영업은 외식사업장의 겉모습에서 시작된다. 사업자는 점포 내부뿐만 아니라 점포의 기능 및 환경 등 외관요소들에 신경을 써서 고객들이 들어가고 싶고, 이용하기 편리한 점포를 꾸며 나가도록 해야 한다. 상호, 외관, 색상, 인테리어 등 점포 자체의 집합으로서 그 점포를 의식적으로, 그리고 무의식적으로 평가하게 되며 그 평가 결과에 따라 점포에 대한 친밀감의 정도를 가지게 된다. 안락한 분위기를 찾아 쾌적하고 깨끗하며 편의시설 및 설비가 주방과 객장에 고루 설치된 업소 는 친밀감을 향상시켜 준다.

점포력은 고객을 유인할 수 있는 판매점포의 외형적 가치, 즉 시계성(visibility)을 의미한다. 점포의 외형적인 강점으로 더 많은 고객을 유치할 수 있게 되는 것이 점포력이다. 점포력은 건물 외형, 간판, 인테리어, 테이블과 의자, 조명, 입구, 음향시설, 실내온도, 주방시설, 화장실, 작업동선, 주차시설 등과 같은 요소들을 의미한다.

1. 점포형태기능

1) 심플하면서 깔끔한 테마

전체적인 구성에 있어서 밸런스를 맞춘 분위기, 강조하고 싶은 부분에 포인트를 주는 심플하면서 깔끔한 테마가 우선이다. 예를 들어, 커피 전문점의 고급스러운 엔틱 분위기 연출이 테마라면, 대중화된 자연스러운 진열 등 상품 및 커피기구를 잘 정돈된 상태로 깔끔하고 세련되게 진열하는 것이 고객에게 좋은 인상을 주므로 커피기구 진열에 신경을 써야 한다.

2) 전면 길이

점포가 영업에 들어갔을 때를 가정하여 점포의 간판 및 외관의 길이를 예측하여 파악한다. 이것은 고객들이 점포를 쉽게 알아볼 수 있느냐 하는 것과 점포의 광고판으로서 간판이나 사인물의 크기와 넓이를 고려하여 시각적 효과를 파악하는 것이다.

좁은 것보다는 넓은 것이, 짧은 것보다는 긴 것이 좋겠고 1면보다는 2~3면으로 간판을 두를 수 있는 것이 좋을 것이다. 전면이 2면, 3면이라는 것은 도로의 코너에 점포가 있다는 것이므로 시계성이나 고객유인 범위가 보다 넓을 것이다.

3) 면적(평수)

점포 면적을 파악하는 것은 평수 크기에 따라 점포의 최대 가능 매출이 달라지게 되기 때문이다. 물론 넓다고 매출이 정비례하여 늘어나는 것은 아니지만 일정수준까지는 음식점에서의 좌석수는 매출에 영향을 주고 있다.

4) 계단, 층수 여부

일반적으로 점포 출입구에 계단이 1개 또는 2개만 있어도 매출에 악영향을 준다. 그만큼 고객들은 조그마한 불편함에도 접근을 꺼리는 것이다. 외식점포는 2층에 있는 것보다는 1층에 있는 것이 고객이 이용하기에 편리하기 때문에 1층 점포가 훨씬 많은 매출을 만들어 낼 수 있다. 계단이나 층수를 파악하는 것은 고객의 점포 접근성을 파악하는 것인데 유의해야 할 점은 업종에 따라서는 별로 상관이 없는 경우도 있고, 또 1층보다는 2~3층이 유리한 업종이 있으므로 구체적인 업종에 따라 적용을 하여야 할 것이다.

5) 주차 여부

현대는 자가용시대이다. 특히 전기차의 이용으로 주차장과 충전시설은 매우 중요한 경쟁력 요소가 되었다. 최근 연구에 의하면 주차장이 재방문에 매우 중요한 요소로 알려졌다(이인숙 · 설훈구, 2014). 주차 여부에 관한 요인이 매출증대에 보다 더 큰 비중을 차지할 것이다. 주차가 어렵다면 최소한 정차는 가능해야 자가용 손님을 기대할 수가 있을 것이다. 점포 앞 및 주변의 주차가능 여부를 꼭 파악할 필요가 있다. 가능하면 주차장을 확보하고 영업을 시작해야 할 것이다.

신규점포, 기존점포, 자택개조

신규점포를 모집하고 있어서 그 중 하나에 세입자로 들어가는 경우, 또 하나는 지금껏 점포로는 사용한 적이 없는 곳을 빌려서 사용하는 경우로 설명할 수 있다. 음식점을 개점할 때 기존점포 또는 자택개조, 새로운 점포라는 상황을 고민하게 된다. 이에 대한 장점과 단점을 생각해 둘 필요가 있다.

기존의 점포를 약간 고치거나 변경해서 장사를 할 수 있는 경우를 기존점포라고 한다. 각기 장점과 단점이 있다. 신규점포는 자신이 생각한 대로 레이아웃을 만들 수 있다는 장점이 있으나 설비투자가 많이 들고, 새로운 디자인을 하는 데도 많은 비용이 든다. 이 외에도 간판제작 및 가게 내부를 보이게 할지 여부, 식자재의 관리와 주방청소 등을 통한 안정성 확보, 조명, 음악, 집기비품, 가게 안 레이아웃 등을 고려해야 한다.

기존점포는 중고차와 같이 누군가가 타왔던 물건이기 때문에 흠집이 있을 수 있으며, 다소의 불편함이 있다. 이전 사업자들이 몇 개월 만에 문을 닫은 점포라면 누가 해도 문을 닫게 된다는 일종의 이미지가 형성되어 있을 수 있다. 기존점포를 빌리는 경우, 지금까지의 점포 이력을 조사해야 한다. 예전부터 있었던 근처의 가게에 들어가서 그곳 주인에게 말을 걸어보는 것도 한 방법이라고 하겠다. 예를 들어, 기존의 사업자들이 게으른 사람이어서 그렇다고 한다면 걱정할 것은 없겠다. 그러나 모두 다 열심히 했는데 그렇다고 한다면, 역시 무언가 큰 문제가 있는 것일지도 모른다.

또한 기존점포에서 예전 점포가 음식점이었다고 한다면 문제없이 개업을 할 수 있겠지만, 음식점 이외에 다른 용도의 점포였다고 한다면 어느 정도의 불편을 감안하지 않으면 안 된다. 또한 다른 업종이었던 점포라면 그 장소가 과연 음식점으로서 허가받은 곳인지를 알아볼 필요가 있다.

예전 점포가 음식점이었을 경우, 오랫동안 묵은 기름때와 같은 것들이 있기 때문에 내부를 새롭게 해야 한다. 가능하면 간단한 수리로 끝낼 수 있도록 해 비용을 줄여야 한다. 그렇지 않아도 개업할 때에는 돈이 들어갈 일이 너무나 많다. 자신이 원하는 대로 이것저것 꾸미게 되면 새 점포를 만드는 것보다도 더 많은 비용이 들어가게 된다.

기존점포의 내부수리의 경우 제약이 따르는 경우가 많으므로 소유자와 사전에 협의해 두어야 한다. 기존의 소유자와 잘 얘기해서 어느 정도까지 수리해도 좋은지를 확인해 두는 것이 필요하다. 점포 주인의 입장에서는 어떻게 해서든지 손을 덜 대게 하고 싶은 경우도 있을 수 있다. 그런 경우는 내부수리를 할 수 없게 되는 경우가 생길 수 있기 때문에 준비한 레이아웃이 소용없게 되어 버린다.

자택개조방법은 자택을 소유하고 있는 사람이 1층을 개조해서 점포로 만들고, 2층을 주거용으로 쓰는 방법을 말한다. 이렇게 하면 개조비용은 상당히 들겠지만 임대료를 지불하지 않아도 된다는 큰 장점이 있다. 그리고 일하는 곳과 사는 곳이 같기 때문에 출근시간도 줄일 수 있는 메리트가 있다. 반면에 직장은 곧 자택이 되어 버리기 때문에 항상 일을 하고 있다는 심리적인 압박이 들지도 모른다. 이런 점을 사전에 고려하지 않으면 점포를 오랫동안 경영할 수 없게 된다.

2. 내부 레이아웃기능

1) 레이아웃의 기본조건

내부 레이아웃의 기본목적은 다이닝홀과 주방인력의 업무단계를 줄여 효율을 기하는데 있다.

(1) 업종의 명확성

사업을 시작하기 전에 먼저 업종을 명확하게 정하는 것이 매우 중요하다. 장르별로 일본요리, 중화요리, 서양요리, 한식 등에서 업종이 결정되면 어떤 종류의 요리를 얼마만큼 준비할 것인가에 따라 설계단계에서 조리기기의 선택에까지 영향을 받는다. 이러한 명확성 없이 시설이 완성되면 다시 수정이 어렵게 된다.

고객석의 레이아웃이나 주방의 디자인은 요리의 단가나 고객의 수에 따라 크게 좌우될 수 있다. 레이아웃은 요리점의 형태에 따라 달라질 수 있으며, 어떤 요리를 결정하느냐에 따라 주방이 결정되고, 주방에 따라 제공하는 요리가 달라진다. 만약 기존의 외식업을 인수해 기존의 조리기구나 레이아웃을 사용하게 되면 새로운 메뉴나 식재료를 사용하기에는 그 효율성이 떨어지기 마련이다. 이런 경우 동업종의 경쟁자와 경쟁이 심화될 때에는 매우 불리하게 된다. 고객의 수에 따라 얼마만큼 요리를 준비할 것이냐에 따라 보관시설 또한 필요하다. 고급 요리점일 경우에는 공간이 여유가 있도록 설계를 해야 옆 테이블의 고객을 방해하지 않을 것이며, 일반대중음식점일 경우에는 탁자와의 간격을 최소화하여 고객이 최대한 들어올 수 있도록 해야 한다.

(2) 안전성

안전성의 확보는 가장 중요한 요소이다. 점포의 안전성은 식자재의 보존, 고객의 신변보호, 종사원의 신변보호 등을 의미한다. 음식사업에 있어서 안전성에 대한 요구는 매우 엄격해지고 있다. 최근 HACCP(Hazard Analysis Critical Control Point : 식품위해요소중점관리기준)이라는 말을 종종 들을 수 있다. 이것은 미국에서 우주비행사가 먹는 우주식에 문제가 없도록 하기 위해 고안해 낸 '식품기준'이라고도 하는데, 해십(HACCP)이 말하는 요점은 '안전한 식품을 취급하는 데에는 어디를 어떻게 체크할지를 검사하고, 그 부분을 완전히 관리하는 것'이다. 결국 식자재, 식품에 병원균이 붙어 있게 하거나 증식하지 않도록 주방을 청결히 유지하고, 온도 컨트롤을 완벽하게 하는 것이 그 위험도를 낮추는 것이고, 조리온도를 정확히 올려서 세균과 박테리아를 죽여야 하는 것이다. 식자재의 관리, 주방의 청소 등 주요 포인트를 검사하고, 그것을 철저하게 관리해야 한다.

위생관리는 청소에서 시작된다. 대다수의 주방은 물로 바닥에 흘려보내면서 씻고 있는데, 바닥이 젖어 있는 상태이기 때문에 세균과 박테리아를 주방에서 사육하는 것과 다름없는 상태로 만드는 것이다. 오히려 바닥에 물을 뿌리지 않고 건조한 상태가 위생에 더 유리하다.

또한 모든 주방기기는 바닥에 놓을 때에 바닥과 직접 닿지 않도록 각 기기에 다리를 만들어 붙이고 가능하다면 이동할 수 있도록 바퀴를 달아두어 일주일에 한 번 정도는 그것들을 옮겨서 청소할 수 있도록 해두는 것이 좋다. 이것은 미연에 세균증식장소를 제거하는 일이 될 것이다.

그리고 냉장고나 냉동고에는 디지털 온도표시계를 설치하여, 온도가 떨어지지 않게 하고 정해진 온도 내에 있는지를 확인할 수 있도록 해야 한다. 온도제어를 모른 채로 둔다면 음식에 식중독균이 번식하게 될 수도 있다. 식중독은 치명적이라고 할 만큼 큰 해를 주게 되므로, 어떤 일이 있어도 그런 일은 막아야 한다.

(3) 효율성

점포는 고객의 욕구에 따라 주방장비의 위치는 어느 곳에 정할까, 탁자 및 테이블의 위치는 어느 곳으로 할까 등의 점포의 레이아웃을 결정해야 한다. 점포의 능률과 매출액을 올리기 위해서는 우선 매장이 넓은 것이 좋을 것이다. 이것은 큰 공간에 많은 사람이 있다는 것을 의미하는 것이며, 그만큼 판매도 많이 이루어질 수 있는 것이다. 하지만 모든 점포들이 큰 공간을 구비할 수 있는 것은 아니다. 대부분의 소규모 점포들의 경우에 가장 중요하게 생각하여야 할 부분은 바로 공간의 효율성에 대한 문제이다. 점포 공간의 극대 이용을 위하여 점포의 상품배치나 시설 등에 전문적인 지식을 겸비해야 한다.

2) 프론트하우스와 백하우스

고객을 중심으로 고객과 직접 대면하는 곳을 프론트하우스(Front Of the House : FOH)라 하고 주방과 사무실 등은 그 뒤쪽에 있기 때문에 보통 백하우스(Back Of the House : BOH)라고 불린다. 백하우스에는 조리를 하는 주방, 식자재의 보관장소, 그리고 종사원의 락커룸과 같은 공간이 있어서 일하는 종사원들 입장에서는 항시 생활하는 공간이므로 이런 공간의 중요성을 인식하고 충분한 공간을 확보하는 것이 필요하다. 백하우스를 소홀히 하기보다는 종사원의 일하고 싶어 하는 마음을 고무시킬 수 있는 장소로 만들어야 한다. 그렇게 하면 직원들의 고객에 대한 서비스 응대를 통해 점포의 인상이 완전히 달라지게 된다.

3) 레이아웃 동선

고객의 동선에 따른 레이아웃을 만들어야 한다. 즉, 고객이 이용하기 편리하게, 고객의 동선에 맞는 레이아웃이 되어야 한다는 것이다. 고객의 편리함은 생각하지 않고 빽빽히 테이블수만 늘려 놓은 점포들이 더러 있다. 이런 점포는 아무리 판매하는 상품의 질이 우수하다고 하여도 인근에 경쟁업소가 출현하면 오래가지 않아 고객의 수가 확 줄어들게 된다. 고객이 점포에 지불하는 상품 값에는 단지 상품의 가격만 들어가 있는 것이 아니라 점포가 제공하는 서비스에 대한 비용도 포함되어 있다고 고객은 생각하며 또한 이러한 생각 때문에 고객은 정당한 서비스를 받고자 한다.

외식사업의 레이아웃은 기본적으로 [그림 11-1]과 같은 외식서비스 과정에 준해서 이루어져야 한다. 외식서비스 과정은 식자재비용을 고려한 메뉴계획을 수립하고 그에 따른 메뉴수를 예측하여 그에 따른 구매, 검수, 저장, 방출을 하며 주방에서 프랩과 생산을 거쳐 고객에게 서비스가 이루어지고 고객이 최종지불을 함으로써 이루어지는 일련의 연결 과정을 의미한다.

다이닝홀 플로어에서는 고객이 입구로 들어오고, 입구 근처에서 빈자리가 날 때까지 기다리고, 좌석으로 안내받고, 식사를 마치면 계산을 하는 동선으로 움직인다. 이러한 흐름을 원활하게 움직이도록 하는 것이 성공적인 점포를 만드는 데 중요하다. 특히 고객들은 입구 근처에서 체류하는 시간이 생긴다. 일반적으로 이런 체류하는 공간을 고민하게 되는 경우가 많은데, 들어오는 고객과 나가는 고객이 부딪치는 광경을 종종 보게 된다. 그냥 서로 부딪치지 않고 지나가면 좋겠지만 그렇지 않은 경우가 많다. 점포 안으로 들어와서 빈자리를 기다리거나 점포 밖에 의자를 내서 그곳에 앉아서 기다리게 하는 방법이 곧잘 사용되고 있다.

또한 돈을 지불할 때, 보통은 입구 근처에 계산대가 있고 계산대 바로 옆에서 기다리는 경우가 많다. 입구 근처에는 약간의 공간을 내는 것이 좋겠다. 게다가 고객석 근처에는 앉으려는 고객과 일어나는 고객이 동시에 움직이고, 음식을 내가는 종사원과 손님이 부딪치거나 기다리고 서 있거나 하는 상황이 자주 발생하므로 이런 것에 대한 연구를 해봐야 한다. 가장 이상적인 것은 음식을 내는 장소와 먹고 난 후의 집기를 주방 안으로 들여놓는 장소를 따로 하는 것이다. 이렇게 하면 원활한 회전이 가능해진다.

그림 10-1 | 외식서비스 과정

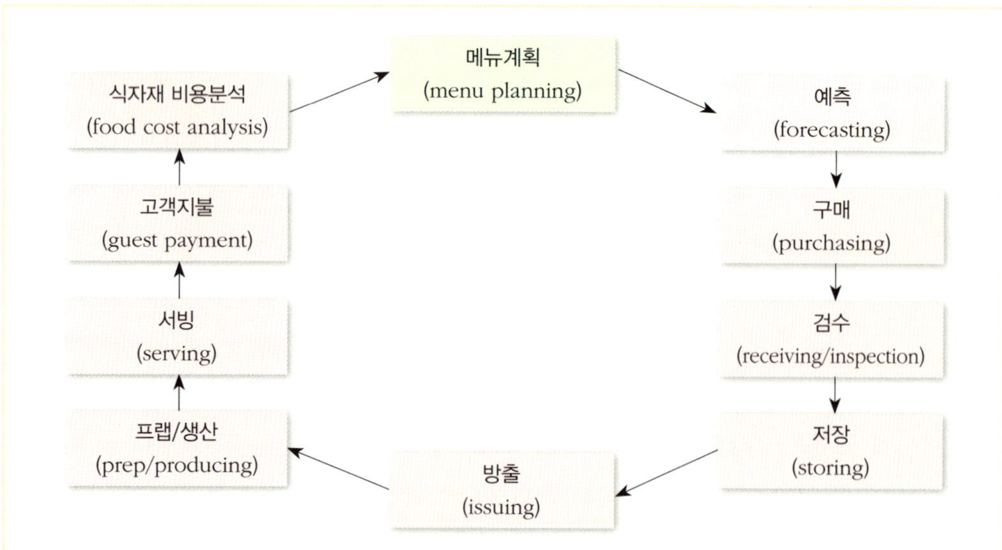

마지막으로 백하우스의 동선에 관해서도 기본적으로는 원재료의 흐름이 한 방향으로 흐르도록 배려하는 것이 좋다. 주방의 뒤쪽에 백야드가 있고 그곳에 반입구를 만들고 그곳에서 재료를 옮기고 검사하고 쌓아둔다. 재료에 따라서 먼저 넣고 먼저 빼는 것이 가능한 선반이나 냉장고, 냉동고를 설치한다.

이런 재료들이 주방에 옮겨지고 조리된다. 미리 준비된 식자재, 처리가 끝난 식자재의 보관, 조리, 배선, 요리의 반출, 이런 흐름이 한 방향으로 통일되게 움직여지지 않으면 안 된다.

그릇이나 컵 등에 관해서도 세척이 끝난 집기를 보관하고, 사용하고, 더러워진 집기가 다시 씻겨져 돌아오고, 세척살균, 건조, 보관, 이런 식으로 순환한다. 이런 것들이 잘 흘러가지 않으면, 주방 안이 매우 복잡해지고 주문을 잘 받아내지 못하게 되는 최악의 결함에 빠지게 된다.

식자재에는 일반적으로, 온도와 상관없는 밀가루, 설탕, 조미료 등의 상온 보관식품과 신선해야 하는 재료인 생선이나 육류 등의 냉장품과, 냉동된 새우나 디저트로 나가는 아이스크림 등의 냉동품, 이렇게 세 가지가 있다. 여기에 더해서 음료 등에 넣는 얼음이 있다. 이것들은 각각 따로따로 보관하지 않으면 안 된다. 이런 것들을 둘 선반과 설치장소가 필요하다.

또한 이런 것들을 어떤 식으로 들여놓을 것인가 하는 것을 처음부터 생각해 두지 않으면 안 된다. 가게에 따라서는 이런 물자의 반입구도 손님의 입구와 같다. 게다가 고객석의 옆에 식자재나 생맥주 통이 반입된 상태 그대로 있는 경우도 있지만, 가능하다면 따로따로 설계하는 것이 좋다. 이런 것을 보면 손님에게 좋지 않기 때문이다.

물론, 종사원의 락커룸은 반드시 있어야 하는 장소이고 사무를 보는 공간, 종사원이 식사하고 휴식할 수 있는 휴게실도 필요하다. 또한 종사원 전용 화장실과 고객 화장실을 따로 마련하는 것이 좋겠다.

이런 시설이나 공간이 최소한으로라도 준비되어 있다면 종사원의 노동의욕을 높이고 이직률도 낮출 수 있기 때문에 효율이 높아진다. 백하우스는 경시하기 쉬우나 처음부터 염두에 두어야 하는 중요한 장소라고 하겠다.

4) 회전율

음식점을 경영하는 데 항상 신경 써야 하는 것이 회전율이다. 매출에 직접적 영향을 주기 때문이다. 회전율을 간단하게 말하면 일정시간에 한 좌석을 이용하는 이용자수를 의미한다. 예를 들어, 저녁영업시간이 6시부터 10시까지의 4시간이라고 한다면, 고객이 2시간 만에 식사를 마치고 다음 고객이 같은 자리를 한 번 더 사용한다고 하자. 그러면 4시간에 하나의 자리를 두 명이 이용한 것이 되기 때문에, 여기서의 회전율은 '2회전'이라고 볼 수 있다. 한정된 시간 안에 한정된 자리를 보다 많은 손님이 사용한다면 점포의 매출을 올리는 주요 요인이 된다.

오는 고객수는 예정대로인데 회전율이 올라가지 않는 것은 주방이 좁다거나 하는 이유로 조리하는 데 능률이 오르지 않기 때문이다. 또한 점포 안에 둔 잡지나 신문이 원인이 되는 경우도 있다. 이러한 서비스는 불필요한 서비스이다. 기다리고 있는 시간에만 읽는 것이 아니라 식사 중이나 식사가 끝난 후에도 읽던 기사를 마저 다 읽고 돌아가는 손님도 있다. 이것은 자리를 기다리고 있는 손님에게는 좋지 않은 상황이 될 수 있기 때문에 점포 전체의 서비스 측면에서 본다면 불친절한 가게로 비춰질 수 있다. 그리고 무엇보다 점포의 회전율에 지장을 주게 된다.

5) 다이닝홀과 주방의 면적비율

다이닝홀(고객석)과 주방의 면적비율은 반드시 생각해야 할 중요한 사항이라 할 수 있다. 흔히 매상을 많이 올리려고 생각해서 다이닝홀을 크게 잡고 주방 면적을 작게 잡는 경우가 있다. 이는 실패의 원인이 될 수도 있다.

확실히 좌석수가 많으면 많을수록 고객을 많이 수용할 수 있기 때문에 보다 많은 매상을 올리는 것이 가능하다. 그러나 주방이 좁으면 조리하는 직원이 일하기 힘들고, 들어오는 주문을 능숙하게 받아내지 못하게 되어, 요리를 빨리 내지 못하게 되는 것이다. 나아가서는 고객이 두 번 다시 점포를 이용하지 않게 되는 위험성이 높아지게 된다.

그리고 너무 고객석을 넓게 잡으면, 언제 가더라도 휑해서 장사가 잘 안 되는 점포라는 인상을 주게 될 수도 있다. 따라서 점포에 따라서는 항상 만석으로 인기 있는 점포로 인식시킬 수 있는 연출효과를 내기 위해서 의식적으로 좌석수를 줄이는 경우도 있을 정도이다.

이렇듯 고객석과 주방의 넓이비율은 제공하는 요리의 내용이나 질에 따라서도 다르다. 가령 프랑스요리나 이탈리아요리처럼 그 메뉴종류가 풍부한 경우에는 주방 면적을 크게 하지 않으면 안 된다. 불고기 전문매장처럼 단품을 굽기만 하면 되는 음식점의 경우에는 주방이 작아도 문제가 되지 않을 수도 있다. 또 이탈리아요리 등의 경우에도 체인점이어서 사용하는 식자재가 대부분 반가공되어 나오는 경우에는 주방의 넓이가 넓을 필요가 없다.

그리고 들어가는 점포의 장소나 건물의 형태에 따라 한 층의 전부를 사용하는 경우에는 각각의 층의 면적비율도 당연히 다르다. 어차피 고객석은 다른 공간과 상관관계가 있어서 전체를 보고 최적의 비율을 내야 한다는 것을 염두에 두면 좋을 것이다.

점포 면적의 기본비율은 고객석의 경우는 60%이고, 주방의 경우는 40%를 기본할당비율로 잡아야 한다. 면적비율은 경우에 따라 다르기 때문에 기본적으로 고객석 50%(주방 50%)에서 시작해 보고 음식점포 전문디자이너와 충분히 상담해서 비율을 60%로 할 것인지, 40%로 할 것인지 하는 검사를 하는 것이 좋겠다.

[그림 10-2], [그림 10-3]은 외식사업 주방의 일반적인 형태이다. 주방의 동선은 주방 내에서 쉽게 움직일 수 있어 업무의 효율을 기할 수 있도록 만들어져 있다.

그림 10-2 | 외식사업 공간할당기준표

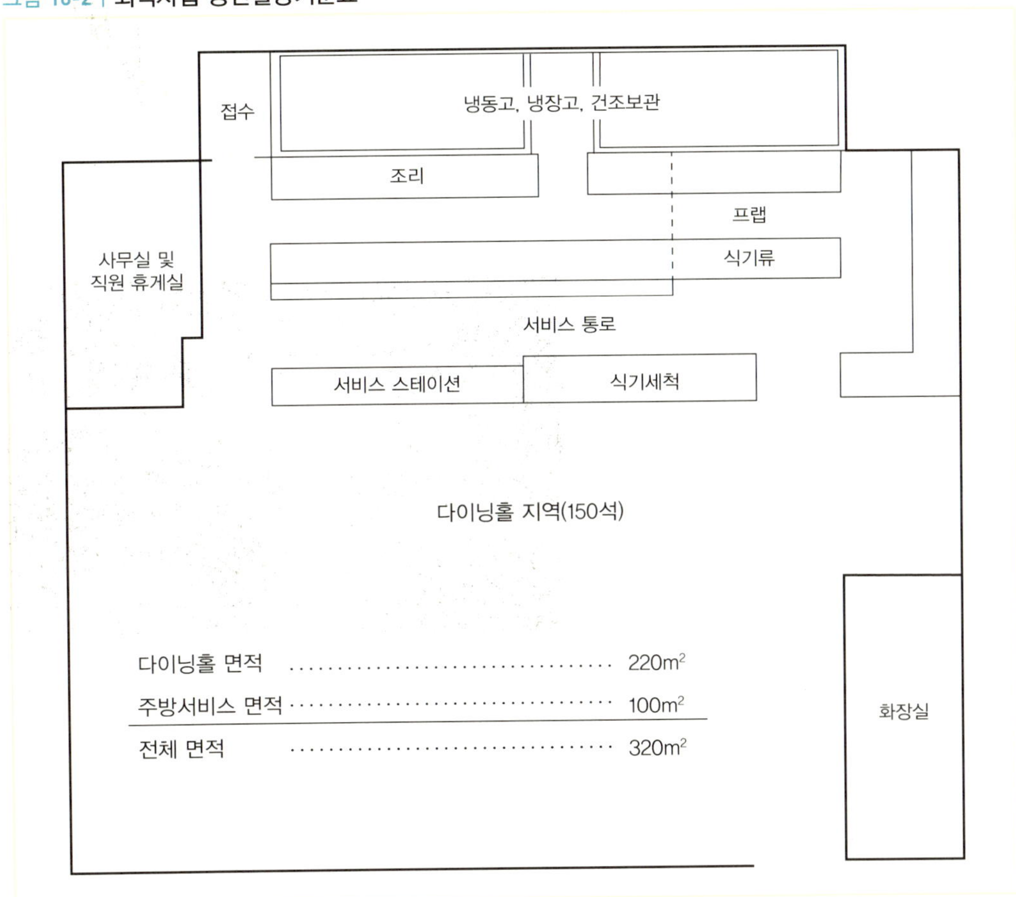

그림 10-3 | 주방 공간할당기준표

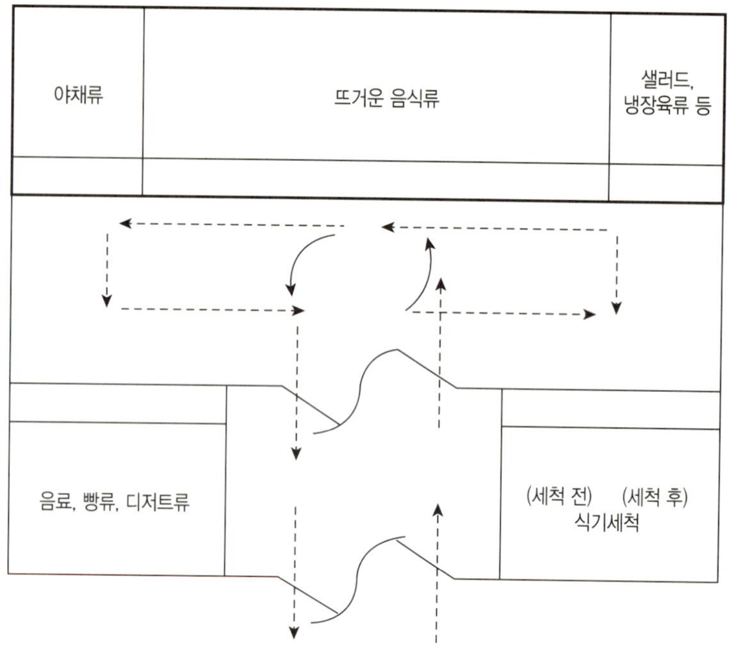

6) 테이블석 또는 카운터석

음식점으로 개업하는 경우, 어떤 자리를 설치할 것인가가 문제가 된다. 우동집이나 라면집의 경우에는 테이블석이 아닌 카운터석만으로도 충분하지만, 분위기를 내야 하는 인테리어가 필요하거나 이탈리아요리를 내는 점포의 경우에는 카운터석만으로는 단조롭다. 당연히 테이블석이 주가 되어야 한다.

테이블석

다만, 테이블석만 있다고 하면 어떻게든 반대쪽에 의자를 놔두지 않으면 안 된다. 한 테이블에 적어도 고객 두 명이 앉아 있지 않으면, 테이블의 반이 죽은 자리가 되어 버린다. 때로는 네 명이 앉는 자리에 한 사람의 고객을 안내해야 하는 경우도 생기는데, 이럴 때는 남은 세 자리가 죽은 자리가 되어 버린다.

모든 의자를 고객으로 채우는 것이 매상으로 이어지기 때문에 가능하면 의자를 비워두는 상태는 피하고 싶겠지만, 그렇다고 해서 빈자리에 모르는 손님끼리 앉히는 것도 손님의 기분을 생각하면 간단히 할 수 있는 문제는 아니다. 이런 어려움을 해결하는 방법을 패밀리 레스토랑에서 볼 수 있는데, 일부를 카운터석으로 만듦으로써 생기는 남는 자리를 테이블석으로 만드는 방법이다.

고객이 혼자 올 경우에는 이런 카운터석에 앉도록 해서 테이블석을 사용하지 않는다. 카운터석에 앉으면 시선이 계속해서 카운터 쪽으로 유지되기 때문에, 옆에 누군가가 앉는다고 하더라도 서로 어색하지 않다. 그리고 특히 손님의 얼굴이 익숙해지기 시작하면, 오히려 카운터석에 앉는 것이 카운터 너머에 있는 종사원과 이야기도 나누게 되고 친근감을 느끼게 되는 이점도 있을 것이다. 풀코스요리를 제공하는 점포가 아니라면, 일부를 카운터석으로 만들어서 남는 공간에 테이블을 놓는 레이아웃이 좋을 수도 있다.

테이블석의 경우에도 점포의 규모에 따라 달라지는데, 작은 점포에서는 약간 변형해 두 사람이 앉는 자리를 준비하면, 손님의 수에 맞게 레이아웃을 변경할 수 있다. 예를 들어, 두 사람이 오는 커플 고객의 경우가 많은 점포에서는, 평소에는 각각의 테이블을 분리해서 두 사람용으로 세팅해 둔다. 그리고 네 명의 손님이 한 일행으로 오면 두 개의 테이블을 붙여서 사용하고 5명의 손님이 오면 3개의 테이블을 붙여 사용하면 된다.

7) 주방과 배연

어떤 경우라고 하더라도 간과해서는 안 될 것이 불과 연기와 냄새에 대한 대책이다. 음식점은 불을 사용하기 때문에 무엇보다 이런 대책을 빼놓을 수 없다. 또한 조리할 때에는 연기도 나오고 냄새도 나게 된다. 따라서 배연구나 배관 등의 설치가 필요하다. 주방이나 부엌이 바깥쪽을 향하고 있어서 모든 배연이 가능한 장소라면 일단 놔두고, 건물 안의 가게에서 배연이 간단하게 되지 않는 경우는 배관은 꼭 해야만 한다.

이런 배관은 조리하는 음식에 따라 다르지만, 기름을 많이 사용하는 경우에는 배관 내부에 그 배연의 기름이 들러붙어 불이 날 수도 있다. 따라서 배관청소를 간단하게 할 수 있도록 너무 멀지 않게, 또 직선이 되도록 설치해야 한다.

배관은 적어도 1년에 한 번, 기름을 잘 사용하는 가게에서는 6개월에 한 번 정도는 청소하지 않으면 안 된다. 배관을 자신이 청소할 수 있으면 좋겠지만, 불가능한 경우에는 전문가에게 맡겨야 한다. 그 비용은 쓸데없는 비용이 아니다. 배관을 전문가에게 맡기는 비용이 예상되는 경우에는 처음부터 유지비용을 생각해 둘 필요가 있다.

또한 바깥쪽으로 간단하게 배연이 가능하다고 해도, 가게의 위치에 따라(가령 주택가에 가게를 열었다고 한다면) 가게 안에 탈취장치나 연기를 제거하는 장치 등을 설치하지 않으면 안 된다.

8) 주방의 개방형 또는 밀폐형 여부

주방의 최근 경향은 개방형 키친이라고 해서 요리하는 장소(모습)를 고객석에서 볼 수 있는 상태로 하는 방법을 취하는 것이다. 부엌 정중앙에 통로를 만들어 일부러 조리하고 있는 옆을 손님이 지나가면서 자리에 앉게 되는 연출을 만드는 음식점이 있을 정도로 이 방법은 매우 인기 있는 방법으로 애용되고 있다.

개방형 키친의 방식은 유럽과 미국의 레스토랑에서 온 새로운 트렌드라고 할 수 있다. 지금까지는 조리하는 장소를 손님에게 보이지 않게 하는, 닫힌 상태를 의미하는 밀폐형 키친으로 했기 때문에 이는 큰 변화라고 하겠다.

그렇다면 주방을 개방형으로 할 것인가 아니면 밀폐형으로 할 것인가? 이것은 점포설계의 기본방침에 관한 것으로 분명히 장점과 단점이 있기 때문에 잘 생각해 보지 않으면 안 된다.

개방형 주방의 장점은 고객이 주방 스태프들이 일하는 모습을 보면서 식사가 가능하다는 점이다. 역동적으로 움직이는 스태프들의 모습을 보는 것만으로도 음식에 대한 신뢰를 심어 줄 수 있게 된다. 또한 그러한 모습을 보는 것이 가능하기 때문에 식사를 안심하고 할 수 있는 장점이 있다.

그리고 주방에서는 고객이 얼마나 있고, 오늘 어떤 고객이 왔는지 확인할 수 있다. 셰프의 행동은 언제나 보여지고 있기 때문에 항상 긴장해야 한다는 점과 주방을 더욱더 신경 써서 정리정돈해야 하기 때문에 단점이 있을 수 있다.

반대로 밀폐형 주방은 주방이 모두 가려져 있는 상태이기 때문에 고객은 안에서 요리가 어떤 식으로 조리되고 있는지를 볼 수 없다. 당연히 주방에서도 고객을 확인할 수 없고, 고객이 얼마나 들어와 있고 어떤 식사를 하고 있는지를 모르는 상태로 계속해서 조리를 해야 한다.

다만, 주방이 다소 어지럽혀져 있어도 작업종료 시에 정리정돈하면 된다는 조금은 편한 마음으로 일할 수 있다. 그러나 이런 것은 경영자에게 있어서, 주방에서 일하는 사람이 안이한 자세로 일하는 것으로 보이고, 담배를 입에 물고 일할지도 모르는 위험성도 가지고 있다.

9) 화장실

점포의 효율성을 정확하게 판단할 수 있는 곳이 화장실이다. 화장실을 보면 전부가 보인다고 해도 과언이 아니다. 왜냐하면 화장실은 중요한 역할을 하는 공간이지만, 신경 쓰지 않고 방치해 두기 쉬운 장소이기 때문이다. 화장실을 보면 선진국인지 개발도상국인지를 알 수 있듯이, 화장실을 통해 그곳의 문화나 성격, 발전상태를 바로 알 수도 있다.

화장실은 운영자의 경영자세를 반영하는 거울이다. 음식점의 화장실을 보면, 그 가게의 방침이나 주인의 사고방식을 예상할 수 있다.

3D의 화장실이 되지 않도록 해야 한다. 3D는 '어둡고(Dark), 더럽고(Dirty), 냄새나는(Descent)'의 의미이다. 먼저 '어둡다(Dirty)'는 것은 절전하기 위해서 전구를 하나 뺀다든지, 전구가 나간 채로 방치한다든지, 화장실 안이 어두운 것을 말한다. '더럽다(Dirty)'는 것은 어두워서 청소를 구석구석 하지 못하고 화장실 안 천장의 구석에는 거미줄이 길게 늘어져 있는 경우를 말한다. '냄새나다(Descent)'는 화장실은 원래 안 좋은 냄새가 나는 장소인데, 관리를 하지 않아 악취가 나거나, 곰팡이 냄새가 나는 것을 의미한다. 이런 화장실을 사용한 손님은 단번에 안 좋은 인상을 갖게 될 것이다.

아무리 가게 내부를 아름답게 장식한다고 해도 화장실이 3D가 된 점포라면 영업도 어딘가 문제가 있는 것이다. 예를 들어, 화장실이 어두운 가게는 가게 내에도 어딘가 어두운 분위기가 있든지, 청소를 제대로 하지 않는 경우가 많다. 화장실 휴지가 한 개밖에 없는 경우도 많아서, '도중에 휴지가 떨어지거나 하면 어떡하지' 하는 걱정이 되기도 한다. 이런 점포는 손님의 기분을 그다지 생각하지 않는 점포라고 판단해도 될 것이다. 다시 말하면, 이런 점포는 조만간 실패하게 될 점포일 것이다.

3. 내 · 외부장식기능

외식사업 투자 시 소요되는 자금 중에서 많은 비중을 차지하는 것이 바로 내 · 외부장식

비용이라고 할 수 있다. 하지만 가장 큰 비용이 소요되는 분야임에도 불구하고 대부분의 경우 전문적인 지식이 없는 관계로 아직까지 주먹구구식으로 진행되고 있는 분야이다.

1) 점포의 외관과 간판

점포의 외관과 간판은 친밀감 있는 상호와 무엇을 파는 점포인지에 대한 정확한 정보를 주는 도구인 것이다. 이 점포가 피자를 파는 점포인지, 치킨을 파는 점포인지, 청바지를 파는 점포인지, 유아복을 파는 점포인지, 고객 입장에서 빠르게 인지하지 못한다면 점포의 상호, 간판의 디자인 및 위치가 효과적이지 못한 것이다.

고객의 선택을 받기 위해서는 겉모습에서부터 시선을 사로 잡아야 한다. 내부장식보다는 외부장식이 먼저라는 얘기다. 외부장식 점포디자인은 크게 전면출입디자인(파사드 디자인), 간판디자인, 유휴공간디자인으로 나눌 수 있다.

(1) 점포의 외관 구성 원칙

점포의 외관 구성에 대한 원칙은 무엇을 파는 점포이며 취급상품의 가격대에 맞아야 한다는 것이다. 커피 체인점인 스타벅스는 원형의 독특한 로고마크가 트레이드 마크인데, 그것만으로도 무엇을 파는 점포인지, 얼마에 팔고 있는지를 알게 해준다. 고객의 입장에서 점포를 결정할 때 물론 상품력, 가격, 서비스 등을 최우선으로 고려하지만 어쨌든 한 번은 점포를 이용한 후에라야 이러한 요소가 결정요인이 된다.

또한 판매하고자 하는 상품의 수준과 점포의 외관이 어울려야 한다. 가격대가 저렴한 음식점의 경우 점포의 외관이 고급 일식점을 연상하게 한다면 고객은 왠지 그 점포로 들어가기를 꺼려 하는 것이다. 고객의 입장에서는 고객 자신이 지출하고자 하는 예산에 맞추어 상품 및 점포를 찾고자 한다. 그러나 상품은 찾았지만 점포의 외관이 자신이 생각한 수준보다 높거나 낮으면 고객의 입장에서 점포 문을 열고 들어서기가 꺼려진다. 이만큼 점포의 외관은 고객의 입장에서 점포를 선택하는 데 중요한 요소가 되는 것이다.

(2) 간판과 로고

간판은 점포의 얼굴과도 같다. 그것에 의해서 고객의 첫인상이 결정되고 또 판매욕구에 자극을 준다. 간판(상표=트레이드 마크)은 자기 점포를 고객에게 인식시켜 주는 큰 역할을 한다. 맥도날드에서 골든아치라고 불리는 노란색 M을 디자인한 것, 그리고 켄터키 프라이드 치킨(KFC)의 커넬 샌더스(창업자)의 인형이나 얼굴 등이 좋은 예이다. 일본 오사

카에 있는 한 대게 전문점의 큰 대게의 다리가 움직이는 간판과 같이 눈에 띄기 쉬운 것을 가게 앞에 내놓는 것으로 인지도는 높아진다.

빨리 자신의 점포를 각인시키기 위해, 간판의 로고에 색을 정하고, 봉투나 명함 등 여러 곳에 활용하여 상승효과를 노릴 수 있다. 글씨체나 로고 마크의 색도 통일해서 같은 것을 어디에든 사용할 수 있도록 한다. 이 색은 되도록 인지도가 높은 색으로 하는 것이 중요하다.

로고 마크나 색을 정하면 철저하게 사용해야 한다. 트레이드 마크도 점포 이름의 로고 마크와 통일시켜서 철저하게 지속적으로 사용해야 한다. 점포 앞에 내놓는 간판부터 점포의 봉투, 청구서, 영수증, 고객에게 제공하는 냅킨, 명함까지 같은 것을 사용해야 한다. 이렇게 함으로써 인지도가 상승하는 효과를 볼 수 있다.

간판은 점포의 얼굴이기 때문에 친밀감을 갖도록 해야 한다. 것이다. 간판이 벗겨지거나 낡아서 더러워지면 점포의 외관은 물론 이미지도 해친다. 간판은 그 점포를 한 번도 이용하지 않은 고객을 불러들이는 중요한 요소임을 명심해야 한다. 따라서 간판을 시공할 때에는 글자체, 색, 형태를 고객의 눈길을 주목시킬 수 있도록 만들어야 하므로 다른 부문의 비용을 줄이는 한이 있더라도 신경 써서 만들어야 할 것이다. 간판 형태는 간단하고, 명확하고, 눈에 잘 띄며, 보는 사람에게 호감을 주는 것이 효과적이다. 점포 입지의 형태에 따라 간판의 형태를 다음과 같이 조정한다.

- 도로 폭이 10m 이하일 경우에는 간판을 낮게 단다.
- 도로 폭이 좁을 때에는 돌출간판을 사용한다.
- 도로 폭이 넓을 경우에는 횡대형 간판으로 강조한다.

간판을 시공할 때도 경영주 자신이 직접 간판을 조사해 보고 우수하다고 판단되는 모양을 간판제작업체에 일러주는 것이 좋다. 그렇지 않고 간판업자에게 일임하면 획일화된 보통의 간판이 제작되게 마련이어서 다른 점포들과 차별화되지 않는다. 간판제작단계부터 점포경영주의 노력과 사업의 의지가 들어가야 한다는 점을 명심하도록 한다. 간판의 크기와 색상은 관할구청에서 정해 놓은 일정기준이 있다. 3층까지의 건물에 가로길이가 3.5m 이상의 대형 간판을 설치할 때에는 관할동사무소에 신고해야 하며, 만일 3.5m 이상의 간판을 4층 이상의 건물에 설치하려면 구청의 허가를 받아야 한다. 또한 붉은색의 간판은 가급적 제한을 두고 있음을 알아두도록 한다. 이러한 기준은 사전에 파악해서 이미 만들어 놓은 간판을 달지도 못하는 불상사는 피해야 한다. 제작업체와 상담을 통해 이를 결정해야 할 것이다.

1층에 위치한 외식업소 출입구에 계단 사용 여부를 고민하게 될 때가 있는데 계단은 되도록 사용하지 않는 것이 좋다. 계단을 사용하지 말고 턱을 없애기 위한 방법을 고민하는 것이 바람직하다. 고객들은 작은 불편에도 방문을 꺼리는 경향이 있다.

(3) 점포 내부를 보이게 할지 여부

교외에 있는 독립점포로서 지어진 건물은 확실히 그 개성이 나온다고 할 수 있다. 가령 유리창을 크게 내고 밤이 되면 그 점포 전체가 어둠 속에서 돋보이는 효과가 있다. 또한 큰 유리창을 내서 밖에서 점포 내부에서 식사하는 손님들의 즐거운 분위기를 보여주는 것으로 지나다니는 사람들을 끌어들이려고 하고 있다.

도로에서 점포 내부의 모습이 보이면 점포 앞 통행자들이 오기 쉽다. 통행로와 너무 가까운 경우는 밖으로 난 돌출창에 꽃을 장식하는 등 디스플레이효과를 낼 필요가 있다. 폭이 좁은 작은 점포이지만 그런 작은 폭에서도 입구 전면을 유리로 해서 밖에서 내부가 보이게 하기 위한 궁리를 해야 할 필요가 있다.

반면에 점포 외관의 디자인에 특징을 넣어서 그 점포 자체를 어필하기 위해서 일부러 안을 보이지 않게 하는 경우도 있다. 예를 들어, 미국 브랜드인 '하드록카페' 같은 점포에서는 1950년대의 자동차를 점포 외벽에 박아 넣어서 점포 안이 어떤 식으로 되어 있는지가 보이지 않는다. 이것은 완전히 이미지로 승부한 것이다.

결국 밖에서 내부의 모양이 보이는 것이 지나가는 사람들에게 안정된 마음을 갖게 하고 '들어가기 쉽다'는 인상을 심어 준다는 것이 핵심인 것이다. 점포 내부를 보여주는 것은 큰 디스플레이효과를 기대할 수 있기 때문에 이것을 최대한으로 이용하자는 것이다. 예를 들어, 주택가 한쪽에 작은 프랑스요리 전문점을 개업한다고 한다면, 분위기 있는 창문을 설치하고 지나다니는 사람에게 내부의 모습을 보이게 하는 디자인을 하는 것이 선전효과를 낸다고 할 수 있다.

무엇보다 지나다니는 통행로와 점포 내부가 지나치게 가깝다면, 이용하는 고객에게는 지나가는 사람과 자신이 합해지는 것 같은, 안정되지 않는 역효과를 낼 수도 있다. 이럴 경우에는 벽면 밖으로 튀어나온 창과 같은 디자인을 해서 그 위에 생화나 주전자 같은 것으로 장식을 하여 그런 어색함을 피할 수 있다.

2) 내부장식의 기본원칙

내부장식에는 기본원칙이 있다.

- 친숙성 원칙 : 점포는 이용고객들의 생활수준과 식습관에 적응할 필요가 있다. 고객들은 친숙한 점포를 이용하게 된다.
- 매력성 원칙 : 점포는 상품의 매력이 마음껏 발휘될 수 있도록 연구해야 한다. 오늘날은 이성에 호소하는 것보다는 감각에 호소하는 것이 바람직하다.
- 조화성 원칙 : 점포는 외부장식에 신경을 써야 하는데, 이것은 항상 내부의 상황과 조화를 이루어야 한다는 것이다. 즉, 점포의 외관에 적합한 점포의 상품과 서비스의 제공이 이루어져야 한다는 것이다.

3) 점포구조설계와 인테리어의 필수고려사항

점포구조설계와 인테리어를 이야기할 때 생각해 볼 문제가 세 가지 있다.

첫째는, 점포 이미지를 누가 정하느냐 하는 문제이고, 둘째는 믿을 수 있는 인테리어 업체를 선택하는 문제, 셋째는 프랜차이즈 체인점에서는 통상 회사가 지정하는 인테리어 업체에서만 시공을 해야 한다고 되어 있는데 과연 이렇게 하는 것이 좋은가의 문제이다.

우선 첫째로, 점포 이미지를 누가 정하느냐의 문제에서는 아무리 전문지식이 없다고 하더라도 결국은 점포경영주가 자신이 하고자 하는 업종 및 판매상품의 이미지를 잘 나타낼 수 있는 점포 이미지를 구상하여 이것을 시공업자들에게 설명함으로써 반영될 수 있도록 해야 한다.

소점포를 운영하는 경영주 입장에서는 많은 자금을 점포의 SI(Store Identification : 점포 이미지 확립) 작업에 투입할 수가 없다. 즉, 점포경영주 자신이 어느 정도까지는 점포의 이미지를 결정해야 투자자금을 절약할 수 있는 것이다. 물론 인테리어회사에서 어느 정도 윤곽은 잡아 주겠지만 결국은 점포경영주가 파는 상품에 맞추어 점포의 이미지를 구축하여야 한다는 것이다.

전문지식이 없는 상태에서 어떻게 본인이 직접 점포 이미지를 구축하는가? 이것에 대한 해답은 바로 시장조사에 있다. 그동안 창업을 준비하기 위하여 다양한 상권과 점포들을 둘러보았을 것이다. 그 중에는 독특한 시설과 인테리어로 점포의 분위기를 내고 있는 점포들이 있었을 것이고 자신이 하고자 하는 업종과 유사한 분야에서 아니면 전혀 다른 분야의 업종에서도 자신이 필요하다고 생각하는 인테리어 컨셉을 자신의 점포에 적용할 수 있도록 조사를 하는 것이다.

각 점포의 장점 및 단점을 분석하여 독창적인 나만의 점포 이미지를 구축하는 것이 좋다. 조사를 할 때 주요 확인사항은 다음과 같다.

- 간판의 색상, 모양, 크기, 출입구의 위치
- 내부 벽면의 재질, 색상, 메뉴판의 형태, 테이블 및 의자
- 계산대의 위치, 판매 소모품의 질(냅킨, 나무젓가락, 일회용 용기 등)
- 기타 냉 · 온방기의 위치
- 시공 인테리어업체의 연락처 등

또한 내부장식을 할 때에는 판매하는 상품의 이미지에 맞는 인테리어를 구상하여야 한다. 판매되고 있는 상품의 특성 및 가격대를 고려하여 점포의 분위기를 이끌어 내야 한다. 고급 음식점이라면 깨끗하고 밝은 이미지를, 청소년층을 대상으로 하는 점포라면 경쾌하고 흥미를 유발시킬 수 있는 이미지를 추구해야 하는 것이다.

둘째는 믿을 수 있는 인테리어업체를 선택하는 문제이다. 인테리어를 할 때에는 판매하는 상품의 이미지에 맞는 인테리어를 구상한 후 믿을 수 있는 업체에 시공을 맡기는 것이 중요하다. 이때 만약 체인점을 오픈하는 경우라면 체인본부에서 소개하는 업체를 이용하는 것이 좋다. 이는 사전에 지정된 업체의 경우 체인본부와의 충분한 검토를 통하여 점포 이미지의 구축작업 등을 잘 이해하고 있기 때문이다. 주위를 보면 수많은 인테리어업체들이 영업을 하고 있다 보니, 지인 소개로 만난 인테리어업자가 자신은 다른 사람보다 훨씬 저렴하게 공사를 할 수 있다고 말한다. 이런 경우 항상 문제가 발생할 소지가 있다. 문제의 소지는 바로 자재비용에 있다. 인테리어업체의 가격이 다양한 것은 자재의 질과 가격 때문이다. 그냥 보기에는 똑같아도 질이나 가격에 있어서는 천차만별인 것이 바로 자재인 것이다. 시공업체를 선정할 때 고려해야 될 사항은 무턱대고 싼 값을 제시하는 업체와 계약하지 말아야 한다는 것이다. 무엇이든지 간에 정상적인 가격은 있게 마련이다. 이러한 업체는 어디엔가 하자가 있게 마련이고 사후에 보수작업을 하다 보면 추가로 드는 비용이 엄청날 경우가 많다.

따라서 인테리어업체를 고를 때에는 가격을 기준으로 할 것이 아니라, 점포 이미지를 만드는 기획력을 중시하여야 한다. 그리고 인테리어 시공을 위한 업체를 선정할 때 반드시 견적을 받는 업체를 복수로 하는 것이 좋다.

또한 AS(After Service)가 원활하게 이루어져야 한다. 점포를 운영하다 보면 처음에 시

공한 것을 변경할 경우도 있으며 보수를 할 경우도 발생한다. 영세업체인 경우에는 인원 부족 등의 이유로 이러한 경우에 신속히 응할 수 없는 경우가 많다. 시공회사 선정 시에는 필히 복수업체를 선정하여 견적을 받으며, 상호 간의 차이점을 비교하여 가격의 적정성 여부와 향후 AS 문제도 점검하여야 한다.

셋째는 체인점 또는 가맹점에서는 통상 회사가 지정하는 인테리어업체에서만 시공을 해야 한다고 되어 있는데 과연 이렇게 하는 것이 좋은가의 문제이다.

체인점 가입 시 반드시 본부가 정해 놓은 인테리어업체에 시공을 맡겨야 될 경우도 많은데 이것 때문에 우려할 필요는 없을 것이다. 비록 평당 공사비가 다소 비싸지만 체인본부에서 지정한 업체는 사전에 체인본부와의 충분한 검토를 통하여 점포 이미지 구축작업 등을 잘 이해하고 선정이 되었기 때문에 믿을 만하다고 볼 수 있는 것이다. 그런데 일부 소규모 체인점에서는 인테리어에서 이익을 남기려고 시공회사와 사전에 합의하여 매우 높은 경비를 요구하는 경우도 있으니 이런 경우에는 체인본사와의 분쟁보다는 다소 높은 인테리어비용을 지불하더라도 다른 이익이 얼마 정도로 더 큰 것인가를 따져 보고 결정하는 것이 필요할 것이다.

만약 독자적으로 내부시설을 공사해도 된다는 체인점 계약조건일지라도 특별한 업체가 따로 있지 않은 이상은 가급적이면 체인본부에서 소개하는 업체를 이용하는 것이 좋다.

4) 디자인요소

(1) 물리적 디자인요소

① 바닥재

바닥재를 선택할 때에는 내구성과 관리의 용이성, 색상의 범위, 비용 등을 생각하여 신중히 분석한 후 결정해야 한다. 일반적으로는 비닐 계통의 바닥재가 가장 저렴하나 5~10년마다 교체해야 하며, 석재는 고가이기는 하나 반영구적으로 사용이 가능한 이점이 있다. 목재 마루는 따뜻한 느낌과 자연스러움 때문에 많이 사용하지만 정기적으로 표면마감을 다시 해야 하는 번거로움이 있다. 바닥재를 선정할 때에는 형태도 중요하지만 관리부분과 소방법 등과 같은 관계법규에 대한 것도 충분히 숙지하여 기능성이 뛰어난 마감재를 선택해야 오래갈 수 있다.

② 벽

벽은 고객들의 눈에 가장 많이 띄는 실내공간이므로 디자인적으로 매우 중요한 요소로 공간과 공간의 차단 역할을 할 뿐만 아니라 그림의 부착 등으로 배경이 되기도 하고 창문을 통하여 주변상황을 파악할 수도 있다. 따라서 마감재는 관리가 쉽고 미적인 측면이 잘 조화되도록 충분히 고려하여야 한다.

③ 천장

천장의 디자인은 흔히 놓치기 쉬운 부분이나 의외로 매우 중요한 부분이다. 설비기구와 조명기구 등을 설치하기 위한 바탕이 되며, 천장 디자인 색상이나 재료에 따라 조명의 역할을 하기도 한다. 천장의 마감재는 고객들이 부담을 느끼지 않도록 무겁지 않아야 하고, 공간 내의 소음을 조절할 수 있는 흡음작용이 잘 이루어질 수 있도록 자재의 선택이 매우 중요하다.

④ 색채

색채는 조명과도 밀접한 관련이 있고 빛의 종류와 특성에 따라 매우 다양하게 표현될 수 있다. 같은 색깔과 조명이라도 빛을 흡수 또는 반사하는 것에 따라 다른 느낌으로 나타나기 때문에 색상, 명도, 채도의 3가지 속성이 중요하다. 명도가 높을수록 빛의 반사도가 높아지며, 채도는 색의 순수한 정도를 나타내는 것으로 여러 가지 색이 섞일수록 채도가 낮아지게 된다. 시각적인 측면에서 빨강이나 노란색 계통은 따뜻한 느낌을 나타내고 파랑색 계통은 차가운 느낌을 준다. 어둡고 따뜻한 색은 앞으로 돌출된 듯한 느낌을 주고 밝고 차가운 색은 뒤로 물러나 있는 것처럼 보이므로 넓은 느낌이 들 수 있으므로 이러한 특성을 살려 공간에 활용할 수 있다. 원색은 활기찬 느낌으로 고객의 회전율을 높이고 있어 패스트푸드점이나 캐주얼 식당에 어울리며, 지나치게 밝은 빛은 색의 효과를 감소시키므로 적절한 조도를 유지해야 하고 은은한 중간 톤의 색상은 편안하고 정적인 분위기를 만들어 낸다. 따라서 주황색 계통의 난색은 식욕을 가장 돋우어 주고 차가운 색상은 일반적으로 식욕을 저하시키는 특성이 있는 것으로 알려지고 있으므로 주의해야 한다.

색채는 기본적으로 점포의 환경과 분위기를 상쾌하고 능률적으로 만들어 주는 역할을 하는데, 일반적인 이점은 다음과 같다.

- 점포를 밝고 기분 좋게 하여 고객의 주의를 끌어 구매로 유도할 수 있다.
- 종업원의 심신 피로를 적게 하여 기분을 상쾌하게 하고 종업원의 업무능률을 높인다.
- 사고를 예방하고 안전을 보장하며 건물이나 설비 등의 내구력을 높여 준다.

색을 사용하는 데 따라서 그 효과는 차이가 크므로 점포사업주는 색채계획에 대해서는 그 기본을 잘 이해하는 것이 바람직하다. 점포나 진열에서 색을 활용하여 그 점포가 어떠한 성격의 점포인가를 색에 의해서 판별시키고 인상을 심어 주는 것이 필요하다. 동시에 각 매장에서 판매하고 있는 상품에 알맞은 색의 배경이나 색의 배합을 고려해야 한다. 무엇보다도 시각은 색과 형태에 따라서 그 효과가 좌우되는 것이므로 색의 특성을 파악하고 이용해서 매장을 즐겁고 상쾌한 분위기로 만들어야 한다.

이미지별로 색채를 알아볼 필요가 있다.

- 고급스러운 이미지 : 백색, 금색, 검은색, 은색
- 조용한 느낌 : 엷은 청색, 청자색, 밝은 회색
- 즐거운 느낌 : 주황색, 황색, 노랑연두색
- 활기찬 느낌 : 빨강색, 주황색
- 저급한 느낌 : 고동색이 섞인 연두색, 녹색, 주황색, 황색

계절별 이미지를 색으로 표현해 볼 수도 있다.

- 봄 : 연노랑, 노랑연두, 핑크, 황록색(새싹과 병아리를 연상시키는 색상)
- 여름 : 녹색, 엷은 청색, 청색(바다를 연상시키는 색상)
- 가을 : 베이지색, 갈색, 황색(들판, 높은 하늘을 연상시키는 색상)
- 겨울 : 적색, 백색, 회색(크리스마스, 눈, 흐린 하늘을 연상시키는 색상)

⑤ 조명

조명은 공간 내에서 느낌을 아늑하고 은은하게 하거나 생동감 있게 하거나 친근감을 주는 등 분위기를 결정하는 중요한 심리학적 요소로 조명의 역할은 매우 다양하다. 밝기뿐 아니라 어둡고 밝음의 대비를 통해 다양한 분위기를 연출하고 빛의 특성을 알 수 있게 하므로 해당 식당에 맞는 조명설계를 위해서 전문가의 조언이 필요하다. 고급 식당은 식사 분위기에 맞게 은은한 조명을 사용하고 캐주얼 식당은 가볍고 산뜻한 느낌의 밝은 조명을 강조하고 있다. 테이블 위의 촛불이나 펜던트 조명은 테이블 가운데로 집중시키는 효과를 가져오기도 하며, 상황에 따라 조명을 다양하게 조절할 수 있도록 하는 것이 좋다. 직접조명은 조도를 밝게 할 수는 있으나 반사나 눈부심이 있을 수 있고 일률적이고 지루한 느낌을 줄 수 있다. 따라서 심리적으로 편안한 분위기를 줄 수 있도록 벽이나 천장에 반사되어 간접적인 조명이 될 수 있도록 하는 것이 좋다.

일반적인 외식점포의 경우, 밝은 점포의 매상이 어두운 점포의 매상보다 많다. 어두운

점포는 맛이 없게 느껴진다. 되도록 식사는 밝은 곳에서 하는 것이 맛있다는 것이 기본이다. 큰 패스트푸드 체인점은 되도록 밝게 하는 것을 추구한다.

그러나 분위기를 내지 않으면 안 되는 바(bar)와 같은 가게에 있어서는 패스트푸드와 같은 밝기로 하면 마음 놓고 편하게 술을 마실 수 없는 상태가 되기도 한다. 가게는 무조건 밝다고 좋은 것만은 아니다. 미묘한 밝기의 차이로도 분위기가 안정되지 않아 보일 수 있다. 조명조절이 가능하도록 하는 것이 좋다.

점포 내부에 조명을 설치하는 목적은 우선 매장 내부를 밝게 하기 위해서이고, 또 점포 내부의 곳곳에 조명을 설치함으로써 고객을 유도할 수 있으며, 고객에게 강조하고자 하는 상품에 조명의 밝기를 높여서 차별을 둘 수 있기 때문이다.

조명은 형광등이나 전구를 천장에 달아서 비추는 직접조명과 벽에 조명기구를 달아서 반사되는 빛으로 비추는 간접조명이 있다. 직접조명의 경우는 전구를 바꿔 낄 수 있도록 하고, 스위치를 달아서 밝기를 조절할 수 있도록 한다. 그리고 필요한 곳만 비추는 스포트라이트를 이용하면, 전체적으로는 어두운 상태라고 해도 테이블이나 카운터 위는 밝게 만들 수 있다. 조명은 가게의 분위기나 요리, 내부장식 등에 따라서도 큰 변화를 줄 수 있으므로 단순히 밝게 하는 것으로 충분하다고 생각하지 말고, 전문가와도 상담해서 결정해야 한다.

점포 조명의 주요 기능은 다음과 같다.

- 점포 앞을 지나가는 행인으로 하여금 점포가 잘 보일 수 있도록 한다.
- 점두에 발을 멈출 수 있도록 한다.
- 점내로 유도한다.
- 상품을 보다 잘 보이도록 한다.
- 구매의욕을 일으켜 구매를 유도한다.

조명의 종류를 살펴보면, 먼저 백열등은 따뜻한 느낌을 연출하거나, 스포트라이트의 집광성을 줄 때 효과를 얻을 수 있으나, 열 온도가 높아 하절기에는 점포의 온도가 올라가 내부가 더워질 수 있으며 전기료도 비싼 편이다. 따라서 백열등은 점포의 전체적인 조명보다는 한정된 상품을 돋보이게 할 때 사용하는 것이 바람직하다. 형광등은 백열전구에 비해서 조명효율이 3배 이상 우수하다고 평가되며 전기요금은 저렴하지만 국소조명이 안 되며 자연광에서 느끼는 동일한 색채를 형광 불빛 아래에서는 얻을 수 없다는 단점이 있다. 또한 겨울에는 춥고 어두워 보인다. 각각 장 · 단점을 갖고 있기 때문에 형광등만 또는 백열등만 사용할 수는 없다. 따라서 이 두 가지를 조화롭게 배치해야 하며, 변화가 가능한 구조로 설계하도록 한다.

효과적인 조명원칙은 다음과 같다.

- 밝기를 충분히 유지할 것 : 인근 점포나 동업종 점포와 비교해서 보다 밝게 한다.
- 고루 밝게 할 것 : 극단적으로 밝은 곳이나 극단적으로 어두운 곳을 만들지 않는다.
- 눈부시게 하지 말 것 : 역광이나 반사를 피한다.
- 적당한 음영을 만들 것 : 부드러운 음영을 만들어 상품의 진열효과를 높인다.
- 퇴색성의 고려 : 심한 열이나 빛은 상품을 퇴색시키므로 주의한다.
- 기분 좋은 조화 : 빛의 심리적 효과를 이용한다.
- 미적 효과를 겨냥 : 기구의 미적 감각을 살린다.
- 설비 유지비의 고려 : 경제적인 것을 선택한다.

(2) 감각적 디자인요소

디자인에서는 환경적인 요소가 사람들의 행동에 일부 영향을 준다고 한다. 이러한 환경은 식당의 공간설계에도 여러 가지로 적용이 될 수 있는데, 사람들이 이러한 공간을 이용하면서 어떻게 느끼고 반응하는지에 따라 머무르는 시간이 달라지며, 무엇을 기억하고 얼마나 편안함을 느끼느냐에 따라 다시 찾고 싶은 공간이 되는 것이다. 이러한 심리학적 효과에 따라 디자인이 달라져야 하기 때문에 사람들이 자신의 시각과 청각, 후각 등의 감각기관을 통해 주변을 어떻게 인식하는가를 이해해야 하며, 이러한 개인이 느끼는 공간의 영역은 타인과의 사이에서 심리적인 편안함을 느낄 수 있도록 식당 내의 좌석배치와 공간구성을 할 때 충분히 고려될 수 있어야 한다.

시각적인 인식은 눈의 구조와 물체를 보는 각도에 따라 결정되는데 고객들이 식사를 하는 좌석 유형에 따라 경험이 달라지게 된다. 개방된 좌석은 동적이고 산만한 분위기로 가벼운 식사에 적합해 좌석회전율을 높일 수 있으며, 부스가 있는 좌석은 편안하고 안정된 느낌으로 식사시간이 길어지게 되므로 고급 식당이나 제한된 좌석수일 경우에 적합하다. 그리고 사선방향으로 배치된 좌석은 주변과 시선이 겹치지 않으므로 시각적인 산만함을 줄일 수 있고, 거울 등 반사되는 재료를 이용하여 시각적인 흥미요소를 배가시키고 공간의 규모를 넓어 보이게 하는 효과가 있다.

청각적 요소는 소리와 관련된다. 식당의 전체 공간에서 발생하는 직접적인 소음은 차단하고, 배경음향을 발생시켜 대화에 방해받지 않는 아늑한 공간을 형성시키는 것이 좋다.

소음이 전혀 없으면 대화를 나누는 고객이 불안감을 느낄 수 있으므로, 배경음악이 은은하게 들리거나 기물이 낮게 부딪치는 소리 등의 적절한 배경소음을 통해 대화에 집중할 수 있도록 분위기를 만들어 주는 것이 좋다. 라이브 공연 등의 무대에서는 음악의 볼륨이 높아야 고객에게 쾌감을 줄 수도 있으므로 카펫이나 커튼 등의 흡음재를 사용하여 음을 흡수하거나 분산시킬 수 있는 구조적 · 장식적 요소들을 만드는 것도 한 가지 방법이다.

후각적인 요소는 공간을 설계할 때 소홀하기 쉬운 부분이다. 그러나 후각은 모든 감각 중에서 가장 기억력이 뛰어난 것으로 알려져 있어 요리하는 과정에서 퍼지는 음식과 향신료의 향은 여러 감각을 자극하여 이전에 경험했던 식사 경험을 되살려 다시금 그 식당을 찾게 하는 요인이 될 수도 있다. 신선하지 않은 재료의 냄새나 담배 냄새, 청결하지 않는 리넨의 냄새 등은 부정적인 느낌도 줄 수 있으므로 조심하는 것이 좋다.

촉각적 요소는 가구, 식기 및 기물 등 고객이 실제로 만질 수 있는 요소와 천장이나 벽채의 마감재 등 시각적으로만 질감을 느끼게 하는 요소를 말한다. 식당 내에서 직접 접촉하는 식기나 가구들은 고객의 기분을 좋게 할 수도 있으므로 공간을 아늑하고 편안하게 느낄 수 있는 디자인을 선택하는 것이 좋다. 그러나 여름철에 두꺼운 천으로 가구를 덮거나 플라스틱 가구를 사용하는 것은 땀으로 인한 끈끈한 느낌으로 청결하지 못하다는 인상을 주어 고객들에게 불쾌감을 줄 수 있으므로 주의를 요한다. 특히 테이블 위의 식기들은 고객이 직접 촉각적 경험을 하게 되므로 신중하게 디자인을 하고, 만졌을 때 매끄럽고 거친 질감들을 적절히 조화시켜 변화를 주는 것이 모두 비슷한 느낌의 한 가지 질감으로만 구성하는 것보다 훨씬 좋다.

4. 음악기능

식사를 맛있게 즐거운 마음으로 먹기 위한 요소 중 하나로 음악이 있고, 그것을 작은 도구로 활용할 필요가 있다. 점포에 잘 맞는 음악은 맛을 증대시켜 주는 '비밀의 맛'이 된다.

물론 점심시간과 저녁시간과 같이 손님이 밀려오는 경우에는 주문하는 소리, 그것을 확인하는 소리, 주문을 주방에 전달하는 소리가 마구 섞여 들리기 때문에 업템포의 음악으로 바꾼다거나, 음악을 깔지 않고 손님의 말소리를 그 대용으로 할 수도 있다.

개업하기 전에 음악을 깔 것인지 말 것인지, 깐다고 하면 자신의 점포에 어떤 음악이 어울리는지를 생각해 두어야 한다. 왜냐하면 음악에 따라서 스피커의 배선이나 설치공사가 간단히 끝나기도 하고, 일거리나 돈이 많이 들기도 하기 때문이다. 처음부터 음악을 깔기로 결정했다면 천장 안쪽으로 배선을 할 수도 있는 것을, 내장공사가 끝난 후에 결정하게 되면 벽의 바깥쪽으로 배선을 하지 않으면 안 되는 경우가 생길 수 있다. 이렇게 되면 애써서 내장공사를 한 것이 아무 소용없게 되어 버릴 수 있다. 여분의 돈을 써버리게 되는 것이다. 이것은 인터넷 등의 배선설치에 관해서도 마찬가지다.

음악은 좌석회전율을 올리는 데에도 도움을 준다. 예를 들어, 점포가 복잡할 때에는 템포가 빠른 곡을 튼다. 이렇게 하면 심리적인 영향으로 먹는 속도가 빨라진다. 슈퍼마켓이나 백화점에서 영업이 끝날 때 '형광 불빛'을 흐르게 하여 손님이 나가도록 은근히 재촉하는 것과 같이 음악을 통해서도 같은 효과를 낼 수 있다. 점포는 손님에게 편안히 식사를 제공하는 것이 기본이지만, 영업을 생각했을 때는 손님을 가능한 한 빨리 먹고 빨리 나가게 하는 것이 보다 효율적으로 매출을 올리는 요령이다.

5. 비품기능

취급하는 메뉴에 따라 주방기기의 선택이 달라진다. 주방설비전문가의 도움을 받아 사전지식을 쌓는 것이 좋다. 대충 주방기기를 구입했다가 비싼 돈을 들인 제품이 쓸모없어지거나 주방배치가 잘못되어 고생하는 경우가 많기 때문이다.

주방 안이나 창고에는 물을 사용하기 때문에 아무리 주의를 해도 녹이 슬기 마련이다. 그렇기 때문에 초기 투자할 때, 조금은 비싸겠지만 스테인리스 조리대나 선반 등을 구입해야 한다. 이렇게 함으로써 녹을 예방하고 그것이 음식으로 들어가는 등 이물질이 섞일 위험성을 방지할 수 있다. 또한 청소나 살균도 용이해진다. 이것은 결국 계속해서 쓰는 물건이기 때문에 최종적으로는 결코 비싼 것이 아니다.

또한 조리 시 전자레인지를 사용하는 경우가 있기 때문에 내열용기를 구입해 두지 않으면 조리 중에 용기가 파손될 가능성이 있다.

음식점 영업의 불가결한 요소로 조리장비나 접시, 컵 등의 집기를 들 수 있다. 이러한 집기의 배치도 음식을 맛있게 먹을 수 있게 하는 기능을 발휘한다. 이런 것들은 제공하는 요리에 따라서 음식과 어울리는 것이 있다.

이런 집기를 구입할 때에 우선 기억해야 할 것은 '집기는 반드시 파손된다'는 것이다. 아무리 조심해서 다루더라도 상을 차리고 들고 놓고 하는 과정에서 바닥에 떨어뜨리거나, 주방 안에서 떨어뜨리거나, 설거지 중에 식기류를 겹쳐 얹으면서 이가 나가거나 하는 것을 피할 수 없다. 처음부터 좋은 것을 무리해서 구입할 필요는 없다.

이렇게 손상이 된 것들은 반드시 보충해야 한다. 그러나 처음에 대강 식기를 세트로 구입하게 되면, 손상된 식기와 같은 것으로 보충하려고 해도 낱개 구입이 안 된다거나, 그 식기 자체가 생산이 되지 않는다거나 해서 보충하지 못하는 경우도 적지 않다. 따라서 처음부터 전부를 같은 것으로 통일하지 말고 아예 낱개로 다르게 해서 사는 것도 한 방법이다.

소모품에는 포장 백이나 냅킨 종류가 포함되며, 핀부터 송곳까지 다 소모품에 속한다. 물론 품질이 좋은 것은 가격도 비싸지기 때문에 전체적인 가격이 높아지게 된다. 또한 가격이 싼 것은 싼 만큼 많은 위험을 동반한다. 따라서 품질과 가격을 감안하면서, 그리고 직접 물건을 충분히 보고 결정해야 한다.

6. 건물 이용 및 비용기능

건물의 이용가능 여부를 파악하는 것은 차후의 투자수익률을 분석하기 위하여 해당 점포의 권리금, 보증금, 임차료 등의 비용을 확인하기 위한 것이다.

1) 임대료와 권리금

월세가 낮다고 좋아할 것도 없다. 일반적으로 건물주가 요구하는 임대료는 주변 평균 시세와 크게 다를 리 없다. 입지가 좋지 않아 매출이 너무 적게 나는 장소일 것이다. 월세가 주위 시세보다 눈에 띄게 낮은 경우라면 건물 자체가 노후되어 있거나, 등기부에 저당이 많이 잡혀 있어 후순위 임차인이 되는 경우밖에 없다.

누구나 권리금이 낮고 월세가 낮은 상가를 원한다. 그러나 소비성향이 높고 집객력이 있는 입지라면 터무니없는 임대료가 아니라면 권리금을 무조건 아까워해서는 안 된다. 권리금도 없고 월세도 저렴한 상가에 들어가서, 창업에 성공하고 점포를 정리하면서 높은 권리금을 받아 나오겠다는 생각은 아예 하지 않는 것이 좋다. 나에게는 그런 운은 애초부터 없을 거라 생각하는 편이 이롭다.

결국 입지가 좋아 임대료와 권리금이 높은 곳은 높은 임대료와 높은 권리금을 주고서라도 이익이 생길 수 있는 외식업종을 골라 충분한 이익을 담보할 수 있을 것이라는 판단을 한 후에 특정 외식업종을 하는 것이 유리하다. 스스로가 콩나물국밥에 자신이 있는 경우 입지와 임대료를 고려하지 않고 최고 입지에 개업을 해봐야 승산이 없을 것이다. 입지가 좋아 아무리 고객이 많다고 해도 임대료를 감당하기 위해 콩나물국밥을 2만 원씩 받을 수는 없는 일이다. 아무리 최상급 입지라 하더라도 고객들이 생각하는 콩나물국밥의 적정가격은 8,000원 정도이기 때문에 이러한 최상급 입지에 콩나물국밥을 하기에는 곤란할 것이다. 따라서 임대료를 충분히 감당할 수 있는 이익을 예상할 수 있을 때 성공적인 외식사업을 기대할 수 있을 것이다.

또한 자기가 소유한 상가라 하더라도 주변 시세에 맞는 임대료를 항상 염두에 두고 손익 계산을 해두는 것이 좋다. 그래야 내가 하고 있는 외식사업이 시장의 수요를 적절히 반영해 충분한 수익을 거두고 있는지를 가늠할 수 있기 때문이다.

2) 상가계약의 요령

상가계약의 요령은 세 가지로 나눌 수 있다. 우선 대상 상가의 등기부등본을 떼어 본다. 점포계약은 장기간 이루어지기 때문에 임차한 상가가 경매와 같은 복잡한 일에 휘말린다면 좋을 게 없다. 등기부등본을 열람해서 등기에 저당된 금액을 합산해서 계약 여부를 결정해야 한다. 5억 원 가치의 상가에 3억 원이 저당 잡혀 있다면 피하는 것이 좋다. 이렇게 저당금이 많이 잡혀 있다는 것은 현재 건물주의 사업상황이 여의치 않다는 것을 방증하고 있다.

둘째, 등기부가 양호하다면 이제 권리금 협상에 들어가야 한다. 권리금은 귀찮고 힘들더라도 기존의 임차인과 협상을 벌이지 않을 수 없다. 만일 아무 의심 없이 현재의 임차조건이 그대로 유지된다고 가정하여 조정된 권리금의 일부를 권리금 계약금으로 지불했다고 하자. 건물주와 본 계약을 하게 될 때 임차료가 예상보다 높다고 하면 권리금 계약금을 돌려 달라고 할 것이다. 그렇다고 받은 권리금 계약금을 순순히 내줄 사람은 없다. 결국 권리금 계약금이 아까워 올라간 임차료에도 계약을 할 수밖에 없고, 아니면 감당할 자신이 없는 임차조건 때문에 권리금 계약금을 날리는 선택을 하게 될 것이다. 이를 막기 위해서는 계약서에 특약을 집어넣는 것이 바람직하다. 예를 들어, 특약에 '현재의 임차조건과 상이하게 다른 경우 본 계약은 자동해지되고 계약금도 돌려준다'라는 조항을 집어넣으면 낭패를 보는 일은 없을 것이다. 권리금 계약서를 작성할 때 반드시 기억해야 한다.

셋째, 상가 본 계약이다. 본 계약은 건물주와 하는 임대계약이다. 본 임대계약 시 전 임차인과 비슷한 조건의 임대료나 새 임차인에게는 5~10% 정도 임대료를 조금 더 올려 받는 것이 일반적이다. 본 임대차계약에서 임차료를 너무 많이 요구하면 권리금에 대한 계약도 특약에 따라 파기할 수 있으므로 반드시 권리금계약 시 특약을 집어넣는 것을 잊어서는 안 된다.

3) 점포계약 시 유의사항(「상가건물 임대차보호법」)

(1) 계약 시 서류

등기부등본, 토지대장, 건축물대장 등을 확인하여 법률관계를 확인하고, 계약에 들어가야 한다.

- 임대차계약서 원본(본인의 신분증도 지참)
- 사업자등록신청서(사업자등록증이 없는 경우)
- 영업허가(신고)증 사본 → 인 · 허가사업인 경우
- 사업장 도면(건물공부상 구분등기 표시된 부분의 일부만 임차 시, 세무서에 양식 구비)

(2) 확정일자를 받았을 때 사업자(임차인)에게 생기는 6가지 권리

- 5년 범위 내에서 계약갱신요구를 할 수 있다.
- 재계약 시 임대료를 연 12%를 초과해서 임대인이 요구할 수 없다.
- 보증금을 월세로 전환 시 연 15%를 초과해서 월세를 받을 수 없다.
- 건물소유권이 제3자에게 이전되는 경우에도 사업자등록을 마친 임차인은 새로운 소유자에게 임차권을 주장할 수 있다.
- 건물의 공매 · 경매처분 시 확정일자를 받은 날짜로 다른 저당권 등과 우선순위를 다툴 수 있다.
- 소액임차인은 공매 · 경매 시 최우선으로 일정액을 면제받을 수 있다.

(3) 「상가건물 임대차보호법」이 적용되지 않는 경우

- 임차인이 3기의 임차료를 연체한 사실이 있는 경우
- 임차인이 거짓, 그 밖의 부정한 방법으로 임차한 경우
- 쌍방합의하에 임대인이 임차인에게 상당한 보상을 제공한 경우
- 임차인이 임대인의 동의 없이 목적 건물의 전부 또는 일부를 전대한 경우

- 임차인이 임차한 건물의 전부 또는 일부를 고의 또는 중대한 과실로 파손한 경우
- 임대인이 건물의 전부 또는 대부분을 철거하거나, 재건축하기 위한 경우

점포의 확장 또는 점포수 늘리기

신규점포를 개업한 후, 대부분의 경우 얼마가 지나면 손님수가 줄어든다. 개업하고 3개월째부터 손님이 줄어들기도 한다. 이런 감소기를 잘 견뎌내고, 연구해 가면 다음에는 상승기에 들어갈 수 있다. 이것도 조금씩 올라가는 경우가 있고, 그 상승곡선이 급하게 올라가는 경우도 있다. 이러한 현상은 시간의 흐름에 따라, 제공하고 있는 요리에 따라, 사업자의 노력에 따라 여러 가지로 변화하게 될 것이다.

이러한 상승 · 안정의 시기를 맞게 되면 대부분의 사업자는 규모를 늘리려는 마음이 생긴다. 그 확장에도 두 가지 경우가 있다. 하나는 현재의 점포공간에 여유가 있을 경우 그 점포를 확장하는 방법이고, 다른 하나는 점포의 수를 늘리는 방법이다.

사업을 확장하는 데는 위험이 수반된다. 그 위험에 관해서 다음의 검증을 해보자. 우선 점포공간을 넓히는 방법이다.

가령 식자재의 보관공간이나 주방공간은 그대로 하고, 객석공간을 확장하게 되면, 곧 문제가 생기게 된다. 객석과 백하우스(주방, 창고 등)의 넓이에는 나름대로 그에 맞는 비율이 있고, 객석공간에 비해 주방이 좁고 답답하거나 하면, 조리하는 데 많은 수고를 하게 되고, 손님은 많은 시간을 기다리게 될 것이다. 만약 객석을 늘릴 생각이면 백하우스도 확장해야만 하고, 이것이 불가능하다면 확장해서는 안 될 것이다.

다음으로 점포수를 늘리는 경우도 알아보자. 어떤 점주가 한 점포가 돈이 되기 시작하니까 점포를 하나 더 개업했다. 두 점포를 동시에 보는 것이 가능하도록 장소도 근처로 잡았다. 그러나 자신이 없는 자리를 대신해 줄 사람을 고용하지 않은 채로 점포를 늘린 탓에 두 점포 모두가 음식의 질이 떨어지고 접객서비스가 잘 되지 않아 혼란을 가져오게 되었다. 인력의 확보 없이 점포를 확장하면 안 된다.

요약정리

- 빨리 자신의 점포를 알리기 위해서는 간판이나 점포 이름의 로고나 색을 정하고 모든 면에서 적극적으로 활용한다.
- 좋은 심벌 마크는 점포의 선전도 되고, 일하는 동료의 마음을 하나로 모으는 힘이 된다.
- 시작은 작은 규모로 하자. 노하우를 쌓아가면서 전진해 나가야 성공의 확률이 높다.
- 점포의 개성은 필요하다. 그러나 특이함을 너무 과시하면 좋지 않다. 자신의 특기가 되는 것을 전면에 내세우자.
- 상호는 점포의 방침과 요리의 이미지에 맞게 몇 가지 정도 생각해 두자.
- 음식점은 단순히 음식을 제공하는 점포가 아니다. 쾌적한 시간과 분위기를 파는 곳이다.
- 점포에 꼭 맞는 음악은 맛을 증가시켜 주는 '비밀 맛'이 된다.
- 집기는 반드시 부서지는 것이다. 처음부터 좋은 것을 무리해서 준비할 필요는 없다.
- 테이블석으로 할지, 카운터석으로 할지는 제공하는 음식에 의해 달라진다. 테이블은 응용이 가능한 두 사람용을 만들자.
- 주방을 개방형으로 할 것인가? 폐쇄형으로 할 것인가? 각각의 장 · 단점을 체크하자.
- 다이닝홀공간과 주방공간 사이에는 점포마다 최적의 비율이 있다.
- 다이닝홀이 중요하기 때문에 주방이나 종사원용 공간을 좁게 해도 좋다고 생각해서는 안 된다. 업무의 효율을 고려해야 한다.
- 동선을 생각해 두지 않으면 여기저기서 사람들의 움직임이 정지되고 회전율을 나쁘게 만든다.
- 도로에서 점포 안의 모습이 보이면 처음 오는 손님이 들어오기가 쉽다.
- 음식장사에 있어서 '안전성'에 대한 요구는 갈수록 엄격해지고 있다.
- 점포가 무조건 밝을수록 좋은 것만은 아니다. 조명의 밝기를 조절가능하도록 해두자.
- 화장실은 점포주인의 경영자세를 반영하는 거울이다. 화장실이 깨끗한 것은 점포의 강점이다.

참고문헌

김상훈(2016), 요즘 대세는 익스테리어! 음식점 선택기준 첫 번째는 '겉모습', 음식과 사람, 79(376), 한국외식업중앙회.

이인숙 · 설훈구(2014), 외식사업의 입지선호속성에 관한 연구, 관광레저연구, 26(9), 161-177.

Birchfield, John C.(1988), *Design & Layout of Foodservice Facilities*, VNR.

Crane, Dixon(1990), *Food Preparation Spaces*, VNR.

Katz, Jeff B.(1997), *Restaurant Planning, Design and Construction*, John Wiley & Sons.

Ninemeier, Jack D.(1995), *Planning and Control Food and Beverage Operations*, AH & MA.

Stipanuk, David M. & Harold Roffmann(1992), *Hospitality Facilities Management and Design*, AH & MA.

The Research Development NRA(1982), *Conducting a Feasibility Study For a New Restaurant*, NRA.

Chapter 11

입지력

점포를 쉽게 구할 수 있어서, 또는 점포경영주의 취향에 따라서 점포의 입지가 선정되어 점포가 운영된다면 매출부진점포가 될 수밖에 없을 것이다. 입지선정은 점포사업 성공의 80% 이상을 좌우한다고 알려져 있어 입지의 중요성은 아무리 강조해도 지나치지 않다. 아무리 업종이 좋고 자금 준비가 원활하더라도 적정한 입지에 점포를 개점하지 않으면 사업의 성공은 불투명해진다.

외식업의 상품인 음식을 조리해서 만든다는 측면에서는 제조업에 속하지만 소비자인 고객에게 식음료를 제공한다는 측면에서 소매업에 속하므로 상품과 서비스가 잠재적인 고객에게 신속한 접근을 가능하게 하고, 상당수 고객을 유인하여야 안정적인 시장점유율과 수익성을 유지할 수 있기 때문에 불리한 입지로 인한 불이익은 극복하기 힘들다. 상품의 생산과 판매가 거의 동시에 이루어지고 있기 때문에 고객이 쉽게 접근할 수 있는 위치의 접근성은 바로 고객을 유인하고 타 업소와 경쟁할 수 있는 가장 근본적인 수단이 되어 외식사업을 입지사업이라고 부른다. '첫째도 입지, 둘째도 입지, 셋째도 넷째도 입지'라는 문구에서도 알 수 있듯이 입지력은 업소의 번성을 위해 필수불가결한 조건인 것이다.

최초 입지선정의 오류는 개점 후 점포활성화에 어려움을 겪게 하고 나아가 투자회수 기간의 장기화의 요인으로 작용하게 된다. 입지평가는 시장점유율과 수익성에 현저한 영향을 미치게 된다. 외식사업은 곧 입지사업이라고 할 정도로 점포경영의 성패 여부를 좌우하기 때문에 입지분석을 통해 지역 소비자의 구매 선택행동 패턴을 이해하는 초석이 된다(곽비송, 2014; 이인숙 · 설훈구, 2014; Ghosh & Craig, 1983).

그러나 현실을 보면 업종의 특성에 맞는 입지를 구하기란 쉬운 일이 아니고, 설사 어렵게 구했다 해도 높은 임대료로 사업타당성이 저하될 수 있기 때문에 입지는 신중한 결정을 요하는 매우 까다로운 문제이다. 일단 개점하고 나면 점포 입지를 고칠 수는 없기 때문에 개점을 급하게 해서는 안 된다.

입지조건은 결코 개업점포에만 한정되는 말이 아니다. 기존점포의 경우도 뚜렷한 매상증대를 원한다면 먼저 업소가 위치한 장소에서 현재의 메뉴, 가격, 서비스, 점포 분위기 등이 상권 내의 고객층에 적합한가를 체크하여 변화가 필요하다면 적절한 조치를 취해야 한다.

입지는 표적시장에 대한 호소력이다. 외식상품은 입지에 맞아야 하고, 입지는 외식상품에 맞아야만 한다. 이를 다시 표현하면 외식사업 컨셉은 입지와 맞아야 하고 입지는 외식사업 컨셉과 맞아야 한다. 입지력이란 매장이 위치한 장소상의 특성에서 유발되는 고객유인력으로 외식사업에 있어서는 매우 중요한 성공역량이다. 입지는 점포라는 물리적인 시설이 자리잡게 될 일정한 공간적 단위로, 점포가 자리 잡게 될 지역이 된다.

주요 입지(prime location)는 다른 입지에 비해 비용이 더 많이 들 수밖에 없다. 따라서 운영자는 메뉴의 가격을 높이거나 임대비가 매출의 5~8% 정도가 되도록 하기 위해 판매량을 충분하게 늘려야 한다.

1. 상권기능

1) 상권분석방법

상권(trade area)의 정의를 입장별로 나누어 정리하면, 먼저 판매자의 입장에서 상권이란 '특정 집단이 용역을 판매 · 인도함에 있어 비용과 취급규모 면에서 경제적이며, 그 규모가 어떤 경계에 의해 결정되어지는 지역범위'로 파악하며, 구매자의 입장에서 상권이란 '적절한 가격의 재화 및 용역을 합리적으로 발견할 수 있을 것으로 기대되는 지역범위'라고 파악된다.

간단히 말해 상권이란 내 점포, 내 사업의 영업영역이다. 상권이란 점포가 장사를 계속해 나가는 데 없어서는 안 될 고객들이 살고 있는 지역으로 파악할 수 있으며, 거리나 시간 면에서 고객들에게 구매욕구를 충족시켜 줄 수 있는 적절한 대상지역이라는 점에서 보면, 상권은 고정적이고 소극적이며 획일적인 것이 절대 아니며, 사업을 운영하는 사업자의 의지와 노력 여하에 따라서는 대상지역을 보다 더 넓혀 나갈 수 있는, 고객들을 더 늘려 나갈 수 있는, 그런 능동적이고 적극적인 의미에서의 상권 개념이라 할 수 있다.

상권분석이라는 것은 사실 업종의 특성에 따라서 여러 가지 변수요인들이 있어서 전 업종에 적용이 되는 절대적 기준이라는 것은 없다. 여기에서 설명하는 기초적인 이론과 상권분석방법을 숙지하고 자신의 경우에 적용시키려고 노력한다면 큰 도움이 될 것이라고 생각한다. 상권은 [그림 11-1]과 같이 표시한다.

여기에서는 일반적으로 정립되어 있는 상권의 설정방법과 상권조사의 항목을 설명하기로 한다. 상권을 설정할 때에는 일반적으로 1차 상권, 2차 상권, 3차 상권으로 구분하여 설정을 한다.

1차 상권은 점포고객의 60~70%가 거주하는 지역이라고 보면 되는데 고객들이 점포에 가장 근접해 있으며 고객수나 고객 1인당 판매액이 가장 높은 지역이다. 1차 상권은 외식사업의 경우에는 걸어서 500m 이내가 되는 지역이 된다.

2차 상권은 점포고객의 20~25%가 거주하는 지역으로서 걸어서 1km 정도이며, 1차 상권의 외곽에 위치하며 고객의 분산도가 아주 높다. 3차 상권은 1~2차 상권에 포함되는 고객 이외에 나머지 고객들이 거주하는 지역으로서 고객들의 거주지역은 매우 분산되어 있다. 해당 점포의 고객들이 5~10% 정도 거주하는 지역으로 2~5km 이내에 거주한다.

그림 11-1 | **상권 및 인구유발인자와 인구수 표시**

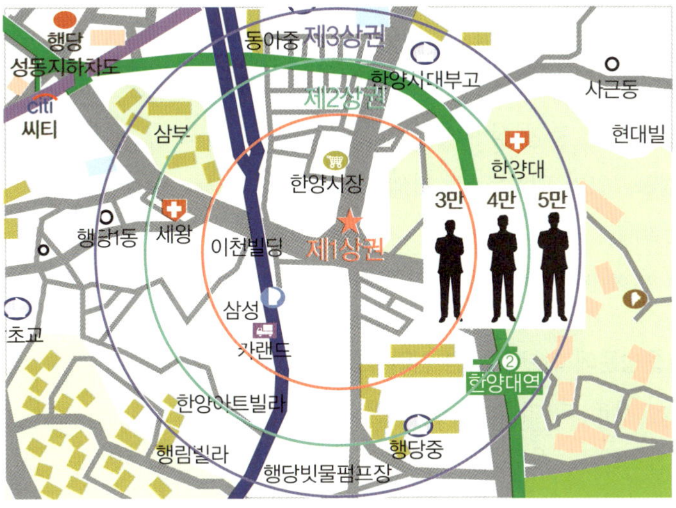

상권조사는 포괄적인 주위환경 및 시장의 배경 · 특성을 조사하는 시장조사와 상권 내 인구의 동태분석 · 조사 및 자기 점포의 상권세력 강 · 약도를 작성하고 이를 판단 · 평가함에 따라 고객개척의 기본방향을 결정하는 상권의 보유범위를 조사하는 것이라고 할 수 있다. 이것을 조사단계별로 정리하면 다음과 같다.

(1) 제1단계 : 상권 내 지역정보 수집

- 관공서의 인구통계자료
- 상업통계자료
- 특정 기관 조사정보(방송사, 신문사, 조사업체 자료 등)
- 지역관련 점포조사(점포수, 위치 등)

(2) 제2단계 : 지역상권지도 작성

- 지구별 세대수, 인구수
- 소매업종별 점포 표시
- 교통기관별 표시(역, 정류장 등)
- 관련 유통점 표시
- 지형적인 특성
- 집객력이 있는 지역시설(체육관, 금융기관, 관공서 등)
- 경쟁점 표시

(3) 제3단계 : 상권 내 지역 도보 관찰

- 연령별로 구분하여 생활방식 표시
- 거주지, 주거형태, 거주년수, 차량 소유 등으로 소득수준 파악
- 교통이용 현황을 통한 상권의 넓이 파악
- 혼잡한 점포, 인기 있는 점포 파악
- 쇼핑도로 파악
- 고객들의 생활방식 및 상품의 구매행동 파악

(4) 제4단계 : 그룹방문에 의한 경쟁점 인터뷰조사

- 지형 특성, 거리, 편리함, 차량 진입 · 주차의 용이성
- 서비스, 접객태도, 영업시간, 종업원수 파악
- 판촉활동의 영향력 파악

- 이동거리를 늘릴 수 있는 방안에 대한 심층조사
- 고객불만 처리, 신용도 체크
- 사용빈도조사

2) 상권분석의 요령

(1) 각종 데이터의 수집

자기 점포의 객관적인 입지상황을 파악하기 위해서는 각종 통계자료를 수집해야 한다. 통계자료가 되는 주변의 동업종의 숫자나 거주세대수는 절대 대충 파악하면 안 되며, 관공서 등을 통해 정확히 수집하고, 수집한 자료는 체계적으로 정리하여야 한다. 조사항목은 상권 내의 세대수 및 연령별 · 성별 거주현황을 파악하고, 상권 내 업종별 분포현황을 파악한다.

(2) 1차 상권 조사

1차 상권이란 내점고객 중 70%를 차지하는 상권으로, 일반 소점포의 경우에는 점포를 기점으로 반경 500m 이내이다. 대형 음식점의 경우에는 반경 1km를 1차 상권으로 본다. 먼저 지번에 나와 있는 교통지도를 구입해 자기 점포를 기준으로 원을 그려 잠정적인 1차 상권 범위를 확정한 후 원내의 세대수 및 인구수를 파악한다.

다음으로 점포 앞의 유동통행량을 파악해야 한다. 자기 점포 앞을 통행하는 사람들을 성별, 연령별, 시간대별로 구분해서 파악한다. 이런 조사는 평일과 주말을 구분해서 파악하도록 하며, 조사일자의 날씨, 온도, 주변의 행사 진행 여부도 함께 기록한다. 특히 방학 때나 여름휴가철에는 고객의 흐름에 특별한 상황이 발생될 수 있기 때문에 이때에는 조사된 결과에 어느 정도 조정치를 가감해야 한다.

(3) 2차 상권 조사

2차 상권은 고객 중 20%를 차지하는 상권으로 점포를 기준으로 반경 1km 이내의 지역으로 조사에 있어서 중요한 포인트는 점포를 기준으로 각종 도로의 현황과 경쟁점 및 유사업종의 위치를 파악해 지도에 표시하는 것이다. 또한 2차 상권 입지의 전반적인 특성을 파악하는 것도 중요하다. 물론 2차 상권을 기준으로 한 인구수 및 세대수를 파악해야 한다.

(4) 3차 상권 조사

3차 상권이란 방문고객 중 10%를 차지하는 상권으로 점포를 중심으로 약 2km 되는 지역으로 이 기점부터 고객이 거의 100%가 되는 지역이다. 이 상권에서는 거주세대에 대한 정밀한 조사가 필요하다. 홍보를 통해 고객으로 유인할 수 있으므로 거주세대의 직업별, 성별, 연령별 조사를 하여야 한다.

4) 상권을 통한 고객구성의 이해

상권분석의 대상이 되는 후보점포의 정확한 위치를 확인하고 주변상권의 특성이 주거지역인가, 오피스지역인가, 유흥지역인가, 학원지역인가, 또는 복합적인 상권인가를 확인하여야 한다. 자신의 사업 컨셉이 점포를 이용하는 고객들의 가치체계를 잘 반영하는지의 근거로 삼기 위해 상권분석을 하게 된다. 이용고객들의 원하는 경험, 추구하는 가치와 라이프스타일 등에 대해 이해를 해야만 한다. 고객들의 가치체계에 따른 각 집단의 특성을 파악할 수 있으며 이를 근거로 해당 외식기업이 추구하는 비즈니스 컨셉과 적합한 소비자를 대상으로 한 적합한 상품과 서비스개발, 그리고 입지선정 및 가격결정 등 주요한 의사결정이 가능하게 된다.

(1) 역세권

역세권은 지하철역이나 버스정류장, 시외버스터미널 등 대중교통수단이 상권에 지대한 영향을 미치는 지역을 말한다. 역세권은 일반적으로 그 지역의 교통요지이기 때문에 통행인구수가 많고, 창업성공확률이 높다. 역세권 주위에서 점포 입지를 고를 때에는 무엇보다도 교통수단의 이용계층이 주로 어디로 움직이고 있는가를 파악하여야 하는데 이러한 유동의 흐름동선상에 점포를 구하여야 한다.

(2) 주거지역 상권

상권범위 내에 아파트단지 및 주택 등의 주거지역이 있으면 그 영향력을 파악한다. 구체적으로 세대수를 조사하고 시간대별로 거주민들의 유동상황을 파악하여 주로 이용하는 도로가 어디이며 점포 앞 도로는 주통행로인지, 부통행로인지 또는 외곽으로 치우쳐 한가한지 등을 조사하고 주로 이용하는 도로가 점포의 출입구와 얼마나 떨어져 있는지를 파악하여야 한다.

(3) 유흥상업지역 상권

상권범위 내에 음식점, 주점, 숙박시설, 극장, 기타 유흥 · 위락시설 등을 조사하여 그 영향력을 파악한다. 설정한 상권범위 내에 존재하는 상업 · 유흥시설들을 업종별 숫자와 대형인지 소규모인지, 그리고 고급인지 보통수준인지를 파악하여야 한다.

(4) 업무상업지역 상권

상권범위 내에 존재하는 고객유인시설들, 즉 오피스빌딩, 금융기관, 병원, 관청 등을 조사하여 그 영향력을 파악한다. 숫자와 함께 규모를 파악하고 오피스빌딩의 경우에는 층수도 파악한다.

(5) 교육기관 상권

점포상권범위 내에 있는 교육기관, 즉 대학교, 초 · 중 · 고등학교, 각종 학원 등의 시설을 조사한다. 만약 청소년층을 대상으로 하는 업종이라면 교육기관의 조사가 다른 요인보다 더 큰 비중을 차지할 것이다. 구체적인 조사내용으로는 시설물과 점포와의 거리, 교육기관의 총인원수, 점포 앞의 도로가 교육기관으로 오고 가는 주통행로인지, 아니면 부통행로인지 또는 외곽으로 치우쳐졌는지 등을 파악하여야 한다.

상권 배후여건 조사표

어느 상권이나 해당 지역의 대표상가가 있다. 배후세력의 점포흡입력에 의해 상권의 규모와 양과 질이 구분된다. 다음의 상권 배후 여건조사표를 참조하여 배후세력을 평가해 볼 수 있다.

대학교, 종합병원, 대규모 아파트단지, 대규모 할인마트, 엔터테인먼트 상가, 백화점, 극장가, 아울렛 매장거리, 공장밀집지역 내의 대형 회사 주변, 전시장 등 핵심시설 주변의 유동인구특성과 지역 내 대표점포의 인구특색을 보면 객단가가 보이고 그 지역주민의 소비패턴이 보인다. 상가의 특색과 주민의 특징, 상권의 변천사들은 조금만 신경 써서 보면 알 수 있다. 배후세력의 조사는 철저히 하면 할수록 좋다. 예를 들어, 본인은 장사 경험이 없지만 잘되는 굴국밥 집 옆에 라면집을 개설해서 잘되는 점포도 있는 만큼 핵심시설, 경쟁사, 보완업종에 대한 조사는 철저히 하면 할수록 자신에게 경험축적이 되어 사업성공에 기여한다.

표 11-1 | 상권여건조사표

갑지역				을지역				병지역			
전자대리점	1			분식점	1	음식잡화		애견미용원		체육관	
화원				제과점		복국집		이용원		독서실	
안경				소주방	1	유흥주점	1	간판		인쇄 · 복사	
문구 · 팬시				샌드위치		치킨점	1	당구장		세탁소	
가구				돼지갈비		로바다야끼	1	치과		피부관리	1
오토바이				커피숍	5	패스트푸드	1	부동산	1	카센터	

슈퍼마켓				돈가스				휴대폰	1	목욕탕	
마트				주점				병원		DVD방	1
종합건재				다방				약국		게임방	1
페인트				생맥주	1			미용실	2		
식료품점				꼬치구이				사진관			
신발	2			소금구이				산부인과			
미용재료	1			숯불갈비				정형외과			
서점	2			찻집				노래방	1		
편의점	1			퓨전생고기				PC방	1		
화장품	1			피자				은행			
귀금속				한식				나이트클럽			
미니몰	1			찜 전문점	1			의원	2		

상권조사양식

상권조사양식의 예는 다음과 같다.

표 11-2 | 점포현황조사표 1(예시)

지역	위치			건물명	평수 (m^2)	상호
	위치번호 부여	층수	분류			
서울역	1	1층	1	조사빌딩	20	커피 좋아
〃	2	1층	2	성공빌딩	30	샌드 먹을래 커피는 덤
〃	3	2층	3	희망빌딩	40	양 많아 비빔밥
〃	4	2층	4	틈새빌딩	60	초콜릿 복근 헬스장

표 11-3 | 점포현황조사표 2(예시)

구분		유치원	초등학교	중학교	고등학교	대학교
상권별	1차 상권	교	교	교	교	교
	2차 상권	교	교	교	교	교
	3차 상권	교	교	교	교	교
	합계	교	교	교	교	교

상권분석에서 가장 기본적인 자료로서 1차 상권 500m 내의 주요 고객파악의 요소로서 자기 점포에 입점할 수 있는 예상고객에 대한 자료라 할 수 있는 주거지역 상권의 인구조사표는 [표 11-4]와 같다.

표 11-4 | 주거지역 상권 인구조사표

인구수	세대수	주연령분포도	주거형태별 특성

지하철역이나 시외버스터미널과 같은 시설이 주변에 있으면 역세권이라고 한다. 이러한 역세권은 사람들의 왕래가 집중되는 효과가 있다. 이에 따른 조사는 [표 11-5]와 같다.

표 11-5 | 승객인원

No.	거리 구분	버스노선	지하철역	승·하차 인원수	비고
1					
2					
⋮					
9					
10					

시청, 구청, 세무서, 도서관, 은행, 학교 등 사람이 모이는 시설물은 주요 인구집객유발 입지요인으로서 중요한 조사 포인트다. 대형 식당, 멀티플렉스 영화관, 백화점, 공연장, 병원 등은 인위적으로 발생하는 인구유발효과가 있는 시설물로 인구집중화 현상이 생긴다. 입지여건을 조사할 경우 중요한 포인트가 된다.

표 11-6 | 상권 내 관공서, 은행 등 공공기관, 핵심시설 입점수

No.	거리 구분	시설명	연매출/수용인원 등 기타사항
1			
2			
⋮			
9			
10			

5) 유동인구 유발인자의 분석

유동인구 유발인자(traffic generator)는 얼마나 있는가? 새로운 장소에 점포를 꾸미기 전에 중요한 것은, 유동인구수와 유발인자를 설정해 보는 것이다.

1km 범위에서는 고객이 될 사람들은 걸어서 올 수 있을 것으로 생각할 수 있다. 5km 범위에서는 걸어서 올 수 있을 만한 거리가 아니다. 그 범위에서는 자전거나 차로 또는 버스나 전철을 이용해야 하는 사람들이라고 볼 수 있다. 그리고 10km 범위에서는 주로 자가용으로 올 것이라고 생각할 수 있다. 멀어지면 멀어질수록 교통시설이 아주 좋지 않고서는 고객이 될 가능성은 적다고 말할 수 있다.

이것은 머릿속으로 생각해 봐도 실감이 잘 나지 않는 것이기 때문에 먼저 눈으로 보면서 이해하는 것이 좋다. 서점에서 각 지점의 10km 범위 내를 커버할 만한 지도를 구입하고 거기서 중심원을 컴퍼스로 그려본다. 또한 자신의 점포를 어디에 개업할지를 결정했다고 하면, 적어도 그 장소로부터 1km 범위 내에 있는 주택지도를 구입해 둔다. 1km 범위에 있는 주택지도는 유용하게 쓸 수 있다. 이 지역의 고객들이야말로 점포의 최대의 고객으로 여겨야만 하는 잠재고객 리스트로 사용할 수 있다.

그 지도에는 그곳에 사는 사람들이 빈번하게 방문하는 곳, 즉 유동인구 유발인자(TG)

우수점포의 일반적인 입지조건

- 10층 이상 대형 건물이 5개 이상 밀집된 지역
- 2,000세대 이상의 대규모 아파트단지나 주택단지
- 지하철역으로부터 300m 이내인 지역
- 버스정류장으로부터 100m 이내인 지역
- 버스정류장에 정차하는 버스노선이 5개 이상인 지역
- 고교 이상 대학가 주변 정문의 500m 이내, 후문 300m 이내인 지역
- 버스종착역 반경 500m 이내
- 버스정류장, 지하철역으로부터 주택으로 들어오는 입구 모퉁이
- 편도 2차선, 3거리 이상 가로의 200m 이내인 지역
- 동일 가로 200m 이내에 동업종이 없는 지역
- 반경 500m 이내에 동업종이 3개 이상 없는 지역
- 인구이동이 심한 지역인 경우 전입해 오는 추세인 지역 또는 고정인구 2만 명, 고정세대 5천 세대 이상인 지역
- 기타 업종에 상응하는 시간대별 유동인구 및 주거인구가 부합하는 지역 등

를 표시해 둔다. TG로는 생활할 때 없어서는 안 되는 쇼핑센터나 슈퍼마켓, 학교 등의 교육시설, 관공서나 주민센터 등의 공공시설, 버스나 전철의 터미널 등을 표시해 둔다. 그리고 차가 잘 다니는 지역이라면, 주유소나 큰 주차장을 적어두어도 좋다.

이런 것을 적고 그 장소에 색 스티커로 표시하기 위해 색깔 원형 스티커를 사서 붙여 놓고 보면 좋다. 이때에는 TG에 노란색 스티커를 붙이고 동시에 경쟁점이 되는 큰 외식업체들은 빨간색의 원형 스티커를 붙인다. 이런 식으로 만든 지도를 잘 보면, 노란색과 빨간색 스티커가 어디에 산재해 있는지 알 수 있다.

6) 상권의 특성 파악

배후지역의 세력을 평가하기 위해서 조사하는 항목은 지역주민의 소득수준, 인구수 및 세대수, 주거형태, 연령별 인구수, 소비형태, 직업분포, 교육정도 등이다.

(1) 상권 내 인구수

점포의 위치를 확인한 후 일단 지도에 상권별 원을 그린 후 직접 도보로 상권을 확인하여야 한다. 이 경우 점포의 상권은 건널목, 도로, 시설물, 산 등으로 인하여 제한을 받아 올록볼록하게 찌그러진 원형이 된다. 이렇게 상권설정을 할 경우에는 어느 지점까지 점포의 영향력이 있을 것인가를 판단하여야 한다. 상권을 파악한 후에는 영향력의 범위를 파악하여야 한다. 그리고 그 범위 안에서 거주민들의 인구수와 세대수를 관할관청으로부터 파악하여 배후지의 세력을 확인한다.

- 점포 입지를 선정할 때 확인해야 할 사항 중 배후지역의 세력이라는 것이 있다. 배후지역이라는 것은 한마디로 점포의 상권 안에 거주하고 있는 영업대상층의 범위다.
- 아파트 밀집지역은 아파트의 총세대수와 평형별 구성비율을 정확히 파악해야 한다. 소형 평형 밀집지역이 소매상권에 있어서는 상대적으로 소비지출 비중이 높다.

(2) 직업

직업에 따라서 개인의 구매행동이 달라질 수 있다. 개인의 직업은 제품 및 서비스 구매활동에 영향을 미친다. 레스토랑기업의 경우 주요 고객층이 학생인지, 아니면 사무직, 혹은 가정주부인지에 따라서 상품의 종류와 품질수준 및 가격결정이 이루어져야 한다. 또한 소비자의 경제적 상황 역시 제품 및 서비스수준의 결정에 영향을 미친다.

(3) 나이와 생애주기

소비자의 제품 및 서비스 구매양상은 나이가 들면서 변해 간다. 일반적으로 음식의 구매활동에 관해서는 나이에 따라 기호가 변화한다. 예를 들면, 나이가 들수록 햄버거 또는 튀김음식과 같은 기름진 음식을 피하게 되는 경향이 있기 때문에 연령대가 높은 상권에는 이런 종류의 업종은 피해야 한다. 결혼 여부, 자녀의 유무 등과 같은 생애주기에 따라 제품 및 서비스 구매행동도 달라진다. 또한 유아기와 청소년기를 거치는 동안 개인은 자기가 속한 문화권의 기본적 가치와 인식, 욕구, 그리고 행동양식을 가족 혹은 주변사람들로부터 배우게 된다. 따라서 외식기업 역시 표적시장을 생애주기에 따라 정의하고 각 생애주기의 단계에 있는 소비자에게 적합한 상품의 개발계획을 수립하고 실천해야 한다.

(4) 집단과 사회계층

개인의 행동은 다양한 소집단으로부터 영향을 받는다. 이러한 소집단은 가족, 친구, 동료, 전문가협회 등이 있다.

사회계층에서 각 계층에 속한 사람들은 유사한 가치관을 지니고 있으며 비슷한 흥미와 행동양식을 가지고 있다. 사회계층은 직업, 소득, 가치관, 재산 등과 같은 여러 가지 요인들을 종합하여 결정될 수 있다. 같은 사회계층에 속한 사람들이 유사한 구매행동을 하게 된다.

(5) 라이프스타일

동일한 사회적 지위나 직업을 가진 사람들이라 하더라도 개인의 라이프스타일에 따라 구매행동이 달라진다. 라이프스타일은 한 개인의 생활패턴으로 형성된 개인의 행동, 관심, 의견 및 가치관 등을 표현하는 것으로 이해할 수 있다. 시장세분화의 변수로 활용함으로써 소비자의 의식적 · 무의식적 구매행동을 예측할 수 있을 것이다.

소비자의 라이프스타일을 측정하기 위한 도구로서 소비자연구자들에 의해 널리 이용되는 사이코그래픽스(psychographics)기법이 있다. 이는 정신을 나타내는 'psycho'와 윤곽을 나타내는 'graphics'의 합성어로서 소비자의 심리적 특성을 나타내는 것으로 정의할 수 있다. 사이코그래픽스는 라이프스타일을 측정하기 위한 항목들로서 보통 행동(activities), 관심(interests), 의견(opinions)을 주요 변수로 사용하여 라이프스타일을 측정한다. 약자를 써서 AIO분석이라고도 한다.

설훈구 · 강성욱 · 박기용(2007)의 연구에 의하면, 라이프스타일 특성을 추구하는 편익에 따라, 즉 업종규모, 분위기, 식사가격, 영업시간의 변수와 인구통계적 변수로 3개 소집단으로 분류하기도 하였다.

(6) 경제상황

개인의 경제적 수준에 따라서 구매행동의 양상이 달라진다. 예를 들어, 최근 경제적 상황이 좋은 소비자들은 다이어트와 건강에 대해 높은 관심을 보이고 있으므로 외식기업들은 저칼로리, 유기농 식재료, 친환경시설 등과 관련된 제품 및 서비스상품을 개발하려는 노력이 필요하다.

(7) 소득 및 소비수준

주변지역 거주민들의 질을 파악하는 단계인데, 간단하게 '이 동네는 부자동네이다', '중산층 밀집지역이다', '저소득층 지역이다'라는 판단을 하는 것이다. 보다 전문적으로 알아보기 위해서는 시청, 구청 등에서 지역소득 및 소비지출에 관한 통계자료를 구하여 해당 시의 평균수준과 비교하여 결정할 수가 있다.

표 11-7 | 상권별 컨셉

구분	주택가	대학가	비즈니스지역	역세권지역
대상고객	주부	학생	직장인	유동인구 의존형
메뉴	주부층 선호 메뉴	여학생 취향 메뉴	젊은 여성 직장인 취향 메뉴	보편적인 메뉴
비고사항	아침 등교 후, 방과 후	가격대가 저렴하면서 세련된 이미지	배달주문 시 덤 마케팅	아웃테리어 및 인테리어 고급화

지역별 상권분석에 근거한 커피 전문점 고객창출방법 사례

정용진(2014)이 제시한 커피 전문점 고객창출 상권분석표는 상권에 따른 매우 흥미로운 전략을 제시하고 있다.

표 11-8 | 지역별 상권분석표

입지 구분	특징	입지별 커피전문점 영업전략
아파트	최소 600가구에서 800가구 이상 되어야 기본수요가 있음	가족과 같이 보내는 소비문화가 많이 정착되는 추세이므로 전문 로스터리숍이나 핸드드립 전문점이 아파트 주민의 대화공간으로서의 활용가능성에 마케팅 포인트를 둠
주택가	버스정류장을 중심으로 상권이 형성되어 있음	주택가에도 일본처럼 핸드드립 전문점이 입점하고 있는 추세로서 지역문화거점의 역할이 중요한 포인트임

대학교 주변	신세대 취향의 커피 전문점 최적의 입지로서 학생 취향에 맞는 메뉴가 필요하고 이벤트를 하면 성공률이 높은 특징을 가지고 있음	학생층을 겨냥한 다양한 이벤트로 시험기간, 축제기간 등에 적절한 메뉴 할인이나 덤 마케팅으로 수요확대가 필요함 테이크아웃 전문점이 활성화되는 지역이므로 테이크아웃 전문점으로 영업가능함
중심지 대로변	• 학생층이므로 가격에 민감함 • 중심지는 인구가 모이는 핵심적인 입지로 점포 외관의 화려함이 특징이고 유명 프랜차이즈업체들이 몰려 있음	유동고객의 시선을 끌 수 있는 간판 및 메뉴판 마케팅이 효과적임
역세권	전철역 입구를 중심으로 발전되었고 대형 음식점, 커피 전문점이 밀집되어 있음	간판을 특색 있게 하는 것이 효과가 있고 유동인구의 특성에 포커스를 맞춘 영업을 하여야 함
사무실 밀집지역	외식업 분야가 집중화되어 있고 주말공동화 현상 발생	점심시간과 퇴근시간에 많이 몰리므로 이에 대한 집중화 마케팅이 필요함

2. 유동인구기능

1) 유동인구 및 가능고객 파악

주고객층이 누구인지 파악하여야 한다. 고객층분석은 입지 및 상권의 재분석과 함께 매출 및 점포 활성화의 첫걸음인 것이다. 매출부진점포는 십중팔구 고객에 대한 타깃선정이 잘못되었기 때문이다.

우수한 점포를 고르는 데 있어 가장 기본적으로 해야 할 일이 바로 점포 앞을 지나는 사람들의 숫자와 특성을 파악하는 것이다. 점포를 이용하는 고객의 수는 몇 명이며, 고객의 연령별, 성별, 시간대별 구성이 어떻게 될까? 아마도 현대적인 POS시스템을 구비하고 있지 않은 점포는 자기 점포의 주고객층이 누구인지 대강은 이야기할 수 있겠지만 정확히 파악하고 있지는 못할 것이다. 현대적인 POS시스템을 이용하면 주고객층이 누구인지, 전체의 구성비 중 얼마를 차지하고 있는지 등 고객 데이터를 정확히 분석할 수가 있을 것이다. 이러한 고객 데이터의 분석은 점포의 방향을 잡는 데 중요한 역할을 한다. 따라서 컴퓨터시스템이 없으면 수작업으로라도 일일 매출집계표를 작성해 고객층에 대한 파악이 이루어져야 한다.

고객층을 조사할 때는 가급적이면 오전(8~12시), 오후(1~6시), 저녁(7~10시), 심야(11시 이후)로 시간대를 나누어 파악하는 것이 좋다. 그리고 남녀 성별을 기본으로 어린이, 청소년, 직장인, 중·장년, 노인 등으로 분류하고, 각 시간대별로 매출액을 기록하여 각 시간대별 매출액의 비중을 조사해야 한다. 시간대별 고객층조사와 매출조사를 통하여 점포경영자는 정확한 영업현황을 파악할 수 있으며, 각 시간대별로 근무자의 숫자를 조정할 수 있다.

즉, '우리의 점포는 주고객층이 중·장년층, 그것도 여성고객이 70%를 차지하고, 매출은 오후 4시에서 6시에 가장 성시를 이루며, 이 시간대의 매출이 전체의 50%를 차지한다'는 정도로 점포영업현황을 파악하고 있어야 앞으로 매출증대를 위한 전략 수립에 충분한 기초자료로 활용할 수 있을 것이다.

지금까지 설명을 통해 점포의 입지조사 및 고객층조사가 가능해졌으며, 이 조사를 통해 자기 점포의 고객층 및 입지의 특성을 파악할 수 있을 것이다. 그러면 개점 초기에 생각했던 점포의 고객층 및 입지요소와 최근에 조사한 점포현황과 맞아떨어지는가? 맞아떨어진다면 별문제가 없지만 상황이 많이 달라졌다면 즉시 최근에 조사된 고객층 및 입지요소에 맞는 영업방침을 수립해 새로이 조사된 고객층을 향한 영업이 진행되어야 한다.

또한 입지분석을 통한 상품가격정책의 변화 및 주력상품을 조정해야 한다. 예를 들어, 개점 초기에는 청소년들이 많이 이용하는 상권이었는데, 2년이 지난 지금은 대형 할인매장이 입점해 주된 유동인구가 주부층으로 바뀌고 기존의 고객층인 청소년층이 대폭 줄었다면 주부층을 대상으로 영업정책을 바꾸고 판매상품도 조정을 고려해야 하는 것이다.

2) 유동인구의 특성 파악

유동인구의 분포도 및 성향분석을 토대로 고객유형을 파악한다. 유동인구의 파악은 평일과 주말로 나누어 시간대별로 하여야 하는데 보통 출근시간대(오전 7~9시), 점심시간대(오후 12~2시), 주부들의 쇼핑시간대(오후 4~6시), 퇴근 및 저녁시간대(오후 6~8시), 야간시간대(오후 9~11시) 등으로 나누어 각각 업종에 따라 신축성 있게 조사하여야 한다. 음식점의 경우에는 출근시간대보다는 퇴근시간대가 더 중요하다고 할 수 있다. 매출에 유리한 유동인구의 특성은 통행량이 시간에 따라 변하지 않고 끊임없이 계속되고 일정한 경우, 통행량의 속도가 느린 경우, 속도가 빠르다 하더라도 통행량의 목적이 쇼핑이라는 사실에 의해 이루어질 경우, 통행인구의 소득수준이 비교적 높은 경우이다.

예를 들어, 배후세력으로 대규모 아파트단지에 20대에서 40대의 젊은 층이 많으면 커피 전문점 창업의 좋은 조건이 되고 사무실 밀집지역의 경우 여성 직장인이 많으면 좋은 여건이 된다. 외식사업에서 주로 사용하는 유동인구 특성별 분류는 다음과 같다.

3. 차량접근기능

요즘은 자동차가 필수품화되어 외식할 때, 쇼핑할 때 등에 자가용의 이용이 일반화되었다. 차량 주차 여부가 큰 비중을 차지하는 업종은 차량의 이동량도 파악해야 한다. 이러한 경향은 점포사업의 경우 주차시설의 확보가 중요하게 되었으며, 이러한 추세는 앞으로도 계속될 것으로 예상된다. 만일 주차공간을 확보하기 어려울 경우에는 역세권 등 대중교통이 원활한 곳에 입지하는 길만이 최선일 것이다.

1) 교통형태

교통형태의 파악은 평일과 주말로 나누어 시간대별로 하여야 하는데 보통 출근시간대(오전 7~9시), 점심시간대(오후 12~2시), 주부들의 쇼핑시간대(오후 4~6시), 퇴근 및 저녁시간대(오후 6~8시), 야간시간대(오후 9~11시) 등으로 나누어 각각 업종에 따라 신축성 있게 조사하여야 한다. 교통형태의 파악사항은 기본적으로 점포와의 거리, 조사시간대별 이용인구수, 이용인구들이 점포 방향으로 이동하는 접근율을 파악하여 교통시설이 점포에 어떠한 영향을 미치는지 파악하는 것이다.

(1) 버스정류장

버스정류장이 점포 반경 약 100m 이내에 있을 경우에 점포와의 거리, 시간당 이용인원수, 점포로의 접근율을 시간대별로 조사한다.

(2) 지하철역

지하철역이 점포 반경 약 300m 이내에 있을 경우에 점포와의 거리, 시간당 이용인원수, 점포로의 접근율을 시간대별로 조사한다.

2) 통행량 조사방법

입지선택의 기본은 유동인구가 어느 정도인지를 파악하는 것이다. 통행량조사는 전문회사에 의뢰하는 것이 손쉽고 정확한 방법이다. 다만, 평일과 일요일을 조사하고, 맑은

통행량조사표(견본)

실시 연월일　2011년 2월 11일(월요일)
시간　오전 7 : 00 ~ 오후 10 : 00
실시장소　부산시 중구 ××번지 ××거리 ××구두집 앞에서
측정자　홍길동, 김영철, ○○○, ○○○

탈 것					사람					
개점 시간	성인 남자	성인 여자	초·중·고생	시간 소계	자가용	영업차 트럭	버스	오토바이	자전거	시간 소계
07 : 00	12	2	0	**14**	38	62	22	8	2	**132**
07 : 30	28	16	2	**46**	42	78	43	19	38	**220**
08 : 00	41	53	68	**162**	186	132	63	47	126	**554**
08 : 30	98	86	139	**323**	194	143	61	48	113	**559**
09 : 00	67	108	12	**187**	126	138	58	32	63	**417**
09 : 30	103	126	1	**230**	158	218	56	28	18	**478**
10 : 00	58	203	0	**261**	239	318	52	18	24	**651**
중략										
19 : 30	266	132	18	**416**	280	68	43	21	33	**445**
20 : 00	168	96	2	**266**	96	35	41	16	18	**206**
21 : 30	84	32	1	**117**	43	23	36	8	2	**112**
22 : 00	63	28	0	**91**	48	18	18	6	4	**94**
종류별 합계	2,576	2,844	1,223	**6,643**	5,430	5,313	1,433	671	1,131	**13,978**
%	38.8	42.8	18.4	**100.0**	38.8	38.0	10.3	4.8	8.1	**100.0**

소견

오전 중의 통행량은 근처의 각 점포가 개점할 때까지의 오전 10시까지는 그다지 볼 필요가 없다. 근처의 중학교, 고등학교, 대학교 등에 다니는 학생도 아침에 점포 앞을 다니는 경우가 적다. 지나다닌다고 해도 고객이 되는 일은 그다지 없을 것으로 생각된다. 샐러리맨을 겨냥한 아침 식사도 통행량으로는 봐서는 그다지 가망이 없어 보인다. 애초에 개점시간을 10시 이후로 하는 것이, 차라리 점심과 저녁, 두 개에 집중해서 매상을 올리는 것이 효과적일 것이다.

남녀별로 보면 남성이 38.8%, 여성이 42.8%로 그다지 차이가 많지 않다. 가까운 곳에 쇼핑과 관련된 가게가 많기 때문에 여성고객을 주력 타깃 마켓으로 삼는 것이 좋겠다. 그리고 중·고등 학생의 하교시간 통행량이 많으므로 약 20% 정도는 이 연령층을 겨냥한 메뉴개발을 할 필요가 있겠다.

날과 비 오는 날을 조사하고, 1시간 단위가 아닌 30분 단위로 조사하는 것이 지표로써 삼기에 적절하다. 조사표는 다음에 제시된 견본을 참고하라.

우선 조사장소를 살펴보자. 가능하면 개업예정지 앞에 조사원을 배치한다. 뭔가 조사가 제대로 되지 않을 경우를 대비해 되도록 그곳에 가까운 곳, 비와 이슬을 견딜 수 있는 곳을 선정한다.

지나다니는 사람이나 차를 조사할 때에는 건물에서 도로 쪽을 보고 왼쪽으로 가는 것과, 오른쪽으로 가는 것을 구별해서 조사해야 한다. 그리고 두 사람의 조사원이 필요하다.

사람에 관해서는 남자와 여자를 구분하고, 초 · 중 · 고등학생을 포함한 학생, 대학이라는 것이 특별한 고객이 될 만한 장소라면 대학생, 일반인을 나눠서 조사한다. 차에 관해서는 일반자가용과 영업차, 트럭, 오토바이, 자전거 등을 조사한다. 중요한 것은 사람들이 붐비는 시간과 그 후를 보는 것으로 30분 단위로 집계해야 한다. 통행량을 확인하는 것은 나중에 같은 시간에 통행량조사를 했을 때 증가하거나 감소하는 경향을 볼 수 있기 때문이다.

그리고 조사시간은 아침식사를 제공할지, 점심부터 영업을 할지에 따라 변화되는데, 적어도 점포를 여는 시간보다는 한 시간 먼저 측정해야 한다.

커피 전문점의 최적 입지여건

정용진(2014)은 『커피전문점 창업하기』라는 책에서 커피 전문점의 최적 입지여건을 다음과 같이 설명하고 있다.

- 커피 전문점을 찾는 고객들의 연령대가 20대에서 30대가 주를 이루므로 학원가가 좋다. 학원가에서도 여대생의 이동이 많은 곳에 입점하는 것이 유리하다.
- 사무실 밀집지역 및 고급 상가들이 밀집되어 있는 곳에 입점해야 하고 주대상연령층은 젊은 20대에서 30대 직장인들이 좋다.
- 권리금 극복을 위해 숍 인 숍 개념으로 오픈하는 것이 소자본 창업으로 용이하다.
- 도로에 접해 있고 통행량이 많은 곳에 입점해 있어야 유동인구가 오가며 진열되어 있는 상품도 보고 고객들이 앉아 담소를 나누는 광경도 보면서 한 잔의 커피를 마시며 여유를 찾고자 하는 동조 소비마인드가 생긴다. 그러므로 통행량이 많은 곳에 입점하는 것이 좋다.
- 대형 빌딩 주변이나 관공서, 금융 · 증권빌딩가 등은 좋은 입지장소이다. 사무실 밀집지역에는 최소한 근무인원수가 500명 이상 되는 대형 건물이 많으므로 커피 전문점으로서는 좋은 입지여건이 된다.
- 상권조사를 하면서 점포의 컨셉을 정하는 것이 중요하다.

3) 주변도로상황

(1) 차선 여부

차선을 파악하는 이유는 주로 점포 건너편에서의 고객유입가능성을 고려하기 위한 것이다. 아무래도 차선이 넓고 교통이 번잡한 곳이면 차선이 좁은 경우보다 자유롭게 왕래가 불가능하게 되어 상권이 좁아지게 된다. 도로가 편도 2차선 정도면 사람들이 도로를 건너기가 쉬워져서 점포 길 건너 유동인구도 자기 점포의 고객이 될 수도 있다는 것이다. 그만큼 상권의 영향력이 넓어지게 되는 것이라고 할 수 있다.

(2) 도로의 경사 여부

점포의 배후 및 주변도로의 경사 여부를 파악한다. 사람들은 하향지향적 동물이기 때문에 점포가 오르막길에 있으면 영업에 마이너스(−)가 되는 것이다.

4) 입지분석방법

(1) 체크리스트법

체크리스트(checklist)법은 상권의 규모에 영향을 미치는 요인들을 수집하여 이들에 대한 평가를 통해 시장잠재력을 평가한다. 장점은 입지타당성이 단일과정 속에서 수행될 수 있다는 것이다. 그러나 최적 입지를 선택함에 있어 체크리스트법은 잠재적인 부지에 관련되는 서로 다른 영향요소 간의 상호작용효과를 다루지 못한다는 단점이 있다. 체크리스트법을 이용함에 있어 분석할 사항은 다음과 같다.

- 상권 내의 제반 입지특성에 대한 평가가 이루어져야 한다. 수집 · 분석되어야 할 주요 입지특성들은 상권 내의 행정구역상황 및 행정구역별 인구통계특성, 상권의 자연경계특성(강, 하천, 산, 구릉 등), 상권 내 도로 및 교통특성(도로, 대중교통노선, 통행량, 주차시설, 상권으로의 접근의 용이성 등), 상권 내 도시계획 및 법 · 행정적 특기사항, 상권 내 산업구조 및 소매시설의 현황 및 변화패턴, 상권 내 대형 건축물, 인구 및 교통유발시설 등이다. 이러한 특성들은 기회요인과 위협요인으로 구분하여 분석되어야 하며, 분석결과는 추후 마케팅전략 수립의 기초자료가 된다.
- 상권 내의 입지특성에 대한 분석과 함께 상권 내 고객들의 특성에 대한 분석도 이루어져야 한다. 일반적으로 번화가에 위치한 점포일수록 직장고객 및 유동고객의 매출공헌도가 높으며 외곽지역에 위치한 점포일수록 배후상권 고객비율이 높다. 이러한

고객특성분석은 자사 점포의 상권고객만을 대상으로 이루어져서는 안 되며 타 상권 고객과의 상대적인 비교분석이 가능해야 한다. 즉, 해당 범위 안의 상권고객이 그 도시 전체 주민의 평균적인 특성과 어떤 차이가 있는지를 분석해야 한다. 그러한 상대적인 비교분석이 이루어져야 자사 점포의 효과적인 차별화전략을 수립할 수 있다.

- 점포운영자는 상권입지특성 및 상권고객특성에 대한 분석과 함께 상권경쟁구조에 대한 분석도 하여야 한다. 경쟁은 관점에 따라 다양하게 정의될 수 있으므로 점포의 경쟁분석 시 위계별 경쟁구조분석과 업태별, 그리고 업태 내 경쟁구조분석, 잠재경쟁구조분석, 경쟁 및 보완관계분석 등 여러 측면의 경쟁분석이 이루어져야 한다.

(2) 유추법

유추법은 상업시설계획 시 실무적 차원에서 매출액 예측을 위해 빈번히 이용되는 방법으로 자사의 신규점포와 특성이 비슷한 유사점포를 선정하여 그 점포의 상권범위를 추정한 결과를 자사 점포의 신규입지에서의 매출액을 측정하는 데 이용하는 방법이다.

유추대상의 선택은 유추법의 가장 중요한 단계라고 할 수 있다. 유추대상시설은 계획대상의 특성, 소비자의 쇼핑 유형, 소비자의 사회경제적 특성 및 인구특성과 유사해야 하며 상권 내 경쟁수준 역시 유사해야 한다. 그러나 정확히 일치하거나 또는 어느 한 점포의 시장환경에서 작용하는 요인들이 다른 점포의 상황에서 동일하게 작용하는 경우는 거의 없으므로 유추법을 사용하는 경우에는 주관적 판단이 요구된다.

유추법에 의한 상권규모의 측정은 CST(customer spotting) map의 기법을 이용하여 이루어진다. CST기법은 자사 점포를 이용하는 거주지를 지도상에 표시한 후 자사 점포를 중심으로 서로 다른 거리의 동심원을 그림으로써 자사 점포의 상권규모를 시각적으로 파악할 수 있는 방법이다. CST map은 다음과 같은 중요한 정보를 제공하기 때문에 소매정책의 수립에 유용하다.

첫째, 상권의 규모를 파악할 수 있다. 점포는 CST map을 이용하여 1차 상권, 2차 상권 및 한계 상권을 결정할 수 있다. 유통업자들은 규모가 다른 동심원을 그려 가면서 각 원이 차지하는 고객비율을 계산할 수 있다.

둘째, 고객특성을 조사할 수 있다. 상권의 규모가 파악되면 그 상권 내 고객들의 인구통계적 및 경제·사회적 특성을 분석할 수 있다. 이러한 분석결과는 점포의 머천다이징과 가격정책의 수립에 유용한 지침이 된다.

셋째, 광고 및 판촉전략 수립에 이용될 수 있다. 점포가 판매촉진을 계획할 때 CST

map을 통해 이미 파악된 고객자료를 이용하여 구입가능성이 높은 표적고객들만을 상대로 판매촉진수단을 제공할 수 있다.

넷째, 경쟁의 정도를 측정할 수 있다. 점포운영자들은 CST map을 통해 경쟁정도를 파악할 수 있다.

다섯째, 점포의 확장계획에 유용하게 활용될 수 있다. 점포운영자가 기존점포 근처에 신규점포를 개점하려고 한다면 신규점포가 기존점포고객을 어느 정도 잠식할 것인지를 고려해야 하는데 이러한 분석을 가능하게 한다.

입지선정을 위한 조사수행 시 중요 포인트

- 해당 조사지역의 전체를 조망해 볼 수 있는 높은 곳에 올라 전체 지역의 흐름을 파악한다.
- 지도를 들고 다니면서 다니는 길을 표시하고 특징을 스티커에 적어서 붙여 놓는다.
- 사람이 몰리는 식당, 유명한 카페, 대형 프랜차이즈 커피 전문점을 방문해서 특색이나 인테리어, 아웃테리어, 주고객연령층에 대해 메모하고 벤치마킹하는 자세가 입지조사에 중요한 요소라고 할 수 있다.
- 입점하고자 하는 해당 점포의 주변 공인중개사 사무실에 들러 자문을 구하는 것도 중요 포인트이다.
- 아이템과 입지의 연관성을 보고 입지에 맞는 아이템을 고려해 보는 것이 중요하다. 삼청동에 왜 카페가 많은지, 강남역 주변의 대형 프랜차이즈업체들의 주아이템은 무엇인지, 왜 이 골목에는 국밥집이 많은지, 이곳에는 의류점이 많은데 그 중에서 왜 청바지 전문점이 많은지 등의 요인을 분석하는데, 그 거리에 활성화되어 있는 업종이나 아이템을 분석해 보면 입지의 적합성이 나온다.
- 특정 상권 및 입지여건을 입지선정 기초자료에 근거하여 시장조사를 1개월 정도 하면 지역 내 활성화된 점포와 장사가 안 되는 점포를 파악할 수 있고 비용은 적게 들면서 알짜배기 점포도 눈에 띄게 되는 것이 입지조사를 하는 목적이다.

입지평가 진단결과표

구분	내용	진단
상권발달가능성	공공기관(은행, 구청)	3
	아파트 밀집지역	3
	점포 내점 고객수	2
	병원 내점 고객수	4
	지역신문의 광고	2
	상가빌딩수	2

성장잠재가능성	시장유형	2
	시장발달가능성	2
	시장잠재능력	2
	시설변화가능성	3
	공한지 변경가능성	2
	토지이용 유형	2
	소매용지이용 형태	3
	소매입지 추세	3
	소득변화 추이	2
접근성	공공교통수단	2
	주차시설	3
	향후 접근가능성	2
유인잠재력	인접한 경쟁점포	4
경쟁적 위험조사	일정거리 내 경쟁자	4
입지경제성	잠재경쟁입지	3
	투자비용분석	2
	자금회수분석	1.2
	입지효율성	2.2
	자연발생적 입지여건	3.2
종합의견	접근성은 대체로 불량한 편이고 상권잠재력과 성장잠재력은 보통이며 유인잠재력은 우수한 편이다.	

※ 범례 : 아주 좋음 5, 좋음 4, 보통 3, 나쁨 2, 아주 나쁨 1

상권의 사례분석

1. 상권의 개요 및 특성

○○병원에서 뒤쪽으로 200m 정도의 다세대주택이 많은 4층 건물의 지하 73m²(22평)에 위치하여 건물들이 대체로 오래되었고 주변에도 낙후된 주거지로서 상권 형성이 없었으나 늦은 오후시간과 퇴근시간 무렵에 유동인구가 있었으며, 다만 이면도로에 위치해 있어 가시성이 미약하며 집객력이 미흡한 실정이다.

그리고 현 수진 업소 등 주위상가들은 매출부진으로 폐업이 속출하고 있으며 임대광고가 많은 상태이다.

2. 상권 입지현황표

구분	내용	5	4	3	2	1	평가
업소 및 입지 형태	업소의 실평수	100평	60평	20~40평	20평 미만		3
	업소의 시계성	우수		보통	불량		2
	접근의 용이성	접근 용이		2~4층	장애물	지하	1
	주차장 여부	자체 보유		6대 이상	5대 미만	없음	2
	주통행로와의 거리	주통행로		20m 미만	20m 이상		3
	업소 전면의 형태	2면 이상 코너		1면 6m 이상	지하, 1면 6m 미만		1
	입지등급	상권핵심지역		주변입지	외곽 입지		2
1차 상권	인구분포(명)	1만 이상	8천	8천	6천	2천	4
	통행차량(대)	1만 이상	8천	8천	6천	2천	3
	환경	도로형 번화가 주택 지형		상업지구	공업지구, 농업지구		4
	부근 인기도	우수		보통	불량		2
	학교, 공장의 유무	거의 없음		조금 있음	수가 많음		4
2차 상권	인구분포	2만 이상	1.5만	1만	5천	2천	5
	경합상황	적음		보통	많음		3
	쇼핑센터, 할인점 등	많음		보통	적음		4
	경유도로, 하천	적음		보통	많음		4
	가족 형태	도시형 패밀리		혼합형	농촌형 패밀리		4
3차 상권	인구분포(명)	7만 이상	5만	4만	3만	2만	5
	인구구성비	혼합층		젊은 층	노년층		4
	산업구성비	제3차		제2차	제1차		4
종합 소견	입지 형태는 대체로 불량하나 2차 상권, 3차 상권으로 이동하는 동선에서는 양호한 상태이다.						

※ 범례 : 아주 좋음 5, 좋음 4, 보통 3, 나쁨 2, 아주 나쁨 1

3. 유동인구 조사목록

조사항목	조사내역					
성별 · 연령대	남	10대 ( )	20대 ( )	30대 (3)	40대 (4)	50대 이상 (5)
	여	10대 ( )	20대 ( )	30대 (3)	40대 (4)	50대 이상 (5)
직업별	학생 ( )	회사 ( )	주부 ( )	기타 (O)		

인구수(시간당)		500명 미만 ( )	500~1,000명 ( )	1,000~1,500명 이상 (3)
시간대	아침	상 ( )	중 (2)	하 ( )
	점심	상 ( )	중 (2)	하 ( )
	저녁	상 ( )	중 (4)	하 ( )
조사의견		늦은 오후와 퇴근시간에 외식업소의 주변상가에는 유동인구가 대체로 많으며 ○○병원 옆의 업소들이 있어 저녁 무렵에는 퇴근하는 사람들로 집객력이 있었다.		

※ 범례: 아주 좋음 5, 좋음 4, 보통 3, 나쁨 2, 아주 나쁨 1

4. 입지평가 진단결과 및 종합의견

상권 배후여건 조사항목					
상권 형태		주택가, 사무실, 학원가, 관공서 주변		고객대상	대학생, 직장인, 주부, 초등학생, 중 · 장년층, 기타
도로현황	도로폭			소득계층	부유층, 중산층, 일반 저소득층
	통행방법	( )차선		배후세대수	아파트세대, 관공서 직원, 회사 사무실 밀집지역
대중교통	버스 노선수			점포현황	건물층
	지하철까지의 거리	( )분		건물 외양	양호 / 보통 / 불량
내점 고객수		명 / 시간당 / 요일		주차장 확보	있음(대), 없음
접근성		상 · 중 · 하		발전성	( )년 이내, 계획 없음
흡입력		상 · 중 · 하		공공시설	( )m
평가			배후세력 평가		
갑지역	을지역	병지역	갑지역	을지역	병지역
상 · 중 · 하	상 · 중 · 하	상 · 중 · 하	상 · 중 · 하	상 · 중 · 하	상 · 중 · 하
종합의견					

4. 경쟁기능

경쟁요인에 대한 사항은 상권범위 내에서 자신의 점포가 취급하는 유사한 종류의 상품을 취급하는 경쟁점포의 숫자를 조사하여 매출에의 영향력을 파악하기 위한 것이다. 구체적으로 동일경쟁점포는 같은 업종의 외식사업이겠고, 유사경쟁점포는 유사한 외식점포라고 할 수 있고, 기타의 경쟁점으로는 동네의 유사한 작은 점포도 경쟁요인이라고 할 수 있다. 그러나 주의할 것은 음식점과 같이 같은 업종이 모여 있어 장사가 오히려 잘되는 업종의 경우는 결코 매출에 마이너스(−) 영향을 가져오지만은 않는다는 것이다.

경쟁을 통해 입지를 선정하기도 한다. 맥도날드나 KFC는 입지선정의 파일럿이 될 수 있다. 유명하고 실적이 좋은 체인점을 모방하는 것이 하나의 방법일 수도 있다. 맥도날드는 점포선정 시 입지에 관해서는 엄청난 정보를 가지고 새 점포 개점을 결정한다. 단순히 맥도날드 점포가 저곳에 있는 것이 아니라, 좋은 입지임을 알려주는 지표가 된다. KFC는 이런 사실을 발견하고 맥도날드가 있는 곳에는 반드시 같이 점포를 내었다. 그다지 많은 노력을 들이지 않고서도 잘 팔리는 장소를 찾는 데 아주 유용하고 좋은 방법이었다.

맥도날드가 같은 상권에 있는데 같은 상권에 많은 점포가 있으면 함께 망하지 않겠냐고 생각할 수도 있다. 그러나 점포를 방문하는 고객들을 조사해 보면, 각 점포의 고객은 그 이동범위나 동선(통행경로)이 저마다 다르기 때문에 점포들마다 경쟁이 되지는 않는 것으로 나타났다.

예를 들어, 200m도 채 떨어져 있지 않는 두 개의 맥도날드 점포가 있어도, 큰 도로에 중앙분리대가 있어서 쉽게 반대쪽으로 갈 수 없는 경우가 많다. 중앙분리대가 두 점포를 분리하고 있는 것이다. 따라서 같은 지역에 맥도날드가 있다고 해도 기본적으로는 저마다의 장소에서 다른 상권을 형성하고 있는 것이다.

1) 경쟁점의 분석

일반적으로 경쟁상대는 같은 업종 안에 있다. 즉, 소갈비 전문점은 주위의 소갈비 전문점이나 다른 육류 취급점 또는 모든 음식점이 자신의 경쟁상대라고 생각하고 견제한다. 일반고객을 상대로 하는 외식업은 상호 경쟁하면서도 또한 공존하는, 즉 경쟁과 양립이 모두 존재하는 특성이 있다. 그럼 양립이란 무엇인가? 양립이란 하나의 상권 안에 유사업종이 모여 있으면 상호 간에 매출이 상승효과를 내는 관계이다. 경쟁관계는 이익을 점포 간에 서로 많이 차지하려 하지만, 양립관계는 상호의 이익을 상승시킨다. 이러한 경쟁과 양립관계를 명확히 파악해서 과연 진정한 경쟁자가 누구인지를 알아내야 한다. 앞에서 예를 든 소갈비 전문점은 경쟁관계라기보다 집적이익이 발생될 수 있는 양립관계로 볼 수 있다. 주변에서 같이 존재하면서 상호 간에 도움을 주는 관계라고 할 수 있는 것이다. 경영주는 이러한 경쟁과 양립관계를 명확히 파악하여 진정한 경쟁자를 찾아야 한다.

점포의 경쟁 개념이 명확해졌으면 경쟁점을 정의하고 그 경쟁점보다 비교우위를 점할 수 있는 차별화정책을 모색해야 한다. 이러한 차별화를 모색하기 위해서는 경쟁점의 강점부터 조사해야 한다.

그러면 경쟁점의 무엇을 조사해야 하는가? 경쟁점의 숫자와 규모, 왜 고객이 경쟁점을 이용하는지 그 이유를 파악해야 한다. 고객이 왜 자신의 점포를 이용하지 않고 경쟁점포를 이용하는가를 조사해 보면, 가격이 저렴하거나, 상품의 품질이 우수하거나, 점포가 청결하거나, 종사원이 친절하기 때문 등의 이유가 있을 것이다. 이런 이유를 파악했다면 경쟁점의 강점과 자기 점포를 비교 · 분석해서 문제점을 개선하는 것이다. 경쟁점조사는 가급적 상호 간에 마찰이 발생하지 않는 범위 내에서 해야 한다. 경쟁점조사를 할 때 드러내 놓고 조사한다면 경쟁점 측에서 꺼릴 수 있으므로 조사를 하기 전에 미리 조사할 내용을 적을 수 있는 양식을 준비해야 조사 즉시 점포를 나와서 내용을 기록할 수 있다.

또 한 가지 방법은 두 사람이 한 조가 되어 녹음기를 몸에 지니고 들어가 자연스럽게 점포의 상황을 이야기하며 조사한 내용을 녹음하는 방법도 있다.

경쟁점조사는 조사의 목적에 따라 시기가 달라질 수 있으므로 적절한 시점에 진행해야 효과를 볼 수 있다. 따라서 원인 없이 매출이 하락할 경우에 즉시 시행하고, 정기적인 시점(월별, 분기별)에 가격을 인상시키고자 할 때, 경쟁점이 판촉행사를 실시할 때, 지역에 행사가 있을 경우에 실시한다.

2) 상권 내 고객과 경쟁변화에 대처하기 위한 지속적 시장조사

상권변화에도 예의 주시하여 빠르게 대응해야 한다. 그러면 점포운영에 있어서 외부의 어떠한 환경을 점검하고 대응해야 하는지 알아보자.

첫째, 상권의 변화를 민감하게 체크하라. 상권은 점포사업을 할 때 가장 중요하게 점검을 해야 하는 외부환경요인이다. 점포의 1차 상권을 중심으로 건물의 신축이나 증축계획, 사무실의 이동사항, 관공서의 신설, 병원의 건립, 아파트 재건축사업의 시행 등의 사항을 평소에 탐문조사를 통하여 변화를 세밀히 파악하고 있어야 한다. 한 예로 슈퍼마켓을 하던 점포경영주는 장사가 부진해 3년간 영업을 하던 점포를 헐값에 처분했다. 그런데 1년 후 점포 인근에 병원이 입주해 점포를 인수한 점포경영주는 매출이 증가해서 이익을 올렸고 상권이 활성화됨에 따라 권리금도 상승해서 두 배로 이익을 보게 되었다.

둘째, 주변경기의 흐름을 파악해야 한다. 주변경기가 불경기인지 아니면 호경기인지에 따라 점포의 매출에 많은 영향을 준다. 주변경기의 흐름이 하락하는 추세라면 점포 내에서도 이에 대비한 긴축운영 태세를 갖추어야 한다. 특히 외부환경의 변화로 인한 위기상황은 점포의 생존을 결정지을 수 있는 중요한 요인이다. 이러한 위기상황을 재빨리 파악하여 영업방향을 전환하거나 체질개선의 자료로 활용한다면 위기상황은 점포의 또 다른 도약을 위한 기회요인이 된다는 것을 점포경영주는 명심해야 한다. 이런 흐름을 파악하지 못하고 방만한 운영을 한다면 점포의 손익은 점점 악화될 것이다.

셋째, 경쟁점의 출현에 민감해야 한다. 점포경영주는 주변의 정보에 민감해야 한다. 특히 신규경쟁점포가 출현한다는 정보는 신속히 파악해서 이에 대비하여야 한다. 점포 공사가 어느 정도 진행되었을 때 경쟁점이 개점한다는 것을 알았다면 대응을 하기에는 때가 너무 늦다. 경쟁점이 개점하기 전에 이에 따른 영업방침 및 판촉행사 등을 기획해 놓아야 하기 때문이다.

넷째, 주변의 업종변화를 파악해야 한다. 요즘처럼 경제가 불안정할 때는 하루아침에 점포가 생기기도 하고 또 문을 닫기도 한다. 이것을 잘 관찰한다면 상권 내 새로이 부상되는 업종이 무엇이며, 어떤 업종이 잘되고, 반대로 어떤 업종이 쇠퇴하여 사라지는가를 알 수 있다. 따라서 현재 하고 있는 업종의 장기적인 발전가능성도 이러한 주변업종의 변화를 관찰함으로써 판단해 볼 수 있다.

3) 경쟁점포지도 제작

해당 상권을 다음지도 또는 네이버지도로 찾아 한 장의 경쟁점분석을 위한 점포지도를 준비한다. 거리를 걸으면서 '점포지도'를 만든다. 입지선정에 앞서 점포지도를 만들어 점포 주위의 거리형상을 알고, 경쟁점과 주목받는 구역에 대해 파악하여야 한다. 미리 입지가 정해져 있는 기존점포에 입점하는 경우라도 점포지도는 필요하다. 대강 거리의 전체적인 형상을 알고, 경쟁점과 주목받는 구역을 파악해야 한다. 제일 먼저 하는 일은 주요 도로의 끝에서 끝까지 차로 달려보는 것이다. 눈에 띄는 외식업소와 포인트가 되는 건물,

상점을 확인하고 지도상에 그 이름을 적어두어 점포지도를 작성한다. 거리의 느낌을 파악하고 어떤 점포가 경쟁점이 될 것인지를 대략 파악하기 위함이다.

예를 들어, 그 안에 한식요리와 불고기에는 A와 B, 서양요리에는 C와 D로 표시해 자기 점포의 경쟁점으로 삼는다. 이런 점포들은 나중에 중요한 '요주의 점포'이기 때문이다. 또한 철도 주변이나 그 근처에 있는 쇼핑센터 내부에 음식점이 모여 있는 푸드코트가 있다면 그런 곳들도 경쟁점으로 생각될 수 있다.

이런 식으로 거리의 곳곳을 개략적으로 살펴보고, 이런 생각을 가지고 전체적인 형상을 대략적으로 파악하는 작업은 중요하다. 왜냐하면 일단 개업하고 나면, 특히 개업 첫해에는 그렇게 간단히 경쟁점이나 주변환경을 꼼꼼하게 살펴볼 정신적 · 물리적 여유를 가질 수가 없기 때문이다.

요약정리

- 평가표를 만든다. 점수 옆에는 코멘트를 단다. 이것으로 배울 점이 있는 점포를 주시하자.
- 잘되는 점포를 둘러보자. 메뉴의 다양성, 요리의 양, 단가, 어른과 아이의 인기상품은 무엇인지 체크하자. 배울 점은 너무나 많다.
- 직접 경쟁이 될 점포뿐만 아니라 시간을 내서라도 주변의 여러 점포를 둘러보자.
- 어디에 점포를 열 것인가는 중요한 열쇠다. 유명한 체인점의 근처에 붙어가는 방식도 명심하자.
- 개업예정지 앞의 유동인구와 차의 통행량을 파악한다. 점포에 올 손님을 예상할 수 있고, 월간 매출을 예측해 본다. 그 수치를 보고 점포를 잘 해나갈 수 있을지를 분석하고 입지가 적당한지 판단하자.
- 길을 걸으며 '점포지도'를 만든다. 점포에 관한 간단한 메모도 적어 둔다.
- 가족이나 동료, 종사원을 데리고 우선 동업점(同業店)을 체크한다. 경쟁 점포를 알게 되고 '지금부터 어떤 점포를 목표로 삼을 것인가' 하는 컨셉을 전원이 확인하기 위해서이다.

참고문헌

곽비송(2014), AHP를 활용한 베이커리 전문점의 선택속성 중요성 평가, 관광 · 레저연구, 9(2), 351–366.

박기용(2008), 외식산업경영학, 서울: 대왕사.

설훈구 · 강성욱 · 박기용(2007), 패밀리 패스트푸드 레스토랑의 선택 속성을 통한 시장세분화에 관한 연구, 관광 · 레저연구, 19(4), 249–267.

이윤수 · 박현신 · 유승환 · 강준모(2014), 캠퍼스 상권 매출액에 영향을 미치는 입지요인분석, 서울도시연구, 15(1), 17–34.

이인숙 · 설훈구(2014), 외식사업의 입지선호 속성에 관한 연구, 관광레저연구, 26(9), 161–177.

정용진(2014), 커피 전문점 창업하기 – 창업의 달인, 크라운 출판사.

Ghosh & Craig, C. S.(1983). Formulating Retail Location Strategy in a Changing Environment. *Journal of Marketing*, 47(3), 56-68.

Kimelberg, S. M. & Williams, E.(2013), "Evaluating the Important of Business Location Factors : The Influence of Facility Type, *Growth and Change*, 44(1), 92-117.

Ninemeier, Jack D.(1991), *Planning and Control for Food and Beverage Operations*, AH & MA.

Rushmore, S.(1992), *Hotel Investment: A Guide for Lenders and Owners*, Warren Gorham Lamont.

The Research Development NRA(1982), *Conducting a Feasibility Study For a New Restaurant*, NRA.

Wileman, A.(1993), "Destination Retailing : High-volume, Low-gross Margin, Large-scale Formats," *International Journal of Retail & Distribution Management*, 21(1), 1-11.

Chapter 12

서비스력

서비스는 일반적으로 도와주는 행위를 의미한다. 서비스업은 도와주는 행위를 하고 대가를 받는 직업이라고 할 수 있다. 외식상품은 단순한 물리적 제품이 아니기 때문에 서비스 없이 경쟁우위를 갖기는 어렵다. 서비스력은 고객과 직원 간의 인간적인 교감을 의미한다. 이를 인간성(humanity)의 힘이라고 표현할 수 있다. 외식사업은 유형적 상품 외에 고객이 가치 있다고 느끼는 서비스와 같은 무형적 상품에 의한 단골고객의 확보로 실적이 높아질 수 있으므로 무형적 가치를 위해 서비스력이 필수적이다.

외식사업이라고 하면 주로 식사나 음료가 상품의 전부인 것처럼 생각해 외식서비스산업을 식품제조업과 동일시하는 경향이 많았던 것이 사실이다. 그러나 서비스는 외식사업을 식품제조업과 구분시킬 수 있는 가장 확실한 방법으로서 그 자리매김이 새롭게 되어야 한다.

경쟁업소가 동일한 상품을 제공하기 시작했다면 경쟁업소와 차별화할 수 있는 가장 강력한 방법은 서비스가 될 것이다. 서비스의 경제적 효용가치가 이렇게 높음에도 불구하고 그동안 서비스의 현장은 상상 이상으로 허술했던 것이 외식산업뿐만이 아닌 전반적인 산업계의 부정할 수 없는 현실이었다. 고객과 마주치는 결정적인 순간의 중요성을 깨닫고 서비스의 개념이 진정한 경영정책의 하나로 자리 잡아 가고 있다.

식사나 음료와 같은 유형의 상품과 부수적으로 제공되는 인적서비스의 무형적 상품들도 업소 나름의 특징을 살릴 수 있도록 구성하고 업소의 서비스 이념, 방침 등을 점포 특성에 맞도록 매뉴얼로 작성해 지속적인 교육을 실행함으로써 직원들의 서비스력을 증진한다면 고객의 요구에 부응하는 서비스를 제공할 수 있을 것이다. 사실 외식사업에 있어

종사원의 바른 고객서비스

고객의 온갖 불평에도 웃으며 응대

서 서비스는 상품의 가격을 결정짓는 중요한 요소이기 때문에 고객들이 즐겁고 편안하게 식사를 할 수 있도록 업소의 컨셉에 적합한 서비스를 제공하는 것도 성공의 지름길이라는 점을 항상 기억하고 실천할 수 있어야 한다.

1. 서비스기능

일반적으로 서비스의 특성은 무형성, 소멸성, 비분리성, 이질성의 4가지로 설명할 수 있다. 외식사업도 서비스업이기에 이에 대한 특성을 반드시 알아두어야 적절한 전략을 세울 수 있다.

- 무형성(intangibility) : 유형적 가치물을 재화라 부르고 무형적 가치물을 용역이라 부르며 이 용역을 총칭하여 서비스라 말할 수 있다. 서비스란 근본적으로 무형적 성격을 가지게 된다. 서비스는 고객이 구매하는 시점부터 지불하는 마지막 단계까지의 환경과 경험을 느끼기 때문에 식음료라는 유형적 상품을 판매함과 동시에, 무형적인 서비스도 함께 판매하는 특성을 가지게 된다.
- 이질성(heterogeniety) : 이질성은 서비스가 직원의 각기 다른 태도와 개성에 의해 고객에게 전달되는 상태를 말한다. 서비스가 이와 같이 이질적으로 고객에게 전달된다면 관리자는 서비스관리가 곤란하게 된다. 이러한 서비스의 특징을 막기 위한 전략으로는 자동화시스템의 도입이나, 표준화된 직원의 교육, 또한 충분히 자격을 갖춘 직원의 선발이 있다.

- 비분리성(inseparability) : 물재의 경우에는 공급자의 제공과 수요자의 사용을 시점으로 하여 분리되나, 서비스재는 제공과 사용이 같은 장소에서 동시에 존재한다. 생산과 소비가 동시에 일어난다 해서 비분리성을 동시성이라고도 한다. 이는 고객의 참여 속에서 생산되고 소비되어진다는 것이다. 즉, 서비스는 변환과정 중에 생산자와 고객 사이의 고도의 상호작용이 이루어져야 한다. 종사원의 경우 고객에게 어떠한 서비스를 제공하는가, 그리고 어떻게 하는가 등에 따라 거래의 지속적인 구매의사결정에 영향을 미칠 수 있다. 그러므로 서비스의 질은 서비스 제공자의 질과 분리될 수 없는 것이다.
- 소멸성(perishability) : 서비스는 순간적으로 시간과 공간에서 존재할 수 있으나, 사용하고 나면 그 자체가 소멸되기 때문에 반복사용이 불가능하다. 또한 서비스는 저장이 불가능하기 때문에 차기에 판매나 긴급수요에 대비하여 미리 생산 · 저장해 두고 수요발생 시 이를 제공해 줄 수가 없다. 또한 고객에게 제공한 서비스는 잔존하지 않기 때문에 일단 제공된 서비스는 회복할 수 없는 것이다. 따라서 과학적이고 표준화된 서비스의 생산과 배달이 중요하며, 배달의 수단으로서의 종사원의 역할은 더욱 강조되고 있다.

1) 고객응대원칙

고객들은 점포에서 품질 좋은 상품만을 기대하고 점포를 이용하는 것이 절대 아니다. 점포의 시설, 분위기, 종사원의 서비스 등을 복합적으로 기대하면서 그 점포를 이용하게 되는 것이다. 그 중에서도 사람에 의한 서비스가 이루어지는 모든 것이 바로 고객응대라고 할 수 있다. 점포 내에 고객이 들어오는 순간 시작되는 것이 바로 고객응대활동이다. 점포에 대한 따뜻함 또는 푸근함과 같은 무형적인 감각을 결정짓게 되는 중요한 요인 중의 하나이기 때문이다.

이러한 고객응대원칙은 사업주를 포함하여 종사원 모두가 원칙을 세워 놓고 철저하게 준수할 수 있도록 해야 한다. 왜냐하면 점포사업자의 입장에서는 고객서비스뿐만 아니라 고객응대의 방법도 또한 단순한 친절, 예절의 의미만을 가진 것이 아니고, 고객만족의 일환으로서 장기적으로 점포의 매출을 유지하고, 수익을 얻게 해주는 영업전략의 절차이기 때문이다.

고객응대원칙은 고객의 중요함을 마음속 깊이 가지면서 고객이 원하는 상품을 원하는 시기에 신속히 고객의 수준에 맞추어 제공하는 것이라고 할 수 있는데, 다음의 고객응대의 7원칙을 잘 이해하고 시켜 나가야 할 것이다.

- 제1원칙 : 고객이 상점의 문을 열고 들어오는 시점에는 일체의 행동을 중지하고 고객을 응대할 준비를 해야 한다. 고객이 점포에 들어오는 순간에는 절대로 종업원 간의 사적인 대화 및 전화통화를 자제하여 고객을 즉시 응대할 수 있는 자세를 가져야 한다.
- 제2원칙 : 접객의 순서는 먼저 온 고객부터 진행하라. 고객은 언제나 똑같은 수준의 서비스를 받고자 한다. 접객에 있어서는 언제나 공평하도록 노력해야 한다.
- 제3원칙 : 상품지식에 대하여 정통하라. 판매 중인 상품에 대해서는 가급적이면 실제로 사용 또는 먹어 봄으로써 용도 및 기능에 대해서 숙지하여 고객이 질문을 해올 시에는 명쾌하게 응대를 하여야 한다. 또한 상품에 대한 폭넓은 지식은 연계 판매를 할 수 있어서 추가적인 매출을 발생시킬 수 있음을 명심해야 한다.
- 제4원칙 : 말씨와 인사는 예의 바르게 하라. 접객 예절의 대원칙은 무엇보다도 우선 밝고 공손한 인사이며 또 올바른 말씨로 대답하는 것이라고 할 수 있다. 이러한 접객 태도는 점포의 매출을 일으키는 기본요소라는 점을 명심하도록 하고, 자신의 점포특성에 맞게 수정하여 사업주부터 종사원에 이르기까지 습관화하는 자세가 필요할 것이다.
- 제5원칙 : 옷차림은 단정하게 하라. 점포에는 그 점포의 분위기에 맞는 복장이 있다. 복장은 고객이 점포를 방문했을 때 점포에 대한 이미지를 느낄 수 있게 하는 것이다. 이러한 복장이 단정치 못하다면 고객에게 혐오감을 주어 상품 구입에 대한 욕구를 저하시킬 수 있다. 또한 복장 못지 않게 종업원의 두발 및 신발의 상태도 중요하다. 그리고 복장은 점포에서 판매되고 있는 상품 또는 점포의 분위기에 맞도록 하는 것이 좋다.
- 제6원칙 : 행동은 정중하며 경쾌하게 하라. 점포에 근무하는 종사원은 의식할 수 없을지 모르지만 고객은 종사원의 표정 및 행동에 세심한 주의를 기울이고 있다. 어딘지 모르게 종사원의 행동이나 표정이 경쾌하지 못한 점포는 매장 내의 고객수도 적은 것을 볼 수 있다. 상품진열 및 청소를 활발하게 하는 종사원의 모습은 고객에게 점포의 활기찬 모습을 전할 수가 있는 것이다.
- 제7원칙 : 약속은 반드시 지켜라. 고객과의 관계에 있어서 약속은 반드시 지켜야 한다. 할 수 없는 것을 할 수 있다고 하여 고객을 실망시키는 것은 점포에 대한 신뢰도를 떨어뜨려 고객이 점포를 외면하는 결과를 초래하는 것이다. 시행가능한 약속은

최대한 노력하여 지키며, 할 수 없다고 판단된다면 과감히 고객을 설득시켜야 한다.

2) 배달 여부

외식업을 시작할 때, 배달을 할지 말지 고민될 때가 있다. 입지에 따라 배달 여부를 결정하는 것이 좋다. 입지가 좋지 않은 곳에서는 배달로 매출을 올리는 것이 좋지 않은 입지를 커버할 수 있는 좋은 수단이다. 점포로 직접 오는 손님만을 상대로 장사를 해도 될 만한 입지에 있을 경우는 배달을 생각하지 않아도 좋지만, 입지가 좋지 않아 손님이 오기 힘들 경우에는 역시 배달이라고 하는 방법을 경영에 사용하는 경우를 생각할 수 있다. 제공하는 음식이 이것에 부합하는지 생각해 보고 동시에 배달을 시킬 만한 사람들이 주변에 살고 있는 지역인지를 확인해 보아야 한다.

소자본으로 개업하고자 하는 경우에는 이른바 가장 목이 좋은 곳에 개업을 하는 것은 불가능할 것이다. 높은 임대비용이 들어야 하기 때문이다. 그렇다면 두 번째로 목이 좋은 곳에 개업을 하고 이익을 내기 위해서는 배달(또는 포장판매)이 하나의 유력한 대안이 될 수 있다. 근처에 맞벌이 가정이 많다고 한다면, 배달의 기회는 많을 것이다. 게다가 음식이 배달이나 포장판매를 하기에 좋은 음식이라면 적극적으로 배달을 생각해 봐야 하겠다.

그러나 단점도 있다. 배달을 하기 위해서는 당연히 일손이 필요하다. 인건비가 상승하는 요인이 된다. 또한 오토바이도 필요하고 종사원의 교통사고도 생각해 봐야 한다.

3) 배달사고 예방책

배달할 경우, 반드시 생각해 두어야 하는 것은 '인건비'와 '교통사고', 그리고 '자신이 볼 수 없는 곳에서 종사원이 손님을 접대하는 것'이다.

배달은 오토바이나 자전거를 사용하고 주문품을 직접 전달하고 돈을 받는다. 용기를 회수하러 가는 방법이 일반적이지만 요즘처럼 인건비가 비싸졌다고 하면 그 방법에도 변화를 줘야 한다. 피자나 초밥점포에 '배달은 ○○원 이상부터 가능합니다'라고 적힌 점포가 늘어난 것은 이러한 인건비 상승에 대한 대책이라고 하겠다.

또한 고객이 직접 와서 음식을 싸갈 때 쓰는 일회용 용기를 배달에 사용하는 것도 하나의 방안이라고 하겠다. 이것은 용기의 회수에 드는 시간을 줄이는 것과 동시에 두 번 왕복할 것을 한 번 왕복으로 끝낼 수 있기 때문에, 배달 시에 교통사고가 날 위험률을 반으로 줄여 주게 된다.

만약 배달 시에 교통사고가 나면, 가해자 · 피해자를 불문하고 큰 손해를 입게 된다. 교통법규를 엄격하게 지키도록 하는 것은 물론이고, 가능하면 단체보험 같은 것에 가입하거나 산재적용의 범위를 생각해 두어 만일의 교통사고나 기타 사고에 대비한 구제조치를 마련해 두어야 한다.

배달을 보낸 종사원이 손님에게 실례가 되는 말을 하거나 실례가 되는 행동을 하게 되면, 그것은 당연히 점포의 책임이 되고 장사에도 영향을 받게 된다. 여기서도 사전의 훈련이나 매뉴얼 만들기가 필요하고 배달을 갔을 때 어떻게 인사를 하고 어떻게 태도를 취해야 하는지, 또한 어떤 언어를 써야 하는지를 명확하게 정해두어야 한다. 잔돈을 준비해서 고객에게 불편을 끼치지 않도록 하는 배려도 필요하다. 또한 사고나 사건에 대비해 배달 전용 휴대전화를 가져가게 해서 긴급사태가 생겼을 시에 바로 연락을 취할 수 있도록 하는 것이 중요하다.

4) 고객불만 환영

고객에게 불만을 들었을 때 운영방식을 연구하는 등 여러 가지로 점포를 개선할 수 있다. 불만의 공식이 있는데 '불만을 직접 이야기해 주는 고객은 실제로 불만을 가진 고객의 10분의 1이다'라고 하는 것이다. 결국 한 사람의 고객이 가진 불만은 같은 불만을 가진 고객이 9명이나 더 있다는 것을 의미한다.

결국 불만고객이 있다고 하는 것은 점포에 있어서는 매우 '감사할 일'이다. 고객 한 사람의 불만은 나머지 9명의 불만을 대표하는 것이고, 이 고객 한 사람을 만족시키면 10명의 고객을 만족시키는 것과 같다.

'음식이 너무 늦게 나와요'라고 이야기하는 고객이 있다면, 마찬가지로 해결방안을 생각할 수 있게 된다. 보통의 고객은 그것을 하나하나 말해 주지 않고 그냥 더 이상 점포에 오지 않는 경우가 많다. 불만을 성가시게 여기면 점포는 성장할 수 없다. 불만을 자신을 포함해서 자기 점포와 종사원을 발전시키기 위한 '밑거름'으로 생각하여야 한다.

5) 예측할 수 있는 불만사항의 매뉴얼

외식업은 고객이 점포에 와서 음식을 소비하고 나갈 때까지 일반적으로 1시간, 연회라도 하게 되면 2~3시간 정도는 머물게 된다.

그만큼 고객과의 접촉시간이 길기 때문에 여러 가지 문제가 생기게 된다. 게다가 상대는 각양각색의 사람들이기 때문에 문제의 내용도 다양하다. 그만큼 이런저런 케이스를 정리하여 매뉴얼을 작성해 두는 것이 현명하다.

점포 내에서 자주 있는 불만사항으로는 다음과 같은 것들이 있다. 머리카락이 음식에 들어가는 경우로서 모자나 머릿수건과 같은 것을 착용하게 하는 것으로 꽤 효과를 볼 수 있다. 바퀴벌레와 같은 해충이 음식에 들어가거나 점포 안에 보이는 일도 있다. 이럴 때에는 당연히 살충을 전문으로 하는 업체와 계약을 맺어 이런 일에 빨리 대응할 필요가 있다.

다음으로 많은 경우는 종사원의 예절에 관한 것이다. 주문을 받는 것이 늦어지면 불만을 가지게 된다. 고객은 배가 고픈 상태로 오기 때문에 오랜 시간 주문을 받지 않으면 화가 나기 마련이다. 신속 응대하도록 해야 한다. 음식 제공이 늦을 때에도 '손님, 정말 죄송합니다. 지금 곧 만들어 금방 제공하겠으니 조금만 더 기다려 주십시오'라고 한마디 하는 것이 좋다. 최악의 상황에서 꼭 알아 둬야 할 것은 화가 난 고객에게는 '정말 죄송합니다'라고 정중하게 말하는 것이다. 변명을 하는 것은 불난 집에 부채질하는 것과 같은 결과가 되기 때문이다.

이와 같이 일어날 만한 고객불만에 대해서는 사전에 미리 대처방법을 정해 두어야 한다.

6) 고객만족도조사

여느 경영과 다름없이 외식경영에 있어서도 항상 염두에 두어야 하는 것은 '매너리즘화'이다. '보다 잘해야지' 하는 마음가짐이 부족해서 메뉴의 변경도 없이, 종사원의 교육도 느슨해진 채로 있다면, 자신도 모르는 사이에 점포의 활기를 잃어 버리게 될 것이다. 이러한 것들을 친구나 지인이 충고해 준다면 좋겠지만, 말하는 쪽에서는 '괜히 말해 봤자지. 가만 있는 게 낫지'라고 생각하기 쉽다. 고객이 오지 않는 데에는 반드시 원인이 있다. 예상외로 고객수가 적을 때 그 원인을 파악하는 가장 유용한 방법은 무엇보다 고객에게 물어보는 것이다.

이런 이유로, 불만을 보다 손쉽게 파악하기 위해 '고객불만사항 엽서'를 점포에 두거나, 설문지를 만들어 고객에게 설문조사를 하는 것이다. 테이블의 한쪽에 의견함이나 무료회신이 가능한 엽서를 준비해 '불편한 점이나 고쳐야 할 점이 있다면 마음 편하게 말씀해 주세요'라고 적어두면, 큰 문제가 생기기 전에 대처할 수 있게 된다.

이러한 방법을 쓰면, 반드시 원인을 알 수 있을 것이다. 예를 들어, '주문하고 나서 요리가 나오기까지의 시간이 길다'라든가, '메뉴수가 적고 먹을 음식이 한정돼 있다'라는 등의 의견을 듣게 될 것이다. 우선은 고객이 무엇에 불만을 가지고 있는지를 아는 것이 중요하다.

고객의 의견을 듣는 엽서(견본)

본점에 대한 불만 또는 마음에 들지 않는 점을 적어 주세요.

____

____

____

연령 : 10대 20대 30대 40대 50대 60대 이상
성별 : 남 여
본점 이용횟수 : 본점을 1년에 ( )회 정도 이용한다.
본점을 이용하는 이유 :( )
본점의 품질만족도 : 만족 약간 만족 보통 약간 불만 불만
점포 안의 청결도 : 만족 약간 만족 보통 약간 불만 불만
서비스에 관해 : 만족 약간 만족 보통 약간 불만 불만

회신을 희망하는 분들은 아래에 본인의 주소와 이름을 적어 주세요.

____

항상 본점을 이용해 주셔서 감사합니다.
보내주신 의견을 참고하여 앞으로도 발전하는 모습 보여드리겠습니다.
–점장–

○○○의 설문조사표

고객님께

본점을 항상 이용해 주셔서 진심으로 감사드립니다. 본점에서는 고객님께 최고의 봉사를 하기 위해 끊임없이 노력하고 있습니다. 여러분의 소중한 의견을 참고하여 보다 좋은 점포운영을 하도록 노력하겠습니다. 아무쪼록 협력해 주시길 바랍니다. 이 설문에 응해 주신 고객에게는 본점에서 소정의 상품과 무료음료권을 드리겠습니다.

아래의 질문에 답하거나 해당하는 칸에 ○를 표시해 주십시오.

실시연월일 : 년 월 일(요일)

거 주 지 : ( )도보 ( )자전거 ( )자가용 ( )버스 ( )지하철(으)로
( )10분 이내 ( )30분 이내 ( )그 이상

이용빈도 : ( )주 3회 이상 ( )주 1회 이상 ( )월 1회 이상 ( )6개월에 1회 이상
( )1년에 1회 이상 ( )이번이 처음

체재시간 : ( )15분 이내 ( )30분 이내 ( )1시간 이내 ( )1시간 이상

이용목적 : ( )휴식 ( )음료 ( )식사 ( )담소 ( )상담
( )약속장소 ( )기타

이용품목 : ( )커피 ( )아이스커피 ( )홍차 ( )아이스티 ( )핫초코
( )기타 음료-구체적으로 적어 주세요( )
( )스낵류-구체적으로 적어 주세요( )

품질 : 음료 ( )아주 좋았다 ( )좋았다 ( )보통 ( )별로였다 ( )나빴다
음식 ( )아주 좋았다 ( )좋았다 ( )보통 ( )별로였다 ( )나빴다
그 이유는 무엇입니까?( )

메뉴 : 본점에 있었으면 하는 메뉴는 무엇입니까? ( )
없었으면 하는 메뉴는 무엇입니까?( )

접객태도 : ( )아주 좋았다 ( )좋았다 ( )보통 ( )별로였다 ( )나빴다
개선해야 할 점은 무엇입니까?( )
그 외에 신경 쓰였던 점은 무엇입니까?( )

내부장식 : ( )아주 좋았다 ( )좋았다 ( )보통 ( )별로였다 ( )나빴다
개선해야 할 점은 무엇입니까?( )
그 외에 신경 쓰였던 점은 무엇입니까?( )

청결정도 : ( )아주 좋았다 ( )좋았다 ( )보통 ( )별로였다 ( )나빴다
개선해야 할 점은 무엇입니까?( )
그 외에 신경 쓰였던 점은 무엇입니까?( )

전체적으로 : 무언가 하실 말씀이 있으시면 적어 주십시오.
( )

질문에 응해 주셔서 감사합니다. 다음에 또 방문해 주십시오.

2. 판매촉진기능

1) 단체 예약고객의 장 · 단점

영업이 순조로운 좋은 점포에는 보다 많은 사람이 모이게 되고 예약고객이 늘어나면 동시에 모임과 연회예약을 받고 싶은 마음이 생긴다. 큰 점포의 경우는 어떤 일부분의 자리를 그 연회장으로 사용하거나, 객실이 있을 경우에는 그 방이 연회용으로 사용되거나 하기 때문에 그다지 문제될 것이 없다.

그러나 작은 개인점포의 경우는 많은 수의 예약을 받기가 쉽지 않다. 가령 좌석수가 30개라고 한다면, 이곳에 30명 전후의 홀 예약이 들어오면 별다른 문제가 없지만, 15명의 예약이 들어왔을 때는 어떨까? 나머지 반의 자리를 그 단체고객을 위해 모두 사용할 것인가, 아니면 15명 이외의 다른 고객을 받을 것인가?

만약 15명의 다른 고객을 받기 위해 자리를 비워두고, 곳곳을 채우려고 한다면 고민해 보아야 한다. 왜냐하면 오를지도 모르는 매출을 포기해야 하기 때문이다. 그러나 15명의 단체고객 안으로 한 사람, 두 사람씩 손님이 들어오면 그 단체고객들은 어색함을 느끼게 될 것이고, 연회를 하는 측도 다른 사람들에게 신경을 쓰게 되어 곤란한 상황을 벗어날 수 없게 될 것이다.

이런 경우, 과감하게 빌려주는 것이 좋다. 점포로서는 미리 주문품을 알 수 있기 때문에 식자재 구매나 조리하는 일손이 적게 들고, '다른 손님은 받지 않으므로 마음껏 즐겨주세요'라고 인사하면 예약한 측은 점포의 조치에 감사해할 것이고 단골이 될 수 있을 것이기 때문이다.

물론 홀을 모두 예약으로 받은 경우 당일 온 고객의 불편을 막기 위해 가능한 빨리 '○월 ○○일은 모든 좌석 예약'이라는 안내문을 붙여 놓아야 한다. 이렇게 하는 것은 취소를 견제하게 됨과 동시에 다른 손님 또는 점포 앞을 지나는 사람들에게도 '손님이 많은 점포'라는 인상을 어필하게 되어 선전효과를 가져올 것이다.

2) 예약고객을 늘리는 법

외식경영에 있어서 식자재의 손실을 줄이는 것은 주안점이 된다. 이 고민을 해소해 주는 것이 예약고객을 확보하는 것이다. 항상 예약으로 만원이라면 고객이 언제 오는지를 걱정할 필요도 없고, 식자재의 준비와 그 손실에 대해 신경을 쓸 필요도 없다. 이 정도까지는 아니더라도 3할의 자리가 예약으로 채워져 있다고 한다면, 감정적으로도 경영적으로도 훨씬 편하게 일할 수 있을 것이다.

예약을 잡는 것의 대전제는 맛과 서비스를 충실히 하는 것이다. 예약은 단순히 자리를 확보하는 것만이 아니라, 최상석을 준비하고 또한 고객이 희망하는 자리를 준비하는 것이다. 그리고 내점시간을 알고 있기 때문에 고객이 왔을 때 직접 입구에 서서 환영하면, 고객의 기분도 좋아질 것이다. 그리고 예약고객에게는 약간의 음식서비스를 하는 방법도 생각해 볼 수 있다.

그리고 예약에는 전화를 이용하는 것이 일반적이지만 얼굴을 보지 않고 하는 것이니만큼 기분 좋은 응대를 해주어야 한다. 가령 몇 번이나 가게를 이용해 주신 단골손님의 경우에는 '○월 ○○일 정말 감사했습니다', '그때는 ○○(을)를 드셨는데 이번에는 무엇을 준비할까요?'라고 하는 대화가 가능하도록 한다. 그러기 위해서는 전화 옆에 지금까지의 예약고객에 대한 기록을 정리한 '예약북'을 준비해 두고, 고객의 이름이 올라오면 바로 그 페이지를 펼쳐볼 수 있도록 해둔다.

또한 처음으로 예약하는 고객의 경우는 '예약해 주셔서 감사합니다'라고 하는 감사의 마음과 함께 일시, 명수, 전화번호, 가능하면 성함, 주소를 물어본다. 이것은 취소를 방지하는 역할뿐 아니라 나중에 신메뉴에 대한 안내장을 보낼 때에 '회원'으로서 커뮤니케이션을 유지하기 위해서이다. 이제부터는 전자메일에 의한 예약도 늘어가겠지만, 이러한 응대를 기본으로 고객의 마음을 사로잡는 것이 중요하다.

3) 예약고객의 취소

경영에 있어서 예약고객은 고마운 것이지만, 예약취소의 위험도 가지고 있다. 단체고객의 예약취소는 사전준비의 수고가 헛일이 되고, 많은 식재료를 처리하는 일도 힘들다. 특히 단체고객의 예약에 관해서는 취소대책을 생각해 둘 필요가 있다.

한 가지 방법으로 단체손님의 경우, 그 예약취소에 대해서는 위약금을 명시하고, 예약을 신용카드로 받는 것이다. 그리고 '해당일에 예약을 취소할 경우에는 당일 예약금액의 50%를, 전날 예약취소에 대해서는 30%를 위약금으로 받겠다'라고 하는 규칙을 정해둔다. 보통 음식점의 식품원가는 30%이기 때문에 못해도 30%는 받아야만 그나마 원금은 회수할 수 있다는 계산이다. 다만 이 경우에도 그 카드가 무효카드나 블랙 리스트에 올라간 카드는 아닌지를 반드시 확인해야 할 것이다.

또한 예약을 받을 때에는 반드시 휴대폰 번호도 물어보아야 한다. 예약취소에 대한 대비도 하고 가령 손님이 늦어질 때에 안절부절못하면서 기다리지 않을 수 있고, 시간변경에도 대처할 수 있기 때문이다.

4) 적극적인 판촉활동과 고객유인

앉아서 고객을 맞이하는 시대는 지났다. 적극적으로 고객을 유인하기 위한 유인책이 필요하다. 작게는 점포의 간판을 통하여, 크게는 적극적인 판촉행사를 시행함으로써 고객을 유인해야 한다. 판매촉진(sales promotion)은 신규고객과 재방문을 유도하기 위한 목적으로 진행한다.

판매촉진은 덤으로 주는 서비스, 할인권, 단골고객에게 주는 경품, 판촉물 끼워 넣기와 같은 활동을 의미한다. 어떤 형태의 판촉이건 판촉행사는 많이 할수록 좋다. 그러나 작은 규모의 점포에서 비용이 많이 드는 판촉행사를 할 수는 없으므로 상황이나 여건에 맞는 판촉방법을 연구하고 찾아내야 한다.

남들이 한다고 무조건 따라 하는 판촉행사는 오히려 점포의 손실을 가져온다. 따라서 자신의 점포에 맞는 판촉방법을 연구하고 시행하여야 한다. 판매촉진행사를 효과적으로 진행하려면 다음 상황을 점검해야 할 것이다.

첫째, 판매대상은 누구인가? 진행하려고 하는 판촉행사의 목표대상이 누구인지 명확하게 설정해야 한다. 판매대상에 따라서 행사의 연출 및 판촉물 등이 좌우될 수 있다.

둘째, 어떠한 방법을 사용할 것인가? 판촉행사 진행방식에 대한 것이다. 가격할인방법으로 할 것인가, 판촉물 제공의 방법으로 할 것인가 등을 결정해야 한다.

셋째, 판촉기간은 어느 정도로 할 것인가? 요즘 대형 외식업소들이 많이 등장해 연중 세일정책으로 상품을 판매하고 있다. 이에 따라 고객은 판촉에 대한 반응이 점점 무뎌지고 있으며 아예 무감각해지고 있는 상태이다. 따라서 어느 시점에 얼마 동안 판촉행사를 진행할지 결정하는 것이 무척 중요하다. 가급적이면 지역의 행사기간과 연계해 일정을 잡으면 효과적인 판촉행사가 될 수 있을 것이다.

넷째, 행사예산은 적정하게 수립되었는가? 판촉행사를 진행하기 위해 소요되는 각종 예산이 적정한지를 점검해야 한다. 또한 매출목표와 대비해 판촉비용을 상쇄할 수 있는지 판단해야 한다. 이때 비용은 최대한 계산해야 하며, 매출이익은 최소발생액을 기준으로 해야 한다.

5) 할인권, 무료권 발행의 목적과 주의점

할인권은 가격을 할인해 주거나 하여 판매촉진에 이용할 목적으로 발행하는 것을 말한다. 할인권은 선전효과와 단골고객을 만드는 데 활용할 수 있다. 비용 대비 효과를 생각하고 발행기준을 명확히 해서 판매촉진에 도움이 되도록 한다.

우선 판매촉진의 한 수단으로 할인권을 활용할 수 있다. 신규고객 확보나 판매증가를 위해 신문에 끼워 넣는 광고지에 할인권을 인쇄해 넣어 그것을 가지고 온 고객에게는 할인을 해주거나, 음료를 무료로 제공하거나 하는 것이다.

그러나 이것은 어디까지나 불특정다수를 대상으로 하는 것으로 어떤 고객이 올지는 모르는 것이다. 따라서 이것을 발행할 때, 배포할 곳을 구별하여 할인권의 안쪽에 그 배포한 곳을 알파벳이나 숫자로 표시해 두면 좋다. 그렇게 하면 회수가 되었을 때 어느 지역에서 온 것인지를 알 수 있게 되므로, 판매촉진의 효과를 측정할 수 있게 되고, 이것은 나중에 판촉활동을 할 때에 도움을 줄 것이다.

판매촉진의 일환으로서 가령 찻집이라면 '커피 한 잔 무료권'이나 특정 메뉴의 할인권을 만들고, 그것을 근처의 사무소에 나눠 준다. 이는 식사 후의 커피가 무료라고 하는 단순한 서비스 이상으로 선전효과를 내거나 단골고객을 만드는 효과를 가져올 수 있다.

그리고 무료권을 특별하게 만드는 것도 생각해 볼 수 있다. 이것은 가령 고객의 생일축하를 위한 식사권으로 일정금액권을 선물하거나, 주민자치모임이 개최될 때 상품을 제공하거나, 근처의 학교에서 열리는 축구팀의 우승상품을 제공하거나 하는 등 여러 가지 활용방법이 있다.

물론 이런 할인권을 발행한 경우, 발행하는 비용 이상의 이익을 얻어야 한다. 고객의 관심을 끌지 못하는 할인권은 자기만족에서 그칠 뿐이다. 경비나 노력을 더해서라도 발행하는 비용 이상의 이익을 얻어야 하는 것이다. 정기적으로 발행할지, 예상이익이 올라가면 발행할지를 확실히 해두지 않으면, 수급이 맞지 않게 될 염려가 있다. 세무처리상으로도 발행하는 장수나 그 이익 정도를 명확히 해둘 필요가 있다.

3. 인적자원기능

서비스력의 필수적 요소는 서비스 제공자인 인적자원에 있다. 인적자원을 소홀히 하는 업체가 성공하는 경우를 본 적이 없다. 결국 서비스업의 완성은 사람에 의해서 이루어진다. 미국 커피 전문점 스타벅스의 경우를 보면 직원의 열정을 기반으로 오늘날과 같은 대규모의 체인으로 성장할 수 있었다. 직원을 직원으로 대우하기보다는 파트너로 대우하여 직원이 아닌 동업자의 시각으로 운영해 왔다. 파트너는 제품에 관한 지식과 교육·훈련뿐만 아니라 성공지침, 권한위임, 친절한 고객경험 창조의 필요성에 대해 집중적인 교육·훈련을 받음으로써 전사적인 서비스를 고객들에게 일관되게 제공할 수 있게 되어 꾸준한 성공을 이룰 수 있었다.

인적자원관리란 기업의 목표와 비전을 실현하기 위하여 적합한 인적자원을 확보(procurement), 개발(development), 보상(compensation), 평가(evaluation), 유지(maintenance)하는 활동으로 정리될 수 있다. 인적자원관리를 통해 고객서비스를 강화해야 하는데, 고객서비스란 '고객들을 위하여 노력하고 그들에게 만족을 주고자 행동하는 모든 것'이라고 정의할 수 있다. 고객서비스는 고객접객방법, 응대원칙, 바람직한 화법, 고객불만 대응방법 등을 종사원이 숙지하게 함으로써 달성될 수 있다. 고객서비스를 위해서 무엇보다 중요한 것은 종사원을 효율적으로 관리하는 것으로 업무전달은 구체적으로 하고, 업무결과가 우수하면 반드시 칭찬하고, 업무결과가 미흡하면 원인을 파악해 보완해 주는 것이다.

1) 종사원은 점포의 이미지

점포를 운영하려고 할 때 점포의 투자자, 즉 점포경영주 혼자서 점포를 경영하기란 매우 어렵다. 이렇기 때문에 사업의 조력자인 종사원을 채용해야 하는 것이다. 물론 소규모 점포인 경우 혼자서 점포를 운영할 수도 있겠지만, 그렇지 못한 경우에는 종사원을 채용해야 하는데 전혀 생면부지인 사람을 모집·채용한다는 것은 매우 어려운 일이다.

종사원은 점포의 한 부문의 업무를 책임지는 중요한 역할을 하며 종사원의 능력에 따라 점포의 발전이 좌우될 수도 있다. 따라서 종사원 채용에 있어서 매우 신중을 기하여야 하며 종사원을 모집하기 위한 적절한 절차 및 채용원칙을 수립하여야 한다.

종사원을 채용하기 전에 경영주는 먼저 이 점포에 몇 명의 인원이 필요하며, 어떠한 능력을 소유하고 있어야 하는가를 결정해야 한다. 따라서 경영주는 매장의 크기, 고객수, 업무량, 가장 바쁜 시간대 등을 고려하여 적절한 인원계획 및 배치계획을 짜야 한다.

일반적으로 종사원을 채용할 경우 고려사항으로는 다음과 같은 것들이 있다.

- 몇 명이 필요한가?
- 어떠한 능력이 있어야 하는가?
- 연령은 어느 정도가 좋은가?
- 경력 · 신입 여부, 정식사원 · 아르바이트 여부를 정한다.

피크시간이 아닌 경우 별도로 종사원을 고용할 필요가 없을 수도 있다. 이것은 인건비 절감 및 고객에게 최상의 서비스를 제공한다는 측면에서 신중히 고려하여야 할 사항이다. 또한 소규모 점포에는 종사원이 현금을 취급하는 경우가 많으므로 종사원의 신분이 확실한지 확인하는 과정도 필요하다.

종사원이 해야 할 직무가 무엇인지가 먼저 조사되어야 하며, 이에 따른 필요인원수 및 요일별 인원의 배치계획도 수립되어야 한다. 점포에서 필요한 종사원들이 근무할 시간과 기간을 정확하게 결정하는 것은 매우 중요하다. 왜냐하면 지원자들의 근무가능한 시간과 기간이 점포에서 필요로 하는 여건과 일치하여야 하기 때문이다.

필요한 인원이 결정되면 가능한 모든 방법을 이용하여 종사원을 즉시 모집하여야 한다. 이때에는 점포에서 필요한 근무시간대, 자격요건, 그리고 급여조건 및 지급방법이 결정되어 있어야 하며, 지원자가 문의를 해올 때 정확하게 설명해 주어야 한다. 이것은 그들이 원하는 조건을 알려 주어 빠르게 의사결정을 내릴 수 있도록 하기 위해서이다.

종사원 면접 시에 중점적으로 점검해야 될 사항은 다음과 같다.

첫째, 이 사람이 정직한 사람인가 하는 점이다. 물론 짧은 시간을 통하여 이러한 사항을 파악하기는 어렵겠지만 면담을 통하여 취업신청서에 기재된 사항을 확인하다 보면 경영주 입장에서 어느 정도 이러한 점을 확인할 수 있을 것이다.

둘째, 기본적인 업무자질을 소유하고 있는가 하는 점이다.

셋째, 책임감이다. 아무리 일을 잘한다 하여도 약속을 잘 지키지 않는다거나 연락 없이 결근을 하는 경우는 점포에 절대 도움이 될 수 있는 사람이 못 된다. 특히 면접시간에 1분이라도 늦는 희망자는 절대 고용하지 말라. 처음부터 시간을 어긴다면 이것은 대단히 무책임한 사람이다. 면접이 끝나게 되면 사후 통보일자를 알려 주고 면접에 응해 주어서 고맙다는 인사를 하며, 채용의사가 없더라도 끝까지 예의 바르게 응대하여야 한다. 취업 희망자도 고객임을 명심해야 한다.

채용이 결정되면 즉시 지원자에게 통보하여 점포에서 원하는 날짜에 출근할 수 있도록 해야 한다. 개인적인 스케줄이 있기 때문에 가급적이면 1주일 전에 통보하도록 한다. 그리고 종업원의 채용이 결정되면 점포의 근무원칙을 알려 주어 근무에 차질이 없도록 해야 한다. 점포에서의 근무원칙은 일반적으로 다음과 같은 사항에 대한 것들이다.

- 근무시간에 관한 것 : 점포경영주는 최소한 월간계획표를 작성하여 모든 종사원이 이 일정에 맞추어 근무계획 및 휴무계획을 수립할 수 있도록 하며, 변경을 원하는 종사원에게는 사유를 충분히 듣고 근무일정을 변경해 주어야 한다. 근무시간은 정확히 지키게 하여야 하며, 근무 시작 전에 미리 출근하여 점포운영에 지장이 없도록 하여야 한다.
- 용모 및 복장에 관한 것 : 고객을 맞이하는 데 있어서 항상 단정하고 깨끗한 이미지를 주기 위해 용모상태를 점검하여야 한다. 가급적이면 근무시간 직전에 세면을 하도록 하며, 식사 후에는 양치질을 하도록 해야 한다. 또한 비용이 들더라도 유니폼은 2벌을 지급하여 언제나 청결하고 깨끗하게 유지해야 한다. 두발도 손질을 하여 깨끗하게 유지해야 한다. 유니폼이란 점포의 이미지를 나타내며, 고객과 종사원을 구분하게 하여 고객이 쉽게 종사원임을 인지하여 도움을 요청할 수 있게 해주는 것이다. 그러나 보통 종사원들은 유니폼 착용을 꺼리는 경우가 있다. 점포경영주는 이러한 유니폼의 중요성을 인지시켜 종사원이 유니폼을 필히 착용하도록 해야 하며, 점포경영주 자신도 반드시 유니폼을 착용하여 종업원들의 본보기가 되어야 할 것이다.
- 현금 취급에 관한 것 : 점포운영에 있어서 현금의 취급 문제는 매우 민감한 문제이다. 점포운영을 하다 보면 실수 또는 도난에 의해 현금의 액수가 맞지 않는 경우가 많다. 이러한 경우에 책임의 소재 문제가 발생되기 마련이다. 그렇기 때문에 가급적이면 현금의 취급은 점포경영주 또는 가족이 하도록 해야 하며, 불가피한 경우에 한해서 종사원에게 계산을 맡겨야 한다. 이때에는 사전에 종사원에게 현금 취급요령 및 판매대금이 부족할 시 책임 여부를 명확히 알려 주어야 한다.
- 휴무 또는 질병 : 몸이 불편하여 근무를 못할 경우가 발생되면 최소한 1일 전에 점포경영주에게 통보하도록 하여 대체인력을 확보할 수 있게 하여야 한다.
- 전화 사용 : 전화는 가급적이면 업무용으로 사용하도록 해야 하며, 사적인 전화는 간단히 통화할 수 있도록 해야 한다. 또한 걸려온 전화는 정중하고 예의 바르게 받아야 한다.

2) 점포의 적정인원

점포운영에는 어느 정도의 인력이 필요할까? 외식사업운영에 있어서는 바쁜 시기와 한가한 시기가 있기 마련이다. 이것도 하루 안에서, 일주일 중에서, 한 달, 일 년 내에서 바쁘거나 한가한 시기의 차가 있다. 그리고 점포 근처에서 행해지는 각종 행사에 따라서, 또한 날씨에 따라서도 그 정도가 달라진다.

주문표에 시간과 주문자의 정보를 기록한다. 일손은 웬만하면 늘리지 않는 편이 좋다. 그러기 위해서는 바쁘고 한가한 시간의 데이터를 확보하자.

가장 바쁜 시기에는 그러한 상황에 맞는 종사원을 배치하고, 한가한 시기에는 최소한의 인원으로 운영하는 것이 가장 좋겠지만, 항상 그렇게 잘 맞춰갈 수는 없을 것이다. 이마저도 일 년을 두고 보지 않으면 알기 힘든 부분이다.

이를 위해서라도 기록을 해두는 것이 매우 중요하다. 주문표에 남성, 여성, 어린이의 기입란을 만들어 두고, 손님이 오는 시간대를 나눠서 그 표에서 각각의 숫자를 집계표에 옮겨 적는 것이다.

다음에 제시된 견본을 살펴보자. 이 점포는 선술집을 운영하는 식당으로 운영시간은 오후 6시부터 새벽 2시까지이고, 주문은 10시까지 받는다. 집계표를 보고 인원에 관해서 생각해 볼 수 있는 것은, '평일 저녁은 금요일이 다소 붐비지만 지금 인원으로도 운영 가능하다. 토요일은 극단적으로 손님의 수가 떨어지기 때문에 파트타이머를 두 사람 정도 줄여도 된다. 다만, 평일의 17시부터 20시 사이에는 극단적으로 손님의 수가 많아지기 때문에 그 시간대에는 상대적으로 많은 임금을 지불하고서라도 조리와 서빙에 두 명의 인원을 늘리는 것이 불가결하다'는 것을 알 수 있다. 감각적으로 '너무 바쁘니까 인원을 좀 늘리자'라고 생각할 것이 아니라, 이러한 데이터를 수집해서 적정인원을 파악하고 대응하는 것이 필요하다.

주문표 및 집계표(견본)

A 선술집 주문표　**주문자(OOO)**

2016년 7월 7일 (시간 19시 15분)

남성(3) 여성(1) 어린이(0) 계(4)

No.	품목	주문	추가	합계
1	맥주(대)	3	3	6
2	마른안주	1		1
3	삶은 콩	2		2
4	어묵	2		2
5	육포	1		1

A 선술집 고객수 집계표**(2016년 7월)**

일	요일	18:00~19:00			19:00~20:00			20:00~21:00			21:00~22:00			금일 합계			고객수 합계
		남	여	아동	남	여	아동	남	여	아동	남	여	아동	남	여	아동	
1	월	8	2	0	20	6	0	10	4	0	1	1	0	39	13	0	52
2	화	3	0	0	14	7	0	6	6	0	5	2	0	28	15	0	43
3	수	1	1	0	16	15	0	5	3	0	0	0	0	21	19	0	40
4	목	5	2	0	20	8	0	11	3	0	3	1	0	39	14	0	53
5	금	9	7	0	16	8	0	15	1	0	7	8	0	46	24	0	70
6	토	2	2	0	6	1	0	2	0	0	0	0	0	10	3	0	13
7	소계	28	14	0	92	45	0	49	17	0	16	12	0	185	88	0	271
8	월																

3) 인원배치

시간대마다의 고객동향이 파악되었다면, 그 숫자에 맞는 인원을 배치하면 된다. 이것을 실제로 하는 방법을 생각해 보자. 우선, 점포에는 고객석과 주방의 두 부분이 있다. 이것은 차의 양 바퀴와 같은 것으로 고객석이 잘 컨트롤되지 않으면 주방에까지 혼란을 주게 된다. 반대로 주방이 제대로 되지 않으면, 그 여파가 고객석에까지 미치게 되는 것이다.

가령 고객석을 담당하는 인원이 적어서 쩔쩔매는 상태가 되면, 주문을 잘못 듣고 주문을 착각하게 되어 다른 테이블에 요리를 잘못 내는 등의 실수를 하게 된다. 그 고객이 자신이 주문한 요리를 확인하지 않고 취식해 버리면, 주방에서는 원래 주문한 요리를 급하게 다시 만들어야 되는 곤란한 상황이 생기게 된다. 그리고 요리를 내는 도중에 떨어뜨리게 되면, 처음부터 다시 만들어야 된다. 이렇게 되면 원래 함께 내야 되는 요리가 식어 버리거나, 같은 테이블의 어떤 사람은 음식을 먹고 어떤 사람은 음식이 나오지 않아 기다리게 되는 상황이 연출되기도 한다.

역으로 주방을 담당하는 사람이 적으면, 주문에 맞춰 요리를 제대로 완성하지 못하게 된다. 적정인원은 '고객석과 주방의 밸런스를 맞추는 것'을 기본으로 해서 생각해야 한다.

고객석도, 주방도 일에 능숙한 사람을 확보한다. 일손부족은 고객을 기다리게 만든다. 많은 인력을 고용하면 인건비가 낭비된다. 가장 바쁜 시기에 맞게, 최대한의 능력이 발휘되도록 해야 한다. 여러 역할을 해낼 수 있는 사람을 파트타이머로 확보할 필요가 있다.

여기서 먼저 핵심이 되는 사람을 배치한다. 가령 주인이 주방에 들어가 조리를 담당하고 부인을 고객석에 둔다고 하자. 그리고 한 사람의 여성을 더 고객석에 파트타이머로 고용한다고 했을 때, 이 사람에게는 가장 바쁜 시간만 일하게 된다는 사실을 미리 알려 준다.

그리고 이 사람에게 트레이닝을 할 때, 미리 주방의 일을 도울 수도 있다는 것을 알려준다. 이렇게 하면 고객이 갑자기 많이 들어온다고 해도, 우선 주문을 받고 조리를 돕는 것이 가능해지므로 한결 수월해진다.

이렇게 급하게 인원이 필요할 때, 임시로 고객석과 주방을 도와줄 수 있는 가족이나 친구, 또는 이웃사람 등을 확보해 두어야 한다. 물론 평소에 종사원을 훈련시켜 한 사람이 두세 사람 몫의 일을 할 수 있도록 준비하는 것이 영업을 편하게 해줄 것이다.

4) 종사원(파트타이머 · 아르바이트)의 모집법

종사원을 모집할 때에 가장 효과가 있고, 아무런 비용 없이 할 수 있는 것이 점포 앞에 포스터를 붙여두는 방법이다. 다만, 게시된 포스터의 글자나 모양이 보기 좋아야 한다. 종사원 모집 포스터도 점포의 얼굴이기 때문이다. 가능하다면 컴퓨터를 사용해서 점포의 사진 등도 넣어서 만드는 것이 좋다. 혹 본인이 컴퓨터를 사용할 줄 모른다고 하면, 친구나 지인에게 부탁해서 작성하도록 하자. 이 경우에도 '파트타이머 · 아르바이트'라고 하는 글자를 되도록 눈에 띄게, 본인의 점포에서 쓰는 호칭으로 표시하는 것이 개성적이고 인상적이다.

이미 점포에서 일하고 있는 사람이나 새로 채용된 사람을 통해 직원모집에 관해 소개를 받는 것이다. 다만 이 경우, 유유상종이라는 말을 유념해야 한다. 소개하는 그 종사원이 제대로 일을 하는 사람일 경우는 좋은 친구를 소개해 주겠지만, 조금 부족한 종사원인 경우는 역시 비슷한 사람이 올 확률이 높다. 일을 제대로 해내는 종사원에게 부탁을 하자. 그리고 소개로 같이 여러 명이 채용이 됐을 경우, 한 사람이 관두면 함께 관두는 경우도 많기 때문에 주의가 필요하다.

이 외에 사람을 구하는 방법에는 전단지, 구인 · 구직 정보지, 학생상담소, 학교(대학, 전문대학) 등에 구인정보를 싣는 방법이 있다. 구인은 생각보다 시간과 비용이 많이 든다. 가능하면 무료로 해주는 곳을 많이 찾아두는 것이 좋다. 예를 들어, 대학의 학생과 등에 한 번 찾아가서 부탁을 해두면, 나중에는 전화로 부탁을 해도 된다. 이는 점포에 필요한 인력에 대해 대신 안내해 주는 중요한 소개자가 된다.

다만, 종사원을 모두 채용했을 경우에는 반드시 연락해서 게시를 그만해도 된다는 통보를 해주어야 한다. 필요한 인원만 요청하고, 정원이 다 찼을 때에는 바로 알려야 한다. 그러지 않으면, 나중에 지원하러 온 사람이 불만을 가지게 되고, 다음에 지원할 때 같은 점포를 지원하지 않게 될 수도 있다.

(1) 채용 1 : 자신의 점포에 어울리는 사람

파트타이머 · 아르바이트로 어떤 사람을 채용하면 좋을까? 이력서나 면접으로 상대를 살펴보자. 가령 파트타이머 · 아르바이트라고 하더라도 제대로 일할 사람을 선택해야 한다. 직원 한 사람의 교육 · 훈련에는 많은 비용이 들기 때문이다.

채용할 때에는 면접을 실시하는데, 정해진 면접시간에 늦는 사람이 있다. 약속시간을 지키지 않는 사람은 채용을 보류하는 것이 좋다. 시간관리가 제대로 되지 않는 사람은 채용해서도 시간약속을 지키지 않고 지각을 일삼거나, 무단결근을 할 가능성이 높다.

면접 시에는 반드시 이력서를 지참하게 하고 이와 함께 이야기를 들어본다. 이력서를 쓰는 방법 하나에도 그 사람의 개성이 나타나게 되어 있다. 이력서로 그 사람의 개성을 파악한 뒤, 면접으로 보다 깊이 그 사람을 알기 위한 질문을 한다.

면접을 효과적으로 하기 위해서는 질문표를 작성해 두고, 모든 사람에게 반드시 같은 질문을 한다. 기본적인 사항으로 알고 싶은 항목을 준비해 두면, 사람에 따라 질문을 빠뜨리는 실수를 방지할 수 있고, 질문마다 각 지원자의 개성이나 능력을 비교할 수 있기 때문이다.

면접 시에 주의해야 할 것은 노동조건이나 약속사항을 처음에 확실히 해두어야 한다는 점이다. 시급 등의 조건이나 최소한으로 지켜 주었으면 하는 부분을 애초에 확실히 밝혀 두어야 한다. 일손이 부족하다고 해서 좋은 점만을 전하고, 지켜야만 하는 룰에 관해서 언급해 두지 않으면, 채용 후에 '그런 이야기는 없었잖아. 관두겠어'라고 하는 생각을 하기 쉽다. 그렇게 되면 면접시간과 채용비용을 허비하는 것뿐만 아니라, 그 사람을 훈련한 시간과 비용 등도 전부 허비하게 되는 결과를 낳는다.

(2) 채용 2 : 장기간 일해 줄 사람

업무를 습득할 즈음에 관두면 영업에 큰 영향을 미친다. 채용의 중요한 포인트는 '장기근무가 가능한' 사람을 우선적으로 채용하는 것이다. 업무를 다 외웠다 싶을 쯤에 관둬버리면 노력이 허사로 돌아가고 다른 점원의 사기를 꺾는 일이 된다. 음식점의 파트타이머와 아르바이트의 경우에는 더욱더 그렇다. 아무리 간단한 업무라고 해도, 익숙해지기까지는 한 달 정도의 시간은 걸릴 것이고, 일의 습득능력이 느린 사람의 경우에는 3개월 정도는 충분히 필요할 것이기 때문이다.

예를 들어, 선술집과 같은 점포에서는 그 메뉴의 수가 100가지가 넘는 경우가 허다한데, 그 많은 메뉴를 다 외우는 데도 적어도 한 달은 걸릴 것이다. 그리고 음식을 내는 방법에서 주문을 받는 방법, 또 그것을 옮기고 빈 접시를 치우는 방법, 음료의 주문방법, 조리품과 재료의 정리정돈 등 외울 것이 너무 많다.

결국 처음 1~3개월 사이는 하나하나 꼼꼼히 가르치지 않으면 안 되는 시기로, 경영적인 측면에서 이야기하면 '짐'과 다름없다. 이러한 것을 감안하고 교육하게 되면, 나중에는 하나하나 지시하지 않아도 스스로 일할 수 있게 되는 것이다. 결국 점포에 있어서는 전력을 다하는 점원이 되게 하기 위해서 가능한 한 장기간 일해 주는 것이 경영의 포인트가 된다. 단기간에 사람을 자주 바꾸는 것보다 힘든 것은 없다.

최선을 다하는 사람이 장기간 일해 주는 것은 경영의 효율화에 있어서 효과적일 뿐만 아니라, 종사원의 일을 경감할 수 있으며, 전 직원의 평균능력이 높아지는 결과를 낳게 된다.

따라서 적어도 일 년 정도는 일할 의지가 있는 사람을 고용한다. 아르바이트 학생의 경우에도 여름 · 겨울의 장기방학에 반드시 점포에서 일해 줄 수 있는 사람을 우선적으로 채용해야 한다. 또한 다른 종사원이 좋아할 만한 사람을 채용해야 한다. 적어도 '곧 관둘

것 같은 사람을 왜 채용한 거야?'라고 하는 생각은 들지 않도록 해야 한다.

(3) 채용 3 : 조리사는 솜씨? 인품?

조리사를 채용할 때의 주안점을 살펴볼 필요가 있다. 조리사를 필요로 해서 그 솜씨를 판단하고 싶을 때는 본인의 칼을 가져오게 하여, 무와 마늘을 사용해서 가능한 요리를 직접 만들어 보게 하는 것이다. 이때 칼을 다루는 모습이 능숙하지 않으면 문제가 있는 것이다. 간단한 소재로 무엇인가를 만들지 못하면 나중에 아무것도 만들지 못할 것이다.

'좋지 않은 조리사'의 예를 살펴보자. 이 조리사는 상당한 솜씨를 가진 최고 전문가이다. 어떤 가게에서 오랜 기간 동안 일한 사람이었기 때문에 조리의 한 부분을 맡겼다. 그런데 자신이 만들고 싶은 요리만 만들고 주인이 하는 말은 전혀 듣지 않았다. 마음에 들지 않은 면이 있으면 다른 동료와도 말을 하지 않는 등 점포 전체의 분위기를 나쁘게 만들었다.

반면 아직 젊고 솜씨는 조금 부족한 조리사가 있다고 하자. 그는 어떻게 하면 고객이 좋아할 만한 요리를 만들 수 있을 것인지를 연구하고, 선배의 기술을 배우고, 때로는 고객에게 자신의 요리에 대해 묻기도 하였다. 주인의 신메뉴 제안에도 진지하게 몰두해서 연구하였고, 주방의 동료들과도 협조해 가면서 일하였다.

현대의 좋은 요리사라는 것은 시대의 변화에 민감하게 대처하고 어떤 요리를 만들면 고객이 좋아할 것인지를 이해하고 있는 사람이다. 조리사의 솜씨라고 하는 것은 사실은 기술이 아닌 그 사람의 인격이라고 생각된다. 기술은 시간이 지나면 어떻게든 좋아지고 일을 하고 싶은 의지도 향상된다. 그러나 인격은 아무리 시간이 지나도 변하지 않는 것이기 때문에 조리사의 채용은 인격을 우선으로 선발하는 것이 중요하다. 맛도 중요한 요소라서 맛있게 만들 수 있는 조리사가 중요하다. 그렇지만 그 솜씨 이상으로 중요한 것은 손님이 좋아할 요리를 만드는 데 열심이고, 협조적인 사람이다.

5) 종사원의 효율적인 관리방법

작은 인원으로 운영하는 점포에서 제일 중요한 점은 점포경영주를 포함한 전 종사원의 확고한 역할의 분담과 일률적인 의사소통체계의 확립이다. 이러한 의사소통은 면담 및 회의를 통하여 각 종사원에게 전달되며, 그 결과 역시 경영주에게 다시 전달된다.

첫째, 업무의 전달은 구체적으로 한다. 종사원에게 업무를 지시할 때 애매모호하게 지시가 되면 작업의 능률도 오르지 않을 뿐 아니라 원하는 결과도 얻지 못한다. 지시를 할 때에는 명쾌하게 지시하며 언제까지 하라는 구체적인 마감일정도 말해 주어야 한다. 이러한 내용이 없다면 부과된 업무를 방향 없이 질질 끌며, 종사원 고유의 업무에도 전념하지 못하게 된다. 진행업무는 일일업무, 주간업무, 월간업무로 구분한 뒤 종사원과 상의하여 계획표를 만들어 진행하는 것이 가장 효율적이며 종사원 자신이 업무가 완결되었을 때 체크할 수 있는 항목도 포함된다면 더욱 좋을 것이다.

둘째, 일의 결과는 반드시 점검한다. 주어진 업무의 진행 결과에 대해서는 필히 점검한다. 구두로 보고를 받든, 결과를 가지고 경영주가 직접 점검을 하든 간에 그 결과에 대해서는 필히 점검을 해야 한다. 이 점검이 없으면 종사원 입장에서는 해야 할 업무를 등한시하고 미루게 되며, '사장님은 점검을 하지 않는다'는 생각을 갖게 되어 맡겨진 업무에 전념하지 않게 된다.

셋째, 업무 결과가 우수하면 반드시 칭찬한다. 지시한 업무에 대해 결과가 나오면 결과에 대해서 평가를 하며 결과가 우수하다면 반드시 칭찬을 해줘야 한다. 이때 칭찬은 종사원이 모인 자리에서 해야 그 효과가 크며 다른 종사원들도 열심히 해야겠다는 마음자세를 갖게 된다.

넷째, 업무 결과가 미흡하면 원인을 파악해 보완해 준다. 결과가 미흡한 경우 무조건 잘못에 대한 문책을 하는 것보다 왜 미흡한 결과가 나왔는지 원인을 파악할 수 있도록 도와주어야 한다. 왜냐하면 잘못된 결과가 종사원 자신보다도 점포경영주의 잘못된 지시 또는 그 이외의 외적인 요소에 의하여 나올 수 있기 때문이다. 먼저 경영주 자신이 올바르게 업무 지시를 하였는지 확인하며, 다음으로 종사원의 문제점이 무엇인지를 깨닫게 도와주어야 한다. 즉, 종사원 자신은 최선을 다했을 수 있으나 외부의 요인이 어려워 일을 원활히 진행하지 못할 수도 있는 것이다. 외부의 요인 때문이라면 이러한 장애요인을 없애도록 조언을 주며, 또한 격려를 하여 다음 기회에는 좋은 결과가 나올 수 있도록 해야 한다.

6) 효과적인 종사원 교육은 실습

점포를 운영하는 데 있어 종사원의 교육은 매우 중요하다. 교육은 점포의 발전 및 종사원 자신의 자기 계발에 도움이 되는 것이다. 능력 있는 종사원은 하루아침에 탄생하는 것이 아니라 꾸준한 교육 및 훈련을 통하여 얻어지는 것이다. 그러나 점포경영주 입장에서는 무엇을 교육시켜야 할지 난감한 경우가 많을 것이며 교육을 시킨다고 하더라도 체계적이지 못하여 교육의 효과가 떨어지게 되는 경우가 많다. 교육이 잘된 종사원은 점포의 지속적인 원동력이 될 수 있다는 것을 명심하여 점포경영자는 교육에 대한 시간과 투자를 아끼지 말아야 한다.

교육은 실습을 통해서 하는 것이 가장 효과적이다. 교육이라 하면 보통 일방적으로 일정한 장소에 종사원을 집합시켜 점포경영주의 일방적인 생각을 전달하고 끝나게 되는 경우가 많다. 그러나 효과적인 교육은 이론에 바탕을 두고 실습을 통하여 종사원이 직접 해보도록 하는 것이다.

먼저 점포경영주가 직접 상황에 맞추어 예를 보여주고, 종사원이 직접 시행하도록 한다. 시행 후 경영주 또는 종사원이 느끼는 문제점을 서로 논의하여 보완하는 것이 가장 훌륭한 교육의 과정이라고 할 수 있다.

교육은 업무의 연속으로서 필요성이 느껴질 때마다 실시해야 한다. 그러나 교육을 필히 해야 하는 적절한 시기가 있다. 이 필요한 시기에 교육을 받음으로써 종사원은 판매현장에서 교육받은 내용을 적절히 활용할 수 있는 것이다. 종사원이 교육을 받아야 할 시기는 다음과 같다.

- 신입종사원이 처음 근무를 시작하기 전에
- 신입종사원이 할당된 업무를 처음으로 시작할 때
- 종사원의 업무 처리가 미숙할 때
- 새로운 업무가 시작할 때

그럼 무엇을 교육해야 할까? 교육의 내용은 점포가 무엇을 파는 점포이냐에 따라 달라질 수 있으나 기본적으로 상품을 판매하는 입장에서는 다음과 같은 내용의 교육이 진행되어야 한다.

- 기본적인 접객 용어
- 복장과 차림새
- 포장방법
- 상품 검수방법
- 창고상품 진열방법
- 고객불평 · 불만 처리요령
- 비상연락방법
- 인사방법

- 청소방법
- 무거운 물건 운반요령
- 계산요령
- 가격표 부착방법
- 점내 상품 진열방법
- 제안/연계상품 판매훈련
- 금전등록 조작방법
- 재고조사
- 고객응대자세
- 전화받는 법
- 기계장비 응급처리요령
- 상품정보 숙지

(1) 교육 · 훈련 1 : 처음 생각해야 하는 것

정직원이든 파트타이머 · 아르바이트이든 간에 최선을 다해서 일해 주길 바란다면, 그에 상응하는 교육을 하지 않으면 안 된다. '교육 · 훈련'은 정직원이든 파트타이머든 같은 방법을 사용하지만, 다른 점이 있다. 교육(education)은 선생이 제자에게 가르치는 것과 같은 지식이양이라고 하고, 훈련(training)은 기술이양이라고 해도 좋을 것이다.

음식점에 있어서 지식만 가르치는 것으로는 도움이 되지 못한다. 가령 요리를 만드는 방법을 알고 있는 것으로는 안 된다. 실제로 만들지 못하면 매출이 오르지 않기 때문이다. 결국 훈련을 중요시하고 종사원에게 자신의 기술을 가르치는 트레이닝이 필요하다.

그러기 위해서는 트레이너인 자신이 전원을 리드해 나갈 수 있을지를 다시 한 번 살펴보지 않으면 안 된다. 스스로 자신이 시간에 느슨한 사람이라고 생각한다면, 의식적으로 자기 자신을 시간에 엄격해지도록 만들어야 한다. 그렇지 않으면 누군가를 가르칠 수 없고, 또한 다른 사람이 자신의 가르침을 듣지 않을 것이다. 물론 누구도 모든 점에서 처음부터 완벽하게 리드해 나갈 수는 없겠지만, 경영을 하는 과정에서 조금씩이라도 그런 역할을 할 수 있게끔 노력해야 한다.

종사원 교육은 다른 것이 아닌 고객의 기쁜 얼굴을 보기 위해 하는 것이다. 이런 의식이 없는 교육은 시간만 낭비하게 된다. 음식점은 접객업이다. 고객이 있어야 판매가 성립된다. 처음에 이런 인식이 없으면 트레이닝을 해도 성과를 높일 수 없다. 왜냐하면 고객을 즐겁게 해주기 위해서는 여러 가지 것들을 트레이닝해야 하기 때문이다.

그런데 이런 의식이 없는 주인이나 점장은 의외로 많아서 인사하는 방법 하나를 가르칠 때에도 형식만을 가르치기 쉽다. 손님을 기쁘게 하는 것이 점포의 최대목표라고 이해하고 있는 사람과 그렇지 않은 사람과는 가르치는 방식이나 배우는 방식에서 흡수하는 정도가 완전히 다르다.

(2) 교육 · 훈련 2 : 응대와 말투

음식점경영에는 다음의 세 가지 서비스 용어가 중요하다. 그것은 다름 아닌 '감사합니다', '어서 오세요', '실례합니다'이다.

'감사합니다'를 항상 사용하는 것은 중요하다. 예를 들어, 고객이 '이 음식 맛있다'라고 하면 '정말 감사합니다'라고 한다. 가령 '요리가 너무 늦게 나오는 거 아냐?'라고 한다면 '조금만 기다려 주십시오. 곧 나올 겁니다. 감사합니다'라고 대답한다. 이것은 고객을 기쁘게 하는 데 효과가 아주 높은 말이기 때문에 이것을 많이 사용함으로써 고객을 만족시켜 줄 수가 있다.

다음으로 중요한 것은 '어서 오세요'이다. 어떤 점포에 들어갔는데 그곳의 종사원이 쳐다보지도 않는 경우를 누구나 경험해 보았을 것이다. '어서 오세요'라는 한마디만 들어도 '아, 내가 오는 것을 인식하고 있구나'라고 안심할 수 있다. 사실 이 말은 고객에게 하는 말일 뿐 아니라 점포 내에 있는 종사원들에게 고객이 왔다는 것을 알리는 말이기도 하다. 그리고 이 말은 점포를 활기 있게 만드는 역할을 한다. 점포의 첫인상은 이 말에서 시작한다고 할 수 있다.

'실례합니다'라고 하는 말도 중요하다. 손님의 옆을 지나갈 때 '실례합니다'라고 한마디 하는 것만으로 부딪치는 일을 방지할 수 있다. 그리고 테이블에서 빈 접시를 치울 때에도 이 말을 사용하는 것으로 '식사가 다 끝난 거죠?'라고 하는 확인이 가능해진다.

(3) 교육 · 훈련 3 : 안전과 청결

식품제조공장에서는 HACCP(Haphazard Analysis and Critical Control Point)이라고 하는, 식품의 안전을 지키기 위한 위생시스템을 보통 사용하고 있다. 따라서 식품안전에 관한 지식이나 정보를 확보하고, 잘 대응해 나가는 것이 필요하다.

음식점에 있어서 '식품안전'은 그 무엇보다 '손을 깨끗이 씻는 일'부터 시작된다. 모든 작업은 손을 사용하기 때문에 그 손에 병원균 등이 있으면 손을 통해서 세균이 음식이나 식기에 옮겨지기 때문이다. 식중독의 원인이 되는 대장균은 손에 상처가 있으면 거기에 생식하면서 독소를 내고, 최악의 경우에는 고객을 사망에 이르게 할 수도 있다.

다음은 '복장'이다. 작은 음식점에는 유니폼 없이 평소에 입는 옷으로 일하게 되는 경우가 많다. 그러나 점포 전용의 유니폼을 착용하는 것이 가장 좋다. 젊은 사람은 패션에 민감하기 때문에 마음에 들지 않는 유니폼은 피하게 되고, 직원을 모집할 때에도 이것을 이유로 직원 모집이 힘들어질 수 있다. 그러나 이러한 사실을 알지 못하는 경영자도 있다.

유니폼의 착용이 무리라면 청결한 사복차림이 필요하다. 다만, 접객을 담당하는 종사원은 자유복장으로 일한다고 해도, 조리를 담당하는 종사원은 제대로 된 유니폼을 착용하는 것이 식품안전관리에 좋기 때문에, 주방용만이라도 유니폼을 만들어 입게 한다.

음식점에서 가장 많은 불만사항은 음식에 머리카락이 들어 있다는 것이다. 따라서 가능하면 모자를 쓰도록 한다. 특히 남녀를 불문하고 머리가 긴 사람에게는 더 엄격하게 지킬 수 있게 교육해야 한다. 이렇게 정확한 규칙을 만들고 지키지 않으면, 긴 머리카락이 음식 안으로 들어가지 않는다고 장담할 수 없다.

여성의 경우 화장에 관해서도 제한을 두는 편이 좋다. 너무 진한 화장을 하게 되면 그 향이 진해서 식사를 하는 손님들이 좋아하지 않는다. 따라서 적어도 점포 내에서는 너무 진한 화장은 하지 않도록 교육해야 한다. 특히 손톱에 관해서는 엄격해야 하는데, 붙인 손톱이나 긴 손톱은 일하는 중에 부러져서 음식 안으로 들어갈 수도 있기 때문이다. 그리고 매니큐어는 설거지 등을 하면서 벗겨져 이것 역시 음식 안으로 들어갈 수 있다.

(4) 파트타이머 · 아르바이트 활용법 1 : 귀속의식

파트타이머와 아르바이트라는 말은 임시로 도와주는 사람이라는 생각이 일반적이지만, 요즘같은 시대에는 파트타이머와 아르바이트를 어떻게 정직원처럼 일할 수 있도록 하는 것이 매우 중요하다.

음식점경영에 있어서도 우선 이런 임시직원이라고 하는 사고방식을 없애는 것이 중요하다. 고객 입장에서는 임시직원이나 정직원의 차이가 없기 때문에, 파트타이머니까 주문을 잘못 받아도 되는 것은 아니다. 따라서 이 사람들을 정직원인 종사원과 같이 능숙하게 일하도록 교육하는 것은 매우 중요하다.

일단 이들에게 동료의식을 심어줄 필요가 있다. 파트타이머와 아르바이트를 매우 잘 전력화시키고 있는 맥도날드에서는 그들을 '크루(crew)'라고 부르고 있다. 이는 '배나 비행기의 승무원'이라는 의미로 동료의식을 가지게 하기 위해 이런 식으로 색다른 호칭을 쓰는 것도 하나의 방법이라고 할 수 있다.

로고 마크(Cooperate Identity : CI)를 유니폼이나 모자 등에 붙여서 항상 눈에 들어오도록 해두는 것도 하나의 방법이 된다. 무엇보다 구체적인 것을 만드는 것이 구심력의 발단이 된다. 메뉴나 테이블 텐트(테이블 위에 놓는 작은 메뉴), 점포 명함 등의 인쇄물에 반드시 점포 마크를 넣는 것으로 일체감을 심어줄 수 있다. 그리고 봉투나 종이냅킨 등의 고객이 사용하는 물건, 음식을 담는 용기, 또는 종이봉투에 이르기까지 점포의 마크를 넣는 것은 레스토랑의 이미지에 해당하는 것으로, 이러한 심벌 마크를 보는 것만으로도 귀속의식을 심어줄 수 있다.

(5) 파트타이머 · 아르바이트 활용법 2 : 동기부여

그리고 파트타이머로 일하는 사람들에게 어떤 식으로 동기를 부여할 것인가 하는 것이 점포의 성공요인이 된다. 이러한 동기부여에는 무엇을 위해 아르바이트를 해야 하고, 음식업에서 일하는 메리트가 무엇이고, 그 일이 일하는 사람에게 어느 정도의 능력을 갖게 하는지를 명확하게 보여주는 것 등이 포함된다. 처음에 이것을 이해하는 종사원과 이해하지 못한 종사원 간에는 확실히 능력차이를 보인다. 파트타이머와 아르바이트에게도 정직원과 같은 마음가짐을 가지게 하는 것에 의해 점포의 업무 효율과 결과가 달라질 수 있다.

동기부여의 가장 큰 유발요소는 뭐니 뭐니 해도 돈이다. 무언가를 하면 거기에 해당하는 대가를 주는 것이다. 맨 먼저 생각해 볼 수 있는 것은 각각의 일을 세분화하고 어떤 일이 가능하면 시급을 올려주는 것이다. 예를 들어, 처음에 들어왔을 때에는 최저시급으로 시작한다고 해도, '메뉴를 외우고, 최저 100시간의 근무에서 실수 없이 주문을 받아 손님에게 음식을 냈다면 시급이 ○○원 오른다'라고 해두는 것이다. 이렇게 시급을 올리는 방법을 미리 알려주면, 일하는 입장에서는 명확한 목표를 세우는 것이 가능해지고, 일하기도 쉬워진다.

두 번째로는 하루의 판매목표를 달성했을 때 어떤 증표를 준다. 설령 금액이 적다고 해도 '본인의 노력에 보답이 있다'라고 하는 즐거움이 생기게 된다. 게다가 월별, 연별로 목표매출액을 달성하면 보너스를 주는 것도 생각해 볼 수 있다. 게임과 같은 기분으로 일을 즐기면서 할 수 있게 되며, 종사원들은 '특별한 가게야, 보람이 있어'라는 생각을 하게 되고, 새로 오는 종사원에게도 좋은 영향을 미칠 것이다.

세 번째로는 계급을 만드는 것으로 동기를 부여하는 방법을 생각해 볼 수 있다. 예를 들면, 주방에서 일하는 사람의 모자색을 다르게 해서 그 계급을 표시하거나, 배지를 주거

나, 명찰에 별 모양 스티커를 붙이거나 해서 별의 개수가 많은 사람을 높은 계급으로 정하면, 이러한 것들을 목표로 삼아 노력하는 것이 가능해진다.

네 번째로는 '점포에서 일하는 것이 즐겁다'는 생각을 가지도록 하는 것이다. 요즘에는 학교의 클럽활동이 활발하지 않은 것으로 알고 있지만, 게임과 같은 기분을 느끼게 해서 아르바이트 직원에게 마치 클럽활동에 참가하고 있는 것 같은 기분이 들게 하고, 파트타임으로 일하는 사람에게는 점포를 제2의 가족과 같이 느끼게 하는 것이다. 이렇게만 만든다면, 내버려 두어도 종사원들은 직장으로 발길을 향하게 될 것이다. 그러기 위해서는 종사원의 휴게실이나 락커룸 등을 준비해서 편하게 쉴 수 있도록 해야 한다.

다섯 번째는 종사원용 식사를 제공하는 것이다. 아르바이트를 하는 대학생 등은 지방에서 도시로 유학 와서 자취하는 사람도 있기 마련이다. 이런 사람들에게는 한 끼의 식사라도 직장 내에서 해결할 수 있다면 그것만으로도 매력이 있는 직장이 된다. 중요한 것은 가능한 한 장기간 일할 수 있는 환경을 마련하는 것이 점포의 부담을 덜어 주는 것이라는 점이다.

7) 임금의 결정 및 지불방법

임금에 관해서는 최저임금법에 '최저임금'이라는 것이 정해져 있다. 그러나 최저임금보다 많은 급료를 준다고 하더라도 무방하다. 다만, 인건비는 식품원가에 버금가게 높은 비율을 차지하고 있는 경우가 많아서, 되도록 적은 임금을 주고 싶을 것이다.

임금시세에 관해서는 근처에 있는 같은 업종의 점포 임금을 참고하는 것이 쉬운 방법이다. 이런 임금정보는 구인지에서 얻을 수 있다. 만약 구인지에 시급이 적혀 있지 않은 경우에는 가족에게 전화를 걸게 해서 '일하고 싶은데, 시급이 얼마나 됩니까?'라고 물어본다. 의외로 간단하게 알려주는 경우가 많다. 이것이 일단 기준임금이 된다. 이 임금이 법률의 최저임금보다도 높을 경우에는, 앞서 말한 것처럼 채용 당시 한 사람 몫을 다 해낼 때까지는 법률 최저임금으로 지불하는 것이 가능하다.

좋은 인재를 구하는 데는 높은 임금을 주는 것만큼 좋은 게 없다. 임금을 많이 주면 잠시 손해라고 생각해도 나중에 이득이 된다는 사실을 명심해야 한다. 예를 들면, 동종업계 임금의 120%를 시급으로 정하는 것이다. 어떤 점포가 시급이 6,000원이라고 한다면 7,200원 정도를 채용 시에 지불한다. 이 1,200원은 그냥 보면 매우 비싸게 보이지만 장기적으로 보면 매우 싸게도 보일 수 있다. 즉, 일손은 가능한 한 높은 급료를 주는 점포를 찾기 때문에 2할 올린 시급을 주면 우선 제법 질이 좋은 인재가 모인다. 그러면 그 중에서 인재를 확보할 수 있고 게다가 교육 · 훈련에 있어서도 그다지 시간을 들이지 않고도 보다 효율적으로 가르칠 수 있다. 그리고 종사원 입장에서 보면 여기처럼 높은 임금을 주는 점포가 없기 때문에 관두는 일이 적다. 결국 점포의 입장에서도 장기근로의 가능성이 높아지고 짧은 기간에 금방 관둬 버리는 사람을 자꾸 구하는 것보다 훨씬 효율적이다.

또한 이런 사람 중에서는 리더십을 가진 사람이 있을 가능성이 높고, 리더십이 있는 사람을 주인을 대신한 점포책임자로 만들면, 주인은 더 편하게 일할 수 있을 뿐 아니라, 나중에는 자신에게 점포를 맡겼다고 하는 동기를 주어서 점점 더 효과를 높이게 되는 것이다.

8) 「근로기준법」을 모르는 것은 큰 사고의 원인

외식사업자가 종사원을 한 사람이라도 고용하게 되면, 「근로기준법」을 알고, 그에 따르지 않으면 안 된다.

대표적인 것이 최저임금제도이다. '최저임금보다 적은 임금으로 종사원을 고용하면 안 된다'라고 하는 법이 있다. 또한 잔업 등을 했을 경우의 임금에 대해서도 그 기준이 있어서 조조근로와 심야근로에 대한 '할증임금'을 지불해야 한다. 이러한 규칙을 지키지 않으면 위법규정을 따라 그 대가를 치러야 하므로 주의가 요구된다. 이런 규칙은 나중에 변할 가능성이 있기 때문에 모르는 사이에 위법을 저지르지 않도록 항상 숙지하고 있어야 한다.

음식점에서는 종사원으로 파트타이머 · 아르바이트를 쓰는 경우가 많다. 파트타이머 · 아르바이트를 고용하는 데에도 최저연령이 있다. 일을 시켜서는 안 되는 연령의 사람을 고용할 경우, 주인이 실제 나이를 알고 있었는지 몰랐는지에 상관없이 최저연령에 못 미치는 사람이 일하고 있다는 사실로 법적 책임을 질 수 있다.

임금을 지불할 때, 원천징수소득세를 계산해야 하기 때문에 종사원 각자의 취업기록을 제대로 해둘 필요가 있다. 물론 납세의 의무도 있으므로 점포운영에 관해서는 장부를 만들어서 적어두는 것이 좋다. 특히 파트타이머 · 아르바이트의 경우에는 일하는 기간이 짧은 경우가 많아서 나중에 기입하려고 해도 생각이 나지 않아 힘든 경우가 많다.

요약정리

- 오는 고객의 스타일은 각양각색으로, 불만도 각양각색이다. 불만을 상정하고 대응책을 마련하며 최악의 상황이 오더라도 변명은 절대 하지 않는다.
- 점포에 있어서 불만을 말해 주는 고객은 보물이다. 가장 무서운 것은 불만을 이야기하지 않고 점포에 오지 않는 사람이다. 엽서나 설문조사를 통해 불만을 사전에 알아둘 수 있도록 연구하자.
- 할인권, 무료권은 매출을 만들고, 단골을 만드는 데 활용할 수 있다. 효과적인 발행을 해야 한다.
- 예약에는 취소가 있기 마련이다. 사전 준비의 수고가 헛일이 되고, 많은 식재료를 처리하는 일도 힘들다. 예약취소에 대해서는 위약금을 명시하고, 신용카드로 결제받자.
- 인력이 부족하면 고객을 놓치게 된다. 너무 많은 사람을 고용하면 인건비가 많이 든다. 파트타이머·아르바이트를 전력화시키자.
- 종사원을 전력화하기 위한 첫 단계는 동기부여이다. 음식업에서 일하는 것의 의의나 이점을 가르치자.
- 최고의 동기부여는 돈이다. 그러므로 게임을 하는 느낌을 주어 클럽활동 같은 환경을 연출하자.
- 종사원에게 소외감을 주지 않도록 배려하자.
- 구인을 하는 데는 시간과 돈이 든다. 무료 소개소와 빈번하게 연락을 취해 놓자.
- 이력서나 면접으로 상대를 살펴보자. 나중에 교육·훈련에는 많은 비용이 들기 때문이다.
- 채용의 가장 큰 핵심은 '오랫동안 일할 수 있는 사람'을 우선으로 선발하는 것이다. 업무를 파악한 후에 그만두기 시작하면 노력이 의미가 없어지고 주변사람에게도 나쁜 영향을 미친다.
- 솜씨가 좋은 조리사는 중요하다. 그러나 솜씨 이상으로 중요한 것은 연구열정과 협조적인 사람이다.
- 모집·채용을 할 때의 이력서는 파일로 정리해 두자. '불채용자'에게도 정중하게 거절하자.
- 종사원 교육은 다름 아닌 고객의 만족한 얼굴을 보기 위한 것이다.
- '감사합니다', '어서 오세요', '실례합니다'라는 말을 많이 사용하자. 점포를 활기 있게 만드는 효과가 있다.
- '안전·청결'의 확보를 위해서는 그것을 미연에 방지하는 룰을 만들고 엄격하게 지켜야 한다.
- 하려는 의지는 명쾌한 임금시스템과 좋은 복장과 일의 의의를 느끼게 하는 것에서 나온다.
- 좋은 인재를 구하는 데는 임금을 많이 주는 방법이 좋다는 것을 무시할 순 없다. '손해를 보고 이득을 취하자'라는 생각도 유효하다.
- 사람을 고용할 때, 「근로기준법」을 준수하는 것은 당연하다. 규칙을 알고 개정에도 주의를 기울이자.

참고문헌

이명호·신현길·이주헌·정인근·조남신·조장연·김귀곤·김솔(2014), 경영학으로의 초대(제4판), 박영사.

이순철(1998), 서비스기업의 경영전략, 삼성경제연구소.

이유재(2005), 서비스마케팅, 학현사.

Dittmer, Paul R. & Gerald G. Griffin(1997), *Dimensions of the Hospitality Industry*, VNR.

Mill, Robert Christie(1998), *Restaurant Management*, Prentice-Hall.

Parasuraman, A., Zeithaml, V. A., & Berry, L. L.(1985), "A Conceptual Model of Service Quality and its Implications for Future Research," *Journal of Marketing*, 49.

Chapter 13

관리력

관리력은 음식이나 서비스의 생산 및 판매의 원활한 흐름을 위해 행해지는 총체적인 지원능력(supportability)을 말한다. 관리력은 전반적인 외식경영역량들이 원활히 유지될 수 있도록 하게 하는 지원 역할을 한다고 보면 된다. 관리력은 상품력, 입지력, 점포력, 서비스력 등의 성공요인들을 종합적으로 실행하기 위해 마케팅, 인사, 재무, 조리, 구매, 저장 등을 체계적으로 기획(planning)하고 조직(organizing)하고 운영(operating)하고 인력배치(staffing)를 효과적으로 이끌고(leading) 통제(controlling)하는 것을 의미한다.

1. 관리기능

외식기업이 지속적으로 생존하고 발전하기 위해 인적 및 물질적 자원, 그리고 정보 등을 체계적이고 효과적이며 효율적으로 계획 · 조직 · 지휘 · 통제하는 과정을 말한다. 레스토랑기업의 경영계획을 수립하는 계획활동(planning), 계획을 실천하기 위한 조직구성활동 및 자원의 배분 및 조정활동(organization), 계획의 효과적 · 효율적 실행을 위한 조직구성원의 지휘활동(leading), 그리고 해당 기업이 수립한 계획대로 실행되고 있는지를 확인하고 수정하는 통제활동(controlling)으로 구분하여 설명할 수 있다.

또한 외식경영을 업무적 관점에서 설명할 수 있는데 인적자원관리, 재무관리, 생산운영관리, 마케팅으로 구분하여 설명하는 것이다. 레스토랑기업 인적자원관리활동이란 레스토랑 종사원에 관련된 모든 기업활동을 가리키는데 이는 유능한 종사원의 확보 및 유지활동으로 이해할 수 있으며, 재무관리활동이란 외식기업의 경제성을 분석하고 자본의 효율적 운용에 관한 업무활동 등을 가리킨다. 생산운영관리활동이란 외식기업의 운영관리에 필요한 모든 자원을 효과적이며 효율적으로 운영하여 고객만족과 종사원만족, 그리고 기업의 재무적 목표를 실현하고자 노력하는 활동을 의미한다. 끝으로 마케팅활동이란 해당 외식기업을 이용하는 혹은 이용하고자 하는 모든 고객의 욕구와 기대를 충족시키기 위한 상품 및 서비스를 계획하고 실천하는 활동을 의미한다.

외식사업에서 말하는 관리력이란 음식이나 부대서비스의 생산 및 판매의 원활한 흐름을 위해 행해지는 총체적인 통제능력을 말하는 것으로 간단히 생산시스템과 그 시스템의 운영으로 요약된다. 이것은 업소의 성공을 위해 이미 언급한 바 있는 입지나 상품, 서비스, 점포 등과 같은 여러 성공요인을 종합적으로 관리 · 운영하는 활동으로서 업소운영을 정확하게 계획 · 실행하는 것을 목표로 한다.

소규모 외식업소의 업무는 경영자 개인의 능력과 창의에 따라 달라질 수 있어 관리력의 중요성이 상대적으로 낮으나 규모가 커질수록 관리력은 사업의 성공 여부를 결정짓는 중요한 요소로 떠오른다. 사실 생산의 규모가 작고 직원의 숫자도 얼마되지 않는 가족 중심적인 외식업소에서는 이러한 관리력의 필요성을 느낄 여지가 별로 없겠으나 체인화 등으로 경영의 규모가 커진 업소들에게는 치열해진 시장경쟁에서 살아남기 위해서라도 관리의 필요성이 자연히 중요한 성공의 필수요소로 대두하게 된 것이다. 생산과 판매가 동시에 이루어지고 수요예측도 어려울 뿐만 아니라 식자재의 부패로 인한 높은 폐기율 등이 외식사업의 고질적인 특성이기 때문에 과학적이고 치밀한 운영관리의 필요성이 점점 높아지게 되었다. 더불어 외식인구의 증가를 앞지르는 업소수의 증가로 경쟁력 향상을 위한 경영 전반에 대한 제고는 더 이상 외면할 수 없는 문제로 떠올라 업소의 성공을 위해 관리력이 차지하는 중요도가 점점 커지고 있다고 해도 과언이 아니다.

소규모 업체의 경우 무엇보다도 앞서 설명한 성공요인들이 관리력으로 뒷받침되어야 한다. 외식사업은 타 업종과 달리 다양한 고객을 적은 서비스 직원으로 상대해야 하는 업종이기 때문에 인적사업이라 부른다. 따라서 이상에서 강조한 점들을 지속적으로 실행해 가기 위해서는 무엇보다도 인적자원으로서 인재육성을 위한 교육이 필요하다. 새롭게 외식사업에 뛰어들고자 하는 사람들은 질적인 경영을 하기 위해 세밀히 연구 · 검토하며 부단한 노력을 하지 않으면 안 된다.

사업자는 바쁜데 이익이 나지 않는 이유

봉급생활자라면 아침 9시부터 저녁 6시까지 근무를 하지만 음식점을 운영하는 사람은 아침에 재료가 들어올 때 시작해서 점심시간대와 저녁시간, 야간시간까지 바쁘게 움직여야 한다. 저녁 식사가 끝나도 뒷정리와 그날의 매출 계산을 해야 하고, 때로는 재고조사를 해서 그 다음날 주문에 대한 준비도 해야 한다. 따라서 근무시간은 대강 12시간을 넘기게 된다. 그리고 일반사람들이 쉬는 토 · 일요일이 가장 바쁜 것이 보통이다. 결국, 물리적으로도, 심리적으로도 여유를 가지기 힘든 상태가 계속된다.

이런 여유 없는 생활 때문에 더욱 더 바쁘게 느껴지게 된다. 따라서 음식점은 일단 본인의 자유시간이 없는 직업이라는 것을 처음부터 알아둬야 한다. 이렇게 생각하면 바쁜 것에 대해 심리적으로 상당히 안정된다.

다음으로 생각해야 하는 것은 지금 자신이 어디에 시간을 쓰고 있는가 하는 것을 분석해 보는 것이다. 우선 자신이 쓴 시간을 하나하나 기록해 나간다. 가령 아침 9시부터 10시까지 시장에 야채를 사러 가면, 그렇게 메모해둔다. '장사 준비를 했다', '손님의 주문을 받았다', '동네의 모임에 참가했다'등등을 하루의 마지막에 항목별로 정리한다. 이렇게 하면 본인이 소비한 시간이 대체 어디에 쓰여지고 있는지를 알 수 있다. 이것을 '일일 시간분석'이라고 하는데 이것을 일주일간 계속해서 기록한다.

다음은 자신이 소비한 시간(업무) 중에 다른 사람에게 맡길 수 있는 일은 없는지를 생각해 본다. 앞에서 든 예로 이야기 하면, '야채 사러 가는 일은 꼭 내가 해야 하나?'라고 생각해 보는 것이다. '내 배우자가 대신 가는 건 어떨까?'라고 대안책을 생각해보고, 괜찮다고 생각이 들면 누군가에게 일을 맡겨도 좋다.

정말로 자신이 하지 않으면 점포가 돌아가지 않는 일에만 시간을 쓰면, 여유 시간이 생길 것이다. 이익이 생기지 않는 것은 매출보다 지출이 많거나 그와 비슷한 상태일 때이다. 이것을 막기 위해서는 예를 들어 신메뉴를 개발하거나, 아르바이트생의 인사법을 교육시키거나, 가까운 회사 등을 돌며 인사를 하거나, 나중에 가게에 오도록 할인권을 나눠 주거나 해서 고객수를 높이도록 해야 한다.

흔히 '바쁘다, 바빠'라고 말하면서도, 실제 매출에는 도움이 되지 않는 활동만 하고 있는 경우가 많다. 정신없이 바쁜데도 이익이 생기지 않는 것은 사실 효과적인 시간활용을 하고 있지 않아서일 경우가 많다는 사실을 명심해야 한다. 경영자가 하는 일은 이익이 되는 일이여야 한다. 시간도 이익에 결부되도록 유용하게 활용하는 것이 중요하다.

2. 매뉴얼기능

1) 점포 운영매뉴얼의 주요 구성내용

다음은 일반적인 외식사업에서 필요한 운영매뉴얼들이다. 업체마다, 업종마다 그 내용들은 서로 다르겠지만 점포 창업을 구상 중이라면 본인이 구상 중인 사업을 추진하는 데 있어서 어떠한 점을 중점적으로 준비하여야 하는지에 대해서 모델이 될 수 있을 것이다.

외식사업에서 필요한 운영매뉴얼

1. 점포의 이미지
   - 연혁
   - 경영방침
   - 점포 이미지 : 점포 이미지 유지원칙, 간판 · 상호 · 색상 등의 의미

2. 점포운영
   - 고객접객방법 : 고객의 중요성, 고객서비스 기준, 고객접객 용어, 인사, 전화예절, 계산방법, 상황별 고객응대요령
   - 위생관리 : 위생관리의 중요성 및 기초지식, 유니폼 및 명찰 착용, 계산대관리, 점포 바닥, 윈도우, 식탁(진열대), 종사원 위생관리, 쇼케이스
   - 종사원 고용 : 채용 시 고려사항, 종사원 모집방법, 고용 전 작성서류, 지원자 면담
   - 종사원 교육 · 훈련 : 교육의 정의, 교육의 방법

3. 상품관리
   - 상품지식 : 취급상품의 특징, 상품관리방법, 상품조리방법
   - 상품매입 : 발주, 검수, 반품, 폐기
   - 재고관리 : 재고의 정의, 로스의 예방, 적정재고 유지

4. 장비관리
- 판매장비관리 : 장비관리의 중요성, 장비 사용법, 장비 응급처치요령, A/S 연락처 및 방법
- 에너지관리 : 에너지관리방법, 비용절감방법

5. 안전관리
- 안전관리의 정의 : 안전수칙, 현금 안전관리, 수표 취급절차
- 조명등관리

6. 세무관리
- 세금상식 : 부가가치세, 소득세
- 절세의 방법

7. 손익관리
- 재무제표 : 손익의 구조, 손익계산서
- 비용관리 : 비용관리의 의미, 점포비용절감방법

8. 직무관리
- 사업주 직무 및 역할
- 종사원 직무 및 역할 : 근무일정표, 종사원별 직무

9. 점포운영 체크리스트
- 체크리스트 활용방법 및 목적
- 체크리스트 종류 : 인사관리, 점포 청결관리, 상품관리, 재고관리, 장비관리, 현금관리, 안전관리, 비품관리, 고객서비스관리

2) 직무명세서와 직무설명서

관리력에서 직무에 대한 명확한 규정은 강조할 필요가 있다. 직무에 대한 명확한 규정은 조직구성원들의 업무를 명확히 함으로써 업무의 중복과 혼란을 막고 효율적인 인력관리를 기할 수 있기 때문이다.

직무명세서(job specification)는 특정 직무를 수행하기 위해 요구되는 사항과 직원의 자질을 밝히기 위한 것이다. 직무명세서는 직무설명서와 중복되는 면이 있지만 특히 다른 점은 직무명세서는 신규인력 채용에 있어서 조직의 요구를 수용하는 것이 보다 쉬어질 수 있게끔 작성된 것이라는 점이다. 이러한 직무명세서는 다음과 같은 용도로 사용된다.

- 신규인력 채용광고를 위한 정보출처
- 자질의 우열을 나눌 수 있는 심사수단

- 직무수행을 위해 요구되는 교육수준의 규정
- 직무수행을 위해 요구되는 경력이나 특별교육의 규정
- 직무에 특별히 필요한 체력조건의 규정

다음은 직무명세서의 한 예로 구직자들에게 주로 제공되는 전형적인 정보를 나타내고 있다.

직무명세서

1. 직명 : 웨이터/웨이트리스
2. 근무시간 : 아침 7시~오후 2시, 1주일에 5일 근무
3. 일주일 총근무시간 : 40시간, 휴일 : 1주일에 2회
4. 휴가기간 : 1년에 2주
5. 교육수준 : 고졸
6. 성격 : 고객들에게 친절해야 함
7. 보고자 : 담당 수퍼바이저
8. 연령 : 18~25세
9. 경력요구사항 : 2년
10. 신체조건 : 양호한 건강상태
11. 특별한 기술 요구사항 : 없음

※ 직무에 대한 특별사항 : 한 달에 2번은 일요일에도 근무할 것을 요구한다. 지배인으로 승진도 가능하다.

직무설명서(job description)란 해당 직무를 수행하기 위해 요구되는 사항을 명시해 놓은 것을 말한다. 직무설명서는 업종과 업태, 규모에 따라 다르겠으나 가장 표본이 될 만한 내용을 다음과 같이 작성한다.

(1) 객장 지배인

근무장소 : 객장
직 책 : 객장지배인
보 고 자 : 경영자
객장지배인은 식자재의 관리 · 메뉴계획 · 음식제공 · 직원관리 등 업소운영에 관한 전반적인 사항을 파악하고 관리할 수 있는 경력과 지식이 요구된다. 1. 작업표준을 설정 · 유지 · 관리한다. 2. 직원들의 직무와 영업 준비를 지시한다. 3. 수퍼바이저, 웨이터, 웨이트리스, 버스보이의 교육 · 훈련과 감독을 한다. 4. 직원의 근무시간표를 작성한다. 5. 업종의 조리기술에 대하여 어느 정도의 지식을 갖춘다. 6. 예약접수현황과 준비상태를 점검한다. 7. 영업준비물이 제대로 갖추어져 있는지 점검한다. 8. 테이블 세팅이 제대로 되어 있는지 확인한다. 9. 서비스직원과 주방직원 상호 간의 협동체제를 유도 · 관리한다. 10. 직원들의 채용과 교육 · 훈련을 담당한다. 11. 직원들의 불만요인 · 고민 등에 관한 상담을 한다. 12. 경영자에게 업무에 관한 사항을 보고하고, 명령받은 사항을 실행한다. 13. 손상된 객장 내의 가구 · 기기 등의 신속한 보수조치 및 교환을 한다.

(2) 수퍼바이저(supervisor)

근무장소 : 객장
직 책 : 수퍼바이저
보 고 자 : 객장지배인
각 업무의 책임자로서 웨이터나 웨이트리스를 관리한다. 중 · 소규모의 업소에서는 객장지배인의 업무를 대행하기도 한다. 1. 영업 시작 전에 담당구역의 서비스 준비사항과 담당 서비스직원들을 점검한다. 2. 담당구역의 정돈상태와 준비상황을 점검한다. 3. 담당구역의 총책임자로서 고객을 영접하고 주문을 받는다. 4. 메뉴품목에 대한 조리시간을 미리 파악하여 시간에 알맞은 서비스를 한다. 5. 객장에서의 서비스와 연계된 모든 행사일정에 관해서 파악한다. 6. 음식이 제공된 후 고객의 분위기를 주의 깊게 관찰한다. 7. 식사 후 고객에게 계산서를 제공한다. 8. 고객이 떠난 후 식탁을 재정비하도록 지시한다. 9. 객장의 서비스에 대한 매뉴얼, 긴급조치사항 등을 숙지한다. 10. 언제나 최상의 서비스를 제공할 준비를 하고, 타 직원과의 상호협동체제를 갖춘다.

(3) 웨이터 · 웨이트리스

근무장소 : 객장
직 책 : 웨이터 · 웨이트리스
보 고 자 : 담당 수퍼바이저
객장에서의 실질적 업무 수행자로서 수퍼바이저의 지시에 따른 업무를 수행한다. 1. 테이블의 정리정돈, 서비스구역의 정리 등 영업 준비사항을 점검한다. 2. 버스보이를 감독하며 도와준다. 3. 담당구역과 기타 부수적인 업무를 수행하고 테이블 번호를 숙지한다. 4. 청결한 복장과 단정한 용모를 갖추고 영업 준비를 한다. 5. 공손하고 친절하게 고객을 맞는다. 6. 단골고객의 이름은 가능한 한 암기하도록 하며 짧은 대화를 하면서 주문을 받는다. 7. 담당 테이블의 주문부터 식사 제공까지 올바른 순서에 따라 음식을 제공한다. 8. 식사 중인 고객의 추가주문에 대한 준비를 한다. 9. 식사 후 고객에게 계산서를 가져다주고 이상 유무를 확인한다. 10. 고객을 배웅한 후 빠른 시간 내에 다음 고객을 위한 식탁의 정리정돈을 한다.

(4) 조리장

근무장소 : 주방
직 책 : 조리장
보 고 자 : 경영주
주방의 운영 및 관리에 대한 총책임을 진다. 1. 음식의 질과 준비과정에 대한 표준을 만들고 조리사들이 그 표준에 따라 음식을 조리하도록 감독한다. 2. 식자재를 구매 · 관리하고 식자재원가를 조절 · 관리한다. 3. 새로운 메뉴품목을 개발하고, 기존메뉴를 삭제한다. 4. 주방 내의 모든 시설과 주방기기를 감독한다. 5. 주방직원들의 근무태도를 감독한다. 6. 주방직원들의 교육 · 훈련을 담당한다. 7. 주방직원들의 근무 스케줄을 작성한다. 8. 주기적으로 주방직원들의 업무능력을 평가한다. 9. 주방의 위생 · 안전관리에 대한 책임을 진다. 10. 재고기준량을 책정한다.

요약정리

- 관리력은 상품력, 점포력, 입지력, 서비스력을 총체적으로 통제하는 능력을 의미한다.
- 외식기업이 지속적으로 생존하고 발전하기 위해 인적 및 물질적 자원, 그리고 정보 등을 체계적이고 효과적이며 효율적으로 계획 · 조직 · 지휘 · 통제하는 과정을 말한다.
- 점포 창업을 구상 중이라면 본인이 구상 중인 사업을 추진하는 데 있어서 어떠한 점을 중점적으로 준비하여야 하는지에 대해서 기본모델을 제시할 수 있을 것이다.
- 관리력에서 직무에 대한 명확한 규정은 강조할 필요가 있다. 직무에 대한 명확한 규정은 조직구성원들의 업무를 명확히 함으로써 업무의 중복과 혼란을 막고 효율적인 인력관리를 기할 수 있기 때문이다.

참고문헌

Bernard, D., Lockwood, A. & Stone, S.(2008), *Food and Beverage Management*(4th ed.), BH.

Mill, Robert Christie(1998), *Restaurant Management*, Prentice-Hall.

Restaurants USA(2003), National Restaurant Association.

Chapter 14 외식사업의 전략적 역량평가표

1. 외식사업의 전략적 역량평가표의 필요성

점포의 어디를 어떻게 체크해야 하는가? 점포역량평가표를 만들어 볼 필요가 있다. 이를 구체적으로 나타낸 것이 다음에 제시된 평가표이다. 이것은 '상품력, 점포력, 서비스력, 가격' 이렇게 네 가지 항목에 관해서 평가기준이 되는 최고점수를 정한 뒤에, 그 점수를 매기고 주요 내용을 기입하는 것이다. 이 표는 점포의 상태를 객관적으로 파악할 수 있는 효과적인 도구이다.

2. 외식사업의 전략적 역량평가표 사례

평가표를 만드는 방법을 간단히 설명하도록 하겠다. 점포에 있는 일부분뿐만 아니라 전체를 보고 공평하게 평가할 수 있도록 만든 것이다. 점포의 평가표는 전략적 역량을 기준으로 평가한 것이다. 이러한 전략적 역량평가표는 사업주와 고객이 여러 점포를 대상으로 평가할 수 있는 항목만을 준비하였다. 어떤 점포의 무엇이 우수한지를 알기 위해 체크해야 할 항목을 상품력, 점포력, 서비스력, 가격의 네 가지 항목으로 나눠서 전체를 100점 만점으로 하였다.

저마다의 점수가 40, 20, 25, 15점으로 계산되어 있는데 이것은 음식점을 평가하는 경우의 점수배분으로 간이식당과 같은 업태에서는 품질보다도 서비스에 중점을 두어 품질 20

점, 서비스 40점의 배분으로 해도 무방하다. 다만, 일단 점수배점을 정하고 나면, 가능한 한 변경하지 않도록 해야 한다. 그때마다 최종점수(평가)가 계속해서 바뀌기 때문이다.

각 항목마다 점수를 매기고 합계점수를 A, B, C, F의 네 단계로 나눠서 매길 수 있도록 되어 있기 때문에 저마다의 항목에서 A평가의 점포는 어디인지 하는 것을 간단하게 알

평가표(견본)

점포명 모모야마　　소재지 부산광역시 금정구
업태 일식집　　실시일 2015년 4월 10일,　시간 19 : 00

	내용
상품력 (40)	**반찬 · 수프 〈5〉** 반찬(기본적으로 제공되는 음식)의 품질은 양호. 수프는 미소국물 맛이 그다지 좋지 않다. (4) **메인 〈20〉** 전체적인 수준이 높다. 초밥의 크기는 작지만, 생선의 신선도가 좋고, 납득할 만한 품질이다. 구이도 종류가 풍부하고 따끈따끈한 열기가 나서 만족스럽다. 작은 서비스가 크면 좋다고 생각된다. (18) **샐러드 · 디저트 〈10〉** 해산물 샐러드의 품질은 좋다. 종류도 풍부하다. (10) **음료 〈5〉** 탄산음료의 탄산이 많이 없다. 맥주잔이 차갑지 않다. (2) 34
점포력 (25)	**화장실 〈10〉** 미세한 부분의 페인트 처리가 되어 있지 않다. 타일의 표면이 더럽혀져 있다. 화장실 휴지의 재고가 없다. 구석에 휴지 등이 떨어진 채로 방치되어 있다. 손을 씻을 비누가 없다. (2) **고객석 〈10〉** 청결상태는 그다지 나쁘지 않으나 레이아웃이 어수선하고 공간의 활용이 엉망진창이다. 그래서 청소가 하기 힘들다. 사용하지 않는 의자가 어수선하고 가게 내의 구석에 쌓여 있다. (5) **점포 앞 〈5〉** 점포 앞의 청소가 되어 있지 않고 쓰레기 등이 떨어진 채로 있다. 간판도 더럽혀져 있다. (2) 9
서비스력 (20)	**종사원 〈10〉** 새로운 점포라서일까. 아직 종사원의 트레이닝이 불충분하고, 아마추어수준이다. 착석해서부터 주문을 받으러 오는 시간이 13분 정도 걸린다. 나중에 음료가 나올 때까지 9분. 메뉴의 내용이 파악되지 않아서 질문해도 착실한 대답을 받지 못한다. 요리의 품질은 좋은데 종사원의 서비스수준과는 매치되지 않는다. 웃는 얼굴도 없고, 패기도 없다. 매니저도 점포에 대한 파악이 되어 있지 않다. (1) **유니폼 〈5〉** 개점한 지 겨우 1주일밖에 안 되었는데 유니폼이 더럽혀져 있다. (2) **게시물 등 〈5〉** 공간을 유용하게 이용하지 못하고 있어 효과적이지 못하다. (2) 5
가치 (15)	Value per Money 〈10〉 선술집으로서의 수준은 가격에서 나쁘게는 느껴지지 않지만 서비스수준이 떨어져서 실망스럽다. (5) **기타 〈5〉** 주문받으러 올 때 문제가 있다. 고개을 대하는 데 있어 배려가 전혀 느껴지지 않는다. (0) 5
합계	총득점(53) 평가 – A(100~91) B(90~78) C(77~60) F(59 이하)

수 있도록 한다.

우선, 상품력은 애피타이저, 메인요리, 샐러드 · 디저트, 음료의 네 가지 항목으로 나눠서 점수를 매긴다. 해당 점포에서 이런저런 주문을 하고, 자신의 감각으로 점수를 매긴다. 예를 들어, 맥주를 주문하고 그 잔이 전혀 차갑지 않았을 경우에는, 음료항목의 5점에서 3점을 빼고 2점으로 한다. 여백에는 그 점수의 이유를 기입해 둔다. 혹시 많은 점포를 도는 경우에는 나중에 혼란스러워질 수 있기 때문이다.

점포력의 항목으로 화장실, 고객석, 점포 앞으로 나누어 점포의 우수성을 평가하도록 하였다. 다음으로 서비스력에서는 종사원의 태도와 유니폼, 게시판을 평가하도록 하였다. 마지막으로 가치에서는 자신이 지급한 금액에 관해서 그 가치가 있었는지를 체크한다. 20만 원을 지불했어도 전체를 평가했을 때 만족스러웠다면 그 가격은 적절한 것이라고 할 수 있지만, 5,000원을 냈더라도 평가가 낮으면 '싸고 맛없는 점포'가 되는 것이다.

이러한 시점에서 보면 비교가 용이하고 끝까지 객관적으로 점포의 좋고 나쁨의 판단이 가능하다.

Food Service Management : Strategy & Investment

Part 4

외식사업 투자평가 (정량적 분석)

개요

외식사업 투자평가는 간단히 표현해 외식사업의 사업성분석 또는 사업타당성이라 표현할 수도 있다. 즉, 투자평가는 타당성분석을 의미하며 이는 창업 이후에 어느 정도의 매출을 올려 일정수익을 낼 수 있는가를 분석하는 활동이다. 사업타당성분석은 선별된 창업아이템을 최종적으로 선택할 것인지, 기각할 것인지를 결정하기 위한 것이다. 사업성분석은 세 가지로 나누어 볼 수 있다. 생산과 관련된 '기술분석', 상품의 시장성과 관련된 '시장분석', 그리고 이 두 가지 분석자료를 토대로 한 '수익성분석'이다. 외식사업에서의 기술타당성분석은 주로 메뉴평가분석으로 충분하다.

사업타당성분석에서의 시장분석은 상권 내의 시장에서 고객의 수를 파악해 주로 좌석회전율과 객단가를 결정하는데 수익성분석을 위해 반드시 필요한 분석이라고 할 수 있다. 사업타당성분석의 최종적인 결과물은 수익성분석이다. 수익성은 판매 · 생산과 관련된 시장분석을 통해 매출액 추정이 가능하고 운영에 필요한 비용을 추정해 파악할 수 있다.

외식사업 투자평가(정량적 평가)

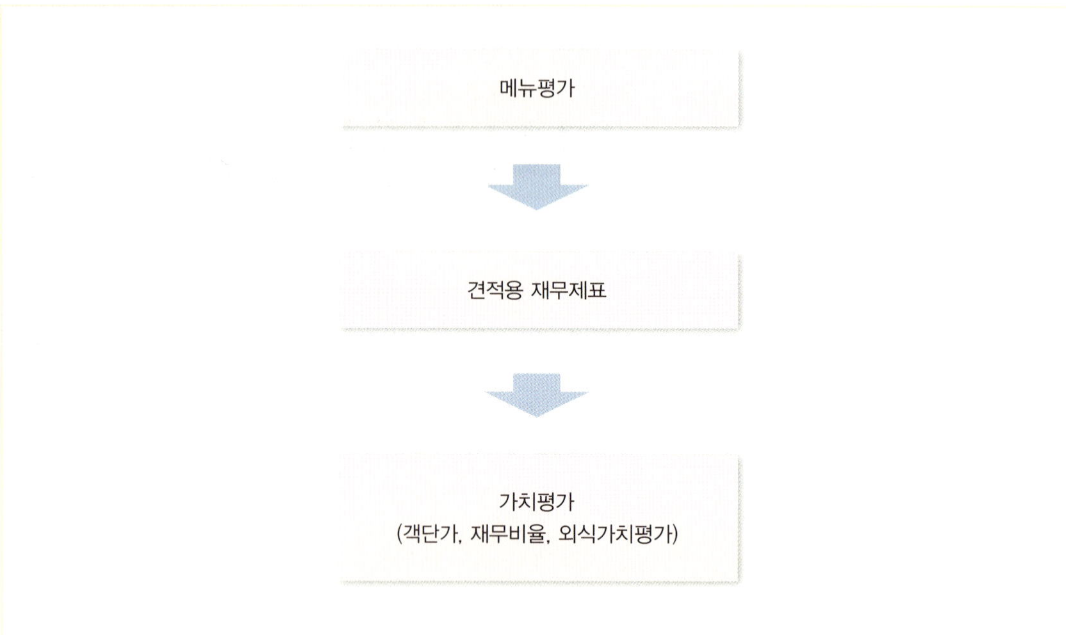

Chapter 15

메뉴평가

1. 메뉴분석

외식사업운영 시 고려해야 할 메뉴분석(menu analysis) 및 평가법을 다루고자 한다. 메뉴가 개발되어 판매가격이 결정되고 메뉴판에도 기재되면 일단은 판매 준비가 완료된 것이라고 할 수 있지만, 메뉴분석이 되지 않은 메뉴개발은 사상누각이라고 비유될 정도로 외식상품개발에 있어 메뉴분석은 중요하다. 메뉴의 종류와 가격 면에서 고객들의 필요와 욕구를 충족시키고, 업소운영의 측면에서도 적절한 수익을 산출할 만큼 합리적인지의 여부를 분석하는 메뉴개발에 있어 매우 중요한 기초단계가 된다. 다시 말해, 새로 개발된 메뉴 또는 기존의 메뉴일지라도 판매력이 좋지 않아 전체 매출에 대한 기여도가 낮으면 교체되거나 수정되어야 하므로 분석작업은 시장성 있는 메뉴를 유지하기 위한 필수 작업이라고 할 수 있다. 다음은 외식산업에서 공통적으로 쓰이고 있는 대표적인 몇 가지 메뉴분석법들이다.

1) 메뉴평가의 기준과 평가점수법

메뉴분석의 목적은 수익성과 판매가능성의 파악에만 있는 것은 아니고 업소의 분위기나 고객층, 가격대 등과의 부합 여부를 분석하는 것에도 있으므로 메뉴의 전반적인 상황에 대한 평가가 이루어져야 한다. 메뉴평가(menu evaluation)의 기준은 업소마다 메뉴와 그 밖의 여타 여건이 같지 않으므로 각자의 사정에 맞는 평가기준을 설정해야 한다.

이러한 판단기준들은 각각 메뉴의 형식, 가격, 판매율, 디자인과 색채로 크게 분류되어질 수 있다. 각 기준들을 항목별로 보면 다음과 같다.

(1) 형식

- 각 품목들은 쉽게 알아볼 수 있도록 배치되어 있는가?
- 충분한 다양성을 가지고 있는가?
- 설명과 실제요리가 동일한가?
- 지금의 메뉴 품목이 업소에 꼭 필요한 메뉴인가?
- 메뉴의 특이성은 있는가?

(2) 가격

- 가격은 적정수준으로 책정되었는가? 적정수준은 각 품목의 가격이 시장상황에 맞는 것을 말한다.
- 일정가격으로 묶어 판매하는 메뉴는 그 내용이 명확히 제시되고 있는가?

(3) 판매율

- 메뉴품목들은 고객들이 원하고 좋아하는 것들인가?
- 고객의 호응은 좋은가?
- 메뉴는 시장성이 있는가?
- 객장의 영업시간, 주인, 전화번호, 신용카드 우대 등 필요한 정보는 명확히 기입되어 있는가?

(4) 디자인과 색채

- 메뉴판이 좋은 색채의 배합과 디자인으로 구성되었는가?
- 적절한 순서로 각 품목들을 표시하는가?
- 나열된 글자와 각 품목의 설명은 쉽게 풀이되어 있는가?
- 객장의 분위기 및 실내장식과는 부합되는가?
- 메뉴판의 크기는 적절한가?
- 이윤이 높은 고단가의 품목에 고객이 주목하고 흥미를 느낄 수 있도록 배치와 디자인은 적절한가?

각 그룹마다 전반적인 평가점수가 주어지고 각 그룹의 품목들에는 종합분류의 목적을 이루기 위해 가중치가 주어지는데 우수한 메뉴를 설계하기 위해서 중요한 품목들은 다른 것들에 비해 더 큰 가중치를 주어야 한다. 이 메뉴평가법은 평가기준만 업소에 맞도록 공정히 설정할 수 있으면 메뉴의 상품력을 알아볼 수 있는 가장 손쉽고 간단한 방법이라고 할 수 있다. 평가기준을 세우고 각 기준의 최고치를 정한 수(예 : 100점 만점)에 각 기준들의 적절한 점수를 매기고 합산하여 비교하면 각 메뉴의 시장경쟁력을 파악할 수 있다. 예를 들어, 평균점수가 85~100점이면 최우수, 70~84점은 우수, 55~69점은 보통, 55점 이하는 불량으로 점수에 따라 메뉴의 등급을 정할 수 있고, 많은 수의 변수들을 보다 정확히 평가하려면 1,000점 기준으로 스코어를 매기는 것이 좋다.

메뉴평가에 있어서 무엇보다 중요한 것은 업소의 특성에 맞는 의미 있는 평가를 내리는 데 있고, 이를 바탕으로 다음번 메뉴를 더욱더 치밀하게 설계할 수 있도록 기존메뉴의 장 · 단점 등에 대한 유용한 정보를 얻을 수 있다.

2) 지수분석법

고객호응도를 바탕으로 한 메뉴분석은 해당 품목의 시장성뿐만 아니라 전체 이익에 기여하는 그 품목의 이익공헌도와 고객만족도에 대한 중요한 정보를 제공한다.

인기지수분석법(index method)은 바로 이러한 고객호응도를 메뉴판매량을 이용하여 분석한 후 품목별 상품력을 측정하는 것이다. 분석기간의 길고 짧음에 따라 분석의 객관성이 달라질 수 있으므로 분석기간은 가능한 1개월 이상인 것이 좋다.

품목에 따라서는 처음부터 낮은 인기지수가 예상됨에도 불구하고 고정고객에 대한 서비스로 계속 판매되고 있는 경우도 있지만 특별한 근거 없이 계속되는 인기지수의 하락이나 잦은 등락은 조사를 통해 그 원인을 밝히고 철저히 그 대안을 마련해야만 판매증진으로 이어질 수 있다.

고객의 메뉴선택은 품질에 의해서 좌우되지만 많은 경우 가격에 의해서도 영향을 받고 있기 때문에 메뉴별 인기지수를 분석할 때 가격과의 관계도 살펴야 한다. 예를 들어, 저가격대의 메뉴군이 고단가의 메뉴들보다 높은 판매량을 보이고 있다면 그 업소의 고객층은 가격에 민감하다는 증거이므로 이러한 고객의 욕구에 부응할 수 있도록 메뉴를 조정하지 않으면 그 업소는 계속해서 운영하는 데 많은 어려움을 겪게 될 것이다.

인기지수분석법의 올바른 사용을 위해서는 인기지수가 도출되기까지의 주변상황에 대한 철저한 이해가 선행되어야 한다. 주말과 평일의 고객선호품목의 차이, 업소 외적 행사 등으로 인한 판매량의 변화, 식자재 재고상황에 따른 메뉴변동, 날씨와 계절에 의한 고객 취향의 변화 등 많은 요인들이 인기지수 형성에 영향을 미치기 때문에 이러한 변수들이 고려되지 않고는 수치로 나타난 고객호응도를 정확히 이해할 수 없기 때문이다. 더불어 메뉴판에서의 위치나 메뉴설명의 명확성, 음식의 모양 등도 메뉴의 선택에 영향을 미치는 요소이므로 이러한 것들도 살피는 세심함도 요구된다.

패스트푸드점처럼 간단한 제한메뉴를 제공하는 업소들은 다양한 메뉴를 갖춘 대규모 업소들과는 달리 인기지수분석법의 이용이 매우 간단하다. 인기지수 계산에 필요한 자료는 품목별 개별판매수, 총판매수, 총판매수에 대한 개별품목들의 판매율(%), 또는 세일즈믹스(sales mix)가 있다. [표 15-1]은 버거리아점의 지수법을 이용한 매매분석표이다.

표 15-1 | 매매분석표 예시

메뉴품목	판매량(개)	인기비율(%)	인기지수
김치버거	44	24	.96
불고기버거	54	30	1.20
치즈버거	38	21	.84
더블치즈버거	32	17	.68
휘시버거	14	8	.32
계	182	100	–

이 표는 제한된 메뉴를 가지고 있는 업소들이 이용할 수 있는 초보적인 인기분석법의 한 예로 품목별 인기도를 보여주고 있다. 위의 경우 불고기버거가 가장 높은 인기를 유지하면서 최고의 판매량을 보이고 있으며 김치버거와 치즈버거가 차례로 높은 판매량을 보인다. 이것으로 이 업소의 고객들은 느끼함이 덜한 한국화된 메뉴를 즐기는 고객층이라고 생각할 수 있으므로 이 세 가지의 메뉴에 보다 중점적인 판촉전략을 펼칠 필요가 있다.

인기비율은 어느 정도는 분석대상의 메뉴수에 의해 결정되므로 메뉴수가 다른 그룹 간에는 위에서처럼 단순한 방법으로는 객관적인 인기도를 구할 수 없어 정확한 비교 · 분석이 불가능하다. 예를 들면, 4개의 품목을 갖고 있는 아리랑 메뉴가 5개의 품목을 갖고 있는 금강산 메뉴보다 상대적으로 낮은 품목 간의 경쟁으로 품목별로 보다 높은 인기도를 가질 가능성이 많기 때문에 같은 수치의 인기도를 보인다 해도 실제 인기도는 다를 수 있다는 것이다. 구체적으로 아리랑 메뉴에 속한 품목 A의 인기비율이 0.25이고, 금강산 메뉴군의 품목 B는 0.20의 인기비율을 갖고 있다면 보통은 첫 번째 품목이 더 높은 인기를 얻고 있다고 생각하겠지만 사실은 다를 수도 있다.

이러한 다른 메뉴그룹 간의 비교의 어려움을 극복하고 객관적인 인기지수를 구하기 위해 도입된 방법이 바로 인기지수법이다. 인기지수는 실제로 얻은 인기비율(실제인기지수 : 0.25)을 평균적인 기대인기비율(100%÷품목수=0.25)로 나누어 구하는 것으로 서로 다른 메뉴 간에도 메뉴수에 상관없이 비교할 수 있도록 한 객관적인 수치이다. 여기서 예를 한 번 들어 보자. 품목 A의 실제인기비율이 0.25라면 인기지수는 1(0.25÷0.25=1)이 되고, 실제인기비율이 0.24일 때 인기지수는 0.24÷0.25=0.96이 된다. 여기서 말하는 평균기대인기지수란 한 메뉴군 내의 모든 품목이 똑같은 경쟁력을 보이고 있다는 가정하에서 구한 평균적 인기지수를 의미한다. 버거리아 메뉴에서 김치버거의 인기비율은 24%인데 인기지수는 0.96(0.24÷0.25=0.96)이 된다. 이는 1보다 작으니 평균인기도보다는 약간 떨어진다고 볼 수 있을 것이다. 이는 메뉴 간의 인기도를 객관적으로 판단할 수 있게 된 것이다. 인기지수가 1보다 크면 경쟁력이 높은 상품으로 고객의 인기를 많이 받고 있다는 것이고 1보다 작은 인기지수를 보이면 현상유지도 못하는 시장성이 낮은 품목임을 가리킨다.

[표 15-2]는 도표 형식으로 3가지 품목들의 인기지수와 기타 유용한 정보를 보여주고 있다.

표 15-2 | 매매정보

(단위 : 달러)

품목	판매수량	판매가	총매출	식자재원가	총원가	이익	총이익
넙치	26	3.25	84.50	0.41	10.66	2.84	73.84
닭고기	76	3.60	273.60	1.09	82.84	2.51	190.76
소고기	98	4.50	441.00	2.57	251.86	1.93	189.14
계	200		799.10		345.36 (43.25%)		453.74 (56.8%)

[표 15-3]의 인기지수는 위에서 언급했던 것처럼 실제인기도를 기대인기도로 나누어 구할 수 있었다(0.13÷0.333=0.39, 0.38÷0.333=1.14, 0.49÷0.333=1.47).

매출과 원가, 그리고 총이익도 같은 방식을 이용해 지수를 구할 수 있다. 어떤 경영자라도 [표 15-3]을 보면 즉각적으로 넙치의 판매도는 저조한 데 반해 닭고기와 소고기는 판매가 잘되고 있다는 것을 알 수 있을 것이다. 그러나 넙치가 전체 매상에서 차지하는 부분이 적어 전체이익에 기여하는 정도는 낮지만 원가가 매우 낮기 때문에 경영진에서 비록 이익기여도가 낮아도 지속적으로 판매하기로 결정할 수 있다. 왜냐하면 다른 생

표 15-3 | 비교인기도와 이익가치

품목	판매비율	인기지수	총매출		총식자재원가		총이익	
			비율	지수	비율	지수	비율	지수
넙치	0.13	0.39	0.106	0.318	0.03	0.09	0.163	0.489
닭고기	0.38	1.14	0.342	1.03	0.24	0.72	0.402	1.26
소고기	0.49	1.47	0.552	1.66	0.729	2.189	0.417	1.25

선류와 함께 넙치를 판매하면 낮은 원가로 불가피하게 낮을 수밖에 없는 판매가를 보완해 객단가를 높이면서 판매량을 늘릴 수도 있기 때문이다.

닭고기요리는 인기도가 평균보다 높고 전체이익과 총매출에 대한 기여도도 상대적으로 높으므로 지속적으로 제공하는 것이 당연하다. 소고기는 원가가 상대적으로 높아 경영자의 관점에서 본다면 가격책정이 낮게 되었다고 보일 수도 있지만 닭고기와 마찬가지로 총매상과 전체이익에의 기여도가 높고 판매실적이 좋으므로 바람직한 메뉴품목이라고 결론지을 수 있다.

본 결과에서 경영자는 소고기의 가격을 조금 올리고 다른 품목들은 현재와 같은 가격을 유지하기로 결정할 수도 있을 것이다. 일정기간 주기적으로 이와 같은 분석을 통해 변동에 대한 적절한 대처를 상황에 맞게 하는 것이 중요하다. 이와 같은 자료들은 경영자에게 매우 유용한 정보를 제공하므로 바람직한 상황을 유도하기 위해 지속적인 분석과 연구가 필요하다.

3) 메뉴공학

카사바나와 스미스(Kasavana & Smith, 1982)는 메뉴공학(menu engineering)을 개발하였다. 메뉴공학이 외식산업의 메뉴평가도구로 개발된 것은 1982년 돈 스미스(Don Smith)와 마이클 카사바나(Michael Kasavana)에 의해서이다. 메뉴공학은 메뉴의 가격과 원가관리에 있어 세련된 접근법이라고 볼 수 있다. 기존의 외식업소 운영평가법들은 주로 식자재비용이나 재고회전율 등에 의존해 명확한 운영평가에 많은 한계점을 안고 있었다. 외식업소운영의 중추로서 메뉴에 대한 인식의 전환은 메뉴가 단순히 음식판매를 위해 나열된 목록이 아니고, 판매에 지대한 영향을 주고 이윤증가에도 사용할 수 있는 강력한 마케팅도구라는 점을 인식하면서 시작되었다.

메뉴공학은 마케팅적 접근에 의해 메뉴의 가격, 디자인, 내용을 평가하는 기법으로 메뉴의 시장성을 평가할 수 있는 우수한 방법이다. 그러므로 정기적으로 메뉴공학을 수행하고 이를 현실에 반영해 나간다면 보다 많은 수익을 올리는 데 기여할 수 있다.

메뉴공학에서는 세 가지 요소에 주안점을 두고 분석한다. 첫째는 일정시기 동안 업소를 이용한 고객수를 의미하는 고객수요량으로 업소운영의 변동을 설명하는 데 매우 중요한 자료가 된다. 이 자료 없이는 마케팅 성과의 측정이 어렵기 때문이다. 둘째는 판매된 각 품목들의 비율로 메뉴믹스(menu mix) 또는 세일즈믹스(sales mix)라고도 하는데 일정기간 동안 고객에게 판매한 각 품목의 수를 말한다. 메뉴믹스는 제공된 각 품목에 대한 고객의 선호 유형을 나타내는 것으로 품목들 간의 경쟁적인 인기도를 의미한다. 셋째는 각 품목들이 수익에 공헌하는 마진으로 메뉴를 판매했을 때 식자재비용을 빼고 남는 금액을 말한다. 공헌마진은 각 품목의 수익성을 반영하므로 가격결정의 중요한 요소가 된다. 메뉴공학에서는 전체품목들의 공헌마진 평균치를 이용하여 각 품목의 이윤창출기여도를 평가한다.

(1) 계산방법

메뉴공학을 이용하기 위해서는 메뉴믹스, 판매가격, 식자재원가라는 세 가지의 자료를

표 15-4 | 메뉴공학 계산표

(1) 품목	(2) 품목별 판매량	(3) 메뉴 믹스	(4) 품목 원가	(5) 판매가	(6) 품목마진 (5)−(4)	(7) 품목 총원가 (4)×(13)	(8) 품목 총매출 (5)×(13)	(9) 공헌마진 (6)×(13)	(10) 공헌 마진 분류	(11) 메뉴 믹스 분류	(12) 메뉴 판정
비빔밥	365	35.6	820	2,500	1,680	299,300	912,500	613,200	고	고	별
국밥	158	15.4	540	2,000	1,460	85,320	316,000	230,680	저	저	개
갈비탕	217	21.1	1,250	3,000	1,750	271,250	651,000	379,750	고	고	별
회냉면	286	27.9	910	2,500	1,590	260,260	715,000	454,740	저	고	소
						(14) 총원가 916,130	(16) 총매출 2,594,500	(18) 총공헌마진 1,678,370			
합계	(13) 1,026					(15)=(14)/(16) 0.353	(17)=(18)/(13) 1,635.8	(19) =100/메뉴수)×(70) 17.5			

준비해야 한다. 판매가격이나 자재원가는 고정적인 수치일 수 있으나, 메뉴믹스는 변동적인 것이므로 평가 때마다 구해야 한다. 메뉴믹스는 1회에 판매된 양으로부터 얻을 수도 있지만, 1주 또는 1달에 걸쳐 판매된 양을 집계하여 사용할 수 있다.

① 단계 1 : [표 16－4]에 차례로 메뉴품목, 판매량, 식자재원가, 판매가를 기입한다.

② 단계 2 : 판매량의 합계(13)를 내어 메뉴믹스(3)를 계산한다.

- 총판매량(13)＝품목별 판매량(2)의 총합
- 메뉴믹스(3)＝품목별 판매량(2)÷총판매량(13)×100

③ 단계 3 : 품목마진(6), 품목총원가(7), 품목총매출(8), 공헌마진(9)을 계산한다.

- 품목마진(6)＝판매가(5)－품목원가(4)
- 품목총원가(7)＝품목원가(4)×판매량(2)
- 품목총매출(8)＝판매가(5)×판매량(2)
- 공헌마진(9)＝품목마진(6)×판매량(2)

④ 단계 4 : 총원가, 총매출, 총공헌마진을 계산한다.

- 총원가(14)＝품목총원가(7)의 총합
- 총매출(16)＝품목총매출(8)의 총합
- 총공헌마진(18)＝공헌마진(9)의 총합

⑤ 단계 5 : 총원가비율(15), 평균공헌마진(17), 70% 기준의 메뉴믹스(19)를 계산한다.

⑥ 단계 6 : 공헌마진(10)과 메뉴믹스 분류(11)에 따라 메뉴품목을 판정(12)한다.

- 공헌마진(contribution margin) 분류
  - －고(high) : 품목공헌마진(10)＞평균공헌마진
  - －저(low) : 품목공헌마진(10)＜평균공헌마진
- 메뉴믹스(menu mix) 분류
  - －고(high) : 메뉴믹스비율＞70%규칙－메뉴믹스비율
  - －저(low) : 메뉴믹스비율＜70%규칙－메뉴믹스비율
- 메뉴품목 판정(menu item classification)
  - －별 : 공헌마진은 고, 메뉴믹스비율도 고
  - －소 : 공헌마진은 저, 메뉴믹스비율은 고
  - －개 : 공헌마진은 저, 메뉴믹스비율도 저
  - －수수께끼 : 공헌마진은 고, 메뉴믹스비율은 저

(2) 메뉴품목 판정에 따른 의사결정

메뉴공학의 결과로 분류된 별, 소, 개, 수수께끼 품목들에 대한 정확한 의사결정을 하는 것은 쉽지 않다. 각 품목들이 어느 부류에 속하는가에 따라 일반적으로 권장되고 있는 대응책이 있다.

그림 15-1 | 메뉴공학 판정표

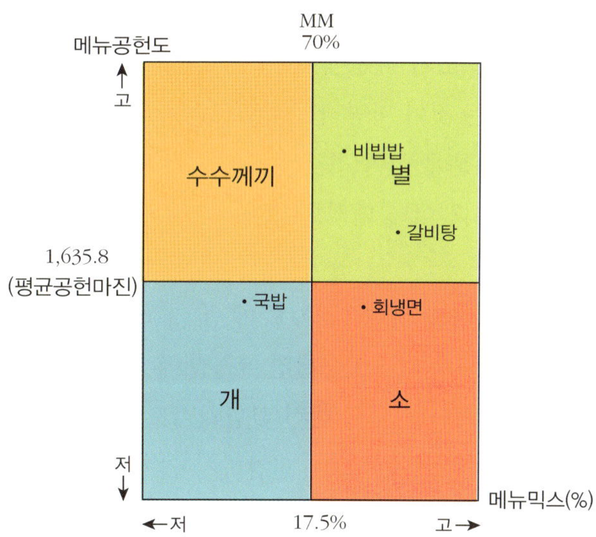

① 별(star : 갈비탕 · 비빔밥)

'별' 상품군에 속하는 메뉴상품은 높은 고객의 선호도(인기도)와 높은 수익성을 특징으로 하고 있다. 이러한 메뉴상품군은 외식기업의 정체성과 수익성을 확보해 주는 중요 상품군으로 관리자의 특별한 관리가 요구된다. 이 메뉴품목들은 업소의 수입에 절대적으로 기여하는 품목들이므로 품질과 1인 분량을 엄격히 표준화 · 규격화하여 그 질을 유지하면서 보다 높은 판매를 위해 메뉴판에서 가장 눈에 잘 띄는 곳에 배치하도록 한다. 본래 '별'에 해당하는 품목들은 가격탄력성이 적기 때문에 메뉴가격을 약간 상향조정해도 매출에는 큰 변화가 없지만 현재도 수익률이 높은 편이므로 무리한 조정은 하지 않는 것이 좋다.

② 소(cow : 회냉면)

이 '소' 상품군에 속하는 메뉴상품은 높은 고객의 선호도를 보이는 메뉴아이템이지만 평균 이하의 낮은 수익성을 특징으로 하는 메뉴상품군이다. 높은 고객선호도란 점포를 방문하는 고객의 숫자를 늘리는 유인 메뉴상품군이라 할 수 있다. 하지만 이러한 메뉴상품군에 속하는 각각의 메뉴아이템은 일반적으로 원가 대비 낮은 가격대를 형성하고 있기 때문에 관리자로 하여금 메뉴가격의 수정 혹은 원가관리 등의 경영노력을 요구하고 있다. 따라서 관리자는 고객반응의 추이를 면밀히 확인한 후 가격인상을 시도할 수 있으며, 추가적인 원가절하요소(대체 식재료, 제공량 조정 등)가 있는지를 확인하는 특별한 원가관리노력을 시도해야 한다. 일반적으로 '소' 메뉴상품군에 속한 메뉴에 대해 고객은 높은 가격탄력성을 특징으로 하고 있기 때문에 가격인상보다는 원가절감의 노력을 통해 기업이 추구하는 수익을 확보하는 것이 바람직한 경영방법이라 할 수 있다. 또한 이 메뉴상품은 고객의 선호도가 높기 때문에 굳이 고객의 시선을 확보할 필요가 없다. 따라서 이 메뉴아이템의 위치는 고객의 시선이 상대적으로 덜 집중되는 위치에 배치하는 것이 일반적이다.

다소 인기는 있지만 공헌마진이 낮은 메뉴로 우선 가격탄력성을 시험해 본다. 만약 가격탄력성이 크면 최소한의 비용만을 인상시킨 후 '별'에 속하는 갈비탕이나 비빔밥의 가격을 올려 회냉면이 부담해야 할 비용을 대신 부담시키도록 한다. 대체적으로 '별'에 속하는 품목들을 찾는 고객들은 가격의 상승에 민감하지 않기 때문에 회냉면의 가격을 올려 판매량이 주는 모험을 하기보다는 갈비탕의 가격을 올려 회냉면의 가격고정이 줄 수 있는 비용을 만회할 수 있도록 한다.

물론 가격을 올릴 때에는 한꺼번에 올리지 말고 조금씩 단계적으로 올려 고객의 저항감을 줄이도록 한다. 예를 들면, 7,000원 하는 설렁탕의 가격을 한꺼번에 7,500원으로 올리는 것보다는 7,200원에서 7,400원 하는 식으로 점차적으로 올리라는 것이다.

메뉴판에서는 회냉면을 눈에 잘 안 띄는 곳으로 옮기고, 마진이 높은 다른 품목들을 눈에 잘 띄는 곳으로 배치해 고객들이 마진이 더 높은 품목을 선택하도록 유도한다. 회냉면의 가격을 올리지 않고 단가가 싼 다른 몇 개의 품목들과 묶어서 패키지상품으로 판매하는 것도 매출과 마진을 증가시킬 수 있는 좋은 방법이다. 물론 1인분량을 줄이는 방법도 생각해 볼 수 있지만 정량을 줄이는 대안은 가급적 선택하지 않는 것이 좋다.

③ 개(dog : 국밥)

'개' 메뉴상품군은 낮은 고객선호도와 낮은 수익성을 특징으로 하고 있기 때문에 관리자의 신속하고 특별한 조치가 요구된다. 이러한 메뉴상품군은 낮은 고객선호도로 인해 식재료관리 등의 효율성을 저해하는 요인으로 작용할 수 있다. 이것은 인기도 없고 팔아도 마진이 별로 없는 품목이므로 우선 메뉴판에서 제거하는 방법을 생각해 볼 수 있다. 국밥은 빼버려도 다른 메뉴품목에 거의 영향을 주지 않으므로 과감하게 제거하는 것도 무리가 없다. 만약 국밥이 조금이라도 고객들의 인기를 얻고 있다면 시장잠재력이 있다는 증거이므로 수수께끼 수준으로 그 기여도나 메뉴믹스를 끌어올리기 위해 가격을 올려 보는 것도 하나의 대안이 될 수 있다. 국밥의 경우 사용되는 식자재가 저장에 큰 문제가 없는 것들이므로 메뉴표에 올리지 않고 재고로 보유하고 있다가 특별주문 시에만 판매하는 방법도 생각해 볼 수 있다.

④ 수수께끼(puzzle)

'수수께끼' 메뉴상품군에 속하는 메뉴상품은 각 메뉴아이템별 수익성은 높지만 낮은 고객선호도를 가진 메뉴상품군이다. 이러한 메뉴상품군은 고객의 선호도를 높일 수 있다면 '별' 메뉴상품군에 속할 가능성이 높은 메뉴상품이라 할 수 있다. 수수께끼로 판정되는 품목은 공헌마진은 높지만 인기가 낮은 품목이므로 메뉴판상의 배치조정으로 고객들의 관심을 유도해 보거나 메뉴의 이름이나 가격을 보다 쉽게 받아들일 수 있는 방향으로 분위기를 바꾸는 방법도 생각해 볼 수 있다. 판촉전략을 사용할 수도 있고, 노동력이나 숙련도가 요구된다면 과감하게 메뉴에서 제거하는 것도 괜찮다. 그리고 수수께끼 메뉴들은 그 낮은 인기도로 인하여 품질이나 조리, 재고누적 등의 문제를 일으킬 수 있으므로 가능한 이에 해당하는 메뉴수를 줄여 나가도록 한다.

4) 메뉴점수평가법(menu scoring)

1960년대 미국 플로리다주립대학(Florida International University)의 마이클 허스트(Michael Hurst) 교수는 가격의 변화, 원가, 인기도, 이익공헌도 등이 판매에 미치는 영향을 측정하는 평가법을 개발하였다. 이 평가법은 메뉴에 준 변화(예 : 가격, 원가율, 메뉴교체)의 결과를 분석하기 위한 것으로, 계산은 몇 가지 경리관련 자료만 가지고도 손쉽게 할 수 있다.

이 방법을 사용하기 위해서는 우선 평가기간을 설정해야 하는데 평가기간은 최소한 2주 이상의 평상적인 기간으로 변수가 작용할 수 있는 시기는 피해 정한다. 예를 들어, 크리스마스와 같은 축제일이나 날씨가 나빴던 기간들은 판매량의 증감폭이 평상시와는 다른 특별한 경우에 해당하므로 평가대상에서 제외시킨다. 절차는 다음과 같다.

① 평가기간을 정하고 총매출액에 공헌도가 높은 품목들을 평가대상으로 선발한다.
② 선별된 품목의 총판매수량에 남아 있는 품목들의 판매량을 모두 합하여 업소의 총판매량을 구한다.
③ 선별품목들의 매출액과 식자재원가를 계산한다.
④ 선별품목들의 평균객단가를 계산한다(선별품목 총매출액÷선별품목 총판매량).
⑤ 선별품목들의 총수익을 계산하고(선별품목 총매출액−선별품목 총식자재원가), 선별품목의 총매출액에 대비한 총수익률을 계산한다(선별품목의 총수익÷선별품목의 총매출액).
⑥ 선별품목들의 평균수익을 계산한다[평균객단가(④)×총수익률(⑤)].
⑦ 업소의 전체품목판매수에 대비한 선별품목의 판매율을 계산한다(선별품목 총판매수÷업소 전체품목판매수).
⑧ 메뉴스코어(menu score)를 산출한다[선별품목 평균수익(⑥)×선별품목판매율(⑦)].

다음은 허스트 메뉴평가방법의 예이다.

표 15-5 | 허스트 메뉴평가방법(A)

품목	판매수량(개)	판매가격($)	총매출($)	식자재원가($)	총식자재원가($)
새우 소고기 칠면조	100 500 400	6.00 8.00 6.00	600 4,000 2,400	2.00 3.28 2.40	200 1,640 960
	1,000 (선별품목 총판매수)		7,000		
	1,500 (업소 총판매수)				

• 객단가(④) : 총매출액÷선별품목 총판매수량($7,000÷1,000개=$7.00)
• 총수익(⑤) : 총매출액−총식자재원가($7,000−$2,800=$4,200)
• 총수익률(⑤) : 총수익÷총매출액($4,200÷$7,000=60%)
• 평균수익(⑥) : 객단가×총수익률($7.00×60%=$4.20)
• 업소 총판매수(②) : 1,500개
• 판매율(⑦) : 선별품목 총판매수÷업소 총판매수(1,000개÷1,500개=66.7%)
• 메뉴스코어(⑧) : 평균수익×선별품목판매율($4.20×66.7%=$2.80)

표 15-6 | 허스트 메뉴평가방법(B)

품목	판매수량(개)	판매가격($)	총매출($)	식자재원가($)	총식자재원가($)
새우	100	7.50	750	2.25	225
소고기	500	10.00	5,000	4.00	2,000
칠면조	400	6.00	2,400	1.50	600
	1,000 (선별메뉴 총판매수)		8,150		2,825
	1,500 (업소 총판매수)				

- 객단가(④) : $8,150÷1,000개=$8.15
- 총수익률(⑤) : $8,150−$2,825=$5,325÷$8,150=65%
- 평균수익(⑥) : $8.15×65%=$5.30
- 판매율(⑦) : 1,000개÷1,500개=66.7%
- 메뉴스코어(⑧) : $5.30×66.7%=$3.53

A와 B를 비교하면, B의 메뉴스코어는 $3.53로 A의 스코어 $2.80보다 126% 증가했음을 알 수 있다. 이러한 변화의 우선적인 요인은 새우와 소고기 판매가격의 상승으로 인해 메뉴스코어가 높아졌다고 할 수 있으나 이런 판매가격의 상승에도 변하지 않은 판매량과 칠면조의 낮은 식자재의 원가도 무시할 수 없는 메뉴스코어의 상승요인임을 알 수 있다. 그러므로 결론은 이 업소가 새우와 소고기 두 메뉴의 판매가격을 올린 것은 올바른 결정이라 할 수 있다.

위의 경우에서도 보았듯이 단 하나의 메뉴스코어는 그 자체만으로는 큰 의미를 갖지 못하고, 단순히 판매량이 가격변화, 식자재원가, 메뉴교체 등과 어떻게 상호작용했는지 보여줄 수 있을 뿐이다. 그러므로 이 평가법을 제대로 이용하기 위해서는 평가기간이 다른 여러 개의 메뉴스코어를 상호 비교할 수 있어야 한다. 여기서 기억해야 할 것은 타 업소의 메뉴스코어와 비교하는 것은 업소 나름의 특수요인들 때문에 분석에 큰 도움이 되지 않는다는 점이다.

메뉴의 타산성은 메뉴스코어가 높을수록 좋아지고, 극히 미소한 차이도 이 분석법에서는 상당한 의미를 갖는다. 이미 언급했듯이 메뉴교체나 가격 및 원가의 변화가 판매에 미치는 영향을 조사하는 것이 허스트 메뉴평가법의 목적이므로 메뉴가격을 올렸거나 새로운 메뉴를 판매하기 시작했다면 메뉴스코어 계산을 통해 그 변화의 결과를 평가해 변화의 계속 시행 여부를 결정해야 한다. 메뉴스코어가 점진적으로 증가추세를 보이면 이는 변화를 준 것이 옳았음을 의미하고, 스코어가 하향하거나 등락현상이 심하면 담당자는 그 원인에 대한 면밀한 조사를 해야 한다. 특별한 이유 없이 스코어가 지속적으로 낮은 경우는 대부분 낮은 객단가에서 비롯되기 때문에 서비스 차원에서 판매하고 있는 것이 아니라면 품목을 교체하거나 이익이 높은 다른 품목에 주력함으로써 개선해 나갈 수 있다. 객단가가 높음에도 불구하고 낮은 메뉴스코어를 보이는 품목들은 대부분 높은 원가율에 원인이 있으므로 원가율을 개선하거나 다른 메뉴로의 교체를 통해 높은 메뉴스코어, 다시 말해 높은 수익을 올릴 수 있도록 해야 한다.

2. 정형화 가격책정법

1) 식자재 원가결정요인에 의한 가격책정법(요소법)

메뉴생산에 소요되는 식자재비가 판매가의 일정비율을 차지한다는 가정하에 기반을 둔 가격책정법으로 품목마다 다른 원가비율로 개별적인 가격책정을 할 수 있다. 이 방법을 이용하려면 식자재비, 판매가, 식자재비율 중 최소한 두 가지의 정보는 가지고 있어야 다음의 공식을 이용해 가격의 윤곽을 알 수 있다.

> 식자재비 ÷ 판매가 = 식자재비율(%)
> 식자재비 ÷ 식자재비율(%) = 판매가

예를 들어, 새우볶음밥의 목표원가율은 35%라고 하자. 식자재비가 1,500원이라면 두 번째의 공식을 이용해 대략 4,300원(1,500원 ÷ 35% = 4,300원)에 이르는 판매가가 산출된다. 이 판매가를 기준으로 가격결정요인을 고려하여 최종가격선으로 결정한다.

사례 다음과 같은 식자재의 1개 메뉴당 원재료비가 가격의 40% 비용이 사용되기를 바라는 사업주가 있다. 이 사업주는 본 메뉴의 가격을 얼마를 받아야 하겠는가?

- 요소 = 매출가격/식자재비의 비중
  = 100%/40% = 2.5요소

• 가격책정

항목	가격
원자재	$3.00
프라이(fries)	.20
야채	.15
가니쉬(garnish)	.10
소계	$3.45×2.5 = $8.62

2) 상방식(bottom-up approach)을 통한 역접근 가격책정법

(1) 사전정보

분류	액수	관련정보
자본	$200,000	목표순이익비율=12%
부채	$500,000	연이자율=10%
세금		세전순이익의 30%
고정비	$100,000	연기준
변동비	$500,000	연기준
식음료비용의 매출 대비 비중		35%
좌석수		100석
좌석회전율		하루 2회
운영일수		365일

(2) 상방식 또는 역접근법 가격책정

분류	계산	액수
1) 목표순이익	$200,000×.12	$24,000
세전순이익	$24,000/(1−.3)	$34,286
이자	$500,000×.1	$50,000
고정비		$100,000

변동비		$500,000
2) 식음료비용을 제외한 매출		$684,286
3) 식음료 매출	$684,286/0.65	$1,052,748
식음료 매출규모수	365일×100석×2회	73,000개
식음료 객단가	$1,052,748/73,000개	$14.42

(3) 점심과 저녁의 객단가

매출	$1,052,748
점심 매출비율	40%
저녁 매출비율	60%
점심 좌석회전율	1.25회
저녁 좌석회전율	.75회

분류	계산	액수
점심 매출	.4×$1,052,748	$421,100
저녁 매출	.6×$1,052,748	$631,648
식음료 매출규모의 수		
점심	365일×100석×1.25times	45,625counts
저녁	365일×100석× .75times	27,375counts
점심과 저녁의 객단가		
점심	$421,100 / 45,625개	$9
저녁	$631,648 / 27,375개	$23

요약정리

- 메뉴가 개발되어 판매가격이 결정되고 메뉴판에도 기재되면 일단은 판매준비가 완료된 것이라고 할 수 있지만, 메뉴분석이 되지 않은 메뉴개발은 사상누각이라고 비유될 정도로 개발에 있어 분석은 중요하다.
- 메뉴평가지수법은 메뉴의 형식, 가격, 판매율, 디자인과 색채로 크게 분리할 수 있다.
- 인기지수분석법은 바로 이러한 고객호응도를 메뉴판매량을 이용하여 분석한 후 품목별 상품력을 측정하는 것이다. 분석기간의 길고 짧음에 따라 분석의 객관성이 달라질 수 있으므로 분석기간은 가능한 1개월 이상인 것이 좋다.
- 메뉴공학은 메뉴의 가격과 원가관리에 있어 세련된 접근법이라고 볼 수 있다. 기존의 외식업소 운영평가법들은 주로 식자재비용이나 재고회전율 등에 의존해 명확한 운영평가에 많은 한계점을 안고 있었다.
- 메뉴점수평가법은 메뉴에 준 변화(예 : 가격, 원가율, 메뉴교체)의 결과를 분석하기 위한 것으로, 계산방법은 몇 가지 경리관련 자료만 가지고도 손쉽게 할 수 있다.
- 식자재원가에 의한 가격책정법은 메뉴생산에 소요되는 식자재비가 판매가의 일정비율을 차지한다는 가정에 기반을 둔 가격책정법이다.
- 상방식을 통한 역접근 가격책정법의 계산을 할 수 있어야 한다.

참고문헌

Lundberg, Donald E. & John R. Walker(1993), *The Restaurant from Concept to Operation*, John Wiley & Sons.

Powers, Tom & Clayton W. Barrows(1999), *Introduction to Management in the Hospitality Industry*, John Wiley & Sons.

Chapter 16

견적용 재무제표

1. 회계의 중요성

얼마 전만 해도 회계는 전문 분야에 종사하는 사람들만이 알아야 하는 것으로 여겨져 왔으나 이제는 외식사업주들이 높은 관심을 가지게 되었다. 사업주들이 관심을 가지게 되는 이유는 회계를 알지 못하면 결국 그로 인한 피해를 사업주가 고스란히 안게 된다는 사회적 인식 때문일 것이다.

회계는 통상 어렵게 느껴진다. 사실, 회계 전체의 큰 틀만 알고 있으면 회계만큼 명확하고 조직적이고 간결한 시스템도 없을 것이다. 따라서 전체적인 회계시스템을 알고 큰 그림을 그릴 수 있다면 사업에 매우 큰 도움을 받게 될 것이다.

회계는 외식경영자가 당연히 알아야 하는 분야일 뿐만 아니라 주방관리의 책임을 맡고 있는 조리장들도 반드시 알아야 한다. 조리장의 역할이 증대됨에 따라 식자재와 인건비에 대한 책임 또한 증대되고 있다. 따라서 조리장들도 회계에 대한 기본지식을 배워야 한다. 예를 들면, 최고의 식자재 납품업체를 선정해서 최고의 가격으로 교섭을 함으로써 상품 전체의 통합을 유지하면서 최대의 산출을 만드는 것이 조리장의 책임이기 때문이다. 조리장들은 인건비가 상승함에 따라 주어진 예산범위 내에서 직원들을 활용하는 방법에 대하여 잘 알고 있어야 한다. 각 스테이션에 필요한 기술수준을 서술하는 직무설명서(job descriptions)를 개발하거나 음식의 준비, 플레이트 서비스(plate service), 상품수정(product substitution)과 위생을 위해 완벽한 서술이 이뤄질 수 있는 표준레시피 작성하기, 그리고 직원의 스케줄 관리하기, 대인관계기술 등과 더불어 필요한 회계적 지식을 갖추는 것은 좋은 조리장이 되기 위해 꼭 필요한 것이다. 이러한 회계적 기술은 조리기술만큼이나 중요하다.

2. 회계의 기준

우선 회계의 일반기준을 알아보도록 하자.

- 신뢰성의 원칙 : 회계처리와 보고는 신뢰할 수 있도록 객관적인 자료와 증거에 의해서 공정하게 처리하여야 한다.
- 명료성의 원칙 : 재무제표의 양식 및 과목과 회계용어는 이해하기 쉽고 간단명료하게 표시해야 한다.
- 충분성의 원칙 : 중요한 회계방침과 회계처리기준, 과목 및 금액에 관하여는 그 내용을 재무제표에 충분히 표시하여야 한다.
- 계속성의 원칙 : 회계처리에 관한 기준 및 추정은 기간별 비교가 가능하도록 매기 계속하여 적용하고 정당한 사유 없이 이를 변경하여서는 안 된다.
- 중요성의 원칙 : 회계처리와 재무제표 작성에 있어서 과목 및 금액은 그 중요성에 따라 실용적인 방법에 의하여 결정하여야 한다.
- 보수주의 원칙 : 회계처리과정에서 두 가지 이상의 선택가능한 방법이 있는 경우에는 재무적 기초를 견고히 하는 관점에 따라 처리하여야 한다.

3. 회계의 분류

회계는 돈의 흐름을 기록하여 보고하는 역할을 한다. 일반적인 회계의 분류는 기업회계와 비영리회계로 구분한다. 기업회계는 주요 업계별로 크게 분류할 수 있는데 이는 주로 사용되는 계정이 유사한 업계별로 묶어 분류하려는 의도이다. 이러한 업계별 회계분류는 제조업, 호텔업, 건설업, 금융업계로 나눌 수 있다. 그리고 비영리회계는 정부회계, 학교회계, 기금회계로 나눌 수 있다. 이 책에서는 호텔업 회계기준을 따르게 된다. 기업회계는 재무회계, 관리회계, 원가회계, 세무회계로 세분화할 수 있다.

표 16-1 | 회계의 분류

회계	기업회계	제조업 회계
		호텔업 회계(재무회계, 관리회계, 원가회계, 세무회계)
		건설업 회계
		금융업 회계
	비영리회계	정부회계
		학교회계
		기금회계

(1) 재무회계

재무회계(financial accounting)란 기업과 이해관계가 있는 주주, 채권자, 세무당국자, 소비자, 종업원 및 미래의 투자자 등과 같은 이해관계자가 기업실체와 관련하여 합리적인 의사결정을 할 수 있도록 재무상태나 경영실적을 계수화한 재무제표의 작성을 일정하고 통일된 회계원칙에 따라 객관적이며, 정형화된 양식으로, 또한 법에 의한 강제적 통제를 받아서 적정한 재무적 정보를 제공하는 데 그 목적이 있다.

(2) 관리회계

관리회계(management accounting)는 기업 내부의 이용자, 즉 호텔의 경영자들에게 경영관리를 위하여 필요한 회계정보를 산출하여 유용한 정보를 제공함으로써 기업목적을 효과적으로 달성하고자 하는 데 그 목적이 있다.

(3) 원가회계

원가회계(cost accounting)는 식음료 부문의 상품을 생산하는 데 있어서 소요되는 원재료를 식자재 및 음료자재로 구분하여 적절한 원가의 유지와 관리를 주된 목적으로 하는 회계의 영역이다.

(4) 세무회계

세무회계(tax accounting)는 세법에 따라 기업이 국가나 지방자치단체에 납부하는 세금에 대한 세액의 결정, 세무신고서의 작성, 세무관리 등을 다루는 회계를 말한다.

4. 재무제표의 이해

소점포사업을 경영하는 사업주 중에는 재무제표에 대한 이해가 부족한 사업주가 상당히 많은 편이다. 의외로 계수관리에 약한 사람이 많다. 매출액을 계산 안 해 봐서 모른다는 사업주도 있다. 또한 단순히 손가락셈에 의한 계산으로 이익이 얼마이고, 손실이 얼마인지 계산하는 사람도 많다. 그러나 이러한 단순한 계산방식에 의한 점포경영은 아주 위험한 것으로 하루아침에 적자로 점포경영을 마감할 수 있다는 점을 명심해야 한다.

본인의 사업에 대해서 잘 알고 있는 경우 월평균매출액이 약 1,000만 원 정도 되고, 영업이익은 500만 원 정도, 제반경비가 대강 합해서 200만 원선이 되니까 한 달 수익은 약 300만 원 정도 된다고 설명할 수 있다면 훌륭한 사업주라고 할 수 있다. 이 정도 되면 사업주에 대해 신뢰가 가게 되어 있다. 치밀한 손익관리와 잘 짜인 자금관리가 밑바탕이 된 점포경영이야말로 기초공사가 튼튼하게 된 점포경영이라고 할 수 있는 것이다.

점포경영을 하는 사람은 언제나 다음과 같은 질문을 진지하게 생각하고 있어야 한다. 즉, 매출이 바람직하게 올라가고 있는가, 영업경비가 왜 늘어만 가는가, 혹은 순이익이 확보되었는가 등의 문제를 항상 제기해야 하는 것이다.

영업성적을 분석해서 매출이 충분한데도 순이익이 오르지 않는다면 그 원인은 '예상이익률의 불충분'에 있다는 것을 말해 주는 것이다. 이를 타개하기 위하여 먼저 식자재를 싸게 구입하여 원가를 떨어뜨리는 법, 매출을 높이는 방법, 그리고 예상이익률은 그냥 두고 영업경비를 절약할 수 있는 방법을 모색해야 한다. 매출은 충분함에도 불구하고 순이익이 적은 경우에 경영자는 다음과 같은 점을 고려해 봐야 한다.

첫째, 원가를 낮추어 이익을 올리는 방법이다. 비용 중에 가장 큰 비중을 차지하는 것이 상품원가이다. 동업종을 영위하는 경영주와 공동구매를 하거나, 자금에 압박이 갈 수 있겠지만 물량의 대량구매를 통한 원가할인으로 매출원가를 최소화할 수 있다.

둘째, 매출액을 높여서 이익을 얻는 방법이다. 매출액을 올리는 방법에는 판촉행사, 장시간 영업 등 여러 가지가 있을 것이다. 그러나 간단하게 매출액이 어떻게 이루어지는가를 살펴보면 가장 기본적인 매출증대방안을 찾을 수 있다.

매출액은 그날 점포에 방문한 고객이 얼마만큼의 상품을 구매했는가에 의해 결정된다. 즉, 그날의 매출은 얼마만큼의 고객을 점포에 끌어들였느냐, 고객 1인당 얼마만큼 많은 구매를 하게 유도했는가에 따른 결과이다. 고객이 적다면 고객을 점포로 유인할 수 있는 판매전략이 필요하고, 객단가가 적다면 1개를 구입하는 고객에게 연계판매, 제안판매를 통한 추가판매가 발생될 수 있는 판매기법이 필요한 것이다.

셋째, 영업경비를 줄여 이익을 얻는 방법이다. 판매관리비에는 고정비와 변동비가 있다. 즉, 매출액을 기준으로 매출에 상관없이 점포가 영업을 할 때 고정적으로 발생하는 고정비, 매출액의 증감에 따라 발생되는 변동비가 있다. 이러한 비용은 경영주의 관리방안의 수립 및 시행을 통하여 최소화시킬 수 있다.

비용관리의 목표는 매출과 수익에 영향을 미치지 않는 최소한의 비용으로 점포를 관리하는 것이다. 모든 비용을 최소한으로 유지하는 것은 바로 점포의 이익에 큰 영향을 줄 수 있다.

5. 재무제표 처리의 중요성

외식사업자는 항상 유동적이고 격심한 경쟁 속에서 사업을 영위하게 된다. 미래의 경영환경에 대한 예측과 이에 기초한 적절한 계획 및 경영관리능력 없이 사업의 성공이나 좋은 성과를 기대할 수는 없다.

물론 경험과 날카로운 직관력을 바탕으로 현재의 상당한 지위를 구축한 경우도 있겠지만 이러한 경험과 직관력이 미래를 예견하는 능력과 항상 일치한다고 볼 수 없다. 경험과 직관력에 의지하는 주먹구구식 경영에서 탈피하여 되도록 객관적이고 과학적인 정보를 기초로 현재의 상태를 파악하고 이를 바탕으로 미래에 대한 합리적 판단을 해야 한다.

외식사업경영자는 업소의 상태를 진단하기 위해 수치로 나타난 재무적 자료를 이용하게 된다. 점포의 영업실적이나 재무상태를 한눈에 알 수 있게 해주는 재무자료가 있는데, 이를 재무제표라 한다.

재무제표는 사업자에게 있어 해당 점포의 실태와 업적을 일정한 기준에 따라 정확하게 보고하는 자료로서의 역할을 하거나, 외부의 이해관계자(주주, 채권자, 종사원, 소비자, 정부 등)들에게는 합리적인 의사결정을 하기 위한 정보를 제공하게 된다. 재무제표는 자금조성과 경영분석에 있어 가장 기본이다.

6. 재무제표

재무제표를 요구하는 대상은 해당 기업활동에 직접 또는 간접적으로 이해관계를 가지고 있는 사람들이다. 이러한 대상들은 주로 회사 내부의 경영자와 종사원, 투자자들이며 회사 외부로는 채권자, 고객, 금융기관, 언론기관, 연구소 등 다양한 대상이 될 수 있다.

표 16-2 | 재무제표 상호관계

대차대조표 (20A. 12. 31 현재)		현금흐름표 (20B. 1. 1~12. 31)		대차대조표 (20B. 12. 31 현재)	
[자산]		영업활동으로부터의 현금흐름		[자산]	
현금	**₩25,000**	당기순이익	**₩20,000**	현금	₩40,000
매출채권	20,000	재고자산의 감소(+)	10,000	매출채권	20,000
재고자산	30,000	매입채무의 감소(−)	(5,000)	재고자산	20,000
토지	10,000		25,000	토지	20,000
기타자산	10,000			기타자산	10,000
		투자활동으로부터의 현금흐름			
자산합계	₩95,000			자산합계	₩110,000
		토지의 취득(−)	(10,000)		
			(10,000)		
[부채]				[부채]	
매입채무	₩25,000	재무활동으로부터의 현금흐름		매입채무	₩20,000
미지급입금	5,000			미지급입금	5,000
		자본금의 증가(+)	10,000		
합계	₩30,000			합계	₩25,000
		배당금의 지급(−)	(10,000)		
[자본]				[자본]	
		현금증가	₩15,000		
자본금	₩40,000			자본금	₩50,000
		기초의 현금	25,000		
이익잉여금	**25,000**			이익잉여금	**35,000**
		기말의 현금	**₩40,000**		
합계	₩65,000			합계	₩85,000
부채와 자본합계	₩95,000	손익계산서 (20B. 1. 1 ~ 12. 31)		부채와 자본합계	₩110,000
		수익	120,000		
		비용	(100,000)		
		당기순이익	20,000		
		이익잉여금처분계산서 (20B. 12. 31 현재)			
		이익잉여금 기초잔액	₩25,000		
		당기순이익(+)	20,000		
		배당금 지급(−)	(10,000)		
		이익잉여금 기말잔액	**35,000**		

※ 재고자산이 감소하면 당기순이익에 (+)하라는 뜻임

재무제표는 기업이 작성하여 외부에 제공하는 ① 대차대조표(balance sheet) 또는 재무상태표(statement of financial position), ② 손익계산서(income statement), ③ 현금흐름표(statement cash flow), ④ 자본변동표(statement of change of owner's equity)를 의미한다. 이러한 재무제표는 기업 외부에 회계정보를 전달하는 주요 수단이 된다. 대표적인 재무제표는 재무상태표, 손익계산서, 그리고 현금흐름표로 요약할 수 있다. 이 세 가지 재무제표의 상호관계는 [표 16-2]와 같다. 재무제표의 내용을 간단히 요약할 필요가 있다. 재무상태표는 회사의 초창기부터 지금까지 발생한 현재시점에서 경제적 사건의 결과로서 존재하는 자원의 조달방법 및 운용상태에 관한 정보를 제공한다. 재무상태표는 일정시점의 재무상태를 나타내는 정태적(stock) 재무제표이다. 손익계산서는 특정기간 동안의 자본의 변동내용을 설명한다. 즉, 당기순이익의 발생 원인에 관한 정보를 제공한다. 손익계산서는 일정기간의 경영성과를 표시하는 동태적(flow) 재무제표이다. 현금흐름표의 정보는 재무상태표의 기초현금잔액이 기말현금잔액으로 어떻게 변동했는지를 보여주는 보고서라고 할 수 있다. 현금의 유입 및 유출을 일으키는 기업 내의 각종 활동을 현금흐름표에서는 크게 영업활동, 투자활동, 재무활동으로 구분하여 표시한다. 이와 같이 기업의 재무제표는 각각 독립된 것이 아니라 서로 밀접히 연결되어 있다.

본 외식사업 가치평가와 타당성평가에서는 재무상태표와 손익계산서만으로 평가하기 때문에 구체적 내용은 이 두 가지 재무제표만을 사용하게 된다.

7. 손익계산서

1) 손익계산서의 유용성

손익계산서는 일정기간 동안 기업의 경영성과에 대한 정보를 제공하는 재무보고서이다. 손익계산서(income statement)는 이익과 그 발생원천을 표시하는 재무제표로서, 투자자들이 기업의 미래의 수익력을 예측하고 비교하고 평가하여 투자에 관한 의사결정을 하는 데 유용한 정보를 제공하는 수단이다.

2) 손익계산서의 구성

손익계산서는 한 영업기간 동안의 기업의 경영성과를 표시한다. 크게 나누면, 매출, 비용, 세금, 순손익, 이렇게 네 개의 항목으로 나눠볼 수 있다. 비용은 원가, 급여, 광고선전비, 판매촉진비, 소모품비, 전기료, 가스비, 수도세, 통신비를 포함하는 공공요금, 보수영선비, 차량비, 임대료, 보험료, 이자, 감가상각비를 포함하는 고정비가 있다.

3) 매출의 기본 : 객단가와 고객수

사업이 잘되고 있는지 아닌지는 이익이 나고 있는지 아닌지를 말하는 것이다. 이것을 단순화시켜서 생각해 보면, 다음과 같이 나타낼 수 있다.

- 이익이라는 것은 '매출에서 지출을 뺀 금액'이라고 할 수 있다. 그렇다면 이익을 내기 위해서는 매출을 올려야만 한다(이익＝매출－지출).
- 매출이라는 것은 '고객수에 객단가를 곱한 것'인데, 객단가는 점포마다 정해지기 마련이다. 그렇다면 매출을 올리기 위해서는 고객수를 높여야 한다(매출＝고객수×객단가). 고객수는 좌석수에 좌석회전율을 곱한다(고객수＝좌석수×좌석회전율). 좌석회전율은 1일 평균 고객수를 좌석수로 나눈다(좌석회전율＝1일 평균 고객수÷좌석수).

이러한 매출계산방식을 통해 상황에 따른 계획의 변경을 가능하게 한다. 상황의 변화가 있을 시 매출규모의 변화를 예측해 볼 수 있다. 이러한 매출규모의 변경을 통해 영업일수, 좌석수, 영업시간, 회전율, 객단가 등과 같은 사항을 조정해 볼 수 있다. 이러한 상황에 따른 매출규모의 변경 전과 변경 후에 대한 사례는 다음과 같다.

사례에서 보는 바와 같이 영업일수, 좌석수, 영업시간, 회전율, 객단가를 조정함으로써 변경 전 일 매출은 $72,000이고 월 매출은 $1,800,000이 된다. 변경 후의 일 매출은 $157,740이고 월 매출은 $4,574,460로 향상됨을 알 수 있다.

표 16-3 | 매출계획(1개월 30일 기준) (단위 : $)

		변경 전	변경 후	
영업일수		25일	29일	
정기휴일		5일	1일	
좌석수		20석	22석	
영업시간	조식	없음	조식	07:00 ~ 09:00
	중식	12:00 ~ 13:30	중식	11:30 ~ 14:00
		13:30 ~ 17:00		14:00 ~ 17:00
	석식	18:00 ~ 22:00	석식	18:00 ~ 22:30

회전율	조식	없음	조식	4.0회전
	중식	1회전	중식	1.5회전
		2회전		2.5회전
	석식	1회전	석식	1.5회전
객단가	조식	없음	조식	350
	중식	800	중식	880
		350		400
	석식	2,100	석식	2,300
매출예상	조식	0	조식	30,800
	중식	16,000	중식	29,040
		14,000		22,000
	석식	42,000	석식	75,900
일일 매출	72,000		157,740	
월간 매출	1,800,000		4,574,460	

지출은 크게 식자재 원가, 인건비, 판매관리비, 임대료, 기타로 나눌 수 있다. 이런 식으로 단순화시켜 생각해보면 변동하는 것은 고객수이고, 고객수의 많고 적음이 이익을 좌우하는 주요인이 된다.

① 이익 = 매출 − 지출

② 매출 = 고객수 × 객단가

③ 지출 = 식품원가 + 인건비
+ 수도 · 광열비 + 임대료
+ 기타

한편, 외식업의 경우에 최소한 은행금리 정도의 이윤은 확보해야 되는데 은행금리에 따라서 예상이익이 달라지며, 이때 연간필요매출액을 파악해야 한다. 여기서 점포에서 소요되는 식재료비, 인건비, 판매관리비 등 총지출액에 의한 예상기대이익(최소한의 은행금리)에 의한 예상매출액을 구할 수 있다.

$$\frac{\text{예상기대이익}}{1-\text{총지출액(식재료비}+\text{인건비}+\text{판매관리비)}}=\text{예상매출액}$$

4) 기초비용(식자재비와 인건비)의 관리

식자재비와 인건비는 가장 큰 운영비용이다. 이 둘을 프라임 코스트(prime cost), 즉 기초비용이라 한다. 기초비용의 비율은 경영자의 이익관리능력을 평가하는 기준이 된다. 식자재비는 30% 이하로 떨어지면 곤란하며, 급여는 20% 이하로 떨어져서는 곤란하다. 식자재비가 30% 이하로 떨어지면 음식의 품질을 담보하기 곤란하기 때문이다. 급여도 20% 이하로 떨어지면 직원들의 사기가 떨어져 서비스의 품질을 담보하기 어렵기 때문이다. 이들의 최대 이상적인 비율은 60% 정도이며, 70%를 초과하면 어려움에 직면할 수 있다. 패스트푸드의 식재료비율 45%, 인건비비율 15%를 합치면 60%가 된다.

식자재비와 인건비는 상호 간에 긴밀한 관계를 가지고 있다. 예를 들면, 최고의 구매처를 선택해서 가격을 협상하고 적절한 식자재를 입수해서 생산하는 주요 업무가 주방장에게 있기 때문이다. 일반적으로 시간이 지나면서 인건비의 비중도 커지게 되는데 외식경영자는 이 인건비의 활용을 극대화하기 위하여 직원을 활용하는 법도 알고 있어야 한다. 단순히 주방의 생산과 인력운용을 주방장에게 맡기기보다는 관리할 수 있는 기본틀을 갖추고 있어야 한다. 예를 들어, 각 스테이션에 필요한 인력수와 업무 책임표와 필요한 기술수준, 거기에 맞는 표준레시피도 철저히 준비하고 있어야 한다. 이러한 기술들은 주방의 조리기술만큼 중요한 기술이다. 왜냐하면 경영자는 효율적인 식자재비와 인건비를 관리해야 되기 때문에 주방에서의 인건비와 식자재비에 대해 전적으로 주방장에게 맡기기보다는 경영자가 주방장과 함께 관리해 나감으로써 주방장의 전횡을 막을 수도 있고 관리효율도 기할 수 있기 때문이다.

(1) 인력의 구성

외식사업에서 인건비가 차지하는 비중이 높다 보니 이에 대한 관리가 매우 중요해진다. 외식사업의 업종과 업태에 따라 약간의 차이는 있지만 근무인원의 할당은 정사원 30%, 파트타이머 70%의 비율이 적당하다. 한편 직원의 평균연령도 되도록이면 낮추는 편이 좋은데, 평균연령이 높아지면 임금상승으로 이어져 결국에는 경영압박의 요인이 될 수 있기 때문이다.

(2) 인건비와 생산성

인건비와 생산성 간의 관계를 업태별로 나누어 설명할 필요가 있다. 시장상황을 보고 업태를 결정할 때 인건비와 생산성과의 관계를 고려해야 운영 중에 생길 수 있는 비용과 효율적인 생산성의 문제를 미리 예측해 볼 수 있다. [그림 16-1]에서와 같이 외식사업에서의 인건비와 생산성의 관계는 반비례의 관계에 있다고 볼 수 있는데 인력을 많이 필요로 하는 고급 서비스업태로 갈수록 인건비의 비중은 높아지지만 오히려 생산성은 떨어지는 반비례 관계를 볼 수 있다. 인건비에 대한 부분은 생산성과 적절히 조화시킬 수 있도록 사전에 대비해야 할 것이다.

그림 16-1 | 외식사업에서의 인건비와 생산성의 관계(반비례)

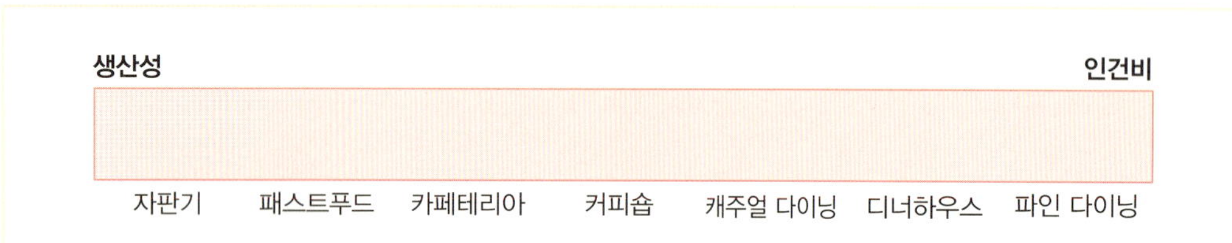

5) 수입과 지출은 매일, 매월 정확히 파악

경영의 상태를 정확히 파악하는 한 가지 방법은 점포 전용 은행계좌를 만드는 것이다. 경영에 관한 현금의 입출금은 모두 이 계좌에서 행해지도록 해야 한다. 흔히 '어차피 은행에 넣어놔도 또 빼서 쓸 돈인데'라고 생각하고 금전등록기 안에 있는 현금을 빼서 지불하게 된다. 이것은 금지해야 할 일이다. 등록기에서 현금을 빼서 쓰기 시작하면 현금등록기 안에 있는 현금이 전부 자신의 돈이라고 착각해 버리기 쉽기 때문이다.

또한 현금등록기의 현금을 넣었다 뺐다 하게 되면, 얼마나 매출이 있었고, 얼마나 지불에 사용했는지가 혼란스럽게 되어 버린다. 이렇게 되면 계산이 엉망이 된다.

기본적인 방법은 현금등록기에 넣은 현금은 매출금으로 매일 정확히 계산하고, 잔돈을 확보한 후 남은 현금을 야간금고 등에 바로 입금한다. 그리고 은행은 가능하면 가장 가까운 지점을 선택하는 것이 좋다. 이때는 당좌예금을 개설하고 수표발행이 가능하게 한다.

다음으로 '수입과 지출', '소액현금', 이 두 개의 장부를 만든다. '수입과 지출'의 장부에는 매일매일의 매출과 은행에서 수표로 발행한 큰 금액을 한정해서 기입하도록 한다.

'소액현금'의 장부에는 매일 사용한 적은 금액에 대해 기입한다. 이것은 가게의 규모에 따라 다르지만, 50만 원이나 100만 원 정도의 금액을 '소액현금'으로 인출하고, 금고에 넣어 둔다. 적은 금액의 식자재를 산다거나 문구류를 살 때에는 여기에서 빼서 구입하도록 한다.

이때에는 반드시 영수증을 받아두고, 그때마다 항목을 나눠서 기입하도록 신경 써서 적는다. 이것도 매출과 마찬가지로 장부, 현금, 영수증의 금액이 정확히 맞는지를 매번 확인해 두어야 한다.

이렇게 나온 각각의 숫자는 고객수 등과 함께 '주간 상황표'로서 따로 기록한다. 그리고 월말에는 이것을 모아서 '월간 상황표'로 만든다. 이렇게 해서 일정기간마다 숫자를 정확히 파악하는 것이 가게의 운영상태를 파악하는 기초 데이터가 될 것이다. 지금은 컴퓨터가 있기 때문에 컴퓨터를 잘 활용해야 한다.

6) 원가관리의 중요성과 상품의 질

외식사업은 원가관리를 어떻게 효율적으로 실행하느냐에 따라 승패가 달려 있다 해도 과언이 아니다. 이익은 매출액과 원가의 차액이므로 원가가 낮다는 것은 곧 높은 이익을 의미하기 때문에 원가관리에 많은 관심을 기울여야 한다.

원가율을 줄이면 줄일수록 품질이 저하되고 인건비를 낮추는 만큼 서비스가 저하되는 것은 당연하다. 그렇다고 마냥 원가율과 인건비를 높일 수도 없는 노릇이다. 따라서 원가분석을 통하여 예측한 이익과 상품의 질이 일정한 수준을 유지하고 있는지를 반드시 인지하고 있어야 한다.

7) 불필요한 비용 절감법

불경기라고 해도 사람들이 줄 서서 기다리는 점포가 있다. 불경기에도 잘되는 점포를 관찰해 보면 '가격 대비 질이 좋은, 가치 있는 요리'인 경우가 많다. 가치 있는 음식이 나오는 점포를 만들기 위해서는 경영의 군살을 없애야 한다. 자금사용방식에 있어서 비용 대비 효과를 잘 따져 보아야 한다.

예를 들어, '광고선전비' 같은 경우, 이것이 없으면 고객은 점포를 알지 못하게 되므로 최소한의 광고선전비를 아깝게 생각해서는 안 된다. 그러나 이용매체의 선정과 효과의 측정은 꼼꼼하게 확인해야 한다.

예를 들면, 동네 소식지에 많은 비용을 투자하는 것은 어떨까? 동네 소식지는 그 마을

의 점포를 소개해 주는 것으로 일반적으로 불특정다수를 대상으로 한다. 주변에 점포를 폭넓게 알리는 것이 목적이라면 괜찮은 방법이지만, 넓은 지역에 돌린다고 해도 지금처럼 고객의 기호가 확실한 시대에는 이 방법으로 내점객을 늘리는 것이 어려울 것으로 생각된다.

잘못 알고 있는 지출도 적지 않다. 주변에서 흔히 볼 수 있는 '낭비'로 생각되는 자금의 사용을 열거해 보겠다.

- 서비스를 목적으로 신문, 잡지 등을 놔두는 것
- 자신이 할 수 있는 일을 외주에 맡기는 것(자주 파손되거나 고장나기 쉬운 기계 및 부품에 관해서는 전문가에게 수리를 부탁했을 때에 고치는 방법을 잘 기억해 둔다. 그리고 메뉴나 전단지 등은 컴퓨터를 사용해 만들도록 한다)
- 노래방도 아니면서 노래방 기계를 두는 것(노래는 유행이라는 게 있어서 언제까지나 같은 곡으로 놔둘 수 없다. 일부 고객밖에 이용하지 않는 것에 돈을 쓰지 말자)
- 구입할 때 카탈로그를 이용하는 것(아무리 편리하다고 해도 비싸게 구입하기 쉽다. 지금 어떤 것이 잘 팔리는지를 파악하기 위해서라도 직접 발로 뛰어서 구매한다)

8) 손익분기점분석

손익분기점(break even point)이란 점포를 경영하면서 일어난 매출액과 매출을 달성하기 위해 들어간 제비용이 '0'이 되는 시점을 말하는데 이때 매출액이 손익분기점보다 많으면 이익이 나고, 적으면 손실이 발생하게 된다. 점포의 수입과 지출이 완전히 일치하는 금액으로 그것 이상의 수입이 없으면 적자가 되는 선을 말한다. 그러므로 손익분기점은 낮을수록 이익을 내기 쉽다는 결론을 낼 수 있다. 손익분기점분석은 원가, 매출량, 이익의 관계분석으로 이익계획의 분석적 도구로 흔히 이용되고 있는 기법이다.

손익분기점분석에서는 비용을 고정비와 변동비로 분류하고 비용, 매출, 이익의 상호관계를 검토한다. 여기서 고정비는 점포를 경영하면서 고정적으로 들어가야 하는 비용을 말하고 매출이 발생할 경우에 들어가는 비용을 변동비라 한다. 외식업소의 경우 이 두 항목의 비용을 간단히 분류해 보면 고정비로는 임대료, 이자, 급여, 보험료 등을 들 수 있고, 식자재비, 광열비, 직접인건비(임시직, 시간제직) 등은 변동비로 볼 수 있다. 특히 식자재비나 주방에서의 연료비 등은 매출량의 증감에 의해 직접적인 영향을 받고 있는 외식산업 고유의 변동비이면서 직접비용이다.

외식업소에서 손익분기점을 계산하는 이유는 메뉴판매에 따른 손익과 손실규모를 정확히 파악함으로써 업소의 목표판매량과 전략적인 판매가를 합리적으로 결정할 수 있고,

더불어 개발메뉴 시판에 앞서 영업이익의 규모를 미리 예측함으로써 고정품목으로서의 선택 여부를 보다 확실하게 결정할 수 있기 때문이다.

손익분기점 계산은 모든 원가와 비용을 합해 매출액과 대조하여 구할 수 있다. 만일 100명의 손님을 접대하는 데 400,000원의 원가와 비용이 들었고 400,000원의 총수입을 얻었다면 바로 400,000원이 손익분기점이 된다. 임대료, 관리비, 광열비, 고정직원의 월급 등 매출의 크기에 무관하게 발생하는 고정비용도 마땅히 포함되어야 정확한 손익분기점을 구할 수 있다.

손익분기점에서의 매출액과 총비용은 동일한 금액이므로 이들을 등식으로 놓고 손익분기점을 산출하면 다음과 같다.

$$\text{손익분기점} = \text{고정비} \div \text{한계이익률} = \text{고정비} \div \left(1 - \frac{\text{변동비}}{\text{매출액}}\right) = \frac{\text{고정비}}{100\% - \text{변동비율}}$$

이러한 손익분기점분석은 원가, 매출액, 이익의 상호관계를 쉽게 이해시켜 주는 장점 때문에 이익계획과 그 달성을 위한 상품가격과 원가의 통제에 많이 이용되고 있지만 분석법 자체가 가지고 있는 응용상의 한계를 고려하지 않고 기계적으로 사용하면 오류를 범하기 쉬우므로 주의해야 한다. 손익분기점의 응용상의 한계점을 몇 가지 들어 보면 다음과 같다.

- 손익분기점분석은 원가회계시스템이 양호하게 설계되었을 경우에 한해 원가, 매출액, 이익의 관계를 명확히 밝힐 수 있는 분석이므로 중소규모의 영세자본이 대부분을 차지하여 원가관리시스템이 제대로 이용되고 있지 못하는 경우는 이 분석법의 원칙적인 이용이 어렵다고 할 수 있다.
- 외식사업이 안고 있는 어려움 중 하나인 식자재가격의 잦은 변동으로 판매가의 일관성을 유지하기 어렵기 때문에 손익분기점분석법은 실용성이 희박해질 수 있다.
- 여러 가지 다양한 메뉴를 제공하는 업소는 손익분기점분석을 효과적으로 시행하기 어렵다.
- 이 분석법은 장기계획에는 이용할 수 없고 오직 단기계획에만 이용할 수 있다.

그렇다면 손익분기점은 어떤 식으로 파악해야 할까? 그리고 그것을 어떻게 낮출까? 이것을 산출하기 위해서는 앞서 다룬 손익계산서가 필요하다.

이러한 것을 명료하게 파악하여 판매계획과 이익계획 등이 설정되어야 할 것이다. 즉, 손익분기점을 구하기 위해서는 먼저 점포의 비용을 고정비와 변동비로 나누어 생각해야 한다. 고정비란 매출의 증감과는 관계없이 언제나 일정액이 소요되고 지불되지 않으면 안 될 성질을 갖는 비용이다. 즉, 점포나 설비의 임대료, 보험료, 기타의 비용은 매출이 전혀 없더라도 지불되어야 할 비용을 의미한다. 이것과는 반대로 변동비는 매출액의 증감에 비례하여 나타나는 비용을 의미하고 있다. 즉, 매출이 오르면 거기에 비례하여 일정한 비율로 증가하는 비용을 말하는 것으로, 인건비, 운반비, 접대비, 배달비, 판매촉진비 등이 이에 해당한다. 따라서 점포의 모든 비용은 반드시 고정비와 변동비, 어느 한 쪽의 성질을 가지는 것이며, 이것을 파악하면 손익분기점을 쉽게 구할 수 있다.

손익계산서에서 손익분기점을 계산하는 예를 살펴보자. 월영업을 기준으로 매출 $3,000,000 점포의 손익계산서이다. 표에서 네모 안에 색칠해 놓은 항목 중 금액으로 표시한 것은 고정비, 그리고 비율로 표시한 것은 변동비로 생각할 수 있다. 세로로 따라가 보면 각각의 금액과 %의 합계가 나와 있다.

이것을 계산식에 대입해서 계산을 해보면 이 경우에는 약 $2,324,000이 손익분기점으로 계산되어 나온다. 손익분기점을 정확하게 파악해 두면, 매출을 늘리기 위해 영업시간을 1시간 늘리는 등 하루하루의 영업에 대한 구체적인 목표를 숫자로 파악할 수 있게 된다.

손익분기점은 과거의 일정한 기간 동안 판매하여 올린 매출액과 그것에 사용된 고정비 및 변동비를 식 (1)과 같이 계산하여 파악할 수 있다.

예를 들어, 어느 점포의 1년간의 매출액이 1,000만 불이라고 하고 거기에 들어간 고정비가 350만 불, 변동비가 500만 불이었다면 손익분기점은 식 (2)와 같이 계산한다. 즉, 700만 불이라는 숫자가 손익분기점이 되는 것이다.

이 경우 점포의 매출액이 가령 900만 불이라고 하면 고정비는 동일하게 350만 불이 필요할 것이며 변동비는 변동비비율, 즉 변동비를 매출액으로 나눈 것이 2분의 1이므로 450만 원이 되어 순이익은 식 (3)과 같이 100만 불이 된다. 즉, 매출액 1,000만 불일 때의 매출액 대 순이익률은 식 (4)와 같이 15%인 데 반하여 매출액이 100만 불 줄었을 경우에는 식 (5)와 같이 11%가 되어 4%가 떨어지는 것이다.

$$\text{손익분기점} = \text{고정비} \div \left(1 - \frac{\text{변동비}}{\text{매출액}}\right) \tag{1}$$

손익계산서에서 손익분기점을 계산하는 방법

1. 매출 총이익(매출액에서 식자재비를 뺀 이익)

적용항목	금액($)	%
매출고	3,000,000	100.0
식재비		33.0
부자재비		2.0
원가합계		35.0
총이익		65.0

금액부분을 고정비로 함

관리가능비	408,000
관리불가능비	438,000
합계	846,000①

2. 관리비(가능비)

파트타임 인건비		15.0
사원인건비	300,000	
법정복리비	66,000	
여비교통비		0.1
광고선전비		0.5
판매촉진비		1.0
외부수탁비	5.000	
모집비	16,000	
소모비품비		1.0
보수영선비		1.0
전기료		2.0
가스비		1.2
수도세		0.8
통신비	15,000	
사무잡비	5,000	
차량비		0.3
관리가능잡비		0.1
관리가능비합계	408,000	

비율부분(%)을 변동비로 함

원가합계	35.0
파트타이머 인건비	15.0
여비교통비	0.1
광고선전비	0.5
판매촉진비	1.0
소모비품비	1.0
보수영선비	1.0
전기료	2.0
가스비	1.2
수도세	0.8
차량비	0.3
관리가능잡비	0.1
공과금	0.3
지불수수료	0.3
본사본부경비	5.0
	63.6②

3. 관리비(불가능비)

상여금(사원 · 파트타이머)	50,000	
임대료(점포)	300,000	
임대료(사무소 창고)	0	
회계비용	10,000	
보험	8,000	
감가상각비	53,000	
지불이익	11,000	
설계료, 가맹금상각	8,000	
공과금		0.3
지불수수료		0.3
본사본부경비		5.0
관리불가능비합계	438,000	
원금상환	408,000	

세전이익	0	0.0
세금	6,000	0.2
세후이익	234,000	7.9

• 손익분기점의 계산식

=고정비÷(100−변동비%)×100

=①/(100−②)×100

손익분기점=2,324,175

손익분기점은 이만큼의 매출을 올리면 이익이 난다고 하는 금액이다. 또한 이 매출에 달하지 않으면 적자가 되는 금액이 손익분기점이라는 것이다.

$$손익분기점=350\div\left(1-\frac{500}{1{,}000}\right)=350\div\frac{1}{2}=700만\ 불 \tag{2}$$

$$순이익=900-(350+450)=100만\ 불 \tag{3}$$

$$매출액\ 대\ 순이익률=150\div(1{,}000\times100)=15\% \tag{4}$$

$$매출액\ 대\ 순이익률=100\div(900\times100)=11\% \tag{5}$$

$$손익분기점의\ 비율=현매출액\div(손익분기점의\ 매출액\times100) \tag{6}$$

이와 같이 매출액이 손익분기점을 넘으면 넘은 만큼 이익률은 커지고 그렇지 않으면 손해가 되는 것이다. 즉, 이 점포에서는 최소한 연간 700만 불 이상의 매출액을 올려야 이익이 있다는 것을 의미하는 것이다. 말하자면 700만 불이 손익분기점이라는 것이다.

점포의 손익분기점이 현재의 매출액에 대하여 어느 정도의 위치에 있는가는 손익분기점의 비율인 식 (6)에서 알 수 있다. 이것은 물론 100만 불 이상이 되어야 하지만 높으면 높을수록 좋은 것이므로 과거의 자료에서 나타난 기록과 업계의 표준을 비교하여 유효하게 의사결정을 내릴 수 있는 지침이 되어야 할 것이다.

다음에는 손익분기점으로써 계획에 효과적인 성과를 거두기 위한 방법을 생각해 보자. 경영을 과학적으로 합리화하고 계수에 의하여 계획을 세우는 경우에는 과거의 비용을 고정비와 변동비로 분해하여 손익분기점을 응용하는 방법이 고려될 수 있다.

먼저 매출목표를 정한 경우에는 그 목표를 달성하면 얼마의 이익이 있게 되는가를 예측하기 위하여 식 (7)의 공식이 사용될 수 있다. 앞서 예를 든 점포의 경우 목표매출액이 1,200만 불이라면 예상이익은 식 (8)과 같다. 즉, 250만 불의 이익이 얻어지는 것이다.

또한 목표한 이익을 올리기 위해서는 얼마의 매출이 필요한가는 식 (9)와 같이 계산한다. 만일 그 점포의 목표이익이 350만 불이라면 필요한 매출액은 식 (10)과 같다. 즉, 1,300만 원의 매출액이 있어야만 350만 불의 이익을 얻게 되는 것이다. 그리고 목표매출액을 달성하고 일정한 이익을 얻기 위하여 얼마의 판매촉진비용을 써야 할 것인가는 식 (11)과 같이 표시할 수 있다. 점포가 매출을 1,200만 불로 계획하고 200만 불의 이익을 얻으려면 판매촉진비용은 식 (12)와 같이 산출되는 것이다. 즉, 50만 불 한도로 판매촉진비용을 쓸 수 있다는 것이 나타나는 것이다.

$$목표순이익=목표매출액\times\left(1-\frac{변동비}{매출액}\right)-고정비 \tag{7}$$

$$=1{,}200\times\left(1-\frac{500}{1{,}000}\right)-350=250\text{만 불} \tag{8}$$

$$\text{목표매출액}=(\text{고정비}+\text{목표이익})\div\left(1-\frac{\text{변동비}}{\text{매출액}}\right) \tag{9}$$

$$=(350+300)\div\left(1-\frac{500}{1{,}000}\right)=1{,}300\text{만 불} \tag{10}$$

$$\text{판매촉진비용}=\text{목표매출액}-\left(\text{고정비}+\frac{\text{변동비}}{\text{매출액}}\times\text{목표매출액}\right)-\text{목표이익} \tag{11}$$

$$=1{,}200-\left(350+\frac{500}{1{,}000}\times1{,}200\right)-200=50\text{만 불} \tag{12}$$

9) 손익분기점을 낮추는 법

손익분기점을 내리는 법은 '매출증가를 꾀할까, 경비감소를 꾀할까?'의 문제이다. 이익을 높이기 위해서는 손익분기점을 낮추는 것이 필요하다. 그러기 위해서는 어떻게 하는 것이 좋을까? 다음과 같이 그래프로 나타내 보았다. 이것은 손익분기점과 고정비, 변동비 및 매출의 관계를 나타낸 것이다. 고정비는 매출이 0이어도 드는 비용이다. 그리고 그래프에서는 오른쪽으로 일직선이 된다. 변동비는 고정비의 위에서부터 시작해서 오른쪽으로 상승하고 있다. 판매는 0에서 출발해 점점 올라가고 있다. 변동비와 매출이 교차하는 지점, 그곳이 손익분기점이 된다. 이 예에서는 232만 불이다.

그래프 밑에 손익분기점을 낮추는 방법 5개를 나열해 보았다. 또한 그 안에 있는 매출에 관한 재고를 위해서 매출계획표의 예를 제시해 보았다. 변경 전과 후를 비교해 보면 매출에 제법 큰 차이를 보이고 있다. 5개의 항목을 각각 정확하게 파악하고, 연구하는 것이 이익을 내는 방법이 될 것이다.

그렇다면 변동비는 이미 기술한 대로 매출에 따라서 늘었다 줄었다 하는 것이지만, 그 비율은 대강 일정하다. 따라서 식자재비는 보통 30~40%가 기준이 된다. 이 계산은 한 달간 사용한 식자재비를 월간 매출로 나눠서 나온 것이다. 이때, 구입금액에서 월말에 보유하고 있는 재고를 빼지 않으면 실제로 사용한 금액이 되지 않기 때문에 주의해야 한다.

손익분기점을 어떻게 낮출까?

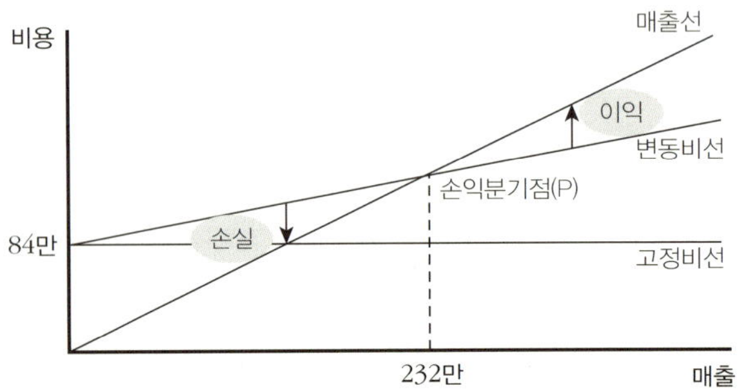

- 매출선을 높인다(매출고 목표를 구체적으로 정해서 전략을 짠다).
- 고정비를 소멸시킨다(필요경비의 소멸목표를 정한다).
- 매출원가율을 낮춘다(구입처와 교섭해서 구입가격을 낮춘다, 현명한 구입방법의 개발).
- 수도광열비를 소멸시킨다(사용법이나 쓸데없는 부분을 철저히 조사해 효율적으로 사용한다).
- 업무의 질을 낮추지 말고 각각의 경비마다의 쓸데없는 부분을 없애는 노력을 한다.

10) 적자가 날 경우

적자는 단순히 한 달간의 상태만을 보는 것으로 만약 다음 달에 두 달을 통산해서 흑자가 났다고 하면 문제로 삼을 필요는 없다. 다만, 여기에는 흑자의 원인을 파악하고 있다는 것이 전제조건이다. 한 달간 방치하고 있다가 나중에 적자라는 것을 알아차렸다면 너무 늦었다고 하겠다. 가능하면 1주일 단위로 매출과 이익을 살펴보고 손익분기점에 못 미치면 바로 대책을 강구하도록 한다. 처음 1주일 동안에 어떤 행동을 취하면 다음 주에는 뭔가 반응이 나타나고 조기에 개선할 수 있을 것이다.

우선 매출을 높이기 위해서는 고객수를 높이지 않으면 안 된다. 고객수를 늘리는 것이 어렵다면(단가를 높이는 것이 아닌), 주문수를 늘려서 객단가를 높일 방법을 생각해 보아야 한다.

다음으로 할 일은 가능하면 지출을 줄이는 것이다. 이것도 금액이 보다 큰 것에 맞춰 지출의 손실을 줄인다. 음식점에서 금액이 가장 큰 것은 식품원가이다. 이것은 매출의 약 3할을 차지하고 있다. 식자재의 손실은 의외로 크다. 예를 들어, 월매출이 200만 원인 점포는 이 중 식품원가가 60만 원이다. 만약 이것을 5%만이라도 절약하게 되면 3만 원의 이득을 보게 된다. 주문을 잘못 듣는 일이 많고 재료를 쓸데없이 사는 일이 많다면 주문을 받는 방법을 개선해야 할 것이다.

또한 여태까지 무의 껍질을 그냥 버렸다면, 설탕, 간장, 고추 등으로 양념한 무조림 등의 음식을 만들어서 그것을 1,000원이라도 가격을 매겨 판매하면 매출은 올라갈 것이다. 음식쓰레기를 퇴비로 활용해 손님에게 비료로 판매하는 음식점도 있을 정도이다.

또한 밥솥도 큰 것과 작은 것을 모두 준비해 두고, 마치기 직전 어쩔 수 없이 밥을 해야만 하는 경우에 작은 밥솥을 사용해서 밥이 남지 않도록 한다. 그럼에도 불구하고 밥이 남으면 오니기리(주먹밥)를 만들어 냉동시켜, 편하게 먹는 음식으로 인기가 많은 야끼오니기리(구운주먹밥)로 만들어 파는 등 마지막까지 식재료를 손실로 만들지 않는 궁리를 해야 한다.

11) 손익계산서 표준비율

[표 16-4]에서와 같이 손익계산서의 비중을 비율로 표시하였다. 매출액을 100%로 보고 원가는 30%로, 급여는 20%로 기준을 잡을 수 있다. 또한 광고선전비, 판매촉진비,

표 16-4 | 손익계산서

과목	표준비율(%)
매출액	100
원가	30
매출총이익	70
급여	20
광고선전비	10
판매촉진비	
소모품비	
공공요금(전기료, 가스비, 수도세, 통신비 등)	
보수비	
차량비	
임대료	10
보험료	10
감가상각비	
세금	
순이익	20

소모품비, 전기료, 가스비, 수도세, 통신비를 포함하는 공공요금, 보수비, 차량비와 같은 운영비는 기준을 10%로 잡을 수 있다. 그리고 임대료는 10%대로, 보험료, 이자, 감가상각비를 포함하는 고정비와 세금 역시 10%대로 표준치를 결정할 수 있다. 이 비율들은 외식업계의 표준비율값이라 할 수 있는데 이를 기준으로 손익계산서의 건전성을 결정할 수 있다.

8. 재무상태표

1) 재무상태표(대차대조표)의 유용성

재무상태표는 대차대조표(blance sheet)라고도 한다. 기업의 대차대조표는 재무제표분석을 위한 기본출발점이다. 대차대조표는 일정시점 현재 기업이 보유하고 있는 경제적 자원인 자산과 경제적 의무인 부채, 그리고 자본에 대한 정보를 제공하는 재무보고서이다.

- 재무상태표의 유동자산과 유동부채는 기업의 유동성을 평가하는 자료가 된다. 유동성이란 유동부채의 지급능력을 뜻한다.
- 총자산과 그 구성내용, 부채와 자기자본 등의 자본구조와 위의 유동성은 기업의 장기지급능력에 관한 정보가 된다.
- 자산은 미래의 이익을 제공할 것으로 예상되는 경제적 자원이고, 미래의 이익은 바로 이익을 창출하는 능력이므로, 재무상태표의 자산은 미래의 이익창출능력을 나타낸다.
- 재무상태표의 자산금액은 때로 그것이 현금유입의 잠재력을 나타내고 부채는 그것을 상환하는 데 필요한 현금유출액을 나타내기 때문에, 자산과 부채의 신뢰성 있는 수치는 순현금유입액의 직접적인 원천을 표시해 줌으로써 기업의 현금흐름을 평가할 수 있게 한다.
- 총자산, 또는 자기자본은 기업의 경영성과를 판단하는 기초가 된다. 즉, 총자산 또는 자기자본을 분모로 하고 이익을 분자로 하여 여러 임직원의 기술과 창조적인 능력을 나타내는데, 그런 능력은 아직 아무도 정확한 측정방법을 고안해 내지 못한 관계로 대차대조표에 보고하지 못하는 것이다.
- 연구비는 미래의 이익과 상관없이 모두 자산으로 인정하지 않고 비용으로 처리하도록 규정하고 있으며, 연구비와 그 내용이 어떻게 다른지 도저히 구분하기 어려운 개발비는 여러 가지 요건을 갖춘 경우에 한해 대차대조표에 자산으로 보고할 수도 있다.

- 중요한 매매계약은 계약 자체만으로는 대차대조표에 자산 또는 부채로 보고하지 않는다. 그러므로 재무상태표에 보고되는 자산과 보고되지 않는 자산을 구분하는 기준 자체가 자의적인 것이 많다.

이와 같은 문제점 때문에 대차대조표를 흔히 재무상태표(statement of financial position)라고 부르고는 있어도, 그것은 기업의 재무상태를 충분히 보고하는 것이라고 볼 수가 없다. 이런 문제점들이 바로 대차대조표의 유용성에 대한 한계라고 할 수 있다.

2) 재무상태표의 구성

재무상태표는 일정시점에서 기업이 보유하고 있는 자산(assets)과 그 자산에 대한 청구권 또는 지분(持分)을 표시하는 기본적인 재무제표의 하나이다. 기업의 자산은 ① 주주(또는 소유자)가 출자한 부분과 ② 차입의 형태로 또는 매입채무나 기타부채의 형태로 채권자로부터 제공받은 부분으로 구분된다. 주주가 출자한 부분은 주주지분(소유자지분 : stockholders' equity, owners' equity) 또는 자기자본이라 하고, 채권자로부터 제공받은 부분은 채권자 지분 또는 부채(liabilities)라 한다.

재무상태표에서 우측 대변인 부채와 자본은 자금의 조달방법, 즉 자금이 어디에서 들어왔는지를 표시하고 좌측 차변인 자산은 자금이 어떻게 쓰여지고 있는가를 표시한다.

재무상태표 양식은 [표 16-5]와 같다. 이 표에 나타나 있는 항목 중 몇 가지 주의할 항목만 간단히 설명하였다.

표 16-5 | 재무상태표

과목	표준비율	과목	표준비율
[자산] Ⅰ. 유동자산 (1) 당좌자산 1. 현금 및 현금등가물 2. 단기금융상품 3. 유가증권 4. 매출채권 5. 단기대여금 (2) 재고자산	1	[부채] Ⅰ. 유동부채 1. 매입채무 2. 단기차입금 3. 미지급법인세 4. 미지급배당금 5. 유동성 장기부채	1

Ⅱ. 고정자산 (1) 투자자산 1. 장기금융상품 2. 투자유가증권 3. 장기대여금 4. 장기성 매출채권 5. 투자부동산 6. 보증금 7. 이연법인세차 (2) 유형고정자산 1. 토지 2. 건물 3. 기계장치 4. 차량 5. 건설 중인 자산 (3) 무형고정자산 1. 영업권 2. 창업비 3. 개발비	2	Ⅱ. 고정부채 1. 사채 2. 장기차입금 3. 장기성 매입채무 4. 모기지 5. 이연법인세대	1
		[자본] Ⅰ. 자본금 1. 보통주자본금 2. 우선주자본금 Ⅱ. 자본잉여금 1. 주식발행초과금 2. 감자차익 Ⅲ. 이익잉여금(또는 결손금) 1. 전기이월이익잉여금 2. 당기순이익	1

(1) 자산

① 유동자산

유동자산은 개무상태표일로부터 1년 이내에 현금화될 수 있는 자산이며 현금 및 현금등가물, 단기금융상품이 있다. 현금 및 현금등가물이란 타인발행수표 등의 통화대용증권과 당좌예금, 보통예금 및 현금등가물로 한다. 여기서 현금등가물이란 큰 거래비용 없이 현금으로 전환되어 있는 예금 및 기타 정형화된 상품 등으로 단기적 자금운용목적으로 소유하거나 기한이 1년 내에 도래하는 것으로 하고 사용이 제한되어 있는 예금에 대해서는 그 내용을 주석으로 기재한다.

② 고정자산

고정자산은 1년 이내에 현금화될 수 없는 자산이다. 유형고정자산과 무형고정자산, 이연고정자산이 있다. 유형고정자산은 영업활동에서 장기간 사용하기 위해 보유하고 있는 자산으로 토지, 건물, 기계, 선박, 차량 등이다. 무형고정자산은 물리적인 실체는 없지만 기업의 가치를 높여 주는 자산으로 영업권, 의장권, 상표권, 어업권 등이 있다. 이연고정자산은 이미 지출되었으나 그 지출에 대한 경제적 이익이 수년간에 걸쳐 제공되는 자산을 말하는데 창업비, 신주발행비, 사채개발비, 연구개발비 등이 있다.

(2) 부채

부채는 다른 말로 타인자본이라고도 한다. 자사에서 충족시키지 못해서 제3자로부터 빌려온 자금을 의미한다.

① 유동부채

대차대조표일로부터 1년 이내에 상환해야 할 단기성 부채는 유동부채로 한다. 외상매입금, 지급어음, 단기차입금, 미지급금, 선수금 등이 있다.

② 고정부채

대차대조표일로부터 1년 이후에 상환해야 할 장기성 부채를 고정부채라 한다. 사채, 장기차입금, 장기성 지급어음, 모기지 등이 있다.

(3) 자본

자본이란 다른 말로 자기자본이라고 한다. 자본의 항목을 보면 기업 내에 저축분이 얼마나 있는지를 알 수 있다.

① 자본금

자본금은 출자금에 해당하는 자기자본금을 의미한다. 자본금은 회계기간 중에 무상 또는 유상으로 증자할 수 있다. 또한 신주인수권부채권을 발행하기도 하는데, 증자하기 위하여 신주를 발행하면서 이때 발행된 채권을 주식으로 전환하기도 한다.

② 자본잉여금

자본잉여금은 자본준비금과 재평가적립금이 있다. 자본준비금은 주식발행초과금, 감자차익, 합병차익 등의 계정이 있다.

③ 이익잉여금

이익잉여금은 전기이월이익잉여금과 당기순이익이 있다.

3) 재무상태표 표준비율

[표 17-4]에서는 재무상태표의 비중을 비율로 표시하였다. 자산항목에서 유동자산, 고정자산으로 분류하고, 부채에서 유동부채와 고정부채로 분류하고, 자본항목으로 분류하여 비율을 제시하였다. 이 비율들은 외식업계의 표준비율값이라 할 수 있는데 이를 기

준으로 재무건전성을 결정할 수 있다. 자산에서 유동자산을 1로 기준한다면 고정자산은 2로 결정할 수 있다. 부채와 자본비율은 유동부채 1, 고정부채 1, 그리고 자본을 1로 표준값을 결정할 수 있다.

4) 민감도분석

민감도분석은 창업하는 외식기업의 중요한 분석으로 창업 전 예상매출규모보다 적거나 또는 많을 때를 대비해 재무상태와 실적을 미리 예측하기 위한 분석이라 할 수 있다. 민감도분석은 예상 밖의 상황 변화로 기업의 실적에 변화가 생길 것을 대비하여 이익과 재무제표의 변화상황을 미리 예측하기 위한 분석이다. 통상 외식사업에서는 예상매출에서 20%가 좋아졌을 때와 20%가 나빠졌을 때를 기준으로 민감도분석을 실시한다.

9. 추정 재무제표와 민감도분석 사례

사례를 통하여 추정 손익계산서와 재무상태표, 그리고 민감도분석을 이해하려 한다. 다음의 사례는 한 외식업체의 손익계산서와 재무상태표, 그리고 민감도를 분석해 작성한 것이다.

존(John)은 좌석이 30석인 이탈리아 레스토랑사업을 시작하려 한다. 본인이 가지고 있는 $10,000를 투자하고 그동안 존의 사업수완을 좋게 평가하던 이모가 무이자로 $90,000를 부채로 빌려주기로 했다.

사업을 시작하는 데 필요한 가구와 내부장식을 구입하는 데 $85,000를 사용할 예정이다. 이 가구와 내부장식들은 잔존가치 없이 5년 동안 정액법으로 감가상각을 할 예정이다.

컴퓨터장비를 구입하기 위해 $3,200를 사용할 예정이다. 이는 잔존가치 없이 3년간 감가상각을 할 예정인데 첫해에 구입가격의 3분의 2를 상각할 것이다.

주류판매권을 $1,055 사용하였고 사업자등록에 $350를 사용하였다. 이들도 5년간 정액법으로 상환할 예정이다.

점심과 저녁으로 연중무휴 운영하는데, 좌석회전율은 다음과 같다. 점심의 객단가는 $12로 음식은 $10이고 음료는 $2이다. 저녁의 경우는 $25인데 음식의 경우 $20, 음료는 $5이다. 주별 좌석회전율은 다음과 같다.

주별 좌석회전율

	월	화	수	목	금	토	일
점심	1.0	1.0	1.0	1.0	1.0	닫음	닫음
저녁	1.5	1.5	1.5	1.5	2.5	2.5	2.0

변동비로서 식자재비(음식매출의 37%), 음료비(음료매출의 25%), 인건비(총매출의 30%), 신용카드비(총매출의 75%가 카드매출이며 신용카드매출 중 2%), 기타의 비용은 다음과 같다.

광고비	10,000
전화비	6,480
웹사이트	1,600
무선전화비	552
사무용품	500
인쇄비	2,000
인터넷	720
유니폼	500
후원금	3,000
수도세	8,000
가스비	1,920
세탁비	2,000
청소소모품	1,950
회계사 서비스	650
ADT 보안시스템	360
수리수선비	3,000
트럭 주유비	6,840
임대료	15,384
보험료	1,200
기타	2,000

광고비, 수도세, 전화비, 보험료, 인터넷비, 스마트폰비는 청구서를 받은 지 15일 안에 처리해야 한다. 음식의 재고는 평균 15일 주기로 교체하며, 음료재고는 평균 7일 주기로 교체한다. 매장임대료는 월 $1,282이며 보증금도 1달치로 임대료가 될 예정이다. 사업

주 존은 매년 말에 $100,000를 배당받기를 원한다. 위와 같은 정보를 바탕으로 손익계산서와 재무상태표를 작성하려 한다. 또한 외식사업은 환경의 변화로 인해 수익성을 예측하기가 어려울 때가 많다. 이에 대비하기 위해 기본추정치보다 20% 매출이 높아질 때와 20%의 매출이 낮아질 때를 대비해 두어야 한다. 매출에 따른 민감도분석을 실시할 것이다. 민감도분석을 실시하게 되면 사업성을 확인할 수 있어 매우 유용한 분석이 될 것이다.

매출의 추정(2016년 12월 31일)

주별 좌석회전율

	월	화	수	목	금	토	일
점심	1.0	1.0	1.0	1.0	1.0	닫음	닫음
저녁	1.5	1.5	1.5	1.5	2.5	2.5	2.0

고객수

	월	화	수	목	금	토	일
점심	30	30	30	30	30	닫음	닫음
저녁	45	45	45	45	75	75	60

주별 매출

	월	화	수	목	금	토	일
점심 : 음식($10/고객)	$300	$300	$300	$300	$300	닫음	닫음
저녁 : 음식($20/고객)	900	900	900	900	1,500	1,500	1,200
소계 : 음식	$1,200	$1,200	$1,200	$1,200	$1,800	$1,500	$1,200
점심 : 음료($2/고객)	$60	$60	$60	$60	$60	닫음	닫음
저녁 : 음료($5/고객)	225	225	225	225	375	375	300
소계 : 음료	$285	$285	$285	$285	$435	$375	$300
총 주별 음식매출	$9,300						
총 주별 음료매출	1,250						
총 주별 매출	$11,550						

연 매출	
연 음식매출	$483,600
연 음료매출	117,000
연 매출	$600,600

다음은 재무제표의 추정과 민감도를 분석한 내용이다.

추정 손익계산서
(2016년 12월 31일)

매출		
음식	$483,600	
음료	117,000	$600,600
비용		
변동비		
음식(음식매출의 37%)	178,932	
음료(음료매출의 25%)	29,250	
인건비(매출의 30%)	180,180	
신용카드 수수료(매출의 75% 중 2%)	9,009	
	$397,371	
고정비		
광고비	10,000	
전화비	6,480	
웹사이트	1,600	
무선전화비	552	
사무용품	500	
인쇄비	2,000	
인터넷	720	
유니폼	500	
후원금	3,000	
수도세	8,000	
가스비	1,920	
세탁비	2,000	
청소소모품	1,950	
회계사 서비스	650	
ADT 보안시스템	360	
수리수선비	3,000	
트럭 주유비	6,840	
임대료	15,384	
보험	1,200	
감가상각과 감모상각	19,414	
기타	2,000	
	87,789	
전체비용		485,160
순이익		$115,440

재무상태표 계산

2015년 식자재비÷365일=일 식자재비
일 식자재비×15일=초기 식자재비
$178,932÷365일=$490/일
$490×15일=$7,350

2015년 음료비÷365일=일 음료비
일 음료비×7일=초기 음료자재비
$29,250÷365일=$80/일
$80×7일=$560

매월 반복적으로 사용될 고정비용항목들 중 15일 주기로 청구서를 처리해야 하는 비용들
광고비, 수도세, 전화비, 보험비, 인터넷비, 스마트폰비÷365일=일 비용
일 비용×15일=매입채무
($10,000+$8,000+$6,480+$1,200+$720+$552)÷365일=$74/일
$74/일×15일=$1,110

추정 재무상태표
(2016년 12월 31일)

자산			
유동자산			
현금(plug)	$37,167		
재고－음식	7,350		
재고－음료	560		
선급임대료	1,282	$46,359	
고정자산			
가구 및 내부장식	$85,000		
Less : 감가상각	17,000	68,000	
컴퓨터	3,200		
Less : 감가상각	2,133	1,067	
주류판매권	1,055		
Less : 감모상각	211	844	
사업인 · 허가	350		
Less : 감모상각	70	280	$70,191
자산총액			$116,550
부채와 자본			
부채			
가족부채		$90,000	
매입채무(15일)	1,110	$91,110	
자본			
자본금	10,000		
Add : 순이익(2016년 회기말)	115,440		
Less : 배당금	(100,000)	25,440	
부채와 자본총액		$116,550	

20% 매출증가의 경우(2016년 12월 31일 추정)

회전율

	월	화	수	목	금	토	일
점심	1.2	1.2	1.2	1.2	1.2	닫음	닫음
저녁	1.8	1.8	1.8	1.8	3.0	3.0	2.4

고객수

	월	화	수	목	금	토	일
점심	36	36	36	36	30	닫음	닫음
저녁	54	54	54	54	90	90	72

주별 매출

	월	화	수	목	금	토	일
점심 : 음식($10/고객)	$360	$360	$360	$360	$360	닫음	닫음
저녁 : 음식($20/고객)	$1,080	$1,080	$1,080	$1,080	$1,080	$1,080	$1,080
소계 : 음식	$1,440	$1,440	$1,440	$1,440	$2,160	$1,800	$1,440
점심 : 음료($2/고객)	$72	$72	$72	$72	$72	닫음	닫음
저녁 : 음료($5/고객)	$270	$270	$270	$270	$540	$540	$360
소계 : 음료	$342	$342	$342	$342	$522	$540	$360
전체 주별 음식매출 :	$11,160						
전체 주별 음료매출 :	2,700						
전체 주별 매출 :	$13,860						

연매출

총 연별 음식매출 :	$580,320
총 연별 음료매출 :	140,400
연매출	$720,720

20% 매출하락의 경우(2016년 12월 31일 추정)

회전율

	월	화	수	목	금	토	일
점심	0.8	0.8	0.8	0.8	0.8	닫음	닫음
저녁	1.2	1.2	1.2	1.2	2.0	2.0	1.6

고객수

	월	화	수	목	금	토	일
점심	24	24	24	24	24	닫음	닫음
저녁	36	36	36	36	60	60	48

주별 매출

	월	화	수	목	금	토	일
점심 : 음식($10/고객)	$240	$240	$240	$240	$240	닫음	닫음
저녁 : 음식($20/고객)	$720	$720	$720	$720	$1,200	$1,200	$960
소계 : 음식	$960	$960	$960	$960	$1,440	$1,200	$960
점심 : 음료($2/고객)	$48	$48	$48	$48	$48	닫음	닫음
저녁 : 음료($5/고객)	$180	$180	$180	$180	$300	$300	$240
소계 : 음료	$228	$228	$228	$228	$348	$300	$240
전체 주별 음식매출 :	$7,440						
전체 주별 음료매출 :	1,800						
전체 주별 매출 :	$9,240						

연매출

총 연별 음식매출 :	$386,880
총 연별 음료매출 :	93,660
연매출	$480,480

민감도분석
(2016년 12월 31일 추정)

	매출 20% 증가		매출 20% 감소	
매출				
음식	$580,320		$386,880	
음료	140,400	$720,720	93,600	$480,480
비용				
변동비				
음식	214,718		143,146	
인건비	216,216		144,144	
음료	35,100		23,400	
카드수수료	10,811		7,207	
	476,845		317,897	
고정비				
감모상각	19,414		19,414	
임대료	15,384		15,384	
광고비	10,000		10,000	
수도세	8,000		8,000	
트럭 주유비	6,840		6,840	
전화비	6,480		6,480	
후원금	3,000		3,000	
수리수선비	3,000		3,000	
인쇄비	2,000		2,000	
세탁비	2,000		2,000	
기타	2,000		2,000	
청소소모품	1,950		1,950	
가스비	1,920		1,920	
웹사이트	1,600		1,600	
보험료	1,200		1,200	
인터넷	720		720	
회계사 서비스	650		650	
무선전화비	552		552	
유니폼	500		500	
사무용품	500		500	
ADT 보안시스템	360		360	
	87,789		87,789	
총비용		564,634		405,686
순이익		$156,086		74,794

	매출 20% 증가			매출 20% 감소		
자산						
유동자산						
현금(plug)	$76,232				($1,897)	
재고－음식	8,820				5,880	
재고－음료	672				448	
선급임대료	1,282	86,724			1,282	5,713
고정자산						
가구 및 내부장식	$85,000			$85,000		
Less : 감가상각	17,000	68,000		17,000	68,000	
컴퓨터	3,200			3,200		
Less : 감가상각	2,133	1,067		2,133	1,067	
주류판매권		844		844		
사업인 · 허가		280	70,191		280	70,191
총자산			$157,196			$75,904
부채와 자본						
부채						
가족부채		$90,000			$90,000	
매입채무(15일)		1,110	$91,110		1,110	$91,110
자본						
자기자본		10,000			10,000	
Add : 순이익		156,086			74,794	
Less : 배당금		100,000	66,086		100,000	15,206
총부채와 자본			$157,196			$75,904

연습문제 Katie는 좌석이 50석인 이탈리아 레스토랑사업을 시작하려 한다. 본인이 가지고 있는 $60,000를 투자하고 그동안 Katie의 사업수완을 좋게 평가하던 아버지가 무이자로 $40,000를 빌려주기로 했다.

사업을 시작하는 데 필요한 가구와 내부장식을 구입하는 데 $70,000를 사용할 예정이다. 이 가구와 내부장식들은 잔존가치 없이 5년 동안 정액법으로 감가상각을 할 예정이다.

컴퓨터 장비 1대를 구입하기 위해 $1,200를 사용할 예정인데 잔존가치 없이 3년간 감가상각을 할 예정이며 첫해에 구입가격의 3분의 2를 상각할 것이다.

주류판매권을 $900를 사용하였고 사업자등록에 $300를 사용하였다. 이들도 5년간 정액법으로 상환할 예정이다.

점심과 저녁으로 연중무휴로 운영하는데 좌석회전율은 다음과 같다. 점심의 객단가는 $12인데 음식은 $10이고 음료는 $2이다. 저녁의 경우는 $25인데 음식의 경우 $20는 음식이고 $5는 음료이다. 주별 좌석회전율은 다음과 같다.

주별 좌석회전율

	월	화	수	목	금	토	일
점심	1.0	1.0	1.0	1.0	1.0	닫음	닫음
저녁	1.5	1.5	1.5	1.5	2.5	2.5	2.0

변동비로서 식자재비(음식매출의 37%), 음료비(음료매출의 25%), 인건비(총매출의 30%), 신용카드비(총매출의 75%가 카드매출이며 신용카드매출 중 2%). 기타의 비용은 다음과 같다.

연 매출

광고비	$10,000
전화비	6,480
웹사이트	1,600
무선전화비	552
사무용품	500
인쇄비	2,000
인터넷	720
유니폼	500
후원금	3,000
수도세	8,000
가스비	1,920
세탁비	2,000
청소소모품	1,950
회계사 서비스	650
ADT보안시스템	360
수리수선비	3,000
트럭 주유비	6,840
보험료	1,200
기타	2,000

광고비, 수도세, 전화비, 보험료, 인터넷비, 스마트폰비는 청구서를 받은 지 15일 안에 처리해야 한다. 음식의 재고는 평균 15일 주기로 교체하며, 음료재고는 평균 7일 주기로 교체한다. 매장임대료는 월 $1,200이며 보증금은 1달치로 임대료가 될 예정이다. 사업주 Katie는 매년 말에 $100,000를 배당받기를 원한다. 위와 같은 정보를 바탕으로 손익계산서와 재무상태표를 작성하려 한다. 또한 외식사업은 환경의 변화로 인해 수익성

을 예측하기가 어려울 때가 많다. 이에 대비하기 위해 기본추정치보다 20% 매출이 높아질 때와 20%의 매출이 낮아질 때를 대비해 두어야 한다. 한편 매출에 따른 민감도분석을 실시하고자 한다. 민감도분석을 실시하게 되면 사업성을 확인할 수 있어 매우 유용한 분석이 될 것이다. 재무제표를 추정하고 20% 매출의 상승 시와 하락 시로 구분해 민감도를 분석하시오.

문제풀이

자본금	60,000		
차입금	40,000	무이자	
가구내장(비품)	70,000	5년 정액법	14,000
컴퓨터	1,200	첫해 2/3(정율법)	800
주류판매권	900	5년 정액법	180
사업등록(창업비)	300	5년 정액법	60
			15,040

좌석회전	월	화	수	목	금	토	일	합계
점심	1	1	1	1	1	0	0	5
저녁	1.5	1.5	1.5	1.5	2.5	2.5	2	13
좌석수	50	1년	52	주		객단가	음식	음료
						12	10	2
점심고객수	13,000					25	20	5
저녁고객수	33,800							

변동비	식자재비	37%	
	음료비	25%	
	인건비	30%	
	신용카드비	매출의 75% 중 2%	
고정비	광고비		10,000
	전화비		6,480
	웹사이트		1,600
	무선전화비		552
	사무용품비		500
	인쇄비		2,000
	인터넷		720
	staff uniforms		500
	donations and sponsorships		3,000
	수도		8,000
	가스비		1,920
	세탁비		2,000
	세제비		1,950
	회계사서비스		650
	adt 보안		360
	수리수선비		3,000
	트럭주유비		6,840
	임대료	보증금 : 1,282	15,384
	보험료		1,200
	감가상각비		15,040
	기타		2,000

손익계산서

계정과목	기존		20% 상승		20% 하락	
매출액		1,001,000		1,201,200		800,800
음식	806,000		967,200		644,800	
음료	195,000		234,000		156,000	
변동비		662,285		794,742		529,828
식자재비	298,220		357,864		238,576	
음료비	48,750		58,500		39,000	

인건비	300,300		360,360		240,240	
신용카드비	15,015		18,018		12,012	
공헌이익		338,715		406,458		270,972
고정비		83,696		83,696		83,696
광고비	10,000		10,000		10,000	
전화비	6,480		6,480		6,480	
웹사이트	1,600		1,600		1,600	
무선전화비	552		552		552	
사무용품비	500		500		500	
인쇄비	2,000		2,000		2,000	
인터넷	720		720		720	
staff uniforms	500		500		500	
donations and sponsorships	3,000		3,000		3,000	
수도	8,000		8,000		8,000	
가스비	1,920		1,920		1,920	
세탁비	2,000		2,000		2,000	
세제비	1,950		1,950		1,950	
회계사서비스	650		650		650	
adt 보안	360		360		360	
수리수선비	3,000		3,000		3,000	
트럭주유비	6,840		6,840		6,840	
임대료	15,384		15,384		15,384	
보험료	1,200		1,200		1,200	
감가상각비	15,040		15,040		15,040	
기타	2,000		2,000		2,000	
당기순이익		255,019		322,762		187,276

대차대조표

계정과목	기존		20% 상승		20% 하락	
유동자산		198,767		266,510		131,024
당좌자산		185,576		250,681		120,471
현금	184,294		249,399		119,189	
보증금	1,282		1,282		1,282	

재고자산		13,191		15,829		10,552
음식	12,256		14,707		9,804	
음료	935		1,122		748	
고정자산		57,360		57,360		57,360
가구내장(비품)	70,000		70,000		70,000	
감가상각누계액	(14,000)	56,000	(14,000)	56,000	(14,000)	56,000
컴퓨터	1,200		1,200		1,200	
감가상각누계액	(800)	400	(800)	400	(800)	400
주류판매권	900		900		900	
감가상각누계액	(180)	720	(180)	720	(180)	720
사업등록(창업비)	300		300		300	
감가상각누계액	(60)	240	(60)	240	(60)	240
자산총계		256,127		323,870		188,384
유동부채		41,108		41,108		41,108
매입채무	1,108		1,108		1,108	
차입금	40,000		40,000		40,000	
부채총계		41,108		41,108		41,108
자본금		60,000		60,000		60,000
이익잉여금		155,019		222,762		87,276
당기순이익	255,019		322,762		187,276	
배당금	(100,000)		(100,000)		(100,000)	
현금제외 자본총계		215,019		282,762		147,276
부채와자본총계		256,127		323,870		188,384
현금(차액)		184,294		249,399		119,189

요약정리

- 경영이 잘되고 있는지를 파악하기 위해서는 '손익분기점'을 파악해 두어야 한다. 그 핵심은 '고객수'이다.
- 원인을 파악하지 않고서는 부진을 개선하는 방법을 찾을 수 없다.
- 외식사업의 견적용 재무제표를 평가할 수 있다.
- 이익은 원가에 있다. 얼마나 좋은 재료를 싸게 안정적으로 구입할 수 있는지에 따라 경영의 승패는 결정된다.
- 경영에 있어서 회전율은 중요시해야 할 항목이다. 서비스도 회전율을 방해해서는 의미가 없다.
- 이익이 오르지 않는 한 가지 이유로 식자재의 손실을 들 수 있다. 알맞게 구입하고, 주문착오를 없애고, 마지막까지 식자재를 활용한다.
- 음식점경영에 있어서 식자재의 손실을 줄이는 것은 중요한 포인트가 된다. 이 고민을 해소해 주는 것이 예약고객을 확보하는 것이다. 예약하는 것의 장점을 고객이 느낄 수 있도록 서비스에 신경을 쓰자.
- 추정 손익계산서와 재무상태표를 만들 수 있다.
- 추정 재무제표와 표준비율을 이용하여 재정건전성을 측정할 수 있다.

참고문헌

김형규 · 감형규(1999), 재무관리, 박영사.

이정호(1994), 회계원리, 경문사.

Andrew, W. P., Damitio, J. W., & Schmidgall, R. S.(2007), *Financial Management for the Hospitality Industry*, Pearson Prentice-Hall.

Gray, William S.(1996), *Hospitality Accounting*, Prentice-Hall.

Haines, Robert G.(1996), *Math Principles for Food Service Occupation*, Delmar Publishers.

Moncarz, Elisa S. & Nestor J. Portocarrero(1986), *Financial Accounting for Hospitality Management*, VNR.

Schmidgall, Raymond S.(1993), *Hospitality Industry Managerial Accounting*, AH & MA.

Chapter 17

외식사업 가치평가와 투자비중

가치평가의 정확성에 대한 논란은 항상 있어 왔으나 사업의 타당성 유무를 가리기 위해서는 중요한 평가라는 것은 논란의 여지가 없을 것이다. 일반적으로 가치평가의 정확성에 상당히 영향을 주는 것은 평가대상에 대한 복잡성에 기인한다고 할 수 있는데 다행히 본 외식사업의 평가는 단일 사업 형태에 국한되어 비교적 정확하게 평가할 수 있을 것이다. 실제로 사업을 진행하기 전에 사업의 성공 여부를 가늠하는 데 매우 중요한 고려사항이라고 볼 수 있다. 소규모 외식사업에 대한 가치평가에 대한 필요성은 아무리 강조해도 지나침이 없을 것이다.

1. 일반적 가치평가기법

가치평가기법의 종류를 우선 소개한다. 가치평가에 대한 다양한 기법을 종합적으로 소개함으로써 상황에 맞는 기법을 선택할 수 있게 한 것인데 이는 사용상황도 다양한 만큼 상황에 맞는 다양한 가치평가기법이 있다는 의미이다. 예컨대 사업이 부진하여 부도 직전에 사업체를 평가할 때 기존의 방식을 사용하기보다는 청산가치평가기법을 사용하는 것이 적당할 것이다. 가치평가기법은 3가지 접근법으로 요약할 수 있다. 3가지 접근법은 수익 · 원가 · 시장접근법이라 할 수 있다.

1) 수익접근법

(1) 배수법(multiples)

- 강점
  - 사용이 용이하다.
  - 단순해서 이해하기가 편하다.
  - 업계에서 일반적으로 사용될 수 있다.
  - 본질적 산업특성이 있다.
  - 시장 중심(market-based)이다.
  - 신뢰성 있는 주식시장과 견줄 수 있다.
- 약점
  - 비상장 개인회사를 대상으로 배수를 구하기 어렵다.
  - 개인기업의 재무상태를 고려해 적용하기가 어렵다.
  - PE(Price Earning)배수
  - 잉여현금흐름배수(free cash flow multiples)
  - 자산배수(asset multiple)=기업가치/자산가치

(2) 현금흐름할인법(discount cash flow valuations)

기업의 가치는 주주가 기대하는 미래의 이익, 즉 현금흐름(cash flow)을 시간성과 불확실성을 고려하여 현재의 가치로 나타낸 것이다. 현금유입이란 주로 운영을 통해 벌어들인 수익을 의미하며, 현금유출이란 사업운영을 통해 현금 또는 회사차, 법인골프멤버십 요금 또는 이자배당금 같은 현금성 자산이 빠져 나가게 되는데 이를 현금유출이라 한다.

- 강점
  - 이론적으로 검증된 기법이다.
- 약점
  - 현금흐름(cash flow)을 추정하기가 어렵다.
  - 비상장 개인회사를 대상으로 자본구조를 파악하거나 추정하기가 어렵다.
  - 가중평균자본비용(WACC)은 자본구조를 변수가 아닌 항수로 인식한다.
  - 가중평균자본비용(WACC)은 실질세율을 변수가 아닌 항수로 인식한다.
  - 시간상으로 멀고 불확실한 현금유입(inflow)과 현금유출(outflow)의 차이로 현금흐름을 계산하는 통상적인 방법으로 할인율(discount rate)과 최종성장률(g)에 매

우 민감하게 영향을 받게 된다.

① 현금흐름

• 영업현금흐름(Operating Cash Flow : OCF)

영업현금흐름은 기업운영에서 창출된 순현금흐름으로 영업활동으로 인한 현금유입에서 영업활동을 위한 영업비용과 세금을 차감한 것으로 감가상각으로 인한 절세효과를 합친 것을 말한다.

OCF＝EBIT－세금＋감가상각

• 잉여현금흐름(Free Cash Flow : FCF)

FCF＝OCF－(순운전자본변동＋기말자본지출) * 순운전자본변동=후년 운전자본 − 전년 운전자본 * 기말 자본 지출 = 기말고정자산 − 기초고정자산 + 감가상각비

② 자본비용

자본비용(cost of capital)은 최저로 수용가능한 투자 대비 수익률이다. 투자안은 자본비용보다 높은 수익률을 보일 때 기업에 가치를 부여할 수 있다. 자본비용보다 낮은 수익률을 보이는 투자안은 재무적으로 기업에 가치를 부여하지 않기 때문에 채택해서는 안 된다.

예를 들어, 10%의 수익률을 보이는 투자안이 있다고 가정하자. 이 투자안은 과연 가치가 있을까? 매우 안전하고 예측가능한 투자처로 최고신용등급 회사채의 수익률이 6~7%라고 한다면, 10% 수익률에 만족할 수 있을 것이다. 그러나 만일 주식시장에 투자해서 10%의 수익을 올리고 있다면 그리고 이 10% 투자안이 주식과 같은 위험부담수준이라면 손익분기점 정도의 10%의 수익률에 만족할 수 없을 것이다. 같은 위험부담과 같은 수익률을 가진 투자대안에 대해 그다지 투자매력을 느끼지 못할 것이다.

기업투자에서의 자본비용의 적절성은 재무시장의 기회에 의해 측정될 수 있다.

(3) 최종가치(terminal value)

최종가치법은 벤처 투자가 실효를 거두어 투자자가 해당 벤처에서 손을 뗀다고 가정할 때 사용되는 기법이다.

(4) 조정현가(Adjusted Present Value : APV)

- 강점
  - 이론적으로 검증된 기법이다.
  - 자본구조가 매우 가변적인 상황에서 사용이 용이하다(leveraged buyouts와 같은 높은 레버리지 거래에 사용 시 유용함).
  - 세제혜택(tax shield)을 고려해서 유효세율이 가변적인 상황에서 적절하다.
- 약점
  - NPV기법보다는 사용이 어렵다.
  - WACC 가정을 제외하면 대부분의 NPV기법의 단점을 가지고 있다(자본구조와 세율을 항수로 본다).

(5) 경제적 부가가치(Economic Value Added : EVA)

주주와 전문경영인 간의 대리 문제를 해결할 수 있어 관심의 대상이 되고 있다. 세후순영업이익(Net Operating Profit After Tax : NOPAT), 자본비용(cost of capital), 투하자본(Invested Capital : IC), 초과수익률을 사용하는 기법이다.

$$\begin{aligned} EVA &= NOPAT - Capital\ Charges \\ &= NOPAT - (IC \times WACC) \end{aligned}$$

(6) 벤처캐피탈

- 강점
  - 이해하기가 쉽다.
  - 사용이 간편하다.
  - 일반적으로 사용되었다.
- 약점
  - 다른 기법의 최종가치에 의존한다.
  - 과도한 간결성

(7) 옵션

• 강점

–이론적으로 검증된 기법이다.

–관리자들이 유연성을 가진 상황에서 NPV와 APV의 단점을 극복할 수 있다.

• 약점

–업계에서 일반적으로 사용되었던 것이 아니라 이해하기가 어렵다.

–현실적 사안에 대해 해결가능한 옵션평가 문제로 축약하기가 어렵다.

–Black–Scholes모델의 제약이 있다.

2) 원가법

(1) 장부가치(book value)

장부상 가치는 단순히 중소업체의 자산에서 부채를 뺀 나머지를 의미한다.

강점은 가치평가를 위한 정보가 바로 이용가능해서 자산 자체가 사업가치로 인정될 수 있다는 것이고, 약점은 자산이 가지고 있는 다양한 수익창출역량을 고려하지 않고 감가상각을 한 회계적 자산만을 고려하게 된다는 것이다.

(2) 조정장부가치(adjusted book value)

조정장부가치는 무형자산을 영(0)으로 보고 장부상의 가치와 시장에서의 가치의 차이를 조정해 주는 가치평가방법이다. 자산평가에 명백한 차이를 고려하지만 세밀한 조정은 하지 않는다. 토지, 건물, 장비에 대한 장부상 가치와 시장가치의 차이만을 주로 조정한다.

또한 장부가치평가와 마찬가지로 무형자산을 영(0)으로 보며 기업자산이 가지고 있는 다양한 수익창출역량을 고려하지 않는다.

(3) 청산가치(liquidation value)

청산가치기법은 '빠른 매각'을 실현하기 위한 화폐가치를 의미한다. 자산은 강요된 매각상황하에서 가치가 결정된다. 자산가치는 부채를 모두 제하고 난 나머지로 빠른 매각을 위한 처분가이다. 이 기법은 매각하는 자가 회사를 청산할 수도 있기 때문에 구매자를 위한 가격이 아니라 매각자가 매각하려는 최저가격을 의미한다.

강점은 소규모 영업장의 최저가격으로 거래되는 경우가 많다는 것이고, 약점은 대부분

사업장이 빨리 매각되지 않아 운영 중인 영업장의 평가에 이 기법을 사용하기는 곤란하다는 것이다.

3) 시장접근법

장부가치는 초기 구매가에 시간의 감가상각을 기반으로 한다. 시장접근법은 현재의 자산과 부채의 가치를 측정한다. 자산과 부채의 시장접근법은 일반적으로 장부가치와 같지 않다.

(1) 대체가치(replacement value)

현재 시장가로 한 기업의 유형자산을 만든다고 가정하고 구해진 가치에 이미 지난 시간에 대한 감가상각을 적용해 가치를 측정한다.

2. 재무제표 부재 시의 외식사업 가치평가

재무제표 없이 외식사업의 가치를 평가할 수 있는 방법을 소개하려 한다. 이 방식은 다소 과학적 근거가 없는 듯이 보이지만 경험적인 배수를 사용하여 일종의 기준점을 제시하고 있다는 측면에서 사용가치가 충분하다. 현장에서 상당히 유용하게 사용할 수 있는 방법이다. 좌석수, 면적, 임대료와 시설개선비를 통해 일반적 외식사업에서 있을 수 있는 손쉬운 통계정보를 통해 손익분기와 매출, 그리고 살 때의 가치와 팔 때의 가치를 적절히 유추해 낼 수 있다.

본 외식사업 가치평가는 앞에서 설명한 수익접근법 중 배수법을 응용하였다. 평가자 입장에서 좌석수, 면적, 임대료, 시설개선비(improvement)와 연매출(Annual Sales)의 상호관계로 추정한다. 손익분기는 EBIT(Earnings Before Interest, Tax)를 기준으로 한다. 다시 말해, 손익분기매출은 ITDA(Interest, Tax, Depreciation, Amortization)를 포함한 액수를 의미한다.

외식사업 가치평가기법을 문제를 통해 살펴보자.

문제 1 좌석수, 면적, 임대료, 시설개선비를 통해 손익분기점 액수 추정

좌석수=200석

면적=5,000m^2

임대료=월 10,000

시설개선비=200,000

1. 손익분기점(break even point) 액수
   1) 200석×7,000=1,400,000
   2) 5,000m^2×300=1,500,000
   3) 10,000×12×10=1,200,000=임대료 자본화 가치(capitalized lease)

      1,200,000+200,000=1,400,000

   따라서 손익분기점 액수는 1,500,000이다.

문제 2 좌석수, 시설개선비가 있을 경우

좌석수=200석

시설개선비=500,000

1. 손익분기점 액수

   200석×7,000=1,400,000
2. 연매출규모(sales volume estimate)

   손익분기점 액수×1.5=1,400,000×1.5=2,100,000
3. Asking Price(AP)－팔 때
   - 소유 시

     판매량=AP=2,100,000
4. Offer Price(OP)－살 때
   - 소유 시

     2,100,000×2/3=1,470,000

     1,470,000－500,000=970,000

문제 3 좌석수와 면적이 있을 경우

좌석수 = 200석

면적 = 5,000m²

1. 손익분기점 액수
   1) 200석 × 7,000 = 1,400,000
   2) 5,000m² × 300 = 1,500,000
2. 연매출규모

   1,500,000 × 1.5 = 2,250,000
3. Asking Price(AP)
   - 소유 시

     AP = 2,250,000
4. Offer Price(OP)
   - 임대 시

     2,250,000 × 2/3 = 1,500,750 약(1,500,000)

문제 4 좌석수, 면적, 임대료, 시설개선비, 실제 연매출이 있을 경우

좌석수 = 350석

면적 = 6,700m²

임대료 = 월 10,000

시설개선비 = 800,000

연매출 = 2,600,000(실제연매출 : 가치평가기준점)

1. 손익분기점 액수
   1) 350석 × 7,000 = 2,450,000
   2) 6,700m² × 300 = 2,010,000
   3) 10,000 × 12 × 10 = 1,200,000(= 임대료 자본화 가치)

      1,200,000 + 800,000(시설개선비) = 2,000,000

      따라서 손익분기점 액수는 2,450,000이다.
2. 연매출규모

   2,450,000 × 1.5 = 3,675,000

3. Asking Price(AP)−팔 때 가치

1) 소유 시

연매출=Asking Price=2,600,000

2) 임대 시

연매출−임대료 자본화 가치

=2,600,000−1,200,000=1,400,000

1,400,000/(10×12)=11,700(월임대료)

4. Offer Price(OP)−살 때 가치

1) 소유 시

2,600,000×2/3=1,742,000

2) 임대 시

1,400,000×2/3=938,000

938,000/(10×12)=7,800(월임대료)

문제 5 좌석수, 면적, 임대료, 시설개선비, 실제 연매출이 있을 경우

좌석수=400석

면적=7,000m^2

임대료=월 11,000

시설개선비=800,000

실제연매출=3,000,000(기준점)

1. 손익분기점 액수

1) 400석×7,000=2,800,000

2) 7,000×300=2,100,000

3) 11,000×12×10=1,320,000(임대료 자본화 가치)

1,200,000 + 800,000(시설개선비)=2,120,000

따라서 손익분기점 액수는 2,800,000이다.

2. 연매출규모

2,800,000×1.5=4,200,000

3. Asking Price(AP)−팔 때

1) 소유 시

연매출=Asking Price=3,000,000

2) 임대 시

연매출−임대료 자본화 가치=3,000,000−1,320,000=1,680,000

1,680,000/(10×12)=14,000(월임대료)

4. Offer Price(OP)−살 때

1) 소유 시

3,000,000×2/3=2,010,000

2) 임대 시

1,680,000×2/3=1,125,600

1,125,600/(10×12)=9,380(월임대료)

연습문제

문제 1 좌석수와 면적이 있을 경우

좌석수=200석

면적=5,000m^2

손익분기와 예상매출규모, 팔 때의 가치, 그리고 살 때의 가치를 구하시오.

문제 2

좌석수=400석

면적=70,000m^2

임대비=월 11,000

개선비=800,000

실제연매출=3,000,000

3. 외식사업 투자비중

1) 외식사업 투자비중의 일반적 기준

- 토지 : 40~60%(40% 기준)
- 건물 : 20~30%(30% 기준)
- 내장, 외장, 가구 및 장비 : 15~20%(15% 기준)
- 운영자금 : 5~10%(5% 기준)

예를 들어, $1,500,000에 대한 투자비중을 알아보자.

- 토지투자비 : $1,500,000×40%=600,000
- 건물투자비 : $1,500,000×30%=450,000
- 내장, 외장, 가구 및 장비 : $1,500,000×15%=225,000
- 운전자금 : $1,500,000×5%=75,000

2) 토지와 건물을 제외한 외식사업 투자비중

토지와 건물을 제외한 타인 소유의 건물을 임대할 경우를 의미한다.

파인 다이닝 : 100평(330m²) 기준

Hard Cost(70%)	
주방	$300,000(30%)
홀, 전기, 배관, 장식, 가구류, 식기류	$400,000(40%)
Soft Cost(5%)	$50,000(5%)
마케팅 · 판촉비용	
전문가비용(15%)	$150,000(15%)
인 · 허가, 변호사, 회계사, 컨설팅비	
운전자금(10%)	$100,000(10%)
식음료재고	$30,000
3개월치 인건비	$70,000
전체 필요자금	$1,000,000

요약정리

- 가치평가의 기본원리와 종류를 이해할 수 있다.
- 외식사업의 견적용 재무제표작성을 할 수 있다.
- 재무제표 부재 시 외식사업 가치평가법을 이해할 수 있다.
- 외식사업에서의 투자비중을 알 수 있다.

참고문헌

강민정 · 설훈구(2013), "자본구조 결정요인에 대한 환대사업별 차이분석", 호텔경영학연구, 22(3), 55–74.

김형규 · 감형규(1999), 재무관리, 박영사.

이정호(1994), 회계원리, 경문사.

이현주 · 설훈구(2013), "배당가치법과 할인현금흐름가치법을 활용한 외식사업의 가치배수에 대한 연구", 관광 · 레저연구, 25(4), 169–187.

Andrew, W. P., Damitio, J. W., & Schmidgall, R. S.(2007), *Financial Management for the Hospitality Industry*, Pearson Prentice-Hall.

Gray, William S.(1996), *Hospitality Accounting*, Prentice-Hall.

Haines, Robert G.(1996), *Math Principles for Food Service Occupation*, Delmar Publishers.

Moncarz, Elisa S. & Nestor J. Portocarrero(1986), *Financial Accounting for Hospitality Management*, VNR.

Schmidgall, Raymond S.(1993), *Hospitality Industry Managerial Accounting*, AH & MA.

The Research Development NRA(1982), *Conducting a Feasibility Study For a New Restaurant*, NRA.

Walker, John R. & Donald E. Lundberg(2001), *The Restaurant from Concept to operation*, John Wiley & Sons.

Part 5

외식사업 개발과정

Chapter 18

점포사업 준비

외식사업개발은 외식기업을 새롭게 만드는 것이라고 할 수 있다. 개발을 실무적으로 설명하면 개인 또는 단체가 자신의 책임하에 자금과 사람을 동원하여 새롭게 사업을 시작하는 것이라고 할 수 있을 것이다.

외식개발을 하기 위해서는 여러 가지 요소가 필요하지만, 그 중에서 가장 대표적인 것들을 들면 사업목적, 창업자, 사업업종, 인적자원, 물적자원이라고 할 수 있다. 사업개발을 생각할 때 단순히 '자금이 얼마가 있는데 이걸로 어떤 걸 시작할까?'라든가 '어떤 업종이 요즘 잘되나?' 하는 식의 생각보다는 먼저 필수 준비요소들에 대한 검토가 이루어진 후에 보다 세부적인 절차에 따라 본인의 개발계획을 구체화시켜 나가는 것이 바람직할 것이다.

1. 필수 준비요소

① 명확한 사업목적

- 왜 내가 창업을 해야 하는지에 대한 창업자의 명확한 목표설정
- 사업의 활동과 방향을 설정
- 생계유지, 노후대비, 부업, 본격적인 사업 등 사업의 목표에 따라 개발계획은 달라지게 되며, 그에 따라 월수익률, 동원하는 자금, 운영시간 등 세부적인 운영계획이 검토되어야 한다.

② 사업자 자신

- 모든 개발계획을 준비하고 실행하고 책임지는 주체
- 목표 설정, 업종 및 입지의 선정을 실행하고, 인적요소, 물적요소를 동원
- 지식, 경험, 노력, 마케팅력 등이 성공에 큰 영향을 미치게 된다.

③ 사업업종의 선정

- 어떤 상품이나 서비스를 누구에게 판매할 것인가에 대한 것
- 업종에 따라서는 어디에서 할 것인가가 더 중요
- 통상 소점포사업에서는 창업 초기에는 업종선정, 입지선정 등이 중요한 요인이며, 창업 후에는 해당 업종과 입지에서 목표고객들에 대하여 어떠한 운영전략을 구사하느냐가 성패를 좌우하게 된다.

④ 인적자원의 구성

- 본인을 포함하여 가족, 종사원 등 실질적으로 사업을 운영해 나가는 사람들
- 돈은 사장이 버는 것이 아니고 종사원이 벌어준다는 생각
- 적절한 사람들을 채용 · 교육 · 관리하는 것이 궁극적으로 창업목표를 달성할 수 있게 할 것이며, 이 모든 것의 모범은 사업자 본인이 되어야 한다.

⑤ 물적자원의 준비

- 점포 준비, 기계장비, 인테리어 등 시설, 원재료 구입 등을 확보하는 것
- 핵심요인은 결국 자금조달 문제
- 사업목표 등이 체계화되면서 물적자원의 준비도 고려되어야 한다고 하지만, 소점포사업에서는 먼저 조달가능한 자금규모를 확인한 후 그에 걸맞은 목표, 업종, 입지 등이 결정되는 경우가 많다.

1) 사명

누구나 개업을 결심한 동기가 있을 것이다. 다만, 문제는 얼마나 진지하게 개업을 원하고, 준비하고 개업에 임하는가 하는 것이다. 꿈을 실현시키기 위해서는, 자신이 무엇을 위해서 무엇을 목표로 개업하는가 하는 것을 명확하게 하고 난 후, '다시 되돌리는 것은 절대 안 돼'라는 각오로 준비하고 시작해야 한다.

많은 성공적인 외식기업들은 공식적인 사명선언문을 가지고 있다. 사명선언문이란 사

업체로 존재하는 이유를 설명하는 것이다. 레드 랍스터(Red Lobster)의 사명선언문을 예를 들어 보자. 고객의 기대를 넘어 수익을 보장하는 외식경험을 고객에게 제공하는 것이 레드 랍스터의 목표이다.

표 18-1 | 레드 랍스터의 사명선언문

- 모든 고객들에게 기대 이상의 식사경험을 제공하여 기대에 보답한다(사명 일반).
- 우리는 전문적이고 기술적이고 우호적인 서비스를 제공한다. 안락하고 매력적인 환경 속에서 다양한 최고의 맛있는 음식을 제공한다(서비스).
- 이례적인 가치를 제공함으로써 경쟁력 있는 가격을 제공한다(가격).
- 우리는 각 개인의 복리와 전문적 성장 · 개발을 위한 기회를 제공하여 개인의 삶의 질과 성공을 위하여 노력한다(인적자원관리).
- 우리는 우리의 이해관계자들에게 성장과 이익배당을 제공하는 데 업계의 리더가 된다(이해관계자).
- 우리는 미국의 가장 선호하는 해산물 레스토랑이 되어 최고급 레스토랑으로 인정받는다(컨셉).

2) 명확한 사업목적 및 목표

사업을 해야 하는 명확한 목표설정이 필요하다. 이는 사업의 활동과 방향을 설정하게 해주기 때문이다. 구체적으로 보면 생계유지, 노후대비, 부업, 본격적인 사업 등 사업의 목표에 따라 창업계획은 달라질 수 있기 때문이다. 그에 따라 월수익률, 동원하는 자금, 운영시간 등 세부적인 목표계획이 검토되어야 한다.

3) 외식시장

시장은 해당 레스토랑을 찾게 될 고객으로 구성된다. 특정한 틈새시장(niche market)에 충분한 수요가 있는지 시장을 분석해야 할 것이다. 틈새는 세분시장 속의 더 세분화된 시장을 의미한다. 틈새시장의 크기는 해당 레스토랑에서 반경 5km 이내로 생각하면 된다. 그 거리는 레스토랑의 형태와 입지에 따라 변화가 있을 수 있다. 예를 들면, 뉴욕 맨해튼의 레스토랑의 경우 반경은 몇 개 블록 정도일 것이고 반면에 웨스트버지니아의 시골 레스토랑은 반경 6~7km가 될 수도 있다.

4) 외식사업의 컨셉

외식사업의 컨셉은 성공적인 레스토랑을 만들기 위한 중요한 요소 중 하나이다. 성공적인 레스토랑 컨셉은 고객을 염두에 두고 만들어져야 한다. 특정한 레스토랑의 컨셉이 괜찮은 아이디어라고 할지라도 그 레스토랑의 컨셉이 좋아 방문할 충분한 고객이 없다면 무의미하다. 성공적인 레스토랑 컨셉으로 새로운 사람들이 오고가는 재미(fun) 컨셉의 레스토랑을 예로 들 수 있다. 이러한 레스토랑 컨셉은 고객과 직원과 관리자가 긍정적인 방법으로 서로를 즐겁게 할 수 있는 만남의 장을 제공할 수 있게 해야 한다.

지난 수십년간 지속해 온 성공적인 레스토랑 컨셉을 살펴보도록 하자. 미국계 체인 레스토랑 중에는 애플비스(Applebee's), 하드록카페(Hard Rock Cafe), 올리브가든(Olive Garden), 레드 랍스터(Red Lobster)와 T.G.I. 프라이데이스를 들 수 있다. 물론 성공적인 독립(independent) 레스토랑 컨셉과 지역(regional) 컨셉도 있다. 모든 레스토랑 컨셉은 고객이 인지하는 독특한 이미지를 가지게 된다. 그 이미지는 특정시장에 호소력을 가지고 있어야 하는데 특정시장이라 하면 캐주얼(casual), 아이들, 성인, 중식 또는 한식 등을 의미한다. 그 컨셉은 표적시장에 적합한 입지, 메뉴, 내부장식 등과도 연관성을 갖추고 있어야 한다.

5) 점포 임대차계약

임대차계약을 통해 비용이 발생하기 때문에 사업실행의 첫 단추인 점포 임대차계약은 관련사항 등을 철저하게 이해하고 꼼꼼하게 검토하여 계약에 임하여야 할 것이다. 점포 임대차는 점포주인인 임대인이 점포를 빌리려는 임차인에게 점포를 사용하게 할 것을 약정하고 임차인이 이에 대하여 차임, 즉 임대료를 지급할 것을 약정함으로써 그 효력이 생긴다.

다음으로는 해당 점포의 법률관계를 확인해야 하는데, 이것은 등기부등본과 도시계획 확인원을 떼어 봄으로써 확인할 수 있다. 우리 주변에서는 부동산 사기가 심심찮게 발생하고 있는데, 이것은 모두 계약자가 계약 시에 점포의 법률관계에 대한 확인을 소홀히 한 까닭이 대부분이라고 할 수 있다. 차후의 말썽의 소지를 없애고 여러 사태에 대비하기 위하여 다소 귀찮더라도 반드시 법률관계의 확인을 거쳐야만 한다.

등기부등본은 표제부, 갑구, 을구의 3부분으로 구성되어 있는데, 표제부는 점포건물에 대한 표시를 나타내고, 갑구는 점포의 소유주, 주소, 이전 연월일, 이전 원인 등의 소유권에 대한 사항을 표시한다. 을구는 소유권 이외의 권리에 대한 사항, 즉 저당권, 임차권, 지상권 등의 사항이 표시되어 소유권자 이외의 또 다른 권리관계를 알 수 있다. 이 같은 등기부등본은 건물, 토지의 소재지인 관할구역 법원 구내 등기소 또는 독립 등기소에서 계약금 지불 후, 중도금 지불 후, 잔금 지불 후에 각각 떼어 봄으로써 그 후의 권리관계의 변동이 있었는지에 대해 확인할 필요가 있다.

등기부등본을 떼어 본 후에는 토지, 건물의 위치, 크기, 실소유자 등이 등기부등본과 일치하는가를 확인하기 위하여 관할구청이나 시청에서 토지 · 가옥대장을 확인해 보아야 한다.

다음으로는 자신이 얻으려는 점포가 향후에 공공용지 등으로 수용이 될지, 재개발지역이 아닌지, 업종이 제한되어 있는 지역인지 등을 파악하기 위하여 관할 시 · 군 · 구청에서 도시계획확인원을 확인하여 도시계획을 알아보아야 한다.

이상과 같이 현장 확인, 등기부등본 확인, 토지 및 건축물대장 확인, 도시계획 확인 절차를 거친 후에 비로소 점포 임대차계약을 체결하여야 한다. 계약은 임차인과 임대하려는 본인 당사자가 직접 체결하는 것이 원칙이고, 만일 대리인과 계약을 할 경우에는 진정한 대리인인지 확인할 수 있는 인감도장이 찍혀 있는 위임장을 받아두어야 한다.

계약서에는 일반적으로 임대인, 임차인, 중개인의 이름, 주소, 연락처와 중도금, 잔금의 금액, 지급방법, 지급일이 기재되고, 해당 물건의 명도시기, 하자보수 문제, 시설설비, 중개료, 중개료 지급일 등 계약당사자들이 확정지어야 한다고 판단되는 모든 문제를 기재한다.

또한 불량 건물주에 의한 피해의 예방에 관한 문제가 있다. 신문지상이나 주변의 이야기를 통해서 심심찮게 듣는 이야기 중의 하나가 바로 상가임대차 분쟁에 대한 이야기인데, 상가분양 건설회사의 부도로 인한 입주자의 피해 문제, 임대료 과다인상, 계약기간 만료로 인한 임대차계약 해제로 점포를 비워 달라고 해서 점포입주 시 지불한 권리금이나 시설비 등을 건지지 못하는 상황에서 할 수 없이 점포를 비워 줘야 하는 문제 등이 발생하는 것을 종종 볼 수가 있다. 특히 세를 준 점포가 장사가 잘되니까 아예 건물주 자신이 직접 그 업종을 운영할 요량으로 임차인을 내보내는 불량 건물주도 있는 것이 사실이다. 현실적으로 법률적인 보장제도가 정비되지 않아 문제가 많이 있지만, 2015년 말 국회에서 개정된 상가건물 임대차보호법안으로 영세소상공인의 피해는 상당히 줄어들 것으로 예상된다.

불량 건물주에 의한 피해사례를 살펴보고 이에 대한 예방책을 살펴보자. 첫 번째 사례로 스파게티 전문점 창업을 준비하던 A는 적당한 평수의 1층을 계약하고 창업했다. 투자비용은 점포보증금 5천만 원, 내부시설 등 인테리어비용을 합하여 약 1억여 원, 총 1억 5천만 원을 투자했다. 업종의 특성상 점포보증금보다는 내부시설 등 인테리어비용이 많이 들어가는 관계로 임대차계약을 3년 정도로 희망했지만 계약당사자는 법인이어서 총무과 담당자와 계약을 맺었고 또 1년 단위로 계약을 해도 계속 연장이 될 테니 염려 말라는 말에 아무 의심 없이 1년 단위 임대차계약을 맺었다. A는 영업을 개시한 지 2개월여 만에 고객들의 내점이 많아 매 저녁 때마다 모두 채우는 등 영업이 호조를 보여 월수익이 600여 만 원에 달하는 성공을 거두었다. 그런데 문제는 영업한 지 8개월 만에 나타났다. 갑자기 임대차계약의 당사자인 회사에서 계약만기가 다가오니 점포를 비워 달라는 내용증명을 보낸 것이었다. 이게 웬일인가 싶어 총무과에 달려갔지만 담당자는 곧 퇴사할 예정이라고 하면서 회사사정상 어쩔 수가 없다는 이야기만 하는 것이었다. 그 이후 모든 일은 소위 법대로 진행되었다. 항의도 하고, 사정도 해봤지만 계약서 내용대로 할 수밖에 없다면서 속수무책이었다. 1년 동안의 수익을 다 합해 봐야 투자비용도 못 건지는 상황이 된 것이다.

두 번째 사례이다. 3층짜리 건물의 1층 점포를 얻어 2년 임대차계약을 맺고 불고기 전문점을 창업하여 월평균 200만 원 정도의 순수익을 남기던 사업자인데, 어느 날 갑자기 건물주가 계약기간 만료로 점포를 비워 달라고 한다. 아들이 취업도 어렵고 해서 자기 건물에서 장사라도 시키려고 하는데 계약기간도 다 되었고 하니까 비워 달라는 것이다. 점포를 인수하여 들어올 때 전 사업주에게 준 권리금은 어떻게 하느냐고 사정을 해보지만 돌아오는 말은 권리금계약은 건물주는 모르는 일이라고 말할 뿐이었다. 보증금만 받아서 다시 창업을 준비해야 되는 상황을 맞이한 것이다. 현재의 업종을 창업할 당시보다 오히려 자금규모가 줄어들게 된 것이다.

위와 같은 사례가 흔히 발생되는 것은 아니다. 일부의 피해사례를 보고 본인이 구상하고 있는 창업계획을 진행하지 못한다면 그것 또한 바람직한 경우는 아니다. 하지만 시장조사 단계에 있어서 임대차계약 전에 건물주에 대한 사전조사는 필수적이라고 할 수 있다.

건물주에 대한 피해를 최소화하는 현실적으로 정해진 방법은 없다. 다만, 피해를 발생시킬 수 있는 요소들에 대하여 최대로 조사를 하여, 위험가능성을 최소화시키는 방법밖에 없을 것이다.

실질적으로는 건물주의 재산상태, 가족사항, 현재의 직업 또는 사업, 주변에서의 평판 등을 조사하여 판단하는 것이 좋을 것이다. 이러한 조사는 점포 매물조사를 할 때 부동산 중개인을 통해서, 또한 입지조사를 할 때 동네에서 오랫동안 장사를 하고 있는 슈퍼, 음식점 등을 들러서 정보를 얻는 것이 효율적이다. 통상 해당 지역에서 점포사업을 하는 사람들은 자신의 점포건물주는 물론 인근의 건물주들에 대한 소문들을 대충은 알고 있기 때문이다. '저 건물주는 건물이 여기 말고도 몇 채야', '제대한 아들 때문에 고민이라던데 자기 건물 점포 하나 비워 주려는 것 같던데', '건물주가 노인인데 노부부가 이제는 안정적으로 여행이나 하면서 사는 것 같아', '저 건물주인은 하여튼 이 상권에서 임대료는 제일 높게 받아' 등등의 이야기를 들을 수 있을 것이며, 이러한 모든 이야기들이 점포계약을 앞두고 판단의 기준으로 이용될 수 있을 것이다.

점포임대차계약 시 고려해야 할 사항을 3가지로 간단히 요약하였다.

(1) 기존점포 인수 시 고려사항

점포 조사 시 신문, 잡지, 방송, 주위의 경험 등으로부터 가능한 많은 정보를 수집해야 한다. 특히 점포의 입지확인을 위해 반드시 직접 현장을 방문해야 한다.

기존점포를 인수하고자 할 때 반드시 체크하여야 하는 사항들은 다음과 같다.

① 시장성

- 인수하고자 하는 점포가 장래 시장성이 있는가?
- 기존점포의 서비스와 소비자들의 선호도는 어떠한가?
- 상권의 변화가능성은 없는가?
- 앞으로 고객수가 증가할 가능성이 있는가?

② 경쟁

- 주위에 너무 많은 경쟁점포가 있는 것은 아닌가?
- 대형 점포가 들어설 가능성은 없는가?
- 기존점포의 매출액과 이익은 어느 정도인가?
- 주변점포와의 경쟁이 치열해서 운영에 어려움은 없겠는가?

③ 물리적 적합성

- 임대료와 권리금이 주변점포와 비교해서 적당한 가격인가?
- 주변지역의 토지 이용용도와 점포 주변의 환경 및 지리적 발전가능성은 어떠한가?
- 투자규모와 수익성의 관계는 적당한가?
- 시설에 하자는 없는가?

통상적으로 기존점포를 인수할 때에는 상당한 권리금이 붙어 있는 것이 일반적이다. 내가 그동안 이 상권에서 터를 잘 닦아 놓았으니 권리금을 내놓으라는 이야기이다. 또한 현재 일매출액이 얼마라면서 장사가 잘되고 있는데, 집안사정이 있어서 할 수 없이 점포를 내놓는 것이라는 식으로 이야기가 오가는 것이 일반적이다. 물론 틀린 말은 아닐 수 있지만 기존점포를 인수하여 사업하고자 하는 사람은 이 말을 직접 확인해야 한다. 어떻게 직접 확인하는가? 방법은 단 한 가지이다. 그동안의 매출장부 등을 가지고 확인하는 방법도 있겠지만 제일 정확한 것은 2~3일 정도 기간을 잡아 그 점포의 영업시간 내내 이용고객을 확인하는 방법일 것이다. 다소 힘이 들겠지만 몇천만 원을 투자하면서 위험을 감소시키려면 제일 확실한 방법일 수 있다. 기존점포는 하루 종일, 아니면 2~3일간, 시간이 허락되는 대로 고객수를 직접 확인하는 것이 최선의 조사방법이다.

(2) 상가건물 임대차보호법

2015년도 말 개정된 상가건물 임대차계약에 관한 내용이다. 상가가 경매로 넘어가더라도 대항력을 인정받아 최소한의 임대보증금 보상, 임대료 인상의 상한선 마련, 자동 계약 연장의 확대 등 임대료 및 임대기간을 법으로 정해 소상공인들이 안정적으로 사업을 할 수 있게 하는 법이다. 다음은 상가건물 임대차보호법안의 주요 내용을 요약한 것이다.

- 적용대상
  - 사업자등록대상 영업용 건물로 한정, 비사업용(동창회 사무실 등)은 제외
  - 사업자등록을 할 수 있는 건물의 상가를 임대하여 운영하는 임차인, 또는 건물 대장에 상가용도로 등록하여 임대를 진행하는 임대인 사이에서 성립한다.
- 공시방법
  - 관할세무서에서 임대계약서로 확정신고
  - 세무서는 이해관계인에게 임대료(보증금, 월세), 기간 등을 공시
- 최우선변제권 범위
  - 경매됐을 경우 순위 불문, 최우선변제금액 보장

표 18-2 | 최우선변제를 받을 수 있는 보증금의 한도

2015년 11월 말 개정

지역	보호대상보증금 상한	최우선변제 적용 보증금액	최우선변제금액
서울특별시	4억 원 이하	6천5백만 원 이하	22,000만 원
수도권 중 과밀억제권역	3억 원 이하	5천5백만 원 이하	19,000만 원
광역시(군 제외), 용인시, 안산시, 김포시, 광주시	2억 4천만 원 이하	3천8백만 원 이하	13,000만 원
기타 지역	1억 8천만 원 이하	3천만 원 이하	10,000만 원

- 임대료 인상 상한선 설정
  - 연 9% 이상으로 임대료를 인상할 수 없음
- 대항력 발생
  - 임차인이 건물을 인도받고 사업자등록을 신청하면 이후 건물 소유자가 바뀌어도 제3자인 소유자에게도 임차권을 주장할 수 있음
- 권리금
  - 5년 계약이면 시설투자비 회수기간 충분해 별도로 인정 안 함
  - 임차인 간 별도 사적계약 유지
- 계약기간
  - 최대 5년 간 자동 계약 갱신 요구권 보장
- 자동 계약 연장 예외조항
  - 임차인이 3개월 연속 연체
  - 허위, 부정한 방법으로 계약
  - 계약상 중대한 위반
  - 쌍방합의
  - 임대인 동의 없이 임차인이 임의 재전대(再轉貸)
  - 건물 · 설비를 고의 또는 중과실로 파손
  - 건물 철거 또는 재건축
  - 기타 임대차분쟁조정위원회가 인정하는 경우(법원은 분쟁조정위 설치에 반대)

(3) 점포 임대계약금과 임차료

계약에 있어서 계약금을 거래가격의 얼마로 할 것인가에 대하여는 특별한 규정은 없으나 통상적으로 거래가격의 10% 정도를 계약금으로 하고 있다. 만일 불가피한 사유로 계

약을 이행하지 못한 경우에는 그 계약금의 소유권은 소유주에게 넘어가게 되고, 반대로 소유주가 계약을 해제할 경우에는 임차인에게 계약금의 2배를 넘겨 주어야 한다.

점포 임대차계약이 효과적으로 체결되어 효력을 발휘하게 되면 소유주는 임차인에게 점포를 사용할 수 있게 해주어야 하는 의무를 가지게 되고 상대적으로 임차인은 차임의 지급의무를 가지게 된다. 이 차임은 법적으로는 2개월간 밀렸을 경우에 소유주가 즉시 계약을 해제할 수 있도록 규정하고 있으므로 점포경영자의 입장에서는 계약을 정상적으로 유지하기 위해서라도 차임이 밀리는 일은 피하도록 해야 한다.

또한 임차인은 계약기간 동안 점포를 신의성실로써 관리할 의무를 가지는데, 어떠한 손상이 일어났을 경우에는 그 손해를 배상해야 하고, 또 계약이 끝날 때에는 점포를 계약 전의 상태로 원상복구하여 반환하여야 한다.

2. 사업계획의 의의와 필요성

사업의 결심, 구체적인 창업절차와 창업 희망업종의 인 · 허가사항 파악 등 기초적인 준비과정을 거친 후에 본격적으로 해야 할 일은 바로 사업계획서를 만드는 일이다. 그동안 창업을 준비하면서 생각날 때마다, 현장에서 느낀 점들이 있을 때마다 이것저것 기록해 놓은 것들, 그리고 관련 업종정보와 입지관련 자료 등 모아둔 자료들을 펼쳐 놓고 나름대로 사업계획서를 작성하는 것이다.

물론 일차적인 사업계획서를 작성한 후에도 계속적으로 수정 · 보완이 되어야 할 것이다. 입지를 선정하는 것에 따라 달라질 것이고, 계약하고자 하는 점포의 형태나 금액에 따라서도 많은 부분이 수정될 것이다. 하지만 사업구상 초기에 사업계획서를 작성한다는 것은 사업을 추진하는 창업자가 그동안 구상만 하고 있는 본인의 창업계획을 구체적이고 객관적으로 바라볼 수가 있다는 점에 그 효과성이 있다고 할 수 있다.

사업계획서의 일반적인 정의는 사업을 개시하기 전에 계획사업에 관한 모든 사항, 즉 사업의 목적, 수요예측, 투자내용, 판매계획, 추정 재무제표 등을 판단할 수 있도록 현재의 상황과 미래의 상황을 추정하여 일목요연하게 정리하고 계수화하는 것을 말한다.

이러한 사업계획서는 사업자 본인을 위해서는 사업성공의 가능성을 높여 주는 동시에 계획적인 창업을 가능하게 해주며 또한 창업에 도움을 줄 제3자, 즉 동업자, 출자자, 금융기관, 매입처, 매출처, 더 나아가 일반고객에 이르기까지 투자의 관심 유도와 설득자료로 활용도가 매우 높다. 이런 이유로 사업계획서 작성은 정확하고 객관성이 유지되어야 하며, 전문성과 독창성을 갖춘 보편타당한 사업계획서가 되어야 한다.

사업계획서란 본인이 구상하고 있는 사업에 대하여, 본격적인 창업진행 시 장래 발생할 가능성이 있는 다양한 시나리오별 대응방법의 검토 및 대책계획이다. 따라서 창업성공을 위해서는 반드시 필요한 것이라는 점을 명심해야 한다. 모든 일에 있어서 본인이 계획한 대로 일이 진행되면 좋겠지만 그렇게 되지 않는 경우가 허다하다. 특히 사업이라는 분야에서는 예상치 못한 결과가 빈번히 발생하는 것이다. 통상 외식사업을 추진하면서 계획이 중요한 부분은 바로 매출예측 및 수익성분석이라고 할 수 있는데, 일반적으로 목표, 자금, 투자에 관련된 부분은 이미 정해져 있는 것이 보통이기 때문이다. 따라서 사업계획 수립 시에 가장 중요한 부분인 매출 및 수익예측을 하는 데 있어서 본인이 희망하는 하나의 시나리오만을 놓고 사업계획을 수립한다면 이것이 어긋났을 경우 상당한 곤란을 겪게 된다. 즉, '일매출이 30만 원 정도만 나오면 월순이익은 제반비용을 제하고 300만 원은 남게 될 것이다'라고 생각했는데, 일매출이 예상대로 나오지 않는다면 과연 무엇이 문제인지, 어떻게 활성화방안을 추진해야 하는지 당황하게 마련이다. 사업계획 수립 시에는 장래 발생할 가능성이 있는 다양한 시나리오별로 그 대응방법을 검토하고 대책을 수립하는 것이 바람직한 방법이다. 즉, 사전에 다양한 매출대안대별로 순수익을 알아보고, 고객관리를 어떻게 할 것인지, 고객을 유치하기 위한 판촉방법은 어떠한 경우에 어떠한 방법을 쓸 것이지, 또 예산은 어느 정도로 쓸 것인지 등에 대해서 사전에 다양하게 검토되어야 한다.

사업계획은 객관성과 타당성이 있어야 하며, 이를 작성하여 본인이 사업을 추진하여야 할 판단자료로 활용하면서 또한 외부투자자를 유치하기 위한 자료로도 쓰인다. 구체적인 사업계획서의 활용용도는 다음과 같다.

(1) 대내적 용도

① 창업자 자신을 위하여

- 사업을 추진해서 달성해야 할 목표와 수행해야 할 업무를 미리 파악
- 창업을 추진하면서 발생되는 모든 사항에 대해서 계수화함으로써 불확실하고 위험한 요소에 대한 준비 가능
- 사업을 할지 말지를 결정해 주는 지침서의 역할
- 추구하고자 하는 사업의 장기비전으로 활용

② 가족의 동의를 얻기 위하여

- 사업을 새로 시작함에 있어 가족의 동의는 필수적임
- 하고자 하는 사업에 대하여 상세한 계획서를 만들어 동의를 구하는 것이 바람직함
- 특히 소상공업의 경우 대부분 인건비의 절감이 수익을 확보하는 데 있어 중요한 문제여서 가족의 동의는 사업성공과 직결됨
- 청소년 자녀를 둔 가정의 경우 자녀교육에 많은 신경을 쓸 수가 없기 때문에 자녀들에게 부모의 창업계획을 설명하고 이해를 구할 필요가 있음

(2) 대외적 용도

① 자금을 조달하기 위하여

- 창업의 3대 요소인 창업 멤버, 아이템, 자금 중에서 자금이 부족하면 창업 불가능
- 각종 자금지원제도를 이용하기 위해서 정부기관, 금융기관 등에 자금신청 시 필요
- 개인이나 투자자들에게 부족자금을 조달받기 위하여 자신이 하고자 하는 사업에 대한 타당성을 입증받기 위하여 필요

② 수요자나 공급자의 신용확보를 위하여

- 사업을 하려면 동업자나 상품의 공급자들로부터 협력을 받아야 할 필요성이 있음
- 매입처, 매출처 등 거래관계업체들에 대하여 사전 신용을 얻기 위하여 필요

요약정리

- 창업은 신중해야 한다. 창업을 급하게 하지 않는다. 일단 개업하고 나면 나중에 보강할 시간이 잘 나지 않기 때문이다.
- 창업해서도 점포를 잘 운영하지 못하게 되는 가장 큰 이유는 '무엇을 위해 독립하는 것인가' 하는 이념이 희박하다는 점이다. '점포를 열고 이렇게 하고 싶다' 하는 것을 명확히 하고 개업 준비를 해야 한다.
- 사업계획서는 대내외적으로 반드시 필요하다.

Chapter 19 사업계획 수립의 절차

여기에서 제시하는 원칙들은 가장 기본적인 것이라고 생각하고 자신에게 맞는 절차, 자신에게 맞는 작성요령, 자신에게 맞는 내용으로 사업계획을 수립하고자 노력하는 것이 바람직한 사업계획 수립방법일 것이다.

1. 사업계획 수립의 절차

① 분명한 사업목적 확립

- 성취하려는 것이 무엇인지에 대한 대의명분이 먼저 앞서야 한다.
- 사업을 수행하여 달성하려는 목적이 분명하여야 한다.
- 이를 추진함으로써 얻을 것과 잃을 것은 무엇인가를 살펴보아야 한다.

② 정확한 현상파악

- 누구와 같이 창업을 할 것인가를 잘 정하여야 한다.
- 고객, 설비, 원재료, 상품, 소요자금, 조달방법, 자신의 능력 등에 대한 정확한 현상파악이 이루어져야 한다.

③ 명확한 사실분석

- 사실을 정리 · 평가하는 것을 게을리해서는 안 된다.
- 사실을 해석 · 추리하고 새로운 사실을 발견할 수 있도록 하여야 한다.

④ 대안탐색과 계획서 작성

창조력을 가지고 작성하되 변화를 고려하여 몇 가지 안을 세우고 선택하는 것이 바람직하다.

⑤ 사업계획의 결정 시 주의사항

- 목적이나 방침과 부합하는가?
- 정확성, 경제성, 신속성, 용이성, 안정성은 어떠한가?
- 너무 적극적이거나 소극적인 것은 아닌가?
- 결단과 실행의 시기는 적절한가?

⑥ 사업계획의 체크포인트

- 무리인 줄 알면서 계획을 세우지 않았나?
- 욕심만 내세워 현실을 무시하지 않았는가?
- 기초자료는 부족하지 않은가?
- 지나치게 낙관적이거나 비판적이지는 않는가?

⑦ 작성요령

- 사업계획서만 읽으면 누구나 창업하고자 하는 사업의 내용을 알 수 있도록 구체적으로 작성하는 것이 좋다.
- 내용에 실현가능한 계획을 수립하는 것이 좋다.
- 가급적이면 전문적인 용어를 피하고 단순하고도 보편적으로 설명을 해나가는 것이 좋다.
- 근거가 불충분한 자료 또는 비논리적인 추정은 피한다.
- 사업의 잠재된 문제점, 발생가능한 위험요소를 기술하고 그에 대한 대안을 제시함으로써 변화에 대한 대처능력을 표현하는 것이 바람직하다.
- 창업의 목적이 개인적인 이익만을 추구하는 것이 아니라 공공의 이익을 아울러 추구한다는 것을 알리는 것이 좋다.

2. 사업계획서의 내용

일반적으로 자신의 아이디어를 구상할 때 여러 부분에서 구체적인 생각이 나고 정리가 되는데, 이것을 모두 모아 전체로서 표현하고자 할 때에는 갑자기 그동안의 생각이 정리가 안 되는 경우가 흔히 있게 된다. 사업계획작성을 대행해 주는 컨설팅회사도 있는 마당이니 좀처럼 쉬운 일은 아닌 것이다. 특히 사업계획작성이라는 것을 그동안 많이 접해 보지 않았던 소상공인들에게는 더욱 그럴 것이다. 실제로 개업해 보기 전까지는 개업자금이나 운영자금이 어느 정도 필요하고 매출이나 이익이 어느 정도 될지는 모르는 일이다. 개업 전에 매출 등을 예측하는 것은 어려운 일이다.

그래서 사업계획서를 만드는 것이 필요하다. 매출에 관해서도 가능하다면 많은 정보를 수집하고 그것을 바탕으로 예측해 보는 것이 필요하다. 사업계획서는 수입과 지출에 관해 적어도 5년간 가능하다면 10년간에 걸쳐 수치를 내고 만든다.

사업계획서의 작성에는 세 가지 장점이 있다. 첫 번째는 근거를 가진 확실한 수치를 내보는 것으로, 사업을 유지하는 것이 얼마나 힘든 일인지, 현실에 맞춰 볼 수 있다는 점이다. 개업을 하더라도 필요자금과 비교해 자기자금은 어느 정도이고 얼마나 부족한가, 그 부족한 부분을 은행에서 빌릴 경우, 내야 하는 이자가 연간 얼마가 되는가를 알게 되는 것만으로도 현실의 어려움을 자각할 수 있다.

두 번째는 부족한 자금을 은행에서 빌려서 보충하고자 할 때, 은행은 그 사업이 정말 빌려줄 만한 값어치가 있는지를 평가한다. 현실적인 사업계획서가 있다면, 융자받기가 쉬워진다.

세 번째는 경영추이가 어떤 식으로 가게 될지를 파악하기가 쉬워진다. 계획서에 있는 수치가 베이스가 되어야만, 이후 자금조성을 어떻게 할 것인지, 매출 · 비용 면의 궤도수정을 어떻게 할 것인지 등의 대책도 알 수 있게 된다.

자세한 숫자를 통해 매출예측을 해야 한다. 매일 대강의 매출을 내고 그것에 영업일수를 더해서 월간매출을 낸다. 다음은 1월부터 12월까지 나눠서 연간매출을 낸다. 거기에다 전년도와 비교해 어느 정도 늘었는지를 생각해 5년간을 자세하게 산출해 본다.

외식사업추진 시 사업계획의 내용을 작성할 때에 도움이 될 수 있는 점 몇 가지를 살펴보자.

첫째, 숫자로 표시되는 항목은 정확하고 타당해야 한다. 특히, 매출과 비용을 산정할 경우에는 과소매출, 과다비용 계상원칙을 적용하여야 한다. 대충 어림짐작으로 예상하여 계획을 잡는다면 앞에서 설명한 모든 내용들에 대한 검증 및 예측이 어려워질 것이다.

둘째, 사업계획을 세울 때에는 매출예측에 대한 정확한 산출방법과 비용지출에 대한 세부적인 항목별로 그 금액을 정확하게 산출하여 정리하여야 한다. 그래야만이 사업계획을 수립함으로써 얻는 효과를 충분히 예상할 수 있을 것이다. 매출액은 최소, 중간, 최대식으로 다양한 매출액을 올릴 경우를 대비하되 사업계획에 반영하여 잡는 것이 바람직하다.

여기서는 본인이 사업계획을 정리하는 방법에 대해서 간략하게 설명해 보기로 한다. 사업계획서의 일반적인 내용목차를 다음과 같이 소개한다.

사업계획서 내용목차

1. 업체개요 및 현황
   - 창업자(대표자) 프로필 및 현황
   - 회사현황
   - 간단한 재무현황
   - 법인의 주주현황
2. 사업의 목적과 효과
   - 사업의 목적 및 내용(제조, 상품판매, 서비스 등)
   - 사업의 개요 및 특성
   - 사업을 함으로써 얻는 효과(계수화가 바람직함)
3. 수요예측
   - 국내 수요예측
   - 국외 수요예측
4. 투자내용
   - 기술성 검토(입지조건, 내 · 외부시설 등)
   - 시설투자계획(건물, 기계장치, 비품, 인테리어, 간판 등)
   - 사업추진 일정계획
   - 조직 및 인원계획
   - 자금운영계획(소요자금 및 조달)
5. 생산(서비스)계획
   - 원 · 부자재 사용 및 조달계획
   - 생산(서비스)에 필요한 시설 및 설비에 따른 생산(서비스)계획
6. 판매계획
   - 매출액 추정
   - 매출원가의 추정
   - 손익비용 추정
   - 영업외비용(지급이자) 등 추정
7. 추정 재무제표 작성
   - 추정 대차대조표
   - 추정 손익계산서
8. 이익계획
   - 손익분기점 추정
   - 수익성 요인분석 등
9. 차입금 상환계획 및 능력 검토
   - 차입금 규모
   - 연도별 상환계획

요약정리

- 사업계획서의 수립절차를 철저히 이해해야 한다.
- 점포의 운영방침을 가지고 있어야 처음 하는 경영에 대한 대처방안과 방향 체크가 가능하다.
- 현대는 승자독식의 시대이다. 고객의 까다로운 성향에 의해 가치가 있는 점포만이 살아남는다. 이것을 실현시키는 데는 투자효율을 생각해야 한다.
- 창업을 실현하는 데는 수치로 보강한 사업계획서가 필요하다. 수치로 보강된 계획이 없는 사업은 애당초 시작할 수 없을 뿐 아니라, 갑작스런 상황 발생 시에 궤도수정을 해도 효과가 없다.

Chapter 20

외식사업 개발절차

외식사업의 개발절차는 사업계획, 메뉴결정, 초기사업장 스케치, 사업자 배치 및 장비 계획, 사업자등록 및 인허가, 투자비조달, 내부장식 및 시설배치설계, 납품계약자 공고 및 선정, 시공, 가구와 장비 주문 및 설치, 정직원 고용, 시급직원 고용 및 교육훈련, 매장 오픈으로 설명할 수 있다. 다음은 외식사업 개발절차의 한 사례이다.

1. 사업계획

- 위치선정 시 B급지 활용 : 지역 부동산중개업소 활용, 전문가 활용 필요
- 상호 결정과 등록 : 닭지비오, 우래정, 감미옥, 여여제, 파스쿠찌, 스타벅스
- 경험 및 자금 부족 시 공동 창업 제안
- 매장 내 사무실이 아닌 별도 사무실 반드시 필요
- 관리시스템 가동(회계, 구매, 세무 등)

2. 메뉴결정

- 백화점식 나열을 피하고 주메뉴와 부메뉴를 명확히 구분
- 메뉴의 촬영, 메뉴판 구성을 전문가에게 의뢰, 레시피 확보

3. 초기 사업장 스케치

메인주방, 보조주방, 불, 물, 환기 등 고려

4. 사업장 배치 및 장비계획

• 전기배선
• 조명
• 상하수도
• 간판
• 진열대
• 기계류
• 마감재 : 벽, 바닥, 천장
• 소방 : 초기 진압용 소방기구 설치, 소화용 급수전 1개소 설치
• 그릇류 : 그릇류는 인테리어가 마무리된 후 결정

5. 사업자등록, 법인등록 및 인 · 허가

1) 업종 인 · 허가

투자 고려 시 업종이 인 · 허가대상인지, 신고만 하면 되는 업종인지, 아니면 별도의 인 · 허가 내지는 신고절차가 필요 없이 사업자등록만 하여 사업을 시작할 수 있는지를 사전에 검토하여야 한다.

먼저, 어떤 사업을 하고자 하는 사람은 그 크기나 규모에 관계없이 세무서에서 사업자등록을 신청하여 사업자등록증을 발급받아야 사업을 시작할 수 있다. 사업자등록은 세무서에서 세금징수, 사업장 파악 등의 자료로 이용되고 사업자에게 부여된 고유번호는 모든 상거래에 있어서 그 사업체를 표시하며 거래 시 사용된다. 사업자등록을 받으려면 사업을 개시한 날로부터 20일 안에 관할세무서 민원봉사실에 신고하면 되는데, 이때 필요

한 서류는 사업자등록신청서 1부(세무서 민원봉사실 비치), 개인은 주민등록등본 1부, 법인의 경우에는 법인등기부등본 1부, 사업허가증 1부(허가나 등록을 해야 하는 기업), 법인설립등기 전 또는 사업허가 전에 등록을 하고자 하는 경우에는 법인설립을 위한 발기인의 주민등록등본 또는 사업허가신청서 사본이나 사업계획서를 첨부하여 신고하는 것이 필요하다. 사업자등록은 등록 후에 상호변경, 주소 또는 거주지 이전 시, 사업의 종류에 변동이 있을 때, 대표자 변경 시, 사업장 이전 시 등의 사유가 발생할 때에는 정정신청을 해야 하고, 또 휴 · 폐업을 할 때도 신고하여야 한다.

다음으로 사업을 할 때 인 · 허가가 필요한 경우이다. 점포사업을 시작할 때 하고 싶은 업종을 마음대로 다 할 수 있는 것은 아니다. 일정한 업종에 대해서는 행정적인 필요성 때문에 인 · 허가를 받도록 하고 있는데, 음식업은 구청 위생과에서, 「공중위생관리법」에 의해 관리되는 목욕장업, 세탁업, 숙박업, 위생관리용역업, 이 · 미용업 등은 관할 시 · 군 · 구청에 개설통보만 하면 영업이 가능하다.

갈수록 인 · 허가 등 행정규제가 없어지는 추세이지만 점포사업의 인 · 허가사항 역시, 자신이 하고자 하는 업종의 인 · 허가 문제에 대해서 관할관청(민원봉사실)에 직접 가서 인 · 허가에 필요한 서류, 기간 등 절차를 미리미리 챙겨서 준비하는 길만이 영업에 지장을 주지 않고 원활하게 창업을 준비하는 길일 것이다.

다음은 외식업종의 인 · 허가사항 및 관련법규이다.

- 사업자등록(세무서) : 사업자등록신청서, 주민등록등본(법인의 경우 법인등기부등본), 임대차계약서 사본
- 「식품위생법」에 의한 영업신고(시 · 군 · 구청) : 영업신고서, 영업시설 및 설비개요서, 위생교육필증
- 주류를 판매할 경우 사업자등록 시 주류판매업 신고(세무서)

2) 세무

개인사업자들에게 중요한 세무관련사항은 소득세와 부가가치세이다. 소득세는 사업자등록이 개인 이름으로 되어 있을 때 적용되는 세금으로, 지난 한 해 동안 올린 수입 중에서 필요경비와 인적공제 등을 뺀 최종소득에 대해 해당 세율을 적용하여 납부하는 것이다. 소득세는 최저 10%에서 최고 40%까지 누진율로 부과되고 점포사업을 경영하는 사람의 대부분은 영세업자로 분류되어 여러 가지 공제제도에 의해 공제금액을 빼고 나면

과세할 소득이 없게 되어 소득세를 내지 않아도 되는 경우가 많다.

예를 들어 보자. 제조업, 숙박 및 음식점업, 전기, 가스 및 수도사업, 건설업, 운수업, 통신업, 금융 및 보험업의 영세사업자 매출기준금액은 3천6백만 원이다. 이 매출기준금액에 대한 단순경비율과 기준경비율이 있는데 이는 소규모 사업자의 납세편의를 위해 이용하는 제도이다.

단순경비율은 기장에 의한 신고 없이 단순히 매출액에 단순경비율을 적용하여 소득금액을 산출하는 제도이다. 일반한식점 사업자의 단순경비율은 88%이다. 추가적으로 기준경비율제도가 있는데 이는 단순경비율제도와 비슷하지만, 주요경비(임차료, 인건비, 매입비용)를 추가로 공제할 수 있다. 물론 수입금액에 경비율을 적용한 금액을 비용으로 차감해 주나 단순경비율과 비교하여 경비율 차이가 크다. 영세 한식음식업의 경우 기준경비율이 9.7%인데, 전체 경비인정비율이 단순경비율과 기준경비율을 합쳐서 97.7%로 볼 수 있다. 소득세는 전년도의 연간소득에 대하여 다음 해 5월 1일에서 31일 사이에 세무서에 신고 · 납부하면 된다.

다음으로, 부가가치세는 최종소비자가 부담하는 세금으로, 사업자가 대신 납부하는 간접세에 해당한다. 사업자는 물건값에 부가가치세를 포함하여 팔기 때문에 실제 세금은 소비자가 부담하는 것이며, 사업자는 소비자가 부담하는 세금을 잠시 보관하였다가 세무서에 납부하게 된다. 따라서 사업자는 매 신고기간별로 발생한 거래내용을 부가가치세 신고서에 기재하여 사업장 관할세무서에 신고하여야 한다.

모든 세무신고는 완전한 자율신고체제로서 신고 전 세무간섭을 배제하고 사업자 스스로 신고하도록 되어 있다. 세무에 관한 일반지식이 있는 납세자는 스스로 작성하면 되고, 그것이 어려운 납세자는 세무사 등 세무대리인의 도움을 받아 작성하여 제출하면 된다.

참고로 부가가치세 과세제도의 주요 내용은 다음과 같다.

① 연간매출액

- 일반과세자 : 매출액 4,800만 원 이상
- 간이과세자 : 매출액 4,800만 원 미만

② 세액계산

- 일반과세자 : 매출액의 10%~매입액의 10%
- 간이과세자 : 매출액×업종별 부가가치율 적용(2~4%)

(2001~2004년까지 매년 업종에 따라 조정 : 소매업 2%, 서비스업 2.25~3%, 음

식 · 숙박업 2.5~4%, 즉 간이과세 음식점의 경우 2004년 이후에는 매출액×4%가 된다)

③ 신고 · 납부

- 일반과세자 : 1년에 4번(4, 7, 10, 1월 신고 · 납부, 개인사업자는 7, 1월에 신고 · 납부하고, 4, 10월은 세무서에서 발부하는 예정결정신고서에 의하여 은행에 납부)
- 간이과세자 : 1년에 2번(7, 1월에 신고 · 납부하고, 4, 10월은 세무서에서 발부하는 예정결정신고서에 의하여 은행에 납부)

④ 기장의무

- 일반과세자 : 세금계산서를 주고받아야 하며, 매입 · 매출장 등 장부의 기장의무가 있다.
- 간이과세자 : 영수증을 발행할 수 있으며, 세금계산서를 교부할 수 없으므로, 세금계산서 교부가 필요한 사업자는 일반과세자로 신청하여야 한다.

⑤ 간이과세자가 될 수 없는 업종

- 광업, 제조업, 도매업, 부동산매매업, 일정한 과세유흥장소 영위사업, 일정한 부동산임대업 등
- 매출액이 4,800만 원 미만인 사업자라도 2001년 7월부터 다음의 업종은 간이과세업종에서 제외된다.
  - 초기투자비용이 큰 업종(43개) : 골프연습장, 헬스클럽, 주유소, 렌터카, 예식장, 편의점, 온천탕 등
  - 주로 사업자와 거래한 업종(26개) : 건설업, 정보처리 및 컴퓨터운용관련업, 컴퓨터관련 서비스업, 산업용 기계장비 임대업 등
  - 고가품, 전문품 취급 업종(27개) : 골프장비, 고급 가구 소매업, 의료용품 및 의료기기 소매업, 고급 여성의상실 등
  - 1회 거래가액이 큰 품목 취급 업종(9개) : 피아노, 컴퓨터, 정수기, 대리점가구, 싱크대 등
  - 기타 신종 호황업종(16개) : 인터넷PC게임방, 산후조리원, 피부 · 비만관리업, 음식출장조달업 등
- 기타 세부적인 사항은 인근의 세무서나 세무사 사무실을 통해 문의하면 자세히 알

수가 있다.

6. 투자비 조달

- 초기 투자금은 최소화하는 것이 좋다.
- 매장 초기 순수 투자비 : 점포 임대보증금, 간판/인테리어/아웃테리어 비용, 주방장비/그릇, 전기 승압/에어컨 설치, 홍보 이벤트 및 경품/연예인 공연(상당히 효과적), 도시가스/소방시설, 외부 덕트(duct), 예비비 및 기타비용
- 운영자금 : 사무실 및 주방 운영자금, 시스템 구축비용, 협력업체관련 비용, 메뉴개발비, 초기 물량 확보비용, 물류센터비용, 회사 일반홍보비용, 초기 시행착오비용

7. 내부장식 및 시설 배치설계

점포의 배치를 위한 설계단계로 배치도의 완성을 의미한다. 배치도 내에 어떤 형태의 내부장식이 이루어져야 하는지, 조명배치는 어떤 형태인지, 가구 및 장비는 어떻게 배치해야 하는지를 표시하는 설계도를 작성해야 한다.

8. 납품계약을 위한 지원자 공고

내부장식과 조명배치를 할 수 있는 전문 인테리어업체와 가구 및 장비를 납품할 수 있는 업체를 선정하기 위해 공고를 거쳐 적절한 업체를 스크리닝하는 단계이다.

9. 납품계약자 선정

- 인테리어, 가구, 장비 공급처 결정
- 배치설계에 의한 상세도(specification)를 요구, 최종안으로 결정

• 원가산정을 철저히 해 투자비를 효율적으로 사용

10. 시공

간판 및 아웃테리어, 인테리어 디자인 시공

11. 가구와 장비 주문 및 설치

배치설계에 의한 상세도에 따라 가구와 장비를 주문하고 설치를 완성한다.

12. 정직원 고용

본 단계에서는 교육 매뉴얼 작성이 완성되어 관리직 정직원을 고용해야 한다. 정직원들에게 관리 및 회사정책에 대한 교육이 실시되어야 한다.

13. 시급직원 고용 및 교육훈련

파트타이머나 아르바이트 시급직 직원을 고용해야 하는 단계이다. 이 단계에서 정직원들이 시급직원들에게 교육훈련을 시켜야 한다.

14. 매장 오픈

매장을 오픈하여 광고 및 홍보를 실행해야 한다. 정기적인 광고 및 홍보 프로그램을 개발 및 실행해야 한다. 특히 다른 업체 광고 시 공동 내지는 협찬 형태의 피기배킹(piggy backing)광고 및 홍보기법을 사용해 비용을 절약하며 효율을 기한다.

Chapter 21 자금의 조달

1. 개업자금

실제로 개업하는 데는 어느 정도의 자금이 필요한 것일까? 간단히 말해, 작은 점포에도 1억 원 정도는 필요하다. 음식점이라고 하더라도 여러 가지 업태가 있고, 또한 개점하는 장소도 대도시의 번화가에서부터 지방도시의 주거지 등 전국 방방곡곡 가지각색의 입지가 있기 때문에 일괄적인 어떤 모델을 제시하는 것은 불가능하겠지만, 그래도 일단 기준을 1억 원으로 가정하고 다음의 예를 제시해 보았다.

'20석의 한정식집'이라고 하는 조그마한 임대점포를 빌려서 개업하는 경우를 설정해 봤지만, 이것도 자기자금이 2,500만 원이라고 한다면 1억 원을 빌리지 않으면 안 된다. 다달이 상환금액은 원리합계로 115만 원이다. 만약 한 사람의 손님이 평균 10,000원(객단가)을 쓰는 점포를 열었을 경우, 매월 손님 115명의 매상액이 변제금으로 소비되기 때문에 이것은 상당한 경영노력이 없으면 성공하기 힘들다는 것을 보여주고 있다.

개업자금계획

1. 점포정보

점포명	한정식			
업태	정식(점심시간), 정식 메뉴(저녁시간)			
고객타깃	점포 근처의 샐러리맨, 대학생, 재수생(남녀 모두)			
상권특징	• 점포 근처에는 사무소도 많고 점심시간에는 샐러리맨을 불러모으는 것이 용이하다. 또한 근처에는 대학과 재수학원도 산재해 있어 이곳으로부터 고객을 유도하는 것도 가능하다. • 저녁시간에도 학생의 이용이 기대되고, 상당한 매출을 올릴 가능성이 있다. • 밤에는 고풍적인 분위기를 만들면서 샐러리맨의 이용을 기대할 수 있다.			
소재지	부산광역시 남구 대연동×번지 부경빌딩 2층			
임차조건	보증금	40,000,000원	계약기간	5년
	월세	300,000원/평	점포면적	10평/(33평)/20석

2. 개점 전 자금

(단위 : 원)

구분	항목	금액	구분	항목	금액
부동산관련비용	보증금 · 수금	40,000,000	점포관련비용	집기비품	3,000,000
	미리 낸 집세	3,000,000		유니폼	1,000,000
	중개수수료	3,000,000		메뉴	1,000,000
건물관련비용	내부장식관련 비용	30,500,000		모집광고	1,000,000
	간판	5,000,000		연수	1,000,000
	점포공사	9,000,000		개점준비금	10,000,000
	주방기기	8,000,000			
	설계료	5,000,000			
개점 전 자금소계		120,500,000			

3. 자금조달계획

(단위 : 원)

자기자금	25,000,000	차입금이율	2.50%
차입금	100,000,000	변제기간	96개월(8년)
소계	125,000,000		

4. 상환계획

(단위 : 원)

금리변제(월액)	108,720	감가상각비(월액)	534,090
원금변제(월액)	1,041,670	설계료상각비(월액)	87,350
상환금합계	1,150,390	※ 상환금리분은 8년간 균등상환제로 계산	

사업계획서(고정비의 차)

(단위 : 원)

	점포 임차할 때	같은 해 연간금액	자택개조할 때	같은 해 연간금액
임차료	300,000	3,600,000	0	0
회계사비용	10,000	120,000	10,000	120,000
보험금	8,000	96,000	8,000	96,000
감가상각비	53,000	636,000	53,000	636,000
지급이득	11,000	132,000	6,300	75,600
설계료상각	8,000	96,000	8,000	96,000
조세공과	10,000	120,000	10,000	120,000
지급수수료	10,000	120,000	10,000	120,000
사원인건비	300,000	3,600,000	300,000	360,000
법정복리비	66,000	792,000	66,000	792,000
외부위탁비	5,000	60,000	5,000	60,000
모집비	16,000	192,000	16,000	192,000
통신비	15,000	180,000	15,000	180,000
사무소잡비	5,000	60,000	5,000	60,000
연간지급액		① 9,804,000		② 6,147,600
	③=①−②=3,656,400			
원금상환	104,000	1,248,000	56,000	672,000

※ 원금은 감가상각비에 합하기 위해 고정비에는 넣지 않았음

(단위 : 원)

	점포임차의 경우	자택개조의 경우
보증금	4,000,000	0
지급임차료	300,000	0
중개수수료	④ 300,000	0
지급액합계	4,600,000	0

※ ③+④=8,256,400(절약분)

2. 자금조성요령

음식점경영은 필요한 식자재를 구입하고 보관하고 주문품을 조리해서 고객에게 제공하는 것이다. 고객은 그 대가로 돈을 지불한다. 이것이 점포의 여러 가지 구입품목에 대한 지불자금이 된다. 예를 들어, 고깃집에서 고기를 구입하면, 매달 한 번 청구서가 온다. 정해진 기간 안에 이것에 대한 대금을 현금이나 수표로 지불해야 한다. 그리고 전기, 가스,

자금계획표

(단위 : 원)

	항목	금액
1	매출	3,000,000
2	기타수입	0
3	이자수입	0
4	**영업수입합계 1~3의 합계**	**3,000,000**
5	구매금액	1,050,000
6	인건비	866,000
7	제경비	841,000
8	지불이자	11,000
9	손실료	0
10	기타지출	0
11	**영업지출합계 5~10의 합계**	**2,768,000**
12	영업수지과부족 4~11	232,000
13	원금변제	104,000
14	감가상각비	53,000
15	세금지불	6,000
16	기타지출	0
17	**재정지출합계 13~16의 합계**	**163,000**
18	**자금과부족 12~17**	**69,000**
19	기타수입	0
20	**신규차입금의 필요성 18+19**	**69,000**

※ 이 최종금액 20이 마이너스(−)가 되면 신규차입을 하지 않으면 자금조성을 할 수 없게 된다. 이 경우는 플러스(+)이기 때문에, 차입을 할 필요성이 없다.

수도, 전화 등의 요금에 대해서는 보통 은행자동이체로 빠져 나가게 한다. 또한 종사원 급료는 자기 점포의 은행구좌에서 각각의 종사원이 지정한 은행으로 이체하거나, 급료봉투에 넣어서 직접 본인에게 전해 주기도 한다. 모든 지불에 대해서는 해당하는 만큼의 현금을 준비해야 한다.

이것을 현금흐름(cash flow)이라고 하는데, 사업에 있어서 이 흐름이 막히지 않게 하는 것은 중요하다. 자금조성은 적어도 지불할 것을 밀리지 않게 하는 것이다.

원래대로라면 음식점은 현금장사이기 때문에 매일 현금이 유입된다. 그러나 기대한 만큼 고객이 없거나, 고객이 생각만큼 요리를 주문하지 않았을 경우에는 매출이 지출을 하회하고 '자금조성이 곤란한' 상태가 된다. 그리고 어떤 때는 큰 회사나 단골인 고객이 외상으로 음식을 먹는 경우가 생기는데, 이런 외상금액이 커지면 경영이 힘들어진다. 장부상에는 이익을 내고 있는데 자금조성이 힘든, '계산은 맞는데 돈이 부족한' 상태에 빠져 버리게 된다.

결국 자금조성이라는 것은 장부상이 아닌 자기 점포의 은행계좌에 넉넉하게 예금해 두고 모든 지불이 밀리지 않도록 하는 것을 목표로 해야 한다.

3. 자금조달의 성공원칙

사업을 시작하기 전에 준비되어야 할 것은 이 사업에 대한 사업계획이다. 사업계획 내에는 영위하고자 하는 사업에 대한 목적, 전략, 동종업계에 대한 시장조사, 손익계획, 투자계획 등이 포함된다. 그러나 사업에 대한 판매전략도 중요하지만 우선시되어야 할 것은 사업을 진행시킬 자금의 준비이다. 이러한 측면에서 정확한 자금계획을 수립하고, 사업을 진행하여야 한다.

자금이 부족해서 계획하고 있는 창업을 하지 못하는 상황이라면 그것은 안타까운 것이 아니라 창업이 안 되는 경우라고 생각해야 한다. 일반적으로 창업의 3대 요소를 사람, 품목, 자금이라고 한다. 그 중요한 요소인 자금의 조달이 어렵다면 그것은 창업을 할 수 없다는 이야기와 마찬가지인 것이다.

6천만 원이면 충분히 음식업을 창업할 수 있다고 판단해서 점포를 계약하고, 기계설비 등을 들여놓고 영업을 준비하다가 예상치 못하게 내부시설비가 과다하게 들어가는 바람에 개점도 못하고 갈팡질팡하다가 시작도 하기 전에 다시 점포를 내놓는다거나, 개업자금에 자금의 전부를 지출하여 영업을 시작했는데, 처음 예상했던 매출이 오르지 않자 대출금 상환 문제, 생계비 조달 문제, 운전자금의 문제 등 복잡한 상황이 겹치면서 점포운영에도 신경을 못 쓰게 되고 또 이것이 결국은 점포매출에 악영향을 끼치게 되는 악순환이 반복되어 사업을 접는 경우를 자주 볼 수가 있다.

성공적인 사업계획은 자금조달이 가능할 때에야 비로소 구체적인 계획이 되는 것이다. 그렇다면 사업을 시작하거나 영업을 개시한 후에도 필요한 자금을 조달하기 위한 성공적인 자금조달원칙에 대해서 알아보도록 하자.

1) 필요자금을 정확하게 예측하라

사업자금은 설비자금과 운전자금으로 나눌 수 있다. 설비자금은 점포를 개점하기 위해 투자되는 임차보증금, 권리금, 인테리어 공사비, 판매장비 구입비, 시설비 등을 포함한다. 이 자금은 점포의 개점 초기에 소요되는 자금으로 거의 대부분이 현금으로 지출되는 자금이다. 운전자금은 점포의 개점과 동시에 사용되는 자금으로 상품구입비 및 점포의 각종 운영경비를 포함한다. 이 자금은 개점 초기에 필요한 자금으로 판매가 시작되면 상품대금이 회수되어 운전자금으로 사용된다.

중요한 것은 운전자금이다. 자기자본이 많이 투입될수록 사업에 안정성이 있으며, 자금관리에 신경을 덜 쓰게 되어 점포경영에 매진할 수 있게 된다. 자기자본과 타인자본과의 비중을 고려하여, 만약 자기자본이 50% 미만이 된다면 사업추진이 어려울 수 있다. 자신의 여력에 맞는 사업을 찾는 것은 사업을 시작하는 데 매우 중요하다. 운전자금에 문제가 생긴다면 사업자들은 당황할 수밖에 없고 자금조달에 신경을 쓰느라 영업에 전념을 하지 못 하는 경우가 대단히 많다. 그러므로 창업자금은 넉넉하게 준비해야 한다. 필요한 시기에 현금화할 수 있는 2배 정도의 자금규모를 확보하여야 한다.

필요자금이 산출되면 이 자금계획에 맞추어 자금소요계획을 세분화하여 월계획을 수립하여야 하고, 이 계획은 매월 말 계속적으로 수정 · 보완되어야 한다. 그리고 필요한 자금에 대해서 계획을 잡을 때에는 반드시 발생될 수 있는 모든 비용을 계산에 넣어야 하고, 정확한 금액을 잡아 놓아야 차후에 여유 있는 자금운용이 가능하게 될 것이다.

2) 자금조달방법을 강구하라

사업주 자신이 소유하고 있는 현금을 기본으로 하여, 부족한 자금은 사채 및 금융기관을 통하여 융통하여 필요자금과 집행자금의 오차가 발생되지 않도록 해야 한다. 따라서 자기자본만으로 사업자금조달이 부족한 경우에는 대출조건, 상환방법, 대출처리기간 등 차입금 조달에 대하여 사전에 치밀한 조사를 통하여 향후 영업에 지장을 초래하지 않도록 해야 한다.

3) 은행을 적절히 활용해야 한다

개인사업자가 금융기관을 통하여 자금을 조달하기란 쉬운 일이 아니다. 개인이 소유한 부동산 등을 담보로 자금을 융통할 수밖에 없는 것이다. 따라서 가급적이면 한 곳의 은행을 선택하여 꾸준한 거래를 하는 것이 대출에서부터 자금관리까지 여러 가지의 혜택을 받을 수 있다. 입출금이나 단순한 적금의 가입뿐 아니라, 은행의 입장에서 필요한 세금이나 각종 경비의 자동납부 및 종사원 인건비의 자동이체를 통하여 경영주의 신용도를 쌓아두는 것이 장래에 매우 유리할 것이다.

신용도를 인정받은 사람이나 기업은 일부러 찾아와서 돈을 쓰라는 곳이 또한 은행이기도 하다. 어차피 거래를 터야 하는 곳이 은행이다. 은행을 잘 이용할 수 있도록 평소부터 신용관리를 철저히 하여야 할 것이다.

점포에는 매일 현금이 들어올 것이다. 이것을 매일, 비록 소액이라고 할지라도 반드시 점포의 계좌에 입금하도록 한다. 사실 은행은 이런 모습을 꼼꼼히 관찰하고 있어서 매일(그것도 정해진 시간에) 입금하는 음식점을 '우량점포'로 보게 된다. 이런 점포신용을 쌓으면 급하게 자금이 필요하게 됐을 때에도 돈을 쉽게 빌릴 수 있다. 개업자금이든, 운영자금이든 간에 친척에게서 돈을 빌리는 일은 절대 피해야 한다. 인간관계까지 이상하게 되어 버리는 경우가 있기 때문이다.

은행도 장사이기 때문에 신용이 있는 거래처를 여러 곳 갖고 싶을 것이라고 생각한다. 예를 들어, 매일 평균 100만 원의 매출이 있고 그것을 매일 입금하고 있다면, 은행 측에서는 '한 달이면 3,000만 원, 1년이면 3억 6,000만 원의 입금 예측을 하는 것이다. 그리고 이 돈을 다른 신용 있는 거래처에 빌려 줌으로써 이익을 얻을 수 있을 것이라고 생각할 것이다. 이것이 매일, 정기적으로 돈을 입금하는 점포를 좋아하는 이유이다.

점포가 안정되고 이익이 생기기 시작하면 이익금도 점점 커질 것이다. 그렇게 되면 당좌예금이 아닌 정기예금 등을 만들어 조금씩이라도 이자를 들릴 수 있다는 것을 알아야 한다.

이처럼 자산을 증가시켜 가는 중에 한 달에 한 번이라도 은행에 얼굴을 비추고 담당자나 지점장 등과 친하게 지내면, 나중에는 좋은 투자건을 소개해 줄 수도 있다.

경영자로서 친하게 지내면서 신뢰받게 되면, 다음에는 그 은행과 협력하여 판촉활동을 하게 된다. 예를 들어, 그 은행의 개업기념일에 자기 점포의 '식사초대권'을 발행하고, 그것을 은행에서 사도록 해서 은행의 고객에게 경품으로 선물하는 등의 안을 계획할 수 있다.

물론 그 은행의 신년회나 송년회에 자신의 점포를 이용하도록 하는 방법도 써야 하겠다. 그리고 은행의 고객 중에서 자기 점포를 이용해 줄 것 같은 회사를 소개받아서 그 회사를 방문해 매출을 올리는 방법도 있다. 요컨대, 신용을 얻으면 은행을 통한 판매촉진활동도 편해진다. 은행을 돈을 맡기고 빌리는 곳으로만 생각하고 말기에는 아깝다는 것이다.

4. 자금조달요령

자금이 부족한 경우에 부족한 자금을 정부의 정책자금 및 보증지원제도를 통해서 조달한 사례를 알아보고 난 후, 구체적인 자금조달원칙에 대해서 알아보도록 하자.

사전에 알아두어야 할 것은 정부자금이라고 해도 그냥 지원되는 것이 절대 아니고 은행을 통해서 지원되는 것이며, 정부는 자금재원을 조달하여 자격요건이 되는 사람들을 은행에 추천만 하며, 최종적으로는 은행에서 대출 여부를 심사하여 대출을 실행한다는 것이다. 따라서 은행에서 요구하는 채권보전방법을 갖추어야 대출이 가능하게 된다. 채권보전방법은 일반적으로 3가지가 있는데 부동산담보가 있거나, 본인 신용이나 연대보증인이 있거나, 아니면 신용보증기관이 발급한 신용보증서를 은행에 제시하여야 한다.

먼저 부동산담보를 이용한 창업자금조달 사례를 보면, 즉석 호떡집을 창업한 L의 경우 창업을 준비할 때 필요한 자금이 약 4천만 원으로 예상이 되었는데 그 중 1천만 원은 준비가 되어 있었고 나머지 3천만 원에 대해서 대출이 필요한 상황이었다. L은 본인 소유의 아파트가 있었고 이것을 은행에 대하여 담보로 제공할 수 있는 상황이어서 대출은 그리 어렵지 않은 상황이었는데 다소 비싼 금리를 적용받는 은행자금을 이용하지 않고 중소기업청에서 지원하는 소상공인지원자금을 신청하여 추천서를 발급받고 이것을 은행에 제출하여 부동산담보를 조건으로 하는 저리의 정부자금을 이용할 수 있었다. 부동산담보를 제공할 수 있는 사람은 은행에서 담보가능금액을 확인받은 경우 손쉽게 자금조달이 가능한데, 정부자금과 은행일반자금을 비교하여 본인에게 가장 유리한 자금을 선택하여 이용할 수 있을 것이다.

두 번째로 본인 신용이나 연대보증인을 통한 자금조달의 경우도 부동산담보의 경우와 비교적 유사하다고 말할 수 있다. 김밥 전문점을 창업한 G의 경우 소상공인지원센터의 추천서를 발급받아 은행에서 본인 신용 하나만으로 2천만 원의 정부자금을 지원받았다. 직장생활 20여 년 동안 오직 한 은행에서만 거래를 해왔던 신용이 바탕이 되어 신용만으로 대출이 가능했던 경우이다. 본인 신용을 인정받는다든가, 아니면 은행에서 자격을 인정하는 연대보증인을 내세워서 자금대출이 가능하다는 이야기인데 이 경우에도 은행에서 자격 확인 후 본인에게 유리한 자금을 신청하여 활용할 수 있겠다.

그렇다면 부동산담보가 없거나 특별한 개인신용이나 보증인을 세울 수 없다면 자금대출이 불가능한 것인가? 신용보증기금이나 각 지역의 신용보증재단에서 지원해 주는 창업보증제도라는 것을 이용하면 신용보증서를 발급받아 이것을 은행에 제시하고 담보로 하여 대출을 받을 수 있다.

맥주 전문점을 창업한 K의 경우 총 창업자금 6천만 원 중에서 자기가 직접 조달할 수 있는 자금은 4천만 원이었으며 부족한 자금은 2천만 원이었는데 특별한 담보도 보증인도 없는 상황이었다. K가 대출을 받기 위해서는 은행에서 요구하는 채권확보방법 중의 하나인 신용보증서를 받아야 한다. 신용보증서란 신용보증기금이나 지역신용보증재단에서 은행에 대하여 '이 서류를 가지고 가는 사람에게 대출을 실행하면 나중에 문제 발생 시 책임을 우리 기관에서 지겠다'라고 하는 증명서라고 볼 수 있다. 정부기관에서 담보력이 없는 생계형 창업의 경우나 소상공업을 운영하는 사업자에 한하여 보증을 서는 경우이기 때문에 은행에서는 이것을 믿고 대출을 해주는 것이다. K는 생계형보증서 발급이 가능한지에 대한 확인과정을 거친 후 자금신청절차를 밟아 대출을 받았다.

정부자금이든 은행 자체 자금이든 대출을 원하는 사람은 기본적으로 위의 세 가지 채권보전방법(부동산담보, 본인 신용 또는 연대보증인, 보증서)을 갖추어야 한다. 여기서 부동산담보를 가지고 있거나 보증인 요건이 가능한 사람들은 그리 어렵지 않게 자금조달을 할 수 있지만 문제는 이도 저도 없는 경우인데 현재로서는 생계형특별보증서 등 보증서를 발급받는 길이 유일하다.

특별한 담보 없이도 정부지원으로 창업자금을 이용할 수 있는 생계형특별보증제도를 알아보자. 이 제도는 정부에서 창업을 지원하기 위해서 만든 제도인데 담보력이 없는 사람들이 생계를 위해서 창업을 하고자 할 때 정부기관에서 보증을 서서 대출이 이루어지도록 하는 제도이다. 은행 입장에서는 반드시 채권보전조치를 해야만 하기 때문에 담보조건이 미비하면 대출을 거절하게 되는데 정부에서 보증을 선다는 신용보증서가 있으면 그것을 담보로 창업자에게 대출을 해주는 것이다. 현재 생계형특별보증에 대한 심사는 업종별로 다르게 운용되고 있는데, 건설업, 제조업, 운수업, 광업, 정보처리 및 컴퓨터운용관련업은 사업장 예정지 관할의 신용보증기금 각 지점에서 심사를 하고 있으며, 기타 음식업, 도 · 소매업, 서비스업종들은 사업장 예정지 인근의 수탁은행(국민은행, 기업은행, 신한은행, 우리은행)에서 그 심사를 위탁받아 발급해 주고 있다.

이 제도를 이용할 때 주의할 점은 생계형이라는 조건에 맞아야 한다는 것과 사업계획의 적정성을 인정받아야 한다는 것인데, 먼저 생계형이라는 조건에 맞지 않아 대출이 안 되는 경우를 보면, 부양가족이 없는 미혼의 경우 해당이 안 되고, 다른 소득원이 있는 가족이 있는 경우 등은 생계형으로 인정받기 어렵다고 할 수 있다. 즉, 남편이 직장에 다니고 있는데 부인이 부업으로 창업을 할 경우에는 생계형으로 인정하지 않는다는 것이다. 또 한 가지 사업계획의 적정성이라는 측면을 보면 규정에 정해진 것은 없지만 지원규모가 총 소요자금의 50% 범위 선에서 이루어진다는 것이다. 즉, 일식우동 전문점을 창업하고자 준비할 때 소요되는 총 창업자금이 6천만 원선이라면 최소한 3천만 원 정도는 자신이 직접 조달가능해야 하며 나머지 부족한 부분인 3천만 원에 대해서 생계형보증서지원을 수탁은행을 통해 신청하고 평가받는 것이다.

생계형특별보증서를 발급받고자 하는 사람들은 창업을 준비하면서 어느 정도의 구체적인 계획이 세워졌을 때 반드시 사전에 심사기관에서 상담을 거치는 것이 좋은데 사전상담 시에 준비할 사항은 '어느 곳에 점포를 얻어 무슨 업종을 창업하려고 하는데 총 소요비용이 얼마 정도로 예상이 되며 구체적으로는 임차료가 얼마, 인테리어비가 얼마, 기계구입비가 얼마 등등 해서 전체가 얼마이다. 그런데 내가 직접 조달할 수 있는 금액은 얼마인데 얼마가 부족해서 정부지원을 받고자 한다. 내가 지원을 받을 수 있는가? 받는다면 얼마까지 지원받을 수 있겠는가? 그리고 구체적으로 준비해야 할 것은 무엇인가?' 등이다. 이렇게 본인의 사업계획을 자세히 이야기할 수 있어야 사전에 지원가능성에 대해서 확인을 받을 수 있을 것이며 효과적으로 창업계획을 추진할 수 있을 것이다. 생계형보증서를 발급받을 수 있다는 확인을 받았으면 대출은 거의 받은 것이나 다름없다고 생각하고 본격적인 창업절차를 진행하면 될 것이다.

또 한 가지 이미 창업을 해서 최소한 3개월 이상 운영을 하고 있는 사업자의 경우에는 각 지역신용보증재단을 통해서 생계형이라는 조건에 구애받지 않고 보증서를 발급받을 수 있는 길이 있는데 사전상담을 각 지역의 소상공인지원센터에서 받으면 된다. 구체적인 지원범위는 사업체의 매출실적과 관계가 있는데 사업체의 실제매출액을 기준으로(세무서에 신고한 매출이 아닌 실제매출액을 기준으로 평가해 준다) 통상 1/4에서 1/6 수준에서 보증서를 각 지역신용보증재단에서 발급해 주고 있다. 이러한 보증서가 은행권에서 담보로 제공되어 대출이 이루어지는 것은 앞서 설명한 내용과 같다.

신용보증기금이나 수탁은행을 통하여 생계형보증서를 발급받거나 지역신용보증재단을 통하여 일반신용보증서를 발급받을 수 있다면 창업을 할 때 은행 자체 자금을 이용할 수도 있으며, 정부에서 지원하는 소상공인지원자금을 신청할 수도 있을 것이다.

경험적으로 볼 때 담보조건이 어려운 사람들이 정부에서 지원해 주는 생계형보증서를 발급받아 자금을 조달하는 것은 1999년 제도 시행 이래 갈수록 어려워지고 있다. 결코 만만치 않은 일인 것이다. 초기에는 지원을 적극적으로 해주었지만 대출 이후에 관리를 해보니 부실률이 만만치가 않아 심사가 엄격해진 것이다. 이렇게 창업을 지원해 주는 제도가 있다면 그 제도를 효과적으로 이용할 수 있는 방법도 있을 것이다. 물론 가장 중요한 것은 창업자 자신과 사업계획일 것이지만 제도를 자세히 이해하고 사전에 조건에 맞을 수 있도록 준비할 필요성이 있는 것이다.

정부자금이든 은행자금이든, 창업자금이든 일반 가계자금이든 자금지원기관에서 상담을 하거나 금융기관과 상담을 할 때 사전에 알아두어야 할 다음과 같은 자금조달의 원칙이 있다.

① 사전상담준비를 하라

상담을 하기 전에 미리 예상질문을 생각해 보고 자신의 입장에서 답변을 준비하라. 특히 창업자금의 경우 사업의 타당성과 준비과정에 대해서 자세히 설명할 수 있어야 한다. 지원기관 입장에서는 준비 안 된 사업자보다는 준비된 사업자에게 대출을 해주는 것이 일반적일 것이다.

② 사업에 자신감을 보이고 적극성을 가져라

통상적으로 소자본 창업의 경우 심사기관에서 가장 중요시하는 요인이 바로 사업자의 능력 부분이다. 자기 사업에 본인이 자신감이 없으면 세상 누구도 그 사업의 성공을 믿지 못할 것이다.

③ 가급적이면 장기적인 측면에서 사업의 성공전략을 말하라

사업은 매출과 이익을 올리면서 계속 운영되는 것을 원칙으로 한다. 창업 초창기에 필요한 자금만을 이야기하기보다는 자금을 지원받았을 경우 어떻게 운영을 해서 장기적으로 내 사업체를 어떻게 발전시키겠다는 포부를 말하는 것만으로도 사업자의 의지 및 사업계획의 철저함을 인정받을 수 있을 것이다.

창업자금지원을 위한 상담을 할 때에도 사전에 철저한 준비를 해야만 할 것이며 구체적이고 세부적으로 준비된 상태에서만이 자금을 지원받을 수 있다는 것을 명심해야만 한다.

5. 창업자금지원제도

창업자금의 조달에 대해서 이제까지 살펴볼 주요 지원제도를 요약 · 설명하면 다음과 같다.

1) 소상공인의 정의

소상공인이란 도 · 소매업, 음식업, 서비스업 등을 영위하고 있는 상시종업원 5인 이하의 사업자, 제조업, 운송업, 광업, 건설업 등은 10인 이하의 소규모 사업자를 말한다. 소상공인지원센터는 이러한 사업을 운영하는 소상공인들을 지원대상으로 한다. 하지만 최근의 지원추세를 보면 외식사업에 대한 대출을 상당히 꺼리고 있다. 주로 기술형 창업에 자금을 융자해 주는 쪽으로 추세가 기울고 있다.

2) 구체적 지원내용

중소기업청 산하의 소상공인지원센터에서 지원하는 내용을 보면 다음과 같다.

- 창업정보제공 : 아이템분석, 상권분석 및 입지분석, 사업성평가 및 분석, 창업절차 안내 등을 지원
- 경영개선지도 : 기존 소상공인들에게 사업성 진단 및 지도, 경영개선 및 생산지도, 업태 전환을 위한 상담지도
- 자금추천 : 예비창업자나 기존사업자에게 소상공인지원자금을 이용할 수 있도록 자금추천도 지원하고 있으며 다양한 자금제도를 안내
- 정보제공 : 각 센터에서는 정보자료실을 운영하여 정부정책 및 제도를 안내하고, 창업관련 서적을 비치하여 무료로 열람이 가능하며 또한 다양한 업종의 창업가이드를 제공

3) 상담절차

소상공인지원센터를 이용하고자 하는 사람들은 가까운 지역센터를 직접 방문하거나 전화, 팩스 또는 인터넷을 통해 상담을 받을 수 있으며, 구체적인 상담절차는 ① 상담신청 및 접수를 하고, ② 해당 분야의 전문가인 상담자가 선정되어, ③ 구체적인 상담 및 지도가 이루어지며 필요할 경우에는 현지 출장지도가 이루어지게 된다. ④ 상담 후에도 애로사항 해결, 추가 지원사항 파악 및 지원을 위하여 지속적인 사후관리를 하고 있다.

4) 경영개선지도

이미 경영 중인 사업체에 경영 · 기술상의 애로를 겪고 있는 사업자에게 경영 · 기술진단을 통하여 개선방안을 지도함으로써 사업활성화를 위한 경영개선을 지원하고 있다. 구체적인 내용은 다음과 같다.

- 업종전환 · 확장 시 타당성 검토
- 업종전환 · 확장 아이템 정보제공
- 경영개선을 위한 소요자금 조달요령 자문
- 매출확대방안 자문
- 전문가의 자문 및 출장 경영지도

5) 창업정보지원

이제는 소상공업에도 정보를 이용한 가치창출이 필요한 시대이다. 소상공인지원센터에서는 소상공인이 필요로 하는 각종 정보를 DB화하여 제공하고 있으며, 원하는 정보가 준비되어 있지 않을 경우에는 부가적으로 정보를 수집 · 가공하여 제공하고 있다. 구체적인 내용은 다음과 같다.

- 정부의 각종 지원제도
- 소상공업 창업 및 운영에 필요한 각종 세무정보
- 각종 프랜차이즈 창업정보
- 전국의 상권 · 입지 분석정보
- 각종 업종별 창업정보 및 매뉴얼
- 기타 소상공인이 필요로 하는 정보

6) 기술전수

소상공인지원센터에서는 창업 또는 업종 변경 시 관련기술 습득을 필요로 하는 사람에게 창업도우미업체 등을 통해 기술을 전수받을 수 있도록 지원하고 있다.

7) 창업교육지원

예비창업자를 대상으로 자신의 능력과 적성에 맞는 업종 선택과 창업에 따른 시행착오 및 위험부담을 최소화할 수 있도록 전문 창업교육 프로그램의 개발지원 및 창업강좌를 개설하여 운영하고 있다.

지원제도에 대한 운용기관을 개별적으로 살펴보면, 소상공인지원자금은 소상공인지원센터에서, 생계형특별보증제도는 신용보증기금 및 업종에 따라 수탁은행(국민은행, 기업은행, 신한은행, 우리은행)이, 지역신용보증재단에서의 소상공인보증지원 업무는 각 지역신용보증재단에서 취급하도록 되어 있다. 개별적인 제도에 따라 관리주체가 서로 다르지만 소상공업의 창업 및 경영개선에 관련된 종합적인 상담 및 지원절차 문의는 전국에 설치되어 있는 소상공인지원센터에서 도움을 받을 수 있을 것이다.

6. 소상공인지원자금

1) 지원목적

소상공인에 대한 창업 · 경영상담기능과 자금지원을 연계함으로써 소상공인지원효과를 극대화하여 신규고용창출 및 산업 간 균형발전을 이루는 데 목적이 있다.

2) 지원대상 및 요건

- 소상공업을 창업하고자 하는 자 및 영위하고 있는 사업자
  - 제조업, 광업, 건설업, 운송업 : 상시종업원 10인 이하 업체
  - 도 · 소매업, 음식업, 기타 서비스업 : 상시종업원 5인 이하 업체
- 지원대상 제외
  - 사치성향적 소비와 투기를 조장하는 업종

–금융기관의 불량거래자(불량거래처)로 규제 중인 자

3) 융자조건(2014년 기준)

- 기준금리 : 연리 3.69%
- 지원한도 : 업체당 최고 7천만 원 이내
- 상환기간 : 5년 이내
- 상환방법 : 2년 거치 후, 3년간 대출금액의 70%를 3개월마다 균등분할상환, 나머지 30%는 상환기간 만료 시 일시상환
- 대출취급은행 : 국민은행, 기업은행, 신한은행, 우리은행, 외환은행, 한국씨티은행, 하나은행, 농협, 수협, 부산은행, 대구은행, 광주은행, 전북은행, 경남은행, 제주은행, 저축은행중앙회, 새마을금고, 신협중앙회

4) 자금지원(추천)절차

- 소상공인지원센터에서 창업 및 경영상담
- 상담결과 자금지원이 필요하다고 인정된 경우 소상공인지원센터에서 신용보증기관, 대출취급 금융기관에 보증 및 대출 추천
- 취급금융기관에서 신용대출 또는 채권보전절차를 거쳐 대출

5) 지원절차

- 대출추천 신청서류 : 추천신청서, 사업계획서(센터에 비치), 사업자등록증 사본, 임대차계약서 사본
- 평가 및 추천 : 상담과 추천신청서류를 평가해 종합평점이 55점 이상인 경우 추천
  –신청인 경영능력, 사업계획 실현가능성, 자금조달능력, 신청금액의 적정성 등 평가
  –여성창업자 및 여성소상공인에게 추천심사 시 가산점 5점 부여
- 자금추천 처리기간 : 신청서 접수일로부터 7일 이내
- 은행채권 보전방법 : 부동산담보, 신용보증서(생계형, 일반), 연대보증

생계형특별보증제도

1. 보증대상기업

- 창업일(사업자등록일)로부터 보증신청일까지 1년 이내인 영리사업을 영위하는 생계형 창업 중소기업
- 보증대상기업이 아닌 경우
  - 비영리기업(재단법인, 유치원, 어린이집 등)과 협동조합
  - 신용보증기금 및 기술신용보증기금의 보증을 이용하고 있는 기업
  - 배우자 및 대표자의 주민등록등본상 기재되어 있는 자가 영위하고 있는 사업을 승계한 경우
  - 개인사업자가 법인으로 전환하거나 법인의 조직변경 등 기업형태를 변경하여 변경 전의 사업과 동종의 사업을 계속하는 경우
  - 기존사업을 폐업한 후 1년 이내에 동종의 사업을 계속하거나 유사업종으로 전환한 경우
  - 대표자 및 경영실권자가 다른 기업에 종사하고 있거나 사업을 영위하고 있는 경우

2. 보증대상 제외업종

- 담배, 주류 중개 및 도매업
- 골동품, 예술품 중개 및 도매업
- 모피제품 도매업
- 총포, 보석, 귀금속제품 도소매업
- 노점 및 유사 이동판매업
- 무점포 소매업
- 주점업(단, 호프집, 토속주점, 소주방은 보증대상에 포함)
- 택시운송업(개인택시)
- 금융, 보험, 부동산관련업
- 골프장, 무도장, 도박장 운영업
- 증기탕 및 안마시술소

3. 보증취급기관

- 신용보증기금 본점 및 지점
  - 광업, 제조업, 건설업, 운수업, 정보처리 및 기타 컴퓨터운영 관련업 등
- 수탁은행(기업은행, 국민은행, 신한은행, 우리은행, 광주은행 등)
  - 도매업, 소매업, 음식업, 숙박업, 서비스업 등

4. 보증료

- 5천만 원 이하 : 0.9%
- 5천만 원 초과 : 1.0%

5. 보증한도 : 최고 1억 원 이내

- 자금용도별 보증한도
  - 사업장(시설 포함) 구입 및 임차자금 : 1억 원 이내
  - 창업 초기의 운전자금 : 5천만 원 이내
- 보증금액 사정 : 다음 중 적은 금액에서 사정
  - (소요자금 – 자체자금조달 가능금액)
  - 운전자금 보증금액이 3천만 원 이하인 경우 : 자기자금 200%에 해당하는 금액

- 운전자금 보증금액이 3천만 원을 초과한 경우 : 자기자금의 100%에 해당하는 금액 또는 창업일 이후 보증신청일까지의 매출액의 1/2에 해당하는 금액

- 자기자금이란 예금, 유가증권 보유금액에 부동산담보 여유금액 및 기투입 자기자금을 합산한 금액
- 임차자금에 대한 보증취급
  - 창업자가 기지급한 임차자금 부분의 보증취급 금지
  - 재임대점포 취급 불가
  - 2천만 원 이하인 경우에는 질권설정 생략가능

6. 보증심사에 필요한 제출서류

- 사업자등록증 사본(기창업기업은 보증신청일, 신규창업기업은 보증서 발급일까지 제출)
- 영업신고(허가)증 앞 · 뒷면 사본(신고 및 허가가 필요한 경우)
- 주민등록등 · 초본(대표자, 공동대표자, 경영실권자)
- 재무제표 및 법인등기부등본(법인의 경우)
- 부동산등기부등본 및 임대차계약서 사본(사업장 및 대표자/공동대표자/실권자 거주주택)
- 금융거래확인서
- 사업계획점검표(양식)
- 대출금상환계획서(양식)
- 부채현황표(양식)
- 의료보험증 사본
- 납세증명서

지역신용보증재단 보증제도

1. 설립목적

성장잠재력이 있고 신용상태가 양호하나 담보력이 미약한 소기업, 소상공인 등의 채무를 보증함으로써 금융의 원활화를 도모하고 각 지역별로 경제활성화에 기여하기 위해 설립됨

2. 지원대상기업

- 본점 또는 주사업장이 해당 관할지역 내에 소재하는 소기업, 소상공인 및 특정 중소기업
- 소상공인 창업 및 경영개선자금은 소상공인지원센터에서 자금추천 및 신용보증추천을 받아야 함

3. 소상공인 지원내용

- 동일 기업당 보증금액
  - 소요자금의 50% 이내로서 5천만 원 이내(신용보증기금 및 기술신용보증기금 보증 포함)
- 심사기준
  - 기업 또는 대표자(경영실권자 포함)가 신용불량거래처로 규제되거나, 연체 중이거나 최근 3개월간 30일 이상 연체보유기업
  - 신청일 현재 영업(가동) 중에 있을 것(휴업 중인 기업이 아닐 것)
  - 신청건 포함 총차입금(주택자금대출 포함)이 제조업은 2억 원, 비제조업은 1억 원 이하일 것

- 자기자금조달계획이 확실할 것
- 구체적인 상환계획을 제시할 것
- 임차보증금 채권양도 또는 연대보증인 입보
- 사업자등록증을 소지하고 있을 것
- 사업장을 확보하고 있을 것
- 부채가 자산을 초과하지 않을 것
- 상기 항목 이외에도 당좌부도 등 부실징후가 뚜렷한 기업은 지원대상에서 제외함

요약정리

- 사업계획서를 수립한 후 사업개발절차를 이해해야 한다.
- 자금조성은 적어도 지불할 것을 밀리지 않게 하는 것이다. 안이한 가격인하를 하지 않을 것, 허세를 부리는 지출을 하지 않을 것 등을 명심해야 한다.
- 매일의 매출은 그날그날 은행계좌로 넣자. 그것이 은행신용에 큰 도움이 된다.

참고문헌

The Research Development NRA(1982), *Conducting a Feasibility Study For a New Restaurant*, NRA.

Walker, John R. & Donald E. Lundberg(2001), *The Restaurant from Concept to Operation*, John Wiley & Sons.

Part 6

외식사업 개발계획서

사업계획서

(수제피자 전문점)

2016. . .

○○○○○○

1. 업체현황

1) 업체개요(설립예정)

- 업 체 명 : ○○○ 후루트가든 피자 전문점
- 대 표 자 : 홍길동
- 주민등록번호 : 123456-7890000
- 전 화 번 호 : 051-000-0000(휴대폰 : 000-000-0000)
- 사업장소재지 : 부산광역시 ○○구 ○○동 000번지
- 업 태 : 음식점
- 종 목 : 피자 전문점
- 창업(예정)일자 : 2016. . .
- 종업원수(예정) : 정직원 2명, 파트타이머 4명

2) 사업자의 인적사항

- 성 명 : 홍길동
- 주민등록번호 : 123456-7890000
- 주 소 : 부산광역시 ○○구 ○○동 000번지
- 전 화 번 호 : 051-000-0000(휴대폰 : 000-000-0000)
- 경 력 사 항 : 없음

2. 사업계획

1) 사업의 개요

(1) 집중화전략

- 맛을 내는 데는 자신이 있는 다양한 피자 전문점을 창업하기로 결심하게 되었다.
- 피자의 깊은 맛을 내기 위해서는 원재료가 중요한데, 기존에 알고 있던 임실에 사는 치즈 전문생산업자를 알게 되어 해결되었다.
- 질 좋은 육류와 신선하고 풍부한 야채와 과일 제공
- 미리 반조리 상태인 수제식 야채 및 과일류 피자를 만들어 놓아 점심 및 저녁시간 고객 확대
- 다양한 토핑 선택 : 선택형 피자

(2) 입지선정

- 점포입지는 자신의 거주지역에 신축된 점포를 활용할 계획이다.
- 사거리 가각에 입지해 있어 좋은 입지라고 판단했다. 인근지역에 숙박시설이 광범위하게 분포되어 있으며, 은행과 병원, 대학이 인근에 있어서 이들을 상대로 한 각종 음식 및 주점업종들이 영업 중에 있는 지역이다.
- 주간보다는 저녁 8시 이후의 야간상권이 매우 발달한 지역이다. 점포 앞에서 유동인구를 직접 시간대별로 체크하면서 상권을 분석하였고, 저녁 및 야간시간대의 활동인구가 많은 반면에 이들을 대상으로 하여 식사를 제공하는 음식점이 많지 않다는 점에 주목을 하여 점포계약을 하게 되었다.

2) 사업성공 포인트

항목	내용
상품	• 전제 : 고객에게 최고의 만족감을 줄 수 있는 상품 • 요건 : 적정가격대로 최고의 질 지향
점포력	• 전제 : 고객의 접근 및 이용편의를 최우선적으로 배려한 시설 및 내부 배치 지향 • 요건 : – 빠른 서비스 – 편의공간 확보가 어려워 빠른 회전율을 위해 테이크아웃 권장

입지력	• 전제 : 고정고객이 될 수 있는 지역주민과 상가고객 • 요건 : – 1차 고객: 지역주민의 가족고객과 상가고객 – 2차 고객: 20~40대 회사원과 소모임 – 3차 고객: 유동고객
서비스력	• 전제 : 고객이 편안하고 친절하면서 캐쥬얼한 정성이 담긴 서비스 지향 • 요건 : – 철저한 사전 교육 : 정신 + 실무교육 – 계속적인 사후관리 : 계획 → 실행 → 평가 → 조정(피드백 시스템 도입) – 기본 셀프서비스+추가 서비스 제공
관리력	• 전제 : 창업자의 외식사업운영 및 관리능력 • 요건 : – 외식사업기획 추진 – 폭넓은 지역사회 인맥 구축 및 대인관계 조성(혈연, 학연, 지연 등 각종 연고를 최대한 활용) – 고객관리시스템 구축(고객카드) – 인터넷을 통한 마케팅 전략시스템 구축

3. 외식사업 전략역량

1) 상품력

(1) 영업방침

편안하게 부담 없이 식사할 수 있는 공간을 제공한다.

- 영업일수 : 연중무휴(추석, 설날 임시휴업)
  - 영업시간 : 오전 11 : 30~오후 22 : 30
  - 셀프서비스 방식
  - 영업형태 : EAT IN, TAKE OUT

(2) 객단가

- 점심 객단가 : 4,200원
- 저녁 객단가 : 7,000원
- 평균 객단가 : 6,500원

(3) 부가서비스

- 3만 원 이상 구매고객에게 피자 한 슬라이스를 1,000원에 판매(개업 후 3개월간)

• 통조림과 생과일을 포함하는 조리법을 가지고 정통 수제피자 전문점을 표방하며, 메뉴는 다양한 과일류 피자로 특화하고 피자를 10가지 종류로 구비하여 제공한다.
• 음식의 원재료는 도매상을 통하지 말고 직접 농산물시장 등에서 구입하여 원가를 최대한 낮춘다.

(4) 대표 메뉴

① 딸기 피자

② 블루베리 피자

2) 점포력

• 오전 시간에 음식물을 계량하여 미리 준비해 놓음으로써 고객주문 시 최대한 빨리 제공할 수 있도록 한다. 이것은 점포규모가 작은 단점을 극복하기 위하여 고객들의 회전율을 높이는 목적도 있다.
• 소재 : 원목을 베이스로 한 간결한 인테리어
• 이미지 : 과일이 연상되는 열대 원색 계열 적용
• 주방노출 : 통유리로 면적확대효과와 고객관심 유도
• 허브효과 : 메뉴에 들어가는 허브를 직접 화분에 심어 인테리어
• 유리로 내부가 보이는 주방인 점을 착안, 계속 피자의 맛있는 향취를 외부로 내보내는 환기시설을 장치, 점포 앞을 지나가는 이들에게 호기심을 자극시킴
• 여름에는 점포 앞에 파라솔을 설치하고 고단가의 팥빙수를 제공함으로써 상대적으로 비수기인 여름에 대비하여 적극적인 영업을 펼침
• 부동산 임대가격
  – 주변지역 : 보증금 8천만 원/권리금 5,500만 원/월세 175만 원
  – 해당지역 1층 입지 : 30평/보증금 5천만 원/월세 300만 원
  – 최고상권 : 서면로터리/보증금 7천만 원/월세 400만 원

• 점포의 레이아웃

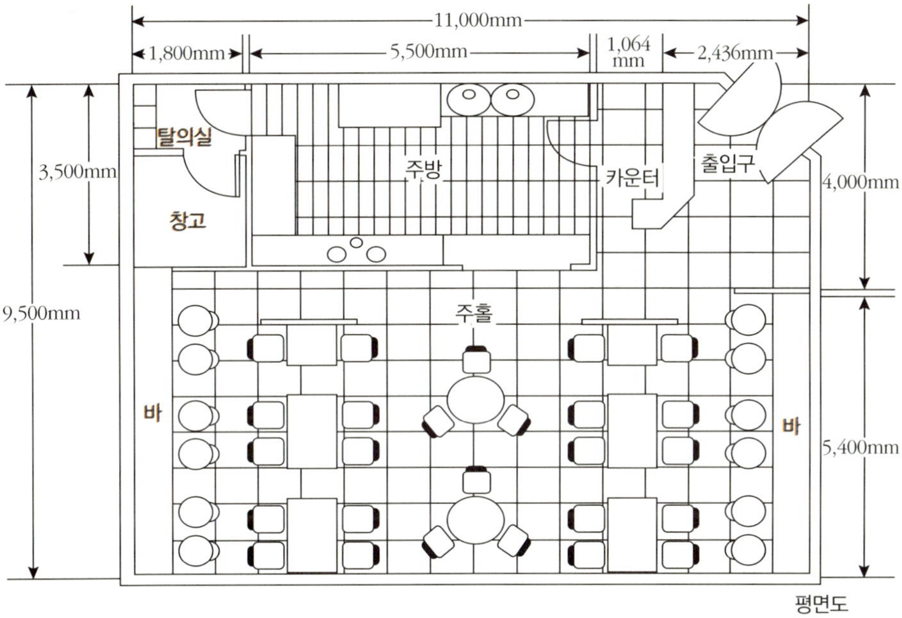

3) 입지력

(1) 위치도

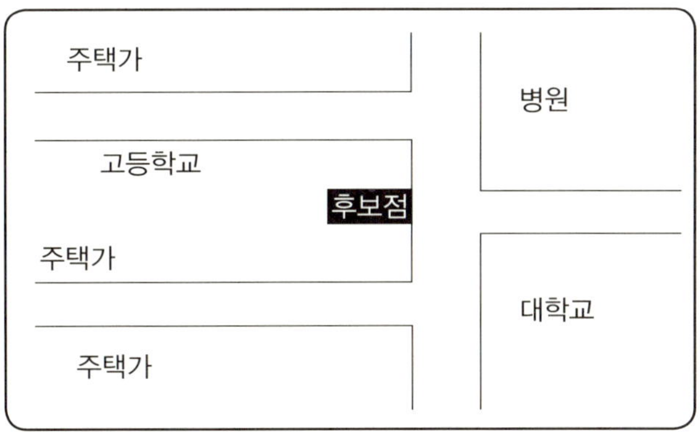

(2) 상권설정

• 후보지는 대학교 후문에 위치하고 있는 병원 건너편에 입지해 있으며 대학교 재학생과 병원을 이용하는 고객들의 주통로 길목에 입지하고 있음

• 환승역인 지하철역으로부터 형성된 상업시설의 중간 부분에 위치하고 있으나, 역세

권 상권과는 다소 떨어져 있음

- 따라서 본 후보점의 상권범위는 후보점을 기준으로 좌우 및 후방 50m 범위에 위치해 있는 상가와 주택가지역, 그리고 점포 전면에 위치한 대학교까지 포함한다고 판단됨

(3) 상권특성분석

구분	내용
주거 상권	• 일반적 기준 : 인근의 주거밀집정도 및 수준평가, 시설의 기본적인 수요층으로 업종의 구성 · 전개에 있어서 주요 대상이 될 수 있는 중요한 의미를 보유 – 점포 배후로 2~3층의 다세대주택 형태의 주택이 밀집되어 있으며, 특히 도로변 인근의 주택은 하숙집으로 다수가 운영되고 있음
유동 상권	• 일반적 기준 : 점포를 중심으로 도로를 이용하는 보행자 및 이용차량의 수로 상업시설의 한계를 결정함 – 후보지 유동상권의 특징은, 첫째 점포 앞 도로를 이용하여 통학하는 대학생층과, 둘째 점포 앞에 위치한 병원을 이용하는 유동층, 그리고 주말에 유입되는 신규유동층으로 구분지을 수 있음 – 전체적으로 20대층의 유동인구의 양이 풍부함 – 오후 12시~1시, 저녁 6시 이후에 유동량이 풍부한 상태임
업무 상권	• 일반적 기준 : 인근지역의 업무시설 분포현황, 주거용 · 상업용 시설에 모두 적용되는 상권분석의 한 부분으로 소비경향 예측에 필요 – 업무상권으로는 대학교에 소재한 각종 업무시설과 점포 좌우에 형성된 빌딩 내에 소재한 소수의 사무실로 구분할 수 있음 – 대체적으로 업무시설은 미약한 형편임
주요 접객 시설	• 일반적 기준 : 점포가 속해 있는 구역 내 집객력 있는 시설의 유무와 이 시설이 점포에 주는 영향력평가 – 점포 앞에 위치한 대학교가 집객시설로는 독보적인 위치를 점하고 있으며, 기존에 형성되어 있는 각종 유흥상가도 유동인구를 다수 흡인하고 있다고 판단됨 – 또한 인근에 위치한 지하철도 본 지역에 유동인구를 흡인하는 중요한 역할을 수행하고 있다고 판단됨

(4) 유동인구 측정

시간대		10대		20대		30대		40대 이상		소계		총계
		남	여	남	여	남	여	남	여	남	여	
오전 8시 ~ 9시	화	140	136	164	148	208	184	236	212	748	680	1,428
	목	108	96	148	152	196	132	256	232	708	612	1,320
	토	128	116	168	156	220	140	284	244	800	656	1,456
오후 12시 ~ 1시	화	60	84	36	52	180	44	44	52	320	232	552
	목	40	44	20	36	152	44	52	24	264	148	412
	토	256	296	12	12	44	48	80	21	392	376	768
오후 3시 ~ 4시	화	24	36	16	28	48	180	36	68	124	312	436
	목	32	28	12	36	24	144	56	56	124	264	388
	토	44	12	16	20	8	28	16	12	84	72	156
오후 6시 ~ 7시	화	52	36	56	56	64	40	76	20	248	152	400
	목	36	44	32	56	48	52	48	28	164	180	344
	토	60	32	44	124	148	32	104	32	356	220	576

10대	50.7%	20대	19.6%	30대	15.5%	40대	14.2%

합계												
합계	화	276	292	272	284	500	448	392	352	1,440	1,376	2,816
	%	9.8	10.4	9.7	10.1	17.7	15.9	13.9	12.5	51.1	48.9	100.0
	목	216	212	212	280	420	372	412	340	1,260	1,204	2,464
	%	8.8	8.6	8.6	11.4	17.0	15.1	16.7	13.8	51.1	48.9	100.0
	토	488	456	240	312	420	248	484	308	1,632	1,324	2,956
	%	16.5	15.4	8.1	10.6	14.2	8.4	16.4	10.4	55.2	44.8	100.0

(5) 유동인구 유발요인분석

구분	내용
전체 통행량	구분 / 4시간 전체 / 시간당 평균 건물입구 / 화 : 2,816명, 목 : 2,464명, 토 : 2,956명 / 화 : 704명, 목 : 616명, 토 : 739명
시간 그룹별 통행량	• 화요일 : 시간대별 비율은 50.7% : 19.6% : 15.5% : 14.2%로 오전시간대가 오후시간대보다 빈도가 높음 • 목요일 : 비율은 53.6% : 16.7% : 15.7% : 14.0%로 화요일과 비슷한 경향을 보임 • 토요일 : 비율은 49.2% : 26.0% : 5.3% : 19.5%로 평일과 달리 오전시간대 중 점심시간대의 비중이 높으며 오후 3~4시 사이의 비중이 낮게 나타나고 있음
연령별, 성별 구성비	• 성별 구성비는 화요일 51.1% : 48.9%, 목요일은 51.1% : 48.9%, 토요일은 55.2% : 44.8%로 남성의 비중이 약간 높게 나타나며, 특히 토요일은 남성의 비중이 조금 더 높음 • 연령별 구성비는 평일은 30대 이상이 60% 이상의 비중을 나타내고 있으며, 20대층은 19.8~20%의 비중을 보이고, 토요일은 30대 이상의 비중이 평일보다 줄어 49.4%를 보이고 있으며 10대층의 비중이 평일보다 10% 이상 상승함
차량 통행량	• 차량 통행량은 평일에는 출/퇴근시간대에 높은 비중을 차지하고 있으며, 특히 토요일에는 1시 이후에 차량이 밀집되어 차량의 운행속도가 떨어지고 있음
통행인 특성 및 종합	• 통행인들은 두 가지로 분류할 수 있음. 첫째 오전시간대에 출근을 하는 20~30대 이상의 유동인구 비중이 높으며, 둘째 구청을 이용하는 이용객들의 흐름도 다수 관찰되고 있음 • 10대 후반층의 비중 중 대다수는 인근에 위치한 고등학교에 다니는 학생들임
업종 분포 특성	• 대학가 유흥상업지역으로 다양한 업종이 운영되고 있으며, 특히 20대층을 겨냥한 업종이 주종을 이루고 있음 • 지하철역 인근지역보다는 소규모 저가형으로 업종이 분포되고 있음(분식, 소주방 등)

(6) 본 점포의 입지요약 및 업종선정방향

입지의 요약	
입지특성	• 대학 후문의 주동선상에 위치해 있으나 골목에 위치해 있으며, 후보점 앞에 가로수가 있어 접근성 및 시계성이 불리함 • 그러나 주동선상에 위치하고 있어 잠재고객의 양이 풍부한 입지라 볼 수 있음
유동인구 특성	• 주유동인구층은 대학 후문을 이용하는 20대 대학생층과 길 건너편에 위치한 은행을 이용하는 장년층도 일부 관찰되고 있음

점포 업종선정방향
• 전형적인 대학가 유흥상업지역으로서 20~30대층을 겨냥한 각종 판매/음식업종이 자리잡고 있음 • 평일과 주말 고루 유동인구의 흐름이 다수 관찰됨 • 단, 이 지역은 상권세력보다 많은 점포가 운영되고 있어, 점포의 개/폐업이 빈번히 이루어지고 있는 실정임 • 따라서 본 지역에는 –20대 연령층을 주타깃으로 함 –기존에 분포되어 있지 않은 유망업종을 선정하는 것이 바람직하다고 판단됨 –또한 상권 내 거주 일반주민 및 대학 교직원, 은행 근무자/이용자를 위한 틈새업종도 타당하다고 판단됨

4) 서비스력

- 테이크 인/아웃 메뉴구성 : 반조리 상태의 메뉴 → 오븐 2차 가열
  - 별도의 조리사가 필요 없으며, 3~5분 이내에 요리가 전달가능
- 기타 서비스 : 사전에 생과일 요거트 및 과일음료를 준비하여 피자와 함께 전달
- 주변의 고등학생, 대학생, 사업체 종사자들, 주요 지점의 유동인구들에게 전단지를 돌리면서 적극 홍보한다.
- 주변의 병원과 대학의 제휴로 해당 직원과 학생에 대해 할인혜택 부여
  - 기존의 런치세트에도 5~10% 정도의 할인율 부가 → 직장인들의 점심식사 단골메뉴로 정착시킬 수 있음
- 개업 후 1개월은 홍보/프로모션 개념으로 영업한다.
  - 영업개시 14일 전 플래카드 설치, 3일 전 전단 2~3회 배포, 오픈 후 1개월까지 수회 전단배포
  - 할인권을 만들어 1달간 적극적인 판촉
  - 영업개시 1개월 후부터는 1달간 고객관리를 위한 각종 할인카드를 발행

4. 외식사업 투자평가

1) 메뉴평가와 견적용 재무제표

- 대표 경쟁업체 : At Here
- 위치 : 부산광역시 ○○구 ○○동 198-8번지 석정빌딩 2층
- 메뉴 : 보통 1~2만 원선의 파스타, 피자, 샐러드류 판매/다양한 가격대의 세트메뉴 구성(1~7만 원대의 스테이크 세트-고급 음식 선호고객/남자고객 : 담백한 피자 및 매운 소스가 들어간 것)
- 면적 : 150평(주방 30%)
- 좌석 : 2인/4인 전체 30좌석의 회전율-평균 3회전
- 타깃 : 전체고객대상(우리 점포와 비슷)
- 경쟁업체전략 : 직원교육 및 인재양성에 중점(고용변수 발생 시 공석에 대비한 전략 마련)

(단위: 원)

<table>
<tr><th rowspan="2">경쟁업체 메뉴</th><th colspan="8">재료(해당 업체 확인결과, 공개불가능으로 시중시세 적용)</th><th rowspan="2">판개가격 (2인 기준)</th><th rowspan="2">판매가격 (1인 기준)</th></tr>
<tr><th colspan="3">주재료</th><th>도우 (1개)수타</th><th>주재료 (150g)</th><th>부재료 40g (피자치즈)</th><th>기타 재료</th><th>원가</th></tr>
<tr><td rowspan="2">고르곤 졸라</td><td colspan="3">고르곤졸라치즈(1kg당)</td><td rowspan="2">500</td><td rowspan="2">2,641</td><td rowspan="2">400</td><td rowspan="2">100</td><td rowspan="2">3,241</td><td rowspan="2">10,500</td><td rowspan="2">5,250</td></tr>
<tr><td colspan="3">17,600</td></tr>
<tr><td rowspan="2">네베 피자</td><td colspan="3">블루치즈(1kg당)</td><td rowspan="2">500</td><td>블루치즈 40g</td><td rowspan="2">400</td><td rowspan="2">100</td><td rowspan="2">5,000</td><td rowspan="2">14,000</td><td rowspan="2">7,000</td></tr>
<tr><td colspan="3">100,000</td><td>4,000</td></tr>
<tr><td rowspan="2">디아 블로</td><td>베이컨(1kg당)</td><td colspan="2">살라미(1kg당)</td><td rowspan="2">500</td><td rowspan="2">3,713</td><td rowspan="2">400</td><td rowspan="2">300</td><td rowspan="2">4,913</td><td rowspan="2">12,500</td><td rowspan="2">6,250</td></tr>
<tr><td>24,750</td><td>1</td><td>38,600</td></tr>
<tr><td rowspan="2">크랜 베리</td><td>냉동크랜베리 (1kg당)</td><td>새우 (1kg당)</td><td>오징어 (1kg당)</td><td rowspan="2">500</td><td rowspan="2">1,584</td><td rowspan="2">400</td><td rowspan="2">300</td><td rowspan="2">2,784</td><td rowspan="2">13,500</td><td rowspan="2">6,750</td></tr>
<tr><td>10,560</td><td>13,500</td><td>9,700</td></tr>
</table>

• 메뉴엔지니어링 : 메뉴엔지니어링으로 살펴본 결과 후루트가든의 피자들의 분포가 공헌마진이 일반적으로 높아 수익달성에 도움을 준다. 하지만 At Here에서의 고르곤졸라와 같이 인기도가 높은 메뉴가 앞으로 나와 주어야 한다.

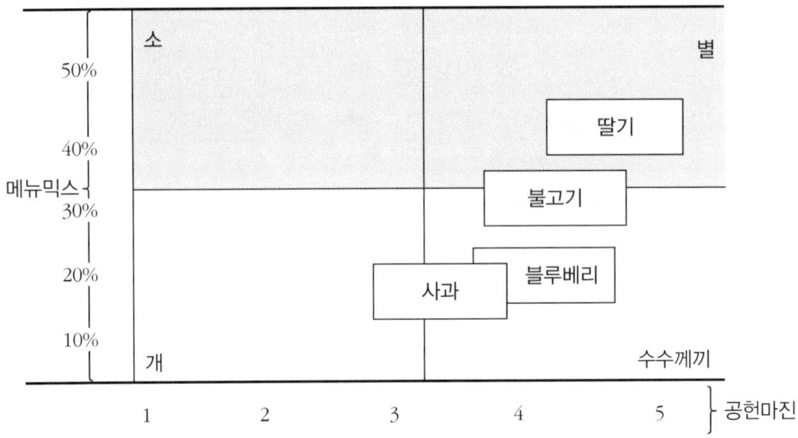

〈후루트가든〉

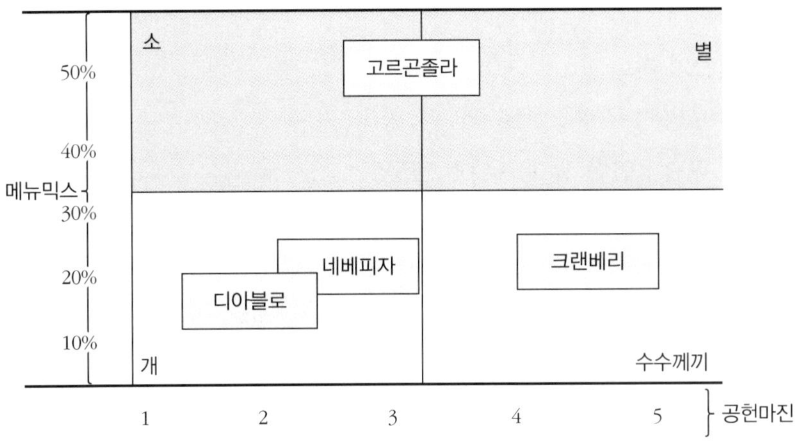

〈At Here〉

• 메뉴스코어링 : 메뉴스코어링으로 경쟁업체와의 스코어를 살펴본 결과 메뉴점수에서도 경쟁점포에 뒤지지 않는 것으로 나타났다.

(단위: 원)

후르트가든	카운트	가격	원가	세일즈	코스트	At Here	카운트	가격 (1인 가격)	원가	세일즈	코스트
딸기	300	6,000	1,291	1,800,000	387,300	고르곤졸라	400	5,250	3,241	2,100,000	1,296,400
블루베리	150	8,000	4,470	1,200,000	670,500	네베피자	100	7,000	5,000	700,000	500,000
사과	100	5,000	1,244	500,000	124,400	디아블로	100	6,250	4,913	625,000	491,250
불고기	200	7,000	2,970	1,400,000	594,000	크랜베리	150	6,750	2,784	1,012,500	417,600
총판매수	750			4,900,000	1,776,200	총판매수	750			4,437,500	2,705,250
총고객수	900					총고객수	900				
총수익	3,123,800					총수익	1,732,250				
평균수익	6,530					평균수익	5,912				
POP%	78					POP%	78				
메뉴스코어	5,028					메뉴스코어	4,552				

2) 견적용 재무제표

(1) 판매계획 : 매출액 판단

• 주별 고객수 판단 : 주별 고객수=1,341명

• 1년 고객수 판단 : 연간 고객수=69,753명

• 1년 매출액 판단 : 1년 매출액=641,028,232원

회전율 38석	월	화	수	목	금	토	일	1주 총고객수	1년 총고객수
테이블회전	3.5	3.5	3.5	3.5	3.5	5	5		
테이크아웃	0.9	0.9	0.9	0.9	1.2	1.5	1.5		
1일 회전율	4.4	4.4	4.4	4.4	4.7	6.5	6.5	35.3	
고객수(명)	167.2	167.2	167.2	167.2	178.6	247	247	1,341.4	69,752.8

구분	점유율	판매가	원가	공헌마진	연간 판매수	연간 판매금	피자 객단가
딸기피자	40%	6,000	1,370	4,630	27,901	167,406,720	
블루베리피자	20%	8,000	4,470	3,530	13,951	111,604,480	
사과피자	13%	5,000	1,245	3,755	9,068	45,339,320	6,540
불고기피자	27%	7,000	2,970	4,030	18,833	131,832,792	
합계					69,753	456,183,312	

							음료 객단가
아메리카노	40%	2,000	349	1,651	27,901	55,802,240	
카푸치노	5%	4,000	952	3,048	3,488	13,950,560	
과일음료	55%	3,000	712	2,288	38,364	115,092,120	2,650
합계					69,753	194,844,920	
						총객단가 9,190	

주별 매출	월	화	수	목	금	토	일	1주 매출	1년 매출
피자 매출	1,093,488	1,093,488	1,093,488	1,093,488	1,168,044	1,615,380	1,615,380	8,772,756	456,183,312
음료 매출	443,080	443,080	443,080	443,080	473,290	654,550	654,550	3,554,710	184,844,920

피자 총매출	456,183,312	피자총원가	167,753,560
음료 총매출	184,844,920	음료총원가	40,386,408
총매출	641,028,232	총원가합계	208,139,968

(2) 추정 손익계산서

(연기준/단위 : 천 원)

과목	금액	세부내역
매출액	641,028	• 피자 총매출 : 456,183원 • 음료 총매출 : 184,844원 • 매출액 : 614,028원
카드 수수료	10,256	• 카드 매출=매출액×80% • 카드 수수료=카드 매출×.02
변동비	491,570	• 식음료 매출원가=매출액×원가율 32%=208,134원 • 정직원 : 3,000×2×12=72,000원 • 파트타이머 : 1,200×4×12=57,600원 단, 영업추이를 보며 대표자와 부인의 계상가능 • 대표자 인건비 : 1인×월 150만 원 • 부인 인건비 : 1인×월 150만 원(그러나 현시점에서 고려치 않음) • 공과금 월 6,000×12=72,000원을 포함
고정비	29,490	• 임대료 12,000원을 포함 • 이자는 연 4%로 200원을 포함 • 감가상각(240+1,800+15,250)=17,290원을 포함
당기순이익	181,706	매출액 대비 28%의 순이익

(3) 자금의 소요계획

(단위 : 천 원)

임차보증금	80,000
권리금	없음(신축건물)
시설비(인테리어, 간판 등)	54,000
주류판매 인 · 허가비	4,000
가구	6,000
사업자등록비	3,000
월 예상공과금(수도, 전기, 가스비)	6,000
컴퓨터(2대)	3,000
감가상각	컴퓨터의 경우 3년으로 하고 초기 연도에 구매가의 2/3를 감가함. 다른 고정자산은 4년간 정액법을 활용함
연간배당금	초기 투자금의 12%로 함

(4) 자금의 조달방법

(단위 : 천 원)

구분	금액
자기자금	100,000
타인자금 (소상공인지원자금, 생계형보증서 이용)	50,000

(5) 추정 재무상태표

(천단위, 연기준)

자산		부채	
유동자산		매입채무 (6,000/30)×15	3,000
현금(plug-in)	175,496	장기부채	50,000
재고자산	8,500		
선급금(보증금)	80,000		
고정자산			
가구	6,000		
가구감가상각	(240)		
컴퓨터	3,000		
컴퓨터 감가상각	(1,800)	**자기자본**	
무형자산		자본금	100,000
창업비, 인 · 허가(54,000+4,000+3,000)	61,000	이익잉여금	181,706
창업비, 인 · 허가상환(61,000/4)	(15,250)	이익배당금(150,000×.12)	(18,000)
총액	316,706	총액	316,706

3) 외식사업 가치평가

(1) 메뉴의 타당성분석(역접근법)

① 필요정보

(천단위, 연기준)

항목	세부액수	필요정보
자본	100,000	목표순이익률=12%
부채	50,000	이자 연 10%로 함
세금	세전 순이익의 30%	
고정비	111,326	연기준
변동비	347,996	연기준
식음료원가	208,134	연기준
좌석수	38좌석	
회전율	주당 35회	

② 역접근법 계산

(천단위, 연기준)

항목	산출과정	결과액수
1) 순이익	100,000×12%	12,000
2) 세전이익	12,000/(1−0.3)	17,243
이자	50,000×0.1	5,000
고정비		29,490
변동비		491,570
카드수수료		10,256
3) 매출액		503,821
4) 목표객단가	503,821/(38×35.3×52)	7,223

목표객단가는 7,223원으로 결정된 9,190원은 목표매출을 달성하기에 충분하다고 사료된다.

(2) 비율분석(업계기준법)

(천단위, 연기준)

항목	액수	추정치	기준치
매출	641,028	100	100
식자재비용	208,134	32	30
인건비	(72,000+57,600)=129,600	20	20
운영비	153,836	24	10
임대료	12,000	2	10
이자	200	0	10
세금	0	0	10
순이익	181,706	28	10

- 운영비가 높다.
- 임대료 비중은 매우 낮다.
- 부채부담이 없어 이자에 대한 위험부담이 적다.
- 최종적으로 순이익의 비중이 높아 사업 진행이 타당하다.

(천단위, 연기준)

자산				부채와 자본			
항목	액수	추정치	기준치	항목	액수	추정치	기준치
유동자산	263,996	2.49	1	단기부채	3,000	0.03	1
고정자산	52,710	0.51	2	장기부채	50,000	0.48	1
				자기자본	263,706	2.49	1
자산총액	316,706	3	3	부채와 자본의 총액	316,706	3	3

- 임대매장이므로 고정자산의 비중이 작은 것은 당연하다.
- 유동자산의 비중이 너무 크다. 더욱이 현금을 매우 많이 보유하고 있어 영업 중 경제 상황을 보고 2호점을 생각해 볼 수도 있을 것이다.
- 더욱이 단기와 장기의 부채 비중이 매우 낮아 영업 중 위험부담은 적은 편이다.
- 자기자본의 비중이 매우 높다. 따라서 영업만 예상대로 되어 준다면 타당성이 높은 사업이 될 것이다.

(3) 외식사업 가치평가(배수법)

① 외식사업 가치평가에 필요한 기본정보

- 좌석수=38석
- 면적=30평
- 월임대료=1,000,000원
- 매출은 미정으로 한다.
- 따라서 손익분기점을 앞에서 추정한 매출액을 기준으로 구하기보다는 좌석수, 면적, 월임대료를 기준으로 손익분기점과 매출규모를 추정함

② 외식사업 가치평가

- 손익분기점(BEP)

 −38석×7,000=$266,000(288,344,000원)

 −1,068m^2(=30평×35.6m^2)×300=$320,400(347,313,600원)

 −1,000,000원×10×12=120,000,000원(자본화 임대비용)+40,000,000원

 =160,000,000원

 따라서 손익분기점은 160,000,000원이 되어야 한다.

- 추정 매출규모

 160,000,000원×1.5=240,000,000원

- AP(Asking Price : 자산이나 임대를 팔 때의 가치)

 240,000,000원−120,000,000원=120,000,000원/(10×12)

 =1,000,000원(월임대료)

- OP(Offer Price : 자산이나 임대를 살 때의 가치)

 240,000,000원×0.67=160,800,000−120,000,000원

 =40,800,000원/(10×12)=340,000원(월임대료)

위의 외식사업 가치평가로 알아본 손익분기점은 160,000,000원이며 추정 매출규모는 2억 4천만 원으로 나타났다.

제안된 외식사업 규모에서의 적정 임대료 범위는 최고 100만 원에서 34만 원선으로 보인다.

5. 투자타당성

- 상품력과 유동인구 및 타깃층이 많은 입지력, 효율적인 서비스력을 가지고 있다.
- 추정 손익계산서상으로 순이익이 매출의 28%를 상회하고 있어 채산성이 충분해 보인다.
- 재무상태표상 부채 대비 자기자본의 비율이 매우 높으므로 운영상 안정적인 비율을 보이고 있다.
- 외식사업 가치평가에서 메뉴의 타당성평가에서도 기준 객단가보다 추정 객단가가 높게 나와 목표수익을 내는 데 전혀 문제가 없다.
- 비율분석에서도 기준비율에 비추어 모든 지표들이 긍정적인 것으로 나타났다.
- 외식사업 가치평가의 매출규모 추정치도 실제 예상한 추정 손익계산서상의 매출을 하회하고 있어 사업성이 충분하다.
- 외식사업 가치평가의 월임대료가 100만 원에서 34만 원으로 계산되어 월임대료는 적당규모 내에 있음을 알 수 있다.
- 따라서 최종적으로 본 프로젝트는 사업타당성이 매우 높아 실제 운영해야 한다고 사료된다.

Part 7

부실운영 사업장 처방사례

1. 진단 사례

부산 해운대에서 복요리업소를 운영하는 한 사업주는 ○○외식컨설팅에 찾아왔다. 불황 속에서 매출은 하루가 다르게 떨어지지만 대안이 없어 난감한 상황이다.

적자이긴 해도 위생 · 분위기 · 맛 · 서비스는 자신 있다는 복요리집이다. 점포 문을 연 것은 지난해 6월. 의뢰인의 언니가 창원에서 운영하는 복요리집이 대박을 터뜨리자 2호점을 낸다는 생각으로 사업에 나섰다.

하지만 창업 초기에만 반짝 매출이 올랐을 뿐 현재까지 매출은 곤두박질쳐 점포경영에 큰 어려움을 겪고 있다. 보증금이 8,000만 원인데 월세가 밀려 보증금도 절반밖에 남지 않았다. 고가의 복요리를 파는 만큼 서비스가 중요하다고 판단, 사업 초기 동생이 매장과 고객관리를 맡았으나 현재는 인건비 절약을 위해 주방업무를 주로 본다. 대신 사업주가 오전 11시부터 오후 8시까지 카운터와 손님맞이를 맡고 있다.

이 점포의 매출은 1일 평균 20~30만 원선이다. 개업 1주년 행사로 진행 중인 30% 할인 덕을 보고 있다. 초기엔 50% 할인행사, 신문 전단지 광고, 한 번에 5명 이상 오면 1명은 공짜 등의 서비스도 했지만 지속적인 판촉은 벌이지 못했다.

이 점포의 최고 강점은 품질이다. 매일 장을 봐 싱싱한 활어를 사용하는 것은 물론 미나리도 무공해만 고집한다. 개운하고 깊은 맛의 국물을 위해 소금도 태평염전에서 3년간 간수를 뺀 소금을 볶아서 사용하고 있다.

또한 음식점의 핵심경쟁력인 청결도 측면에서도 수준급이었다. 주방은 깨끗하고 매장도 깔끔하다. 위생을 위해 수저도 매일 삶고, 물수건도 일일이 매장에서 삶아서 고객에게 제공한다. 인테리어도 수준급이다. 개인별 룸이 마련돼 있으며 화장실도 감각적이고 청결하다.

2. 점포와 시장의 요약

1) 점포 개요

- 개점일 : 2013년 4월
- 영업시간 : 오전 11시~오후 22시

- 면적 : 약 165m^2(홀은 없고 고객석만 9개)
- 투자비 : 2억 3천만 원
- 임차조건 : 보증금 8,000만 원(월세 470만 원)
- 인테리어 : 깔끔하고 쾌적함
- 경쟁점포 : 인근 1개, 대로변에 있고 개점도 오래돼 해당 점포보다 유리

2) 상권분석

- 이면도로변, 인근 유흥업소 많지만 경기침체 등으로 상권이 많이 위축
- 연립주택, 아파트단지가 직경 100~200m 내에 밀집
- 점포에서 30m 떨어진 대로변 상권에는 대형 음식점들이 즐비(간장게장, 복요리, 아구찜, 삼계탕, 감자탕, 삼겹살, 추어탕, 횟집 등)
- 직선거리 300m쯤 떨어진 곳에 아파트단지를 대상으로 하는 주거밀집형 업종 즐비(도넛 전문점, 죽 전문점, 축산물 직매장, 호프집, 이불 전문점, 유기농식품점, 아이스크림점, 커피숍, 분식집, 일식우동집 등)

3. 매출이 부진한 원인

맛이나 품질, 청결, 인테리어나 서비스가 좋다고 꼭 성공하는 건 아니다. 어떤 사업이든 상권특성과 잘 어울려야 한다. 고가의 음식일수록 점포의 장점이 널리 알려지는 데는 시간이 걸린다. 사례의 복요리점은 대체로 여섯 가지 원인으로 분석된다.

① 업종과 지역상권의 궁합이 다소 안 맞다. 메뉴당 평균가격인 10~15만 원은 주변상권을 볼 때 너무 비싼 편이다. 특히 복요리는 40~50대 특정 계층이 즐기는 요리로, 인근 200m 거리에 있는 아파트단지나 연립주택가의 가족 단위 고객을 흡수하기에도 적합하지 않다.

② 입지적인 한계이다. 대로변은 불황에도 비교적 선방할 수 있지만 이면도로변은 일부러 찾아오지 않으면 알기가 힘들어 불황 때 타격이 더 크다.

③ 유흥업소에 대한 대대적인 단속으로 지역상권이 급격히 위축됐다.

④ 고객관리에 허점이 있다. 고가 메뉴인 만큼 고객들에게 수시로 연락을 하고 막역한

관계를 만드는 등의 특별관리가 필요한데 그렇지 못했다.

⑤ 판촉에도 문제가 있다. 고가 음식의 경우 넓은 지역을 대상으로 지속적인 홍보를 해야 하는데, 창업 초기에만 반짝 판촉을 했다.

⑥ 운영자금의 부족이다. 고가의 음식점일수록 손익분기매출에 이르는 기간이 오래 걸린다. 따라서 대출을 자제하고 운영자금을 많이 가지고 사업을 시작해야 하지만, 이 점포는 지나친 자신감으로 대출비율이 높았다. 때문에 매출이 하락해도 추가적인 자금투입이 어려운 상태다.

4. 처방

본 사례의 경우 상권은 아파트 밀집 주택가로 가족 단위의 고객이 주를 이룬다. 관련 경쟁업소는 거의 없다. 이러한 상권과 상품을 매치시키기 위해 필요한 전략적 방향은 집중화전략을 선택하는 편이 좋다. 따라서 상품은 주거지역 상권에 맞는 적절한 품질의 메뉴와 가격대에 내부적인 비용 절감을 이루어야 성공이 가능해 보인다.

처방은 다음과 같이 요약해 볼 수 있다.

1) 상품력

(1) 저렴한 신규메뉴의 개발

메뉴당 단가가 10~15만 원 안팎인 지금보다 낮은 4~6만 원대 메뉴를 개발한다. 예를 들어, 복불고기, 냉동복을 이용한 야채 샤부샤부, 밀복과 같은 저렴한 복을 이용한 가족 단위 1만원대 복 등을 개발한다.

(2) 업종 전환

- 가격파괴 전복요리 : 삼겹살 가격대의 전복요리점
- 매운 갈비찜과 구운 보쌈 : 사무실 고객의 유치는 물론 아파트 주민인 고객확보에 유리
- 해초 삼겹살 : 웰빙이며 인근에 경쟁자가 없다는 것이 장점

2) 서비스력

(1) 적극적인 홍보

인근 주택가를 포함한 폭넓은 고객유치를 위해 메뉴 추가나 업종 전환은 필수적이다. 인근 사무실과 아파트 주민들을 대상으로 사은품을 배포하고 10~30% 할인쿠폰을 만들어 적극적으로 홍보할 것을 권한다. 고객이 될 만한 인근 관공서나 기업은 직접 방문해 초밥 등 간단한 도시락 선물과 쿠폰을 제공할 필요도 있다. 점포 간판이 눈에 잘 띄지 않으므로 환한 것으로 교체하거나 전면에 현수막을 부착할 것을 적극 검토하라. 경쟁력 있는 메뉴를 만들어 케이블방송 홍보도 활용하면 좋다.

3) 외식사업 투자평가

(1) 공동투자자 물색

업종 전환을 위해 투자자 물색이 필요하다. 외식업 경력이 있고 믿을 수 있는 투자자 확보가 관건이다.

부록

외식업관련 법규

1. 외식업관련 신고사항

식품위생업의 휴게음식점과 일반음식점의 경우는 영업신고만으로 영업할 수 있으나 단란주점과 유흥음식점의 경우에는 관할 시 · 군 · 구청장의 영업허가를 받아야 영업할 수 있다.

1-1 기본적인 신고사항(일반음식점영업의 경우)

영업의 신고를 하고자 할 때에는 위생에 관한 교육을 미리 받아야 하며 영업에 필요한 시설을 갖춘 후 영업신고서와 구비서류를 첨부하여 신고관청(시장, 군수, 구청장)에 제출하여야 하며 신고를 받은 신고관청은 영업신고증을 교부한 후 1개월 이내에 시설기준 등 신고된 사항에 대하여 확인을 한다. 그리고 신고를 한 영업자가 영업소의 소재지 변경이나 영업자의 성명, 영업소의 상호 변경 등 중요한 사항이 변경된 경우에도 신고하여야 한다.

그리고 소방검열은 건축업자나 인테리어업체에서 창업자를 대신해서 관계기관과 협의하여 처리해 주기 때문에 큰 문제는 없고 경영주는 다만 소화기 설치수량을 확인하여 일정한 장소에 비치하면 된다.

1-2 영업신고 등에 필요한 서류

1) 일반외식업소 인 · 허가사항

(1) 구비서류

- 신청서(별지양식)
- 교육필증(한국외식업중앙회 중앙교육원 및 각 지원) : 각 시 · 도지회분에서 교육필증 교부(반드시 대표자가 교육을 이수하여야 하며 대리교육은 안 된다. 체인점이라도 1999년부터는 종전과 달리 각 점포별로 점포책임자가 반드시 교육을 받아야 한

다. 그리고 조리사 및 영양사 자격증 소지자는 교육을 받지 않아도 된다)를 받는다.

- 건강진단서(경영자 또는 업소책임자)
- 신원증명서(경영자, 법인인 경우는 법원등기부등본)
- 건축물 관리대장등본(시 · 구 · 군)
- 도시계획확인원(시 · 읍 · 면 · 구 · 청)
- 신청서양식에 첨부된 영업설비 개요 및 점포평면도(자체 작성)

(2) 면허세 납부

업소면적이 10평 이상일 경우, 지하철공채 15만 원, 도시가스 · 액화석유가스 사용신고필증 등이 첨부된다(단, 동요건이 필요할 때). 이러한 제반서류는 미리 준비하여 두었다가 개점 10일 전까지는 신청하여 신고증을 발급받아 개점에 지장이 없도록 한다. 이때 한 가지 유의할 것은 외식업중앙회의 중앙교육원 및 지역분회교육이 매일 실시되는 것이 아니고 월 4~8회 정도 실시되므로 이 시기를 놓치지 말고 미리 교육을 받아두는 것이 좋다.

2) 전문관광외식업소 인 · 허가사항

관광식당으로 승인받으면 관광식당으로서 일반식당과의 차별성 부각, 관광관련 매체물(관광안내도, 관광지도 등)에 광고게재효과, 관광(통역)안내소 등에서 안내 및 홍보가능, 원자재 등을 한국관광용품센터로부터 공급받을 수 있는 이점, 외국인 관광객 유치의 용이, 그리고 관공서 등에서 이용권장 등의 혜택을 거둘 수 있으나, 회비납부와 사후관리 의무이행도 하여야 하기 때문에 담당기관으로부터 충분한 설명을 들어두는 것이 좋다. 그리고 관광식당업 지정기준은 홀면적이 특별시는 300m^2 이상이어야 하고, 기타지역은 260m^2 이상이어야 된다. 이 밖에 테이블 좌석이 특별시의 경우는 100석 이상, 기타 지역은 80석 이상이 되어야 한다. 변경된 사항은 조리사의 경우 관광호텔에서 3년 이상 근무한 경력이 조건으로 있었으나 동종업계 3년 이상으로 완화되었다는 것이 특징이다.

인 · 허가 시 필요한 구비서류는 다음과 같다.

- 신청인(법인의 경우에는 임원)의 신원증명서(외국인의 경우에는 외국인등록표등본) 1부
- 법인의 등기부등본(법인의 경우) 1부
- 시설의 배치도(사진 및 평면도) 1부
- 업종별 면허증, 허가증 또는 사업자등록증 사본 1부
- 부동산의 소유권 또는 사용권을 증명할 수 있는 서류(임대차계약서나 건축물관리대

장) 1부

- 사진 각 1매 : 건물 전경, 홀 내부, 주방 내부, 주차장, 화장실의 양변기
- 메뉴판 사본(국 · 영문, 해당 외국어 혼용) 1부
- 조리사자격증 사본 및 동종업계 경력증명서 사본 1부(동종업계 경력 3년 이상인 자이며, F/F점은 해당 외국에서 2주 이상 조리교육을 받은 자로 조리경력 6개월 이상인 자)
- 대표자 주민등록등본 및 초본
- 조리사 재직증명서
- 신청수수료 비용 20,000원

3) 모범음식점의 인 · 허가사항

보건복지부장관, 시장, 군수, 구청장은 「식품위생법령」이 정하는 위생등급기준에 따라 위생관리상태 등이 우수한 식품, 식품첨가물의 제조업자, 가공업소, 식품접객업소를 모범업소로 지정할 수 있다고 했는데 좋은 식단제, 맛, 시설, 종사원의 서비스 등을 종합적으로 평가해서 모범업소로 지정하기도 한다. 세부적인 지정기준은 다음과 같다.

(1) 음식문화 개선

- 복합, 소형 찬기 개인별 접시 등
- 먹을 만큼 덜어 먹는 용기사용 여부

(2) 위생 : 건물 등 환경

- 창고, 벽 · 천장(조명시설 등), 환기 · 방충시설 등 청결관리
  - 덮개 · 필터 등 관리수준, 바닥 · 선반 등 세척 · 유지정도
- 음식물 쓰레기 · 잔반통의 위생적 취급
  - 뚜껑 개폐 여부, 내 · 외부 청결도

(3) 위생 : 주방

- 교차오염 방지
  - 날음식(또는 생선 · 육류 등) 하단, 익힌 음식(또는 채소 · 가공품) 상단 보관

표 A-1 | 모범음식점 지정기준

구분	기준
1. 건물의 구조 및 환경	가. 건물은 오 · 폐수의 기타 오염물질 발생시설로부터 나쁜 영향을 받지 아니하는 거리를 유지하여야 하고, 청결을 유지할 수 있는 환경을 갖추어야 한다. 나. 취수원은 오염원으로부터 오염될 우려가 없어야 하며, 물탱크 외부로부터 오염되지 않게 설치되어야 한다. 다. 배수시설은 오수 및 쓰레기가 퇴적되지 않게 설치되어야 한다. 라. 식당 내 악취 · 가스 · 증기 등을 배출시킬 수 있는 충분한 시설을 설치하여야 한다.
2. 주방	가. 주방시설 및 기구는 당해 용도와 다른 목적에 사용되지 않도록 하여야 한다. 나. 주방의 바닥은 타일, 콘크리트 등으로 내수처리되어야 하고 물이 고이지 않도록 하여야 한다. 다. 칼 · 도마 등은 과채 · 어패류 및 육류를 분리하여 조리할 수 있도록 구분되어 있어야 한다.
3. 원재료의 보관 및 운반시설	가. 냉장시설, 냉동시설의 구조와 기능은 원재료나 조리된 음식을 위생적으로 보관할 수 있도록 구분되어 있어야 한다. 나. 원재료, 반제품 및 완제품을 제품의 특성에 따라 적절한 온도로 보관할 수 있어야 한다. 다. 원재료 또는 반제품이 바닥과 벽에 직접 닿지 않게 적절하게 보관하여야 한다. 라. 원재료 선입 · 선출의 원칙에 따라 사용하여야 한다.
4. 종업원의 서비스	가. 청결한 위생복을 착용하여야 하며, 현란한 머리 모양이나 화장 등 식품위생상 우려가 있거나 타인에게 전염의 우려가 있는 질병이 없도록 개인위생수준을 유지하여야 한다. 나. 친절하고, 예의 바른 태도 및 겸손하고 교양 있는 대화로 손님의 주문에 응하여야 한다. 다. 한글 · 영문이 표기된 명찰을 패용하여야 한다.
5. 제공반찬과 가격표시	가. 음식차림모형 또는 천연색 메뉴판을 손님이 보기 쉬운 외부에 부착 또는 설치하여야 한다. 나. 객실 및 객석에는 한글과 외국어가 함께 표기(가격 포함)된 음식메뉴판을 비치 · 사용하여야 한다.
6. 기타	가. 간판은 「옥외광고물 등 관리법」에 저촉되지 않아야 한다. 나. 모범음식점 지정증을 손님이 보기 쉬운 곳에 비치하여야 한다. 다. 주방종사자는 조리에 필요한 위생복, 위생모 및 위생장갑을 단정하게 착용하여야 한다. 라. 음식물쓰레기를 보관 · 처리할 수 있는 시설 및 설비는 가능한 조리시설에서 멀리 떨어져야 한다.

모범음식관련 지정철자 및 지정기관, 지원혜택 사항에 관해서 살펴보면 다음과 같다.

모범음식관련 지정절차 및 지정기관, 지원혜택

- 지정대상 : 일반음식점
- 지정절차 : 지정신청서 제출(영업주) → 적합 여부 현지조사(외식업 지부, 구 · 군) → 지정 여부 심의 및 심의 결과 추천(음식문화개선추진위원회) → 지정 여부 결정 및 지정 결과 통보(구 · 군)
- 모범 음식점 지원제도를 통한 일반적 혜택은 다음과 같다.
  - 시설개선자금 및 운영자금 저리융자 우선지원
  - 모범음식점 표지판 무료 제작 · 보급
  - 쓰레기봉투 구입, 무료 구입
  - 모범음식점 안내, 홍보용 책자 게재, 발간, 배부
  - 외국어 표기 메뉴판 제작비 지원
  - 지정 후 1년간 위생 출입, 검사 면제혜택
  - 기타 행 · 재정적인 인센티브 제공 등

4) 외식사업관련 기타 인 · 허가사항

「식품위생법」에서는 식품을 채취하거나 제조, 가공과 조리, 저장, 운반 또는 판매하는 데 직접 종사하는 자(영업자 및 종사자)를 건강진단대상자로 하여, 업종마다 차이는 있지만 휴게나 일반음식점인 경우는 1년에 1회씩 정기적인 건강진단을 받도록 하고 있다. 위생감시 시에 건강진단증서(보건증)이 없는 자를 고용하였으면 행정처분이나 벌과금을 징수당할 수 있다. 영업에 종사하지 못하는 질병은 소화기 전염병(제1종 전염병으로 콜레라, 장티푸스, 파라티푸스), 결핵(비전염성 제외, 제3종 전염병), 피부병 기타 화농성 질환(나병, 포도상구균, 화농증 등 세균성 피부질환), B형간염(비활동성 간염 제외), 후천성 면역결핍증 등이다. 보건증은 점포관할지의 지정 의료기관이나 보건소에 본인이 직접 가서 간단한 위생검사를 받으면 5일 후에 발급된다. 사진 2매, 수수료(1,500원), 주민등록증을 갖고 사업장 주소를 숙지 후 가면 된다.

1-3 소방검열 및 가스 설치

지하에 식당을 설치하거나 일정규모 이상의 식당에는 일정수의 소화기(확산소화기, 스프링클러 등)를 설치하여 화재 등의 사고에 대비하게 하고 있다. 대형 건물인 경우는 방화벽을 설치한다든지, 건물관리자 측에서 일정수의 소화기 설치를 요구한다. 「소방법 시행령 제4조의2」의 규정에 의거, 영업장으로 사용되는 바닥면적 66m² 이상일 경우 식당을 지하에 설치할 경우 영업허가신청 시 소방방화시설 완비증명서 1부를 요구하고 있으므로 해당 지역 소방서 예방과에 문의하든지 인테리어업체나 건축업자에 의뢰하면 준공검사 시 소방검열도 받아야 하기 때문에 법규에 정한 대로 알아서 소화기를 설치해 주므로 별문제가 없다고 하겠다.

표 A-2 | 소방 · 방화시설 등 완비확인신청서

소방 · 방화시설 등 완비확인신청서				처리기간 3일
신청인	① 성명		② 주민등록번호	
	③ 주소			
④ 상호			⑤ 전화번호	
⑥ 영업의 종류			⑦ 영업장 면적	
⑧ 영업장이 있는 층		층 중　　층	⑨ 허가구분	□ 신규 □ 변경
⑩ 위치도(약도)				
「소방법」 제8조의2 제4항 및 동법 시행규칙 제2조의2의 규정에 의하여 위와 같이 신청합니다.				
년　월　일 신 청 인 :　　　(서명 또는 인)				
구비서류 : 소방 · 방화시설 등 설치내역서				수수료 500원
※ 기재요령 : 주소 및 전화번호는 연락가능한 곳으로 기재합니다.				

표 A-3 | 소방 · 방화시설 등 설치내역서

<table>
<tr><td colspan="8">소방 · 방화시설 등 설치내역서</td></tr>
<tr><td>건축구조</td><td colspan="7">식 조 층 연면적 : ㎡</td></tr>
<tr><td>영업장</td><td colspan="7">층 중 층 사용바닥면적 : ㎡</td></tr>
<tr><td colspan="8">소방 · 방화시설 등 설치내역</td></tr>
<tr><td>시설 구분</td><td>설비명</td><td>설치수량</td><td>비고</td><td>시설 구분</td><td>설비명</td><td>설치수량</td><td>비고</td></tr>
<tr><td></td><td></td><td></td><td></td><td></td><td></td><td></td><td></td></tr>
<tr><td colspan="8">(소방 · 방화시설 등 설치 평면도)</td></tr>
</table>

1-4 간판허가

간판업자의 소관업무이나 때로는 간판허가증을 교부받지 않고 임의로 부착하는 경우가 많아 점포주가 선의의 피해(행정처분, 과태료, 간판 탈착 후 재부착 등)를 입는 경우가 실제로 많이 발생한다. 또 간판설치에 따른 면허세를 부과하고 있다.

돌출간판 관할은 구청 건설과의 광고물관리계이며, 네온간판의 경우 상업지역 이외의 지역에서는 허가가 나오지 않는다. 전면간판 10m 이상은 신고를 하여 신고필증을 간판 우측 하단부에 필히 부착해야 하므로 간판계약 시 필히 업자에게 요구하여야 한다. 단, 전면간판 6m 이하는 신고하지 않아도 된다.

간판설치허가신청 시 영업허가증 사본을 제출하여야 하는데 영업시기와 간판설치시기상 일치하지 않는 행정상 모순점이 드러나는 일면이 있으므로 주의를 해야 하며, 현재 간판은 허가증 없이 사용하는 경우가 대부분인 실정이다. 또 주의를 해야 할 부분은 일부지역에서 흑색과 적색 사용(지역마다 다른데 50% 이내로 제한)을 제한하고 있으므로 사전

표 A-4 | 옥외광고물 등 표시(변경)허가신청(신고)서 양식

(앞쪽)

<table>
<tr><td colspan="6">옥외광고물 등 표시([ ]허가 · 신고 [ ]변경)신청(신고)서</td></tr>
<tr><td colspan="6">※ 뒤쪽의 작성방법을 읽고 작성하여 주시기 바라며, [ ]에는 해당되는 곳에 ✓표를 합니다.</td></tr>
<tr><td colspan="2">접수번호</td><td colspan="3">접수일</td><td>처리기간
7일(신고: 3일)</td></tr>
<tr><td rowspan="3">광고주
(옥외광고업자)</td><td colspan="3">성명</td><td colspan="2">주민등록번호</td></tr>
<tr><td colspan="3">업소명</td><td colspan="2">전화번호</td></tr>
<tr><td colspan="3">주소</td><td colspan="2">옥외광고업등록번호
사업자등록번호</td></tr>
<tr><td colspan="2">광고물 등의 종류</td><td>수량</td><td>규격</td><td colspan="2">사용자재</td></tr>
<tr><td colspan="4">표시 위치 또는 장소</td><td colspan="2">가격(예정가격)</td></tr>
<tr><td colspan="3">표시기간</td><td colspan="3">광고내용</td></tr>
<tr><td colspan="3">착공예정일</td><td colspan="3">준공예정일</td></tr>
<tr><td colspan="2">게시시설 시공업소명</td><td>대표자</td><td colspan="2">등록번호</td><td>전화번호</td></tr>
<tr><td colspan="2">광고물 등 관리자
(인)</td><td colspan="3">주소</td><td>전화번호</td></tr>
<tr><td colspan="6">기타

※ 인공구조물 설치허가 여부 및 다른 법령에 따라 인가 · 허가 등을 받아야 하는 토지나 건물 등에 광고물 등을 표시하려는 경우에는 그 인가 · 허가 여부를 적습니다.</td></tr>
<tr><td colspan="6">「옥외광고물 등 관리법」 제3조제1항(또는 제3조의2)과 같은 법 시행령 제7조제1항 및 제2항(또는 제9조제2항 및 제5항)에 따라 위와 같이 신청(신고)합니다.
년 월 일
주소
신청(신고)인 성명
(대표자) (서명 또는 인)

시 · 도지사 또는 시장 · 군수 또는 구청장 귀하</td></tr>
</table>

(뒤쪽)

첨부서류	1. 광고물 등을 표시하려는 장소의 주변을 알 수 있는 원색사진 및 광고물 등의 원색도안(다만, 허가대상인 광고물 등 중 시 · 군 · 구 조례로 정하는 광고물 등의 경우, 신고의 경우, 신고사항을 변경하는 경우는 제외한다) 각 1부 2. 광고물 등의 모양 · 규격 · 재료 · 구조 · 디자인 등에 관한 설명서 및 설계도서(다만, 허가대상인 광고물 등 중 시 · 군 · 구 조례로 정하는 광고물 등의 경우, 신고의 경우, 신고사항을 변경하는 경우는 제외한다) 각 1부 3. 다른 사람이 소유하거나 관리하는 토지나 물건 등에 광고물 등을 표시하려는 경우에는 그 소유자 또는 관리자의 승낙을 받았음을 증명하는 서류 4. 시 · 군 · 구 심의위원회의 심의관련 서류(시 · 군 · 구 조례에서 심의를 거치도록 한 광고물 등만 해당한다.) 5. 구조안전확인서류(시 · 군 · 구 조례에서 제출하도록 한 경우만 해당한다) 6. 허가증 또는 신고증명서(허가 및 신고 사항을 변경하는 경우만 해당한다) ※ 허가대상인 광고물 등의 광고내용만을 변경하려는 경우에는 그 광고내용을 알 수 있는 원색사진 또는 원색도안만을 첨부한다.	수수료 ※ 시 · 도 또는 시 · 군 · 구 제증명 등 수수료 징수조례 참조 ※ 안전점검대상 광고물은 별도의 신청서를 제출하여야 하므로 수수료도 별도 징수합니다.

작성방법

1. 신청(신고)인은 광고주 또는 옥외광고업자의 명의로 해야 합니다.
2. 신청(신고)인이 법인일 때에는 주된 사무소의 소재지 · 명칭 · 대표자의 성명을 적어야 합니다.
3. 옥외광고업자의 옥외광고업등록번호와 사업자등록번호를 적어야 합니다.
4. 광고물 등의 가격은 정확한 가격이 확정되지 않은 경우에는 예정가격을 적어야 합니다.
5. 「옥외광고물 등 관리법」 제3조의2에 따른 허가 · 신고 또는 변경허가 · 변경신고의 경우에는 시 · 도지사에게 신청합니다.

처리절차

이 신청서는 아래와 같이 처리됩니다.

신청인	처리기관	협의기관
	시 · 도 또는 시 · 군 · 구	관계부서

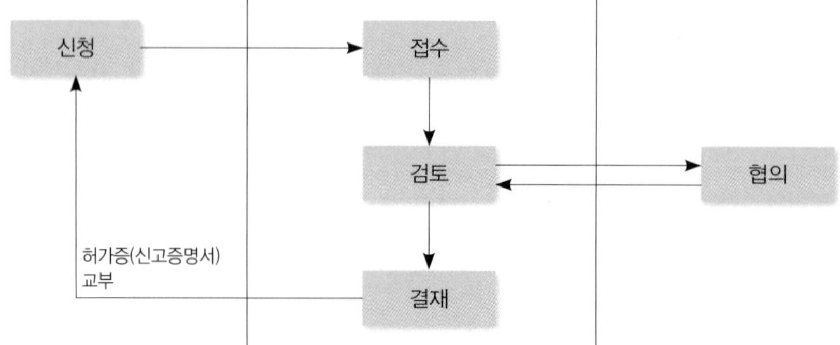

에 충분한 검토가 있어야 한다.

참고로 현수막 게시대에 현수막 부착 시에는 광고협회에 일정수수료를 지불하고 신고필증을 교부받아 지정된 기간 동안 부착할 수 있다.

1-5 가설건축물 사용신청

고객석 위주로 인테리어가 진행되다 보니 주방이 협소하여 주방을 넓히려고 벽면에 가설건축물 설치를 하고 있어 건물임차 시 이 가설건축물로 인해 영업신고가 반려되거나 허가증이 발급되지 않는 경우가 있으므로 주의를 요한다. 현재 가설건축물의 대부분은 불법에 해당되며 가설건축물 사용신청은 관할동사무소 또는 구청에서 하고 있으므로 건물주에게 허가를 요구해야 한다.

2. 식품접객업의 업종별 시설기준

2-1 휴게음식점영업과 일반음식점영업

- 일반음식점에 객실을 두는 경우, 객실에는 촉광조절장치 및 잠금을 설치할 수 없다.
- 휴게음식점에는 객실을 둘 수 없으며 휴게음식점의 객석에 칸막이(이동식 또는 고정식)를 설치하고자 할 때에는 칸막이 밑부분으로부터 0.5m 이하 부분 1.5m 이상 윗부분은 공간으로 남겨두어야 하고 측면은 2면 이상을 완전히 차단하지 아니하며 다른 객석 내부가 서로 보이는 구조여야 한다.
- 기차, 자동차, 선박을 이용하는 경우 다음 시설을 갖추어야 한다.
  - 1일간 영업시간에 사용할 수 있는 충분한 양의 물을 저장할 수 있는 내구성이 있는 식수탱크
  - 1일간 영업시간에 발생할 수 있는 음식물 찌꺼기 등을 처리하기에 충분한 크기의 오물통 및 폐수탱크

2-2 단란주점영업

- 노랫소리 등이 영업장소의 외부로 들리지 아니하도록 생활소음기준이 45데시벨 이하를 유지할 수 있는 방음장치를 하여야 한다.
- 영업장 내에 객실이나 칸막이를 설치하여서는 안 된다.
- 노래를 부를 수 있도록 하기 위한 음향 및 반주시설은 다음과 같이 규제한다.
  - 자막용 영상장치(노래가사와 관계없는 퇴폐, 음란화면시설을 하지 아니한 것에 한한다)
  - 자동 반주장치 및 반주용 악기
  - 우주볼(사인볼) 등 특수조명시설을 설치하여서는 안 되며, 객석조도는 30룩스 이상이어야 한다.
  - 네온사인 간판을 설치하여서는 안 된다.

2-3 유흥주점영업

- 영업장소의 내부로부터의 노랫소리가 외부에 들리지 않도록 방음장치를 하여야 한다.
- 객실에는 잠금장치나 촉광조절장치를 할 수 없다.
- 유흥주점영업의 영업장소 내에는 유흥종사자의 공연을 위한 공연장(무대)과 특수조명시설을 설치할 수 없다.

3. 회계공시관련 법규

회계기준에 관한 대표적 법규로는 「상법」, 「주식회사의 외부감사에 관한 법률(외감법)」, 그리고 「자본시장과 금융투자업에 관한 법률」이 있다.

표 A-5 | 회계기준에 영향을 주는 법규

법률 \ 대상회사	소규모 회사 (자산 100억 원 미만)	비상장회사 (자산 100억 원 이상)	상장회사 (유가증권, 코스닥시장)
「상법」	결산재무제표의 작성 및 열람	결산재무제표의 작성 및 열람	결산재무제표의 작성 및 열람
「외감법」		강제적 외부감사	강제적 외부감사
「자본시장과 금융투자업에 관한 법률」			정기 및 수시 공시

우선 「상법」에서는 상행위를 하는 대부분의 크고 작은 회사들이 결산재무제표를 작성하여 이사회의 승인을 얻도록 의무화하고 있다. 따라서 모든 회사들은 최소한 1년에 1번씩은 공식적으로 재무정보를 공시해야만 한다. 그러나 「상법」은 일반법이기 때문에 현실적으로는 회계 및 공시와 관련된 특별법이 만들어지면 적용대상회사는 「상법」보다는 특별법에 우선 적용받게 된다.

우선 「주식회사의 외부감사에 관한 법률(외감법)」은 독립된 외부감사인으로 하여금 주식회사가 작성한 재무제표를 회사 외부의 전문인에게 회계감사를 실시하게 함으로써 회계처리의 적정성을 통한 기업 이해관계자의 보호와 기업의 건전한 발전을 위해 제정된 법률이다. 본 「외감법」에서는 재무제표의 종류, 준수되어야 할 기업회계기준, 외부감사인의 자격 및 회계감사기준 등을 규정하고 있다. 현재는 직전연도의 자산총액이 100억 원 이상인 주식회사 또는 직전연도의 자산총액이 70~100억 원인 주식회사 중에서 부채총액이 70억 원 이상이거나 종업원수가 300명 이상인 회사는 반드시 이 법률을 따라야 한다. 재무제표를 작성하는 회사경영자와 이를 감시하는 감사인의 부정행위에 대한 엄격한 벌칙조항과 손해배상책임규정을 함께 두고 있다.

마지막으로 「자본시장과 금융투자업에 관한 법률」은 유가증권을 거래하고 있는 상장회사를 주요 대상으로 2009년 제정되어 2016년 개정안이 마련된 법률이다. 주식이나 사채와 같은 유가증권 발행 및 유통 등 자본시장과 관련된 사항들을 규정하고 있다. 본 「자본시장과 금융투자업에 관한 법률」에서는 재무 및 회계에 관한 엄격한 공시규정을 통하여 일반투자자 및 채권자에게 중요한 기업정보를 신속하고 공정하게 시장에 전달하도록 하고 있다. 정기공시제도에서는 회계기간 종료일 90일 이내에 연차재무제표를 포함한 사업보고서를, 매반기 및 분기에는 기간 종료일 45일 이내에 해당기간 재무제표를 공시하도록 하고 있다. 한편 상장회사는 연차재무보고 및 중간재무보고 이외에도 수시로 회사의 중요한 사항이 발생할 경우에는 수시공시제도를 통해 그러한 사항을 투자자 등에게 공시한다. 기업의 장래계획, 잠정영업실적 등 기업의 주요 경영사항이 공시될 수 있고, 합병 · 분할신고나 자기주식의 취득 · 처분신고 등을 공시하도록 하고 있다.

4. 외식업 세무

4-1 사업자 등록

모든 사업자는 사업을 시작할 때 반드시 사업자등록을 하여야 한다. 사업자등록은 사업장마다 하여야 하며, 사업을 시작한 날로부터 20일 이내에 다음의 구비서류를 갖추어 사업장 소재지 관할세무서 납세서비스 센터에 신청한다.

- 사업자등록 신청서 1부
- 사업허가증 사본 1부(허가를 받아야 하는 사업의 경우)
- 사업개시 전에 등록을 하고자 하는 경우에는 사업허가신청서 사본이나 사업계획서
- 임대차계약서 사본 1부(사업장을 임차한 경우)
- 2인 이상이 공동으로 사업을 하는 경우에는 공동사업 사실을 증명할 수 있는 서류

※ 법인의 경우에는 법인등기부등본, 정관 및 주주명부를 추가로 구비해야 한다.

사업자등록증은 관할세무서 납세서비스센터에서 즉시 발급하여 준다. 다만, 명의 위장사업 또는 신용카드 위장가맹혐의가 있는 사업자의 경우에는 현지 확인을 실시하여 실질사업자인지 여부를 확인한 후 발급하여 준다.

1) 사업개시 전 사업자등록

사업을 시작하기 전에 상품이나 시설자재 등을 구입하는 경우에는 예외적으로 사업을 개시하기 전에 사업자등록을 하여 세금계산서를 교부받을 수 있다. 이때에는 사업을 개시할 것이 객관적으로 확인되어야 사업자등록증을 발급하여 준다.

2) 간이과세자

간이과세자가 되려면 간이과세 적용기준에 따라 간이과세 적용신고도 함께 하여야 하며, 연간매출예상액이 4,800만 원 미만인 사업자라야 한다.

• 간이과세배제업종(4,800만 원 미만자라도 간이과세를 적용받을 수 없다)
  – 광업, 제조업(과자점, 떡방앗간, 도정, 제분업, 양복, 양장, 양화점은 가능)
  – 시 이상 지역의 과세유흥장소
  – 기타 사업장 소재지, 사업의 종류 · 규모 등을 감안하여 국세청장이 정한 간이과세 배제기준에 해당되는 사업자

3) 사업자등록 시 업종 선택

업태, 종목의 선택은 음식점의 실제내용에 따라 기재해야 하며, 잘못 기재할 경우 앞으로 부가가치세신고와 소득세신고 때 납부하는 세금의 많고 적음을 결정하는 데 큰 영향을 줄 수 있으므로 올바르게 기재하여야 한다.

이는 업종에 따라 추계로 세금을 계산할 경우에 적용되는 기준경비율에 차이가 있기 때문이다.

4) 미등록 시 불이익

• 무거운 가산세를 물게 된다.
  – 개인 : 공급가액의 1%(간이과세자는 0.5%)
  – 법인 : 공급가액의 2%
• 매입세액을 공제받을 수 없다.
  – 사업자등록을 하지 않으면 세금계산서를 교부받을 수 없어 상품구입 시 부담한 부가가치세를 공제받지 못하게 된다.

4-2 확정일자 신청

「상가건물 임대차보호법」은 영세임차상인들의 권리를 보호하기 위해 제정된 법률로서

2015년 5월 13일부터 시행하고 있다. 임차인이 법의 보호를 받기 위해서는 사업자등록을 반드시 하여야 하고, 보증금을 우선변제받으려면 확정일자를 받아두어야 한다. 확정일자란 건물소재지 관할세무서장이 임대차계약서의 존재사실을 인정하여 임대차계약서에 기입한 날짜를 말한다.

확정일자 신청대상(「상가건물 임대차보호법」 적용대상)은 환산보증금(보증금+월세환산금액)이 지역별로 다른 금액 이하인 경우에만 보호를 받을 수 있다. 지역별로 환산보증금액을 보면 수도권지역에서 서울특별시는 2억 4천만 원 이하, 과밀억제권역은 1억 9천만 원 이하이고, 광역시(군지역 및 인천지역 제외)는 1억 5천만 원 이하이며, 기타 지역은 1억 4천만 원 이하이다.

1) 기존사업자

- 사업자등록정정신고서
- 사업자등록증 원본
- 임대차계약서 원본
- 사업장 도면(건물의 일부만 임차한 경우)
- 본인 신분증(대리인이 신청하는 경우에는 위임장과 대리인의 신분증)

※ 사업자등록증에 기재되어 있는 사업장 소재지가 임대차계약서상의 내용과 다른 경우에는 법의 보호를 받을 수 없으므로 임대차계약내용과 사업자등록사항이 다른 경우에는 반드시 사업자등록정정신고를 하여야 한다.

2) 신규사업자

- 사업자등록신청서
- 임대차계약서 원본
- 사업허가증 · 등록증 · 신고필증 사본(허가를 받거나 등록 또는 신고하여야 하는 업종의 경우)
- 사업장 도면(건물의 일부만 임차한 경우)
- 본인 신분증

사업자등록신청 시 사업장 소재지 등을 잘못 기재하여 사실과 다르게 등록이 된 경우에는 보호를 받을 수 없으므로 등기부등본 등을 철저히 확인하여야 한다.

4-3 상가건물 임대차보호법

1) 적용대상

보증금액[보증금+차임(월세)환산액]이 일정액 이하인 상가건물의 임대차에 대하여 적용한다.

2) 주요 내용

- 임차인이 건물의 인도와 사업자등록을 신청할 때 발생
  - 임차인의 우선변제권
- 대항요건을 갖추고 임대차계약상 확정일자를 받은 경우 경매·공매 시 환가대금에서 후순위권리자보다 우선변제받음
  - 소액임차인의 최우선변제권
- 일정보증금 이하의 소액임차인은 우선순위에 상관없이 경매가액의 1/3 범위 내에서 보증금 중 일정액을 면제받음
- 최우선변제를 받을 수 있는 보증금의 한도는 지역별로 아래 표와 같다.

표 A-6 | 최우선변제를 받을 수 있는 보증금의 한도 2015년 11월 개정

지역	보호대상보증금 상한	최우선변제 적용 보증금액	최우선변제금액
서울특별시	4억 원 이하	6,500만 원 이하	2,200만 원
수도권 중 과밀억제권역	3억 원 이하	5,500만 원 이하	1,900만 원
광역시(군 제외), 용인시, 안산시, 김포시, 광주시	2억 4,000만 원 이하	3,800만 원 이하	1,300만 원
기타 지역	1억 8,000만 원 이하	3,000만 원 이하	1,000만 원

  - 계약갱신요구권 인정(계약존속기간 5년 보장)
- 임차인은 전체 임대차기간이 5년을 초과하지 않는 범위 내에서 계약갱신요구를 할

수 있음

－임대료 인상 제한

• 임대료 인상한도가 연 12%로 제한되며, 보증금의 월세 전환 시 산정률도 연 15% 이내로 제한됨

－이해관계인에 대한 등록사항 등의 열람 · 제공

• 임대차의 이해관계인은 관할세무서장에게 임대차내역, 사업자등록사항, 확정일자 등의 열람 · 제공을 요청할 수 있음

4-4 외식사업 경영자의 세무상 유의사항

외식사업을 하게 되면 1년에 두 번은 부가가치세를, 한 번은 사업소득세를 납부해야 한다. 간이과세자는 연간 매출총액이 4,800만 원 미만인 영세사업자를 뜻한다. 월 400만 원 정도의 매출이다. 이 정도라면 점포를 운영할 필요가 있을까? 간이과세자는 매출 자체가 너무 적으니 세금 매기기가 미안하다 해서 간이과세이다.

반면에 일반과세자는 세금계산서를 발행해야 한다. 지출과 매출 모두 세액 10%가 붙어야 한다. 이러한 이유 때문에 처음엔 무조건 간이과세자로 시작하기를 원하지만 카드를 받지 못하고 사업을 한다는 것은 상상할 수 없다. 그래서 가능하면 일반과세자로 신고하여 건전한 사업을 시작하는 것이 낫다.

음식점업은 흔히 말하는 자료를 교부받기 어려운 업종이다. 즉, 원재료 등을 구입하고도 세금계산서, 계산서, 신용카드매출전표 등을 교부받지 못하는 경우가 많다. 지금은 인터넷의 확대로 인해 음식점업의 매출이 현실화되어 거의 대부분 노출되고 있다.

따라서 매출은 사실대로 신고할 수밖에 없는 데 비해 매입세액으로 공제받을 수 있는 세금계산서 등은 적게 수취할 수밖에 없으므로 부가가치세 부담은 종전에 비해 크게 증가되며, 더불어 소득세 부담도 커지는 어려움이 발생하게 된다.

이러한 문제를 해결하기 위해서는 거래상대방과의 협의를 통해 필요한 증빙서류(매입세금계산서, 계산서, 신용카드전표)를 수취하는 지혜가 필요하다. 최근에는 세법상 증빙에 대한 규제가 점차 강화되는 추세이므로 이 점을 반드시 주의해야 할 것이다.

4-5 부가가치세

1) 부가가치세란

상품(재화)의 거래나 서비스(용역)의 제공과정에서 얻어지는 부가가치(이윤)에 대하여 과세하는 세금이며, 사업자가 납부하는 부가가치세는 매출세액에서 매입세액을 차감하여 계산한다(부가가치세=매출세액-매입세액). 부가가치세는 물건값에 포함되어 있기 때문에 실제로 세금은 최종소비자가 부담하는 것이다. 하지만 직접 세무서에 부가가치세를 납부하는 사람은 사업자이다.

2) 부가가치세의 신고 · 납부

부가가치세는 6개월을 과세기간으로 하여 신고 · 납부하게 되며 각 과세기간을 다시 3개월로 나누어 중간에 예정신고기간을 두고 있다.

구분	과세대상기간		신고납부기간	신고대상자
제1기 (1.1~6.30)	예정신고	1.1~3.31	4.1~4.25	법인사업자
	확정신고	1.1~6.30	7.1~7.25	법인 · 개인 사업자
제2기 (7.1~12.31)	예정신고	7.1~9.30	10.1~10.25	법인사업자
	확정신고	7.1~12.31	다음해 1.1~1.25	법인 · 개인 사업자

※ 일반적인 경우 법인사업자는 1년에 4회, 개인사업자는 1년에 2회 신고

개인사업자 중 신규사업자, 환급 등으로 직전과세기간의 납부세액이 없는 사업자는 예정신고를 해야 하며, 사업부진자, 조기환급발생자, 총괄납부자는 예정신고 · 납부방법과 예정고지세액 중 하나를 선택하여 납부할 수 있다.

- 매입 시에 세금계산서를 받지 않으면 그 세액을 공제받지 못하므로 세부담이 그만큼 늘어난다.
- 공급대가=공급가액+부가가치세액

예를 들어, 제과점에서 케이크 한 개를 11,000원에 판매한다면 10,000원은 공급가액이고, 1,000원은 부가가치세액이다. 따라서 공급대가는 11,000원이 된다.

- 간이과세자 음식점업의 부가가치율은 2013년 현재 10%이다.

3) 의제매입세액공제

음식원재료(농 · 축 · 수 · 임산물) 구입 시 구입대금의 8/108(2013년 현재)을 의제매입세액으로 공제받을 수 있다. 따라서 음식원재료 구입 시 반드시 계산서 등을 받아야 한다.

4) 부가가치세와 절세

음식점을 경영하다 보면 전화요금, 통신요금, 전기료 등을 납부하게 된다. 그러나 이 금액을 납부할 때는 세금계산서가 아닌 영수증을 받게 되므로 부가가치세신고 시 이를 누락하기 쉽다. 그러나 이 경우의 영수증은 세금계산서와 동일하다.

즉, 전기료 등을 납부하는 경우 부가가치세가 포함된 금액으로 납부하게 되므로 납부한 부가가치세는 매입세액공제가 가능하다. 따라서 부가가치세신고 시 각종 공공요금의 영수증을 잘 살펴보고 매입세액을 공제받는 주의가 필요하다. 또한 음식점의 임대료와 관련하여 임대사업주가 사업자등록이 되어 있는 일반과세자인 경우에는 임대료에 부가가치세를 포함하여 받는 것이 일반적이므로 이 경우에도 세금계산서를 교부받아 매입세액을 공제받는 주의가 필요하다.

같은 물건을 같은 가격에 구입할 경우에는 간이과세자와 거래하는 것보다는 일반과세자로부터 구입하는 것이 유리하다. 간이과세자는 영수증만을 교부하므로 간이과세자로부터 물건을 구입하면 매입세액을 공제받지 못하나 일반과세자로부터 물건을 구입하면 세금계산서를 교부받아 매입세액을 공제받을 수 있다.

4-6 소득세

1) 소득세 신고 · 납부

종합소득(이자 · 배당 · 부동산임대 · 사업 · 근로 · 일시재산 · 연금 · 기타소득)이 있는 모든 사람은 다음 해 5월 1일부터 5월 31일까지 종합소득세를 신고 · 납부하여야 한다. 종합소득이 있더라도 다음의 경우에 해당되면 소득세를 신고하지 않아도 된다.

- 근로소득만 있는 자로서 연말정산을 한 경우
- 연간 7,500만 원 미만의 모집수당만이 있는 자로서 소속회사에 연말정산을 한 경우

- 비과세 또는 분리과세되는 소득만 있는 경우
- 연 300만 원 이하의 기타소득이 있는 자로서 분리과세를 원하는 경우 등

주민세(소득세할)도 함께 신고하여야 한다. 소득세신고서에 주민세의 신고내용도 함께 기재하여 신고하고, 세금은 별도의 납부서에 의하여 5월 31일까지 납부하면 된다.

2) 장부의 비치 · 기장

소득세는 사업자가 스스로 본인의 소득을 계산하여 신고 · 납부하는 세금이므로, 모든 사업자는 장부를 비치 · 기장하여야 한다.

- 간편장부대상자 : 당해연도에 신규로 사업을 시작하였거나 직전연도의 수입금액이 음식업의 경우 1억 5천만 원 미만에 해당하는 사업자를 말한다.
- 복식부기의무자 : 간편장부대상자 이외의 모든 사업자는 재산상태와 손익거래내용의 변동을 빠짐없이 이중으로 기록한 장부를 기록 · 보관하여야 하며, 이를 기초로 작성된 재무제표를 신고서와 함께 제출하여야 한다.
- 장부를 기장하지 않는 경우의 불이익
  - –복식부기의무자는 신고를 하지 않은 것으로 인정된다.
  - –간편장부대상자는 산출세액의 10%를 가산세로 물게 된다(직전연도 수입금액이 4,800만 원 미만인 사업자 제외).
  - –결손이 났더라도 이를 인정받지 못하고 세금을 내야 한다.

3) 소득금액 계산

장부를 비치 · 기장하고 있는 사업자는 총수입금액에서 필요경비를 공제하여 계산한다(소득금액＝총수입금액－필요경비).

장부를 비치 · 기장하지 않은 사업자의 소득금액은 다음과 같이 계산한다.

- 기준경비율 적용대상자 : 소득금액＝수입금액－주요경비－(수입금액×기준경비율)
- 단순경비율 적용대상자 : 소득금액＝수입금액－(수입금액×단순경비율)

㉮ 일반한식점의 연간매출액(수입금액)이 50,000,000원인 경우 소득금액은 다음과 같다.
소득금액＝50,000,000원－(50,000,000원×87.4%)＝6,300,000원

4) 신고를 하지 않은 경우의 불이익

- 소득공제(기본공제, 추가공제, 특별공제 등)를 받을 수 없다.
- 각종 세액공제 및 감면을 받을 수 없다.
- 무거운 가산세를 추가부담하게 된다.
  - 신고불성실가산세 = 산출세액 × 20%
  - 납부불성실가산세 = 미납부세액 × 0.03% × 경과일수

4-7 기준경비율제도

1) 기준경비율제도란

장부를 기장하지 않아도 기장하는 사업자와 같이 매출액에서 필요경비를 공제하여 소득금액을 계산하는 제도를 말한다. 기준경비율이 적용되는 사업자는 사업에 기본적인 주요경비는 실제 지출한 금액, 그 외 경비는 정부가 정한 기준경비율로 필요경비를 산정하여 소득금액을 계산하며, 단순경비율이 적용되는 사업자는 표준소득률과 유사한 단순경비율로 필요경비를 산정하여 소득금액을 계산한다. 관련 표는 다음과 같다.

표 A-7 | 국세청 기준에 의한 외식사업 분류 및 경비율

구분					세세분류	단순 경비율	기준 경비율
대	중	소	세분류 코드	세분류			
도·소매 및 음식숙박업 (5)	음식점 및 주점업 (55)	음식점업 (5521)	552101	일반음식점업	한식음식점업	89.2	9.7
			552102	일반음식점업	중국음식점업	85.7	10.0
			552103	일반음식점업	일식음식점업	83.6	8.2
			552104	일반음식점업	서양음식점업	83.7	10.3
			552105	출장 및 이동 음식업	출장음식 서비스업	82.6	11.6
			552107	기타음식점업	피자, 햄버거, 샌드위치 및 유사 음식점업	82.0	8.6
			552108	기타음식점업	분식 및 김밥 전문점	90.0	8.5
			552109	기관구내 식당업	기관구내 식당업	89.5	8.1

		주점업 (5522)	552201	주점업	일반유흥주점업	46.0	10.7
			552202	주점업	일반유흥주점업	64.6	13.6
			552203	주점업	무도 유흥주점업	56.5	16.3
			552204	주점업	일반유흥주점업	79.3	21.3
			552205	주점업	기타주점업	85.5	8.6
			552206	주점업	일반유흥주점업	56.5	14.1
			552207	주점업	일반유흥주점업	58.4	10.9
			552208	주점업	기타주점업	64.6	13.6
			552209	주점업	기타주점업	86.8	11.6
		기타 (5523)	552301	기타음식점업	제과점업	88.2	6.0
			552303	비알콜 음료점업	비알콜 음료점업	80.7	11.8

자료 : 국세청(http://www.nts.go.kr), 2015년 단순경비율 및 기준경비율 기준 외식사업 분류표

2) 기준경비율 적용대상

직전연도 매출액이 음식점업의 경우 9천만 원 이상인 사업자 중 장부를 기장하지 않는 사업자가 해당된다.

3) 단순경비율 적용대상

직전연도 매출액이 위의 기준에 미달하는 사업자와 당해연도 신규사업자로서 장부를 기장하지 않는 사업자가 해당된다.

4) 소득금액 계산

- 기준경비율에 의한 소득금액은 다음과 같이 계산한다.
  소득금액 = 수입금액 − 주요경비 − (수입금액 × 기준경비율)
- 단순경비율에 의한 소득금액은 다음과 같이 계산한다.
  소득금액 = 수입금액 − (수입금액 × 단순경비율)

5) 주요경비의 범위

- 매입비용 : 상품 · 제품 · 원료 · 소모품 · 전기료 등의 매입비용과 외주가공비 및 운

송업의 운반비를 말한다.

- 임차료 : 사업에 직접 사용하는 건축물, 기계장치 등 사업용 고정자산의 임차료를 말한다.
- 인건비 : 종업원의 급여 · 임금 및 일용근로자의 임금과 실제 지급한 퇴직금을 말한다.

6) 증빙서류의 범위

주요경비는 장부를 비치 · 기장하지 않는 경우에도 증빙서류가 있어야 필요경비로 인정을 받을 수 있다.

- 매입비용 및 임차료 : 세금계산서, 계산서, 신용카드매출전표 등 정규 증빙서류를 받아야 하며, 일반영수증이나 간이세금계산서 등을 받은 경우에는 주요경비지출명세서를 제출하여야 한다.
- 인건비 : 원천징수영수증이나 지급조서 또는 지급관련 증빙서류를 비치 · 보관하여야 한다.

4-8 원천징수 납부

1) 원천징수를 해야 하는 경우

원천징수는 원천징수대상이 되는 소득이나 수입금액을 지급할 때 이를 지급하는 자(원천징수의무자)가 하여야 한다. 원천징수대상소득은 다음과 같다.

- 이자소득, 배당소득
- 봉급, 상여금 등의 근로소득
- 퇴직소득
- 상금, 강연료 등 일시적 성질의 기타소득
- 인적용역소득
- 공급가액의 20%를 초과하는 봉사료

2) 원천징수세액의 납부

원천징수한 세액은 다음 달 10일까지 은행 · 우체국 등 가까운 금융기관에 납부하고, 원천징수이행상황신고는 세무서에 제출하여야 한다.

반기별 납부승인을 받은 자 또는 관할세무서장으로부터 지정을 받은 자는 상반기 원천징수한 세액은 7월 10일까지, 하반기 원천징수한 세액은 다음 해 1월 10일까지 납부하면 된다. '원천징수이행상황신고서'도 반기별로 제출하면 된다.

- 반기별 납부대상자 : 직전연도 상시고용인원이 10인 이하인 사업자(금융·보험업 제외)로서 세무서장의 승인 또는 지정을 받은 자
- 신청기간
  - 상반기부터 반기별 납부를 하고자 하는 경우 : 12월 1일~12월 31일
  - 하반기부터 반기별 납부를 하고자 하는 경우 : 6월 1일~6월 30일

3) 기타소득의 원천징수

① 원천징수할 세액＝(지급액－필요경비)×20%(원천징수세율)

② 필요경비

- 지급금액의 75%를 인정하는 경우
  - 강연료, 일시적 전속계약금, 방송해설료 · 심사료
  - 인적용역을 일시적으로 제공하고 지급받는 대가 등
- 지급금액의 80%를 인정하는 경우
  - 창작품에 대한 원작자로서 받는 원고료, 인세 등
  - 상표권, 영업권, 산업상 비밀 등의 자산이나 권리의 대여금액
- 기타 : 수입금액을 얻기 위하여 지출한 비용

4) 사업소득의 원천징수

원천징수대상 사업소득을 지급할 때에는 지급금액의 3%를 원천징수하여야 한다. 원천징수대상 사업소득은 전문지식인 등이 고용관계가 없이 독립된 자격으로, 직업적으로 용역을 제공하고 받는 대가이다.

5) 봉사료의 원천징수

- 원천징수대상 : 사업자가 음식 · 숙박용역 등을 제공하고 그 대가와 함께 봉사료를 받아 자기의 수입금액으로 계상하지 아니하고 이를 접대부 등에게 지급하는 경우로서, 그 봉사료금액이 매출액의 20%를 초과하는 경우
- 원천징수세액 : 봉사료 지급액의 5%를 원천징수하여야 한다.

4-9 봉급생활자와 세금

1) 근로소득세 원천징수

봉급에 대한 세금은 매월 월급을 줄 때 그 소속기관이나 사업자(원천징수의무자)가 우선 원천징수하고 다음 해 1월분 월급을 줄 때 1년분의 정확한 세금정산(연말정산)을 하게 된다. 봉급 이외에 다른 소득이 없으면 연말정산으로 납세의무가 종결되고, 다른 소득이 있으면 연말정산을 한 후 다른 소득과 봉급을 합산하여 다음해 5월에 종합소득세 확정신고를 하고 세금을 납부하여야 한다.

2) 근로소득세의 계산

(1) 계산절차

총급여액
(−)비과세소득 (−)근로소득공제
(=)근로소득금액
(−)각종 소득공제
(=)과세표준
(×)세율
(=)산출세액
(−)세액공제
(=)결정세액
(−)기납부세액
(=)납부(환급)할 세액

(2) 근로소득공제

총급여액	근로소득공제금액
500만 원 이하	총급여액의 100분의 70
500만 원 초과~ 1,500만 원 이하	350만 원 + (총급여액 − 500만 원) × 40%
1,500만 원 초과~ 4,500만 원 이하	750만 원 + (총급여액 − 1,500만 원) × 15%
4,500만 원 초과~ 1억 원 이하	1,200만 원 + (총급여액 − 4,500만 원) × 5%
1억 원 초과	1,475만 원 + (총급여액 − 1억 원) × 2%

(3) 세율

과세표준	세율(%)	누진공제액(만 원)
1,000만 원 이하	9	–
1,000만 원 초과~4,000만 원 이하	18	90
4,000만 원 초과~8,000만 원 이하	27	450
8,000만 원 초과	36	1,170

3) 각종 소득공제

(1) 인적공제

구분	공제요건 및 공제한도액
기본공제	• 생계를 같이 하는 부양가족(본인 포함): 1인당 150만 원 –직계존속(본인, 배우자) : 60세 이상(여 55세) –자녀, 형제자매 : 20세 이하, 60세 이상(여 55세)
추가공제	• 다음에 해당되는 기본공제대상자 : 1인당 50만 원 –배우자가 있거나 세대주로서 부양가족이 있는 여성근로자, 6세 이하의 자녀를 둔 여성근로자, 독신남성근로자 • 장애인, 경로우대자 : 1인당 연 200만 원
연금보험료공제	• 국민연금 등 공적연금보험료 : 전액
개인연금 저축공제	• 개인연금 : 분기당 300만 원 (불입한도), 납입액의 40%(공제 비율), 연 72만 원 한도 • 연금저축 : 분기한도 없이 납입액 100% 공제, 연 400만 원까지

(2) 특별공제

구분	공제요건 및 공제한도액
보험료공제	• 국민건강보험료, 고용보험 전액 • 기타 보장성보험료 100만 원 한도 • 장애인전용 보장성보험료 연 100만 원 한도
의료비공제	• 총급여액의 3%를 초과하는 의료비 중 500만 원 한도 (경로우대자, 장애자의 의료비는 추가공제)
교육비공제	• 근로자의 배우자, 직계비속, 형제자매 중 영유아, 유치원생 : 1인당 150만 원 –초, 중, 고등학생 : 1인당 200만 원, 대학생: 1인당 500만 원, 장애인 특수교육비 : 1인당 150만 원 • 근로자 본인 : 전액(대학원 포함)
주택자금공제	• 당해연도 공제대상저축 불입액 및 원리금 상환액의 40% 상당액과 장기주택저당차입금 이자상환액(600만 원 한도)

(3) 기타소득공제

구분	공제요건 및 공제한도액
개인연금저축공제	• 개인연금저축: 분기당 300만 원(불입한도), 납입액의 40%(공제비율), 연 72만 원 한도 • 연금저축: 불입한도 없이 납입액 100% 공제, 연 400만 원까지
신용카드사용 소득공제	• 전년 12월~당해 연도 11월까지 신용카드(체크카드, 포함) 등으로 사용한 금액이 연간 총급여액의 25% 초과분에 대한 300만 원 한도 소득공제

4-10 퇴직금과 세금

1) 퇴직소득과 세금

퇴직소득(퇴직금)은 근로자가 직장에서 퇴직할 때 퇴직급여 지급규정 · 취업규칙 또는 노사합의에 의하여 지급받는 퇴직급여, 공무원의 명예퇴직수당, 단체퇴직보험금 등을 말한다. 퇴직소득에 대하여는 소득세와 주민세가 부과되며, 퇴직으로 인한 소득 중 다음 소득은 소득세를 비과세하거나 근로소득으로 보아 소득세를 과세한다.

비과세
「산업재해보상보험법」에 의하여 수급권자가 지급받는 요양급여 · 휴업급여 · 장해급여 · 간병급여 · 유족급여 · 유족특별급여 · 장해특별급여 및 장의비 또는 근로의 제공으로 인한 부상 · 질병 또는 사망과 관련하여 근로자나 그 유족이 지급받는 배상 · 보상 또는 위자의 성질이 있는 급여
「근로기준법」 또는 「선원법」에 의하여 근로자 · 선원 및 그 유족이 지급받는 요양보상금 · 휴업보상금 · 상병보상금 · 일시보상금 · 장해보상금 · 유족보상금 · 행방불명보상금 · 소지품유실보상금 · 장의비 및 장제비
「공무원연금법」 · 「군인연금법」 · 「사립학교교직원연금법」 또는 「별정우체국법」에 의하여 지급받는 요양비 · 요양일시금 · 장해보상금 · 사망조위금 · 재해부조금 및 재해보상금 또는 신체 · 정신상의 장해 · 질병으로 인한 휴직기간 중에 받는 급여
근로소득세
퇴직기간 중의 특수한 공로에 의하여 지급받는 퇴직공로금 · 퇴직위로금 등

2) 퇴직소득세의 계산

- 퇴직소득세는 퇴직급여액에서 퇴직소득공제를 하고, 나머지 소득(과세표준)에 대해 소득세율과 근속연수를 적용하여 세액을 계산한다.

  –퇴직급여액 – 퇴직소득공제 = 과세표준

–(과세표준 ×1/근속연수) ×세율×근속연수 = 산출세액

–산출세액 – 퇴직소득공제액공제 = 납부세액

- 퇴직소득공제 : 퇴직급여액(명예퇴직수당과 단체퇴직보험금을 포함)의 50%에 상당하는 금액을 공제한다.
- 근속연수에 따른 퇴직소득공제

근속연수	공제액
5년 이하	30만 원×근속연수
5년 초과~10년 이하	150만 원+50만 원×(근속연수–5년)
10년 초과~20년 이하	400만 원+80만 원×(근속연수–10년)
20년 초과	1,200만 원+120만 원×(근속연수–20년)

- 세율

과세표준	세율(%)	누진공제액(만 원)
1,200만 원 이하	6	–
1,200만 원~4,600만 원	15	108
4,600만 원~8,800만 원	24	522
8,800만 원~15,000만 원	35	1,490
1억 5천 초과	38	1,940

- 퇴직소득 세액공제 : 당해 퇴직소득에 대해 산출세액의 50%에 상당하는 금액 (근속연수×24만 원 한도)

5. 식품접객업자 등의 준수사항(개정 2015.8.18)

「식품위생법」 제45조 제1항에 따라 식품접객영업자 등이 지켜야 할 사항은 다음과 같다.

5-1 즉석판매제조 · 가공업자의 준수사항

- 제조 · 가공한 식품을 영업장 외의 장소에서 판매하거나 판매를 목적으로 하는 사람에게 판매하여서는 아니 되며 다음의 어느 하나에 해당하는 방법으로 배달하는 경우를 제외하고는 영업장 외의 장소에서 판매하여서는 아니 된다.
  - 영업자나 그 종업원이 최종소비자에게 직접 배달하는 경우
  - 식품의약품 안전처장이 정하여 고시하는 기준에 따라 우편 또는 택배 등의 방법으로 최종소비자에게 배달하는 경우
- 손님이 보기 쉬운 곳에 가격표를 붙여야 하며, 가격표대로 요금을 받아야 한다.
- 영업신고증을 업소 안에 보관하여야 한다.
- 「축산물가공처리법」 제12조에 따른 검사를 받지 아니한 축산물 또는 실험 등의 용도로 사용한 동물은 식품의 제조 · 가공에 사용하여서는 아니 된다.
- 「야생동 · 식물보호법」을 위반하여 포획한 야생동물은 이를 식품의 제조 · 가공에 사용하여서는 아니 된다.
- 유통기한이 경과된 제품을 진열 · 보관하거나 이를 식품의 제조 · 가공에 사용하여서는 아니 된다.
- 수돗물이 아닌 지하수 등을 먹는 물 또는 식품의 조리 · 세척 등에 사용하는 경우에는 「먹는 물 관리법」 제43조에 따른 먹는 물 수질검사기관에서 다음의 검사를 받아 마시기에 적합하다고 인정된 물을 사용하여야 한다. 다만, 둘 이상의 업소가 같은 건물에서 같은 수원(水原)을 사용하는 경우에는 하나의 업소에 대한 시험결과로 해당 업소에 대한 검사에 갈음할 수 있다.
  - 일부 항목 검사 : 1년마다(모든 항목 검사를 하는 연도의 경우는 제외한다) 「먹는 물 수질기준 및 검사 등에 관한 규칙」 제4조 제1항 제2호에 따른 마을 상수도의 검사기준에 따른 검사(잔류염소검사를 제외한다)를 하여야 한다. 다만, 시 · 도지사가 오염의 염려가 있다고 판단하여 지정한 지역에서는 같은 규칙 제2조에 따른 먹는 물의 수질기준에 따른 검사를 하여야 한다.
  - 모든 항목 검사 : 2년마다 「먹는 물 수질기준 및 검사 등에 관한 규칙」 제2조에 따른 먹는 물의 수질기준에 따른 검사를 하여야 한다.
- 법 제15조 제2항에 따라 위해평가가 완료되기 전까지 일시적으로 금지된 식품 등을 제조 · 가공 · 판매하여서는 아니 된다.

5-2 식품소분 · 판매(식품자동판매기영업 및 집단급식소 식품판매업은 제외한다) · 운반업자의 준수사항

- 영업자 간의 거래에 관하여 식품의 거래기록(전자문서를 포함한다)을 작성하고, 최종 기재일부터 2년 동안 이를 보관하여야 한다. 이 경우, 식품 등 수입판매업자는 식품의약품안전처의 수입식품 거래내용 입력 프로그램에 거래내용을 입력 · 보관할 수 있다.
- 영업허가증 또는 신고증을 영업소 안에 보관하여야 한다.
- 수돗물이 아닌 지하수 등을 먹는 물 또는 식품의 조리 · 세척 등에 사용하는 경우에는 「먹는 물 관리법」 제43조에 따른 먹는 물 수질검사기관에서 다음의 구분에 따라 검사를 받아 마시기에 적합하다고 인정된 물을 사용하여야 한다. 다만, 같은 건물에서 같은 수원을 사용하는 경우에는 하나의 업소에 대한 시험결과로 갈음할 수 있다.
  - 일부 항목 검사 : 1년마다(모든 항목 검사를 하는 연도의 경우를 제외한다) 「먹는 물 수질기준 및 검사 등에 관한 규칙」 제4조 제1항 제2조에 따른 마을 상수도의 검사기준에 따른 검사(잔류염소검사를 제외한다)를 하여야 한다. 다만, 시 · 도지사가 오염의 염려가 있다고 판단하여 지정한 지역에서는 같은 규칙 제2조에 따른 먹는 물의 수질기준에 따른 검사를 하여야 한다.
  - 모든 항목 검사 : 2년마다 「먹는 물 수질기준 및 검사 등에 관한 규칙」 제2조에 따른 먹는 물의 수질기준에 따른 검사를 하여야 한다.
- 식품판매업자가 식품을 텔레비전 · 인쇄물 등으로 광고하는 경우에는 제품명 · 제조업소명 및 판매업소명을 포함하여야 하고, 유통기한을 확인하여 제품을 구입하도록 권장하는 내용을 포함시켜야 한다.
- 식품판매업자는 [별표 16] 제5호를 위반한 식품을 수입하거나 판매하여서는 아니 된다.
- 「관세법」 제248조에 따라 세관장이 교부하는 식품 등의 신고필증을 그 발급일로부터 2년간 보관하여야 한다.
- 식품운반업자는 운반차량을 이용하여 살아 있는 동물을 운반하여서는 아니 되며, 운반목적 외에 운반차량을 사용하여서는 아니 된다.
- 「축산물가공처리법」 제12조에 따라 검사를 받지 아니한 축산물 또는 실험 등의 용도로 사용한 동물은 운반 · 보관 · 진열 또는 판매하여서는 아니 된다.
- 유통기한이 경과된 제품을 판매의 목적으로 소분 · 운반 · 진열 또는 보관하여서는 아니 되며, 이를 판매하여서는 아니 된다.

- 식품판매영업자는 즉석판매제조 · 가공영업자가 제조 · 가공한 식품을 진열 · 판매하여서는 아니 된다.
- 이유식 등을 신문 · 잡지 · 라디오 또는 텔레비전을 통하여 광고하는 경우에는 조제분유와 같은 명칭 또는 유사한 명칭을 사용하여 소비자가 혼동할 우려가 있는 광고를 하여서는 아니 된다.
- 유전자재조합 표시대상에 해당하는 식품을 수입하여 판매하는 경우로서 유전자재조합식품이라는 표시를 하지 아니한 경우에는 구분유통증명서 또는 이와 동등한 효력이 있음을 생산국의 정부가 인정하는 증명서를 그 제품의 수입일부터 2년간 보관하여야 한다.
- 식품소분 판매업자는 법 제15조 제2항에 따라 위해평가가 완료되기 전까지 일시적으로 금지된 식품 등에 대하여는 이를 수입 · 가공 · 사용 · 운반 등을 하여서는 아니 된다.
- 식품소분업자, 식품 등 수입판매업자 및 유통전문판매업자는 소비자로부터 이물 검출 등 불만사례 등을 신고받은 경우에는 그 내용을 2년간 기록 · 보관하여야 하며, 소비자가 제시한 이물과 증거품(사진, 해당 식품 등을 말한다)은 6개월간 보관하여야 한다. 다만, 부패하거나 변질될 우려가 있는 이물 또는 증거품은 2개월간 보관할 수 있다.
- 유통전문판매업자는 제조 · 가공을 위탁한 제조 · 가공업자에 대하여 반기마다 1회 이상 위생관리 상태를 점검하여야 한다. 다만, 위탁받은 제조 · 가공업자가 위탁받은 식품과 동일한 식품에 대하여 법 제48조에 따른 식품안전관리인증기준 적용업소인 경우, 법 제50조에 따른 우수등급 영업소인 경우 또는 위탁받은 식품과 동일한 식품에 대하여 「어린이 식생활안전관리 특별법」 제14조에 따라 품질인증을 받은 자인 경우는 제외한다.

5-3 식품자동판매기영업자의 준수사항

- 자판기용 제품은 적법하게 제조 · 가공된 것을 사용하여야 하며, 유통기한이 경과된 제품을 보관하거나 이를 사용하여서는 아니 된다.
- 자판기 내부의 정수기 또는 살균장치 등이 낡거나 닳아 없어진 경우에는 즉시 바꾸어야 하고, 그 기능이 떨어진 경우에는 즉시 그 기능을 보강하여야 한다.
- 자판기 내부(재료혼합기, 급수통, 급수호스 등)는 하루 1회 이상 세척 또는 소독하여 청결히 하여야 하고, 그 기능이 떨어진 경우에는 즉시 교체하여야 한다.

- 자판기 설치장소 주변은 항상 청결하게 하고, 뚜껑이 있는 쓰레기통을 비치하여야 하며, 쥐 · 바퀴 등 해충이 자판기 내부에 침입하지 아니하도록 하여야 한다.
- 매일 위생상태 및 고장 여부를 점검하여야 하고, 그 내용을 다음과 같은 아크릴로 된 점검표에 기록하여 보기 쉬운 곳에 항상 비치하여야 한다.

점검일시	점검자	점검결과		비고
		내부청결상태	정상가동여부	

- 자판기에는 영업신고번호, 자판기별 일련관리번호(제42조 제3항에 따라 2대 이상을 일괄신고한 경우에 한한다), 제품의 명칭 및 고장 시의 연락전화번호를 12포인트 이상의 글씨로 판매기 앞면의 보기 쉬운 곳에 표시하여야 한다.

5-4 집단급식소 식품판매업자의 준수사항

- 영업자는 식품의 구매 · 운반 · 보관 · 판매 등의 과정에 대한 거래내역을 2년간 보관하여야 한다.
- 「축산물가공처리법」 제12조에 따라 검사를 받지 아니한 축산물, 실험 등의 용도로 사용한 동물 또는 「야생동 · 식물보호법」을 위반하여 포획한 야생동물은 판매하여서는 아니 된다.
- 냉동식품을 공급할 때에 해당 집단급식소의 영양사 및 조리사가 해동을 요청할 경우 해동을 위한 별도의 보관장치를 이용하거나 냉장운반을 할 수 있다. 이 경우 해당 제품이 해동 중이라는 표시, 해동을 요청한 자, 해동 시작시간, 해동한 자 등 해동에 관한 내용을 표시하여야 한다.
- 작업장에서 사용하는 기구, 용기 및 포장은 사용 전, 사용 후 및 정기적으로 살균 · 소독하여야 하며, 동물 · 수산물의 내장 등 세균의 오염원이 될 수 있는 식품 부산물을 처리한 경우에는 사용한 기구에 따른 오염을 방지하여야 한다.
- 유통기한이 지난 식품 또는 그 원재료를 집단급식소에 판매하기 위하여 보관 · 운반 및 사용하여서는 아니 된다.
- 수돗물이 아닌 지하수 등을 먹는 물 또는 식품의 조리 · 세척 등에 사용하는 경우에는

「먹는 물 관리법」 제43조에 따른 먹는 물 수질검사기관에서 다음의 검사를 받아 마시기에 적합하다고 인정된 물을 사용하여야 한다. 다만, 둘 이상의 업소가 같은 건물에서 같은 수원을 사용하는 경우에는 하나의 업소에 대한 시험결과로 해당 업소에 대한 검사에 갈음할 수 있다.

- 일부 항목 검사 : 1년(모든 항목 검사를 하는 연도는 제외한다)마다 「먹는 물 수질기준 및 검사 등에 관한 규칙」 제4조에 따른 마을 상수도의 검사기준에 따른 검사(잔류염소 검사는 제외한다)를 하여야 한다. 다만, 시 · 도지사가 오염의 염려가 있다고 판단하여 지정한 지역에서는 같은 규칙 제2조에 따른 먹는 물의 수질기준에 따른 검사를 하여야 한다.
- 모든 항목 검사 : 2년마다 「먹는 물 수질기준 및 검사 등에 관한 규칙」 제2조에 따른 먹는 물의 수질기준에 따른 검사를 하여야 한다.

• 법 제15조에 따른 위해평가가 완료되기 전까지 일시적으로 금지된 식품 등을 사용하여서는 아니 된다.
• 식중독 발생 시 보관 또는 사용 중인 식품은 역학조사가 완료될 때까지 폐기하거나 소독 등으로 현장 훼손하여서는 아니 되고 원상태로 보존하여야 하며, 식중독 원인규명을 위한 행위를 방해하여서는 아니 된다.

5-5 식품조사 처리업자의 준수사항

조사연월일 및 시간, 조사대상식품명칭 및 무게 또는 수량, 조사선량 및 선량보증, 조사목적에 관한 서류를 작성하여야 하고, 최종 기재일부터 3년간 보관하여야 한다.

5-6 식품접객업자(위탁급식영업자는 제외한다)의 준수사항

• 물수건, 숟가락, 젓가락, 식기, 찬기, 도마, 칼, 행주, 그 밖의 주방용구는 기구 등의 살균 · 소독제 또는 열탕, 자외선살균 또는 전기살균의 방법으로 소독한 것을 사용하여야 한다.
• 「축산물가공처리법」 제12조에 따라 검사를 받지 아니한 축산물 또는 실험 등의 용도로

사용한 동물은 음식물의 조리에 사용하여서는 아니 된다.

- 업소 안에서는 도박이나 그 밖의 사행행위 또는 풍기문란행위를 방지하여야 하며, 배달판매 등의 영업행위 중 종업원의 이러한 행위를 조장하거나 묵인하여서는 아니 된다.
- 제과점영업자가 [별표 14] 제8호 가목 2) 라) (5)에 따라 조리장을 공동사용하는 경우 빵류를 실제 제조한 업소명과 소재지를 소비자가 알아볼 수 있도록 별도로 표시하여야 한다. 이 경우 게시판, 팻말 등 다양한 방법으로 표시할 수 있다.
- 간판에는 영 제21조에 따른 해당 업종명과 허가를 받거나 신고한 상호를 표시하여야 한다. 이 경우 상호와 함께 외국어를 병행하여 표시할 수 있으나 업종구분에 혼동을 줄 수 있는 사항은 표시하여서는 아니 된다.
- 손님이 보기 쉽도록 영업소의 외부 또는 내부에 가격표(부가가치세 등이 포함된 것으로서 손님이 실제로 내야 하는 가격이 표시된 가격표를 말한다)를 붙이거나 게시하되, 신고한 영업장 150m^2 이상인 휴게음식점 및 일반음식점은 영업소의 외부와 내부에 가격표를 붙이거나 게시하여야 하고, 가격표대로 요금을 받아야 한다.
- 영업허가증 · 영업신고증 · 조리사면허증(조리사를 두어야 하는 영업에만 해당한다)을 영업소 안에 보관하고, 허가관청 또는 신고관청이 식품위생 · 식생활개선 등을 위하여 게시할 것을 요청하는 사항을 손님이 보기 쉬운 곳에 게시하여야 한다.
- 식품의약품안전처장 또는 시 · 도지사가 국민에게 혐오감을 준다고 인정하는 식품을 조리 · 판매하여서는 아니 되며, 「멸종위기에 처한 야생동 · 식물종의 국제거래에 관한 협약」에 위반하여 포획 · 채취한 야생동 · 식물을 사용하여 조리 · 판매하여서는 아니 된다.
- 유통기한이 경과된 원료 또는 완제품을 조리 · 판매의 목적으로 보관하거나 이를 음식물의 조리에 사용하여서는 아니 된다.
- 허가를 받거나 신고한 영업 외의 다른 영업시설을 설치하거나 다음에 해당하는 영업행위를 하여서는 아니 된다.
  - 휴게음식점영업자 · 일반음식점영업자 또는 단란주점영업자가 유흥접객원을 고용하여 유흥접객행위를 하게 하거나 종업원의 이러한 행위를 조장하거나 묵인하는 행위
  - 휴게음식점영업자 · 일반음식점영업자가 음향 및 반주시설을 갖추고 손님이 노래를 부르도록 허용하는 행위. 다만, 연회석을 보유한 일반음식점에서 회갑연, 칠순연 등 가정의 의례로서 행하는 경우에는 그러하지 아니하다.
  - 일반음식점영업자가 주류만을 판매하거나 주로 다류를 조리 · 판매하는 다방 형태의 영업을 하는 행위

  - 휴게음식점영업자가 손님에게 음주를 허용하는 행위
  - 식품접객업소의 영업자 또는 종업원이 영업장을 벗어나 시간적 소요의 대가로 금품을 수수하거나, 영업자가 종업원의 이러한 행위를 조장하거나 묵인하는 행위
  - 휴게음식점영업 중 주로 다류 등을 조리 · 판매하는 영업소에서 「청소년보호법」 제2조 제1호에 따른 청소년인 종업원에게 영업소를 벗어나 다류 등을 배달하게 하여 판매하는 행위
- 유흥주점영업자는 성명, 주민등록번호, 취업일, 이직일, 종사 분야를 기록한 종업원(유흥접객원만 해당한다)명부를 비치하여 기록 · 관리하여야 한다.
- 손님을 꾀어서 끌어들이는 행위를 하여서는 아니 된다.
- 업소 안에서 선량한 미풍양속을 해치는 공연, 영화, 비디오 또는 음반을 상영하거나 사용하여서는 아니 된다.
- 수돗물이 아닌 지하수 등을 먹는 물 또는 식품의 조리 · 세척 등에 사용하는 경우에는 「먹는 물 관리법」 제43조에 따른 먹는 물 수질검사기관에서 다음의 검사를 받아 마시기에 적합하다고 인정된 물을 사용하여야 한다. 다만, 둘 이상의 업소가 같은 건물에서 같은 수원을 사용하는 경우에는 하나의 업소에 대한 시험결과로 해당 업소에 대한 검사에 갈음할 수 있다.
  - 일부 항목 검사 : 1년(모든 항목 검사를 하는 연도는 제외한다)마다 「먹는 물 수질기준 및 검사 등에 관한 규칙」 제4조에 따른 마을 상수도의 검사기준에 따른 검사(잔류염소검사는 제외한다)를 하여야 한다. 다만, 시 · 도지사가 오염의 염려가 있다고 판단하여 지정한 지역에서는 같은 규칙 제2조에 따른 먹는 물의 수질기준에 따른 검사를 하여야 한다.
  - 모든 항목 검사 : 2년마다 「먹는 물 수질기준 및 검사 등에 관한 규칙」 제2조에 따른 먹는 물의 수질기준에 따른 검사를 하여야 한다.
- 동물의 내장을 조리한 경우에는 이에 사용한 기계 · 기구류 등을 세척하여 살균하여야 한다.
- 식품접객업자는 손님이 먹고 남은 음식물을 다시 사용 · 조리하거나 또는 보관(폐기용이라는 표시를 명확하게 하여 보관하는 경우는 제외한다) 하여서는 아니 된다.
- 식품접객업자는 공통찬통, 소형 찬기 또는 복합찬기를 사용하거나, 손님이 남은 음식물을 싸서 가지고 갈 수 있도록 포장용기를 비치하고 이를 손님에게 알리는 등 음식문화개선을 위해 노력하여야 한다.

- 휴게음식점영업자 · 일반음식점영업자 또는 단란주점영업자는 영업장 안에 설치된 무대시설 외의 장소에서 공연을 하거나 공연을 하는 행위를 조장 · 묵인하여서는 아니 된다. 다만, 일반음식점영업자가 손님의 요구에 따라 회갑연, 칠순연 등 가정의 의례로서 행하는 경우에는 그러하지 아니하다.
- 「야생동 · 식물보호법」을 위반하여 포획한 야생동물을 사용한 식품을 조리 · 판매하여서는 아니 된다.
- 법 제15조 제2항에 따른 위해평가가 완료되기 전까지 일시적으로 금지된 식품 등을 사용 · 조리하여서는 아니 된다.
- 법 제47조 제1항에 따른 모범업소가 아닌 업소의 영업자는 모범업소로 오인 · 혼동할 우려가 있는 표시를 하여서는 아니 된다.
- 손님에게 조리하여 제공하는 식품의 주재료, 중량 등이 앞에서 설명한 가격표에 표시된 내용과 달라서는 아니 된다.
- 앞에서 설명한 가격표에는 불고기, 갈비 등 식육의 가격을 100그램당 가격으로 표시하여야 하며, 조리하여 제공하는 경우에는 조리하기 이전의 중량을 표시할 수 있다. 100그램당 가격과 함께 1인분의 가격도 표시하려는 경우에는 다음의 예와 같이 1인분의 중량과 가격을 함께 표시하여야 한다.

  ㉦ 불고기 100그램 ○○원(1인분 120그램 △△원)

  갈비 100그램 ○○원(1인분 150그램 △△원)
- 음식판매자동차를 사용하는 휴게음식점영업자 및 제과점영업자는 신고한 장소가 아닌 장소에서 그 음식판매자동차로 휴게음식점영업 및 제과점 영업을 하여서는 아니 된다.

5-7 위탁급식영업자의 준수사항

- 진단급식소를 설치 · 운영하는 자와 위탁계약한 사항 외의 영업행위를 하여서는 아니 된다.
- 물수건, 숟가락, 젓가락, 식기, 찬기, 도마, 칼, 그 밖의 주방용구는 기구 등의 살균 · 소독제 또는 열탕 자외선살균 또는 전기살균의 방법으로 소독한 것을 사용하여야 한다.
- 「축산물가공처리법」 제12조에 따라 검사를 받지 아니한 축산물 또는 실험 등의 용도로 사용한 동물을 음식물의 조리에 사용하여서는 아니되며, 「야생동 · 식물보호법」에 위반

하여 포획한 야생동물을 사용하여 조리하여서는 아니 된다.

- 유통기한이 경과된 원료 또는 완제품을 조리할 목적으로 보관하거나 이를 음식물의 조리에 사용하여서는 아니 된다.
- 수돗물이 아닌 지하수 등을 먹는 물 또는 식품의 조리 · 세척 등에 사용하는 경우에는 「먹는 물 관리법」 제43조에 따른 먹는 물 수질검사기관에서 다음의 구분에 따라 검사를 받아 마시기에 적합하다고 인정된 물을 사용하여야 한다. 다만, 같은 건물에서 같은 수원을 사용하는 경우에는 하나의 업소에 대한 실험결과로 갈음할 수 있다.
  - 일부 항목 검사 : 1년마다(모든 항목 검사를 하는 연도의 경우를 제외한다) 「먹는 물 수질기준 및 검사 등에 관한 규칙」 제4조 제1항 제2호에 따른 먹는 물의 수질기준에 따른 검사를 하여야 한다. 다만, 시 · 도지사가 오염의 염려가 있다고 판단하여 지정한 지역에서는 같은 규칙 제2조에 따른 먹는 수질기준에 따른 검사를 하여야 한다.
  - 모든 항목 검사 : 2년마다 「먹는 물 수질기준 및 검사 등에 관한 규칙」 제2조에 따른 먹는 물의 수질기준에 따른 검사를 하여야 한다.
- 동물의 내장을 조리한 경우에는 이에 사용한 기계 · 기구류 등을 세척하고 살균하여야 한다.
- 조리 · 제공한 식품(법 제2조 제12호 과목에 따른 병원의 경우에는 일반식만 해당한다)을 보관할 때에는 매회 1인분 분량을 영하 18℃ 이하에서 144시간 이상 보관하여야 한다.
- 법 제15조 제2항에 따라 위해평가가 완료되기 전까지 일시적으로 금지된 식품 등에 대하여는 이를 사용 · 조리하여서는 아니 된다.
- 식중독 발생 시 보관 또는 사용 중인 보존식이나 식재료는 역학조사가 완료될 때까지 폐기하거나 소독 등으로 현장을 훼손하여서는 아니되고 원상태로 보존하여야 하며, 원인규명을 위한 행위를 방해하여서는 아니 된다.
- 법 제47조 제1항에 따른 모범업소가 아닌 업소의 영업자는 모범업소로 오인 · 혼동할 우려가 있는 표시를 하여서는 아니 된다.

찾아보기

ㄱ

저자 약력

설훈구(薛勳久) 교수는 외식 · 호텔 · 관광지 개발을 주전공으로 하고 있다. 이를 위해 관광경영전략, 관광재무관리 및 부동산관련 법규를 강의하고 있다.

FIU(Florida International University)에서 관광경영학으로 학사와 석사학위를 받았고, Virginia Tech에서 같은 전공으로 박사학위를 받았다. 현재는 부경대학교 경영대학 경영학부 관광경영학 전공교수로 재직하고 있다.

업계 경력으로는 Seoul Renaissance Hotel의 Front Office, 미국 Miami에 있는 Fountainblue Hilton Hotel 내 일식당과 Thrift Lodge에 Night Auditor, 그리고 국내 T.G.I. 프라이데이스 연수판촉팀에서 근무하였다.

논문으로 2015년 관광레저연구 학술지에 「외식기업의 재무비율을 통한 경쟁전략 성향이 매출성장률에 미치는 영향에 관한 연구」, 2013년 호텔경영학연구 학술지에 「자본구조 결정요인에 대한 환대사업별 차이분석」, 관광레저연구 학술지에 「배당가치법과 할인현금흐름가치법을 활용한 외식사업의 가치배수에 대한 연구」, 2012년 호텔경영학연구 학술지에 「부동산 자산소득을 고려한 부채형 회원제 콘도미니엄 개발 프로젝트의 사업가치평가모델」, 2010년 관광레저연구 학술지에 「관광호텔산업에서의 부실예측모형개발에 관한 실증연구」 외 다수의 논문이 있다.

외식경영 –전략과 투자–

2017년 3월 10일 1판 1쇄 인쇄
2017년 3월 15일 1판 1쇄 발행

저　　자 | 설훈구
발 행 인 | 이수영
발 행 처 | 도서출판 청람
서울시 마포구 독막로 288(대흥동, 세양상가 109호)
전　　화 | (02) 3272-2601~2
팩　　스 | (02) 3272-2603
이 메 일 | crbooks@daum.net
홈페이지 | www.crbooks.co.kr
등　　록 | 2000년 8월 26일 제6-0509호

ISBN 978-89-5972-578-6 93320　　정가 29,000원